胡宗南先生四書 之參

胡宗南先生文存

胡宗南 著
胡為真 增訂

胡宗南將軍（1896－1962）

辦大事者非精心果力之為難，而仁恕存心相忍為國之不易也。

胡宗南

民國 34 年胡宗南先生與何應欽先生之合影。胡宗南與何將軍緣份極深，自北伐統一時期即為其直屬部屬，何應欽先生更在民國 69 年 12 月時告訴宗南先生的長子胡為真博士：「你的父親是我最喜歡的學生」，其原因可參見《令人懷念的胡宗南將軍》一書。

民國 31 年胡宗南與蔣鼎文。蔣鼎文是胡宗南的重要長官，也是胡宗南從旅長升至師長的推薦人，並對宗南先生之子女皆極關照。

胡宗南視查當時訓練班的部隊之情形。其後是第一戰區副司令長官高桂滋。教育訓練是胡宗南的重要任務，由於當時物質缺乏武器陳舊，只有靠精神力量，胡宗南先生認為統一思想統一觀點非常重要，如此才能提高士氣，而對日抗戰的勝利靠的就是意志力。

民國36年元旦於陝西西安王曲河西大操場，慶祝憲法成立以及開國紀念。

民國36年6月9日胡宗南先生與27師戰鬥英雄合影於陝北延安清涼山大有堡。

民國 36 年 7 月 18 日第一軍戰鬥英雄大會及贈勛典禮，地點在陝北安塞，雖一切從簡，卻肅穆隆重。

民國36年10月31日胡宗南先生在西安王曲河西大操場為蔣中正主席作壽的典禮上訓話。

民國42年7月，孫立人將軍至大陳訪問與胡宗南先生之合影。二人身後即為當時游擊隊登陸所使用的舢舨船，可看出當時游擊隊裝備其實甚為有限，處境之困難，但戰鬥意志及決心卻十分堅強。

平遠兄：

以前房屋不必準備，已準備者交陳士及各項作教書使用為宜。以舊房問題，吾人均須負責繼續推研究實施。此祝

晨安

弟 胡宗南

五、五

「平遠兄：

㈠弟之房屋不必準備，已準備者交陣亡及有功將領眷屬使用為宜。

㈡眷屬同題，吾人必須負責，盼積極研究實施。此祝

晨安

弟　胡宗南五月五日」

平遠乃於達先生。此函乃三十八年為部屬家屬在臺灣台北市今南京東路一帶購屋五十棟之交待。讓前線將領能專心作戰而無後顧之憂。

戴濤同志：

兄此歷艱危，萬千系念！其詳情盼詳告交何君帶回。其最重要者為羅列同志及其他同志之生死存亡及其想道四川廣南有何人及郵局可通讀書閱者，盼詳告；但不可為他人道也。

世界風雲日緊，兄宜思痛思
苦思其一切，毅然赴新目的
地以農工小學教師之身份孤
自尊子之心理。埋頭為組織
為地下的工作。即隨江雲
同志前往，而決不可猶豫
徘徊與觀望也。兄達後
有基礎後，可派康中同志回
校，或以電信聯系。

家中一切可勿念，我可負

責主持　以你好好工作，

除江雲康中向致意外。

餘皆報告為要。一切以

戰鬥戰鬥才得生存勉

之。手此致叩

胡宗南

七月十二

大紀！

「戴濤同志：

兄經歷艱危萬千繫念，其詳情盼詳函交何君（即何致忠）帶回。其最重要者為羅列同志及其他同志之生死存亡及其經過㈡川康尚有何人及部屬，可繼續奮鬥者？盼詳復，但不可為他人道也。

世界風雲日緊，兄宜忍痛忍苦忍其一切，毅然赴新目的地，以農工小學教師之身份，孤臣孽子之心理，埋頭為組織為地下的工作，即隨江雲同志前往，而決不可游（猶）豫徘徊與觀望也。到達後有基礎後，可派康中同志回復，或以電信聯繫。

家中一切可勿念，我可負責照料。此任務此工作，除江雲、康中、何致忠外，餘皆秘密為要，一切惟戰鬪，戰鬪才能生存，勉之。專此敬叩

大祉

胡宗南　七月十二日」

此係胡先生三十九年七月十二日親筆函一件。從此信中可以看出胡先生對敵後工作之重視，并關懷部屬生死存亡及繼續奮鬥情形。

戴濤　謹識

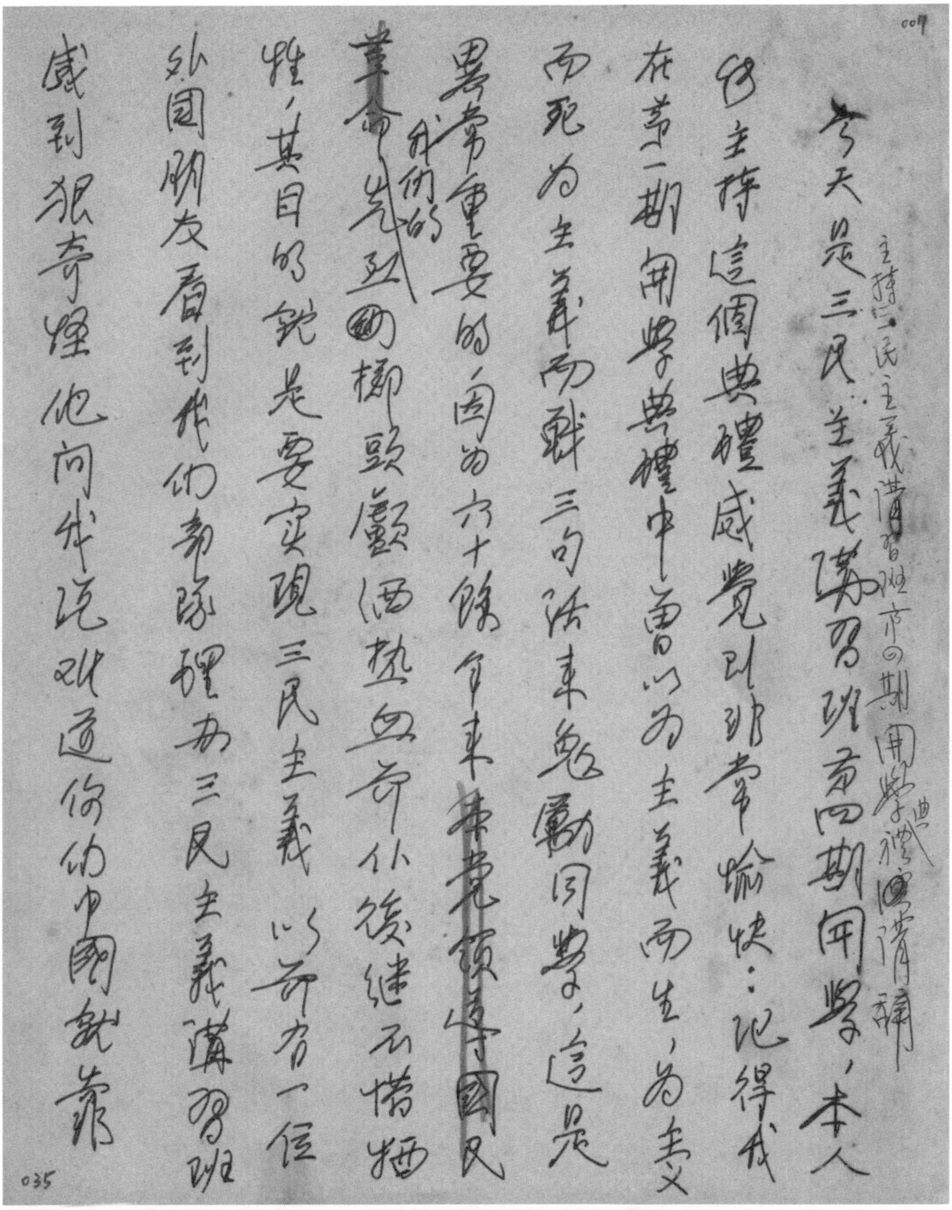

主持三民主義講習班第四期開學典禮講詞
今天是三民主義講習班第四期開學，本人
能主持這個典禮感覺非常愉快：記得我
在第一期開學典禮中曾以為主義而生，為主義
而死，為主義而戰三句話來勉勵同學，這是
異常重要的，因為六十餘年來國民
革命我們的先烈，拋頭顱灑熱血，前仆後繼，不惜犧
牲，其目的就是要實現三民主義，以前有一位
外國朋友看到我們部隊裡有三民主義講習班
感到很奇怪，他向我說：你們中國就靠

手稿　在澎湖主持三民主義講習班第四期開學典禮講辭

三民主義來打仗嗎？我們可以坦白地告訴他們是的，中國人今天打仗就是爲了三民主義，過去如此，現在如此，將來還是如此。

當十六年北伐第一師第二團由長沙東出瀏陽，在瀏陽僱了很多的伕子，第二天早上出發，下午四時到了銅鼓四0里的某地，部署攻擊前進，將挑伕100餘人全部遣回，那知這些伕子不願回去，一定要參加我們的部隊打下銅鼓，並且說你們有三民主義是救國救民的軍隊，我們爲什麼不幫助你們担担子呢？那时銅鼓守将為孫傳芳混成旅長楊震東，兵力相當雄厚，我們於下午六时攻击前進，楊旅看到我們兵力不多时，三個團兵力調來包圍，沖击數十次，苦戰一夜，幸将其击潰。第三的天，劉陽挑夫才歡歡喜喜地離去。第一師在上海作戰时，在楊行、劉行受日軍海陸空聯合轟击，傷亡甚重，以後據守大場，又從大場撤退，在撤退时日人用飛機轟击，低空九架中共36架自晨至午至晚轟炸不絕情形甚慘，但是士氣大壯，你們有飛機大砲，我們有三民主義，我們不怕，這是例子，就是證明我們是靠三民主義打仗的。

16寸口徑大砲射程約5000碼他能擊破六寸裝甲但他不能擊破革命同志的信心

四〇〇磅炸彈可以炸毀五英畝街坊能炸毀七英吋八厚的水泥鋼筋工事，但他不能炸毀我

們革命同志實行三民主義的決心

為什麼因為

一個人的生存，不僅是為了吃飯，穿衣，繁
衍，享受，因為人是有頭腦的，有思想的，有思想
當然要追求光明，當然要追求理想，當然要
去奮鬥創造而實踐他的理想，所以我十八
歲出外，十三年三過家門而不入的出外十九年
顛沛流離而不顧生死的，有臥薪嘗膽十年生聚
二十年教訓而報仇的，有朝聞道夕死可矣的，
這些都是為追求一個理想而百折不撓奮鬥不
懈的

但是我們是有思想、有良心、有血性
有功勞、有苦勞、有銅筋鐵骨的身體、有生龍
活虎的氣概、有犧牲救國救民的宏願、有
犧牲的精神的最奮進的中國國民黨英雄的戰士
最忠實的幹部嗎？我們是有國家歷史不可分離的
我們永遠信仰三民主義，國民革命行動準則
是救國救民主義、是人類最進步的中心
我們與領袖有不可分離的關係、我們永遠
思想，我們的信仰我們的領袖是中華民族國
有文化、倫理的保障者是中華民族正氣

正義的發揚者是中華民族偉大光榮歷
史的光榮旗幟 ~~我們偉大而為光榮、偉大~~
~~而為犧牲~~

故形成為一幹部與黨，與領袖的關係，成敗榮辱吉凶禍福有其不可分離的關係，血肉相連，生死與共，有不分離的歷史

滄海有时变为桑田
桑田有时变为滄海

必須時刻刻地有時感絕對革命同志的精神與思想是永遠存在。世界上再沒有比革命同志的頭顱鮮血赤膽忠心豪情熱正氣還要崇高還要寶貴還要有價值的，亦可說世界上再沒有一種東西可以毀滅革命同志的精神思想與尊嚴，亦可說世界上沒有一種力量可以消滅三民主義。我希望大家以無比勇氣和熱忱來接受這一次的講習，認識三民主義的真理，為主義去生

為主義死為主義而戰恰為今天講演的結論

【出版序】

恢弘士氣，再造中興
——胡宗南先生四書

胡宗南上將是中國近代史上赤忱效忠領袖、完成中興大業的重要傑出人物之一，雖然胡將軍去世已逾五十年，但其風範與事功卻常留人心，永載史冊。

胡上將以一文人之身，在國民革命風起雲湧之際，投筆從戎，進入黃埔軍校第一期，從此追隨先總統蔣公，歷經東征、北伐、抗戰、剿共、保臺等戰爭，尤其是在八年對日抗戰期間，扼守西北，成功擊退了日軍的進犯，保護西南抗戰基地，培訓人才，奮鬥到日本投降，協助國家完成中興大業。接著在與中共的爭戰中，盡心盡力，堅持到最後一刻，才由蔣公派機接到臺灣，繼續為復興大業而奮鬥，可惜壯志未酬身先死，常使英雄淚滿襟，胡將軍享歲僅六十七。

英雄豪傑的事蹟，自然應該流傳於世，永垂典範。王雲五先生主持臺灣商務印書館時，倡導編印「中國名人年譜集成」，以供後人學習。《民國胡上將宗南年譜》由其舊屬於憑遠、羅冷梅所編撰，並經胡將軍夫人葉霞翟博士校訂，於民國六十九年七月出版，至今風行未已。

二〇一二年，胡將軍的長公子胡為真博士自國家安全會議秘書長職位退休，臺灣商務印書館決定敦請胡資政重新修訂多年前由商務出版的《民國胡上將宗南年譜》，並建議出版《胡宗南先生文存》、《令人懷念的胡宗南將軍》等紀念集，以及由胡將軍舊屬徐枕撰寫的《胡宗南先生與國民革命》（今更名為《一代名將胡宗南》），總計四本書。

此項建議獲得胡資政同意，並願意在百忙之中撥空提供資料，修訂原稿。臺灣商務印書館能夠出版有關胡將軍的四本書，深感責任重大與榮幸非常。由於胡將軍對國家的貢獻，其事蹟載諸史冊，可為典範，好比儒家四書之可貴，乃敢建議編為「胡宗南先生四書」，逐月出版，以供流傳後世。

筆者愛讀史書，尤其是中國近代史，每當閱讀及此，不免掩卷嘆息。路遙知馬力，板蕩見忠貞，胡宗南將軍之事蹟，誠可謂忠貞愛國矣。

臺灣商務印書館前總編輯　方鵬程　謹序

民國一〇三年二月

編者註：

1 胡宗南先生四書為：《一代名將胡宗南》，《胡宗南上將年譜》，《令人懷念的胡宗南將軍》及《胡宗南先生文存》四種。此四書內容最早在民國五十二年時即已出版，儘管出版單位不同，但都是有關胡宗南將軍的重要著作，緣此，本館乃於一〇三年（西元二〇一四年）決定將此四書重新整理，並由胡將軍的長公子胡為真博士等人協助，進行各書修訂。歷史的巨輪是永不停歇的，由於史料不斷被發掘，亦歡迎各界持續補遺，以俾繼續出版。

2《一代名將胡宗南》全書，對於在各戰役陣亡殉國者，以印刷黑體書其完整姓名，並儘量附以小傳，以昭諸先烈忠藎為國、捨生成仁之壯懷。

【推薦序二】

黃埔精神的典範
——胡宗南上將

國父領導國民革命，辛亥武昌起義，推翻滿清，建立中華民國，但政權為袁世凱等北洋軍閥所竊據。國父痛感只有革命黨的奮鬥，而無革命軍的奮鬥，乃於民國十三年，在廣東黃埔成立軍官學校，召訓全國有志青年從軍革命，並命蔣公為校長，以黃埔子弟為核心，組成國民革命軍，故蔣公亦被尊為軍父。

黃埔建軍，係以國父思想為核心的精神傳統。九十年來，歷經北伐（含東征）、抗戰、剿共、保臺四大戰役，全視黃埔精神的興替，決定戰役的成敗。九十年來，有光輝的勝利，也有慘痛的失敗，但只要黃埔精神得以傳承發揚，中華民國必能立於不敗之地，完成國父的建國理想。

蔣公曾明示，黃埔精神的精義，是團結、負責與犧牲。

團結是以信仰三民主義、效忠中華民國為基礎，三軍一體，如手如足；三軍一家，如兄如弟。以同甘苦、共生死的情感道義，形成萬眾一心的戰鬥意志。

負責是存誠務實，實事求是，精益求精，精練武藝，冒險犯難的戰鬥作風。

犧牲是成功不必在我，不成功便成仁的戰鬥志節。

亦即以黃埔精神，實踐於國家、責任、榮譽三大信念之中。

胡宗南上將是黃埔一期最年長的學生，入學時已二十八歲（當時學生平均年齡應為二十歲），曾有社會經驗，毅然攜筆從戎，故在先天上，他是黃埔一期最成熟的學生。歷經四大戰役，他的升遷在黃埔子弟中首屈一指，畢業後兩年（民國十六年），就當了師長，從帶四十人的排長，升到帶一萬人的師長。爾後從第一師、第一軍到第一戰區司令長官，先後統兵達百萬，而在蔣公心目中，直以接班人之勢期許之，乃因他是黃埔精神的標竿。

胡將軍是東征、北伐、統一、平亂、抗戰、剿共、保臺諸戰役，全程參與的唯一黃埔學生，功勛卓著，但似無赫赫之名。正如孫子所謂，善戰者無智名，無勇功，其尤足稱道者則為武德。

武德之首要為忠。胡將軍忠於三民主義，忠於中華民國，忠於領袖蔣公，忠於其職責，忠於其部屬，故能以身作則，同甘苦，共患難，士兵不能享受者，他亦不享受。值得一提的，黃埔一期於北伐成功後，恃驕而腐者不乏其人，豈止結婚，納妾者亦常聞，胡將軍以其官階，雖已有知心女友，但抗戰未勝，決不成家。唯忠能公而忘私忘家，無疑是領導成功的要訣。

抗戰期間，胡將軍曾經主持陸軍官校第七分校，地點在王曲。校中有兩幅重要對聯，一為「升官發財請走別路，貪生怕死莫入此門」；另一為「鐵肩擔主義，血手寫文章」。前者原出現於廣州黃埔，後者當出自胡將軍的壯懷，皆為黃埔精神之精義所在。

剿共戰爭自徐蚌會戰後，大局逆轉，總統蔣公引退。當時，胡將軍尚統領十個軍三十個師，為完整精銳的部隊，以中樞無主，竟滯留陝南五個月之久。迨民國三十八年十月，蔣公以總裁身分，赴重慶坐鎮，急調胡將軍入川，乃於十一月末，僅第一軍一個團，趕到重慶，掩護蔣公，於最後時機離開重慶，飛抵成都。

胡部陸續趕抵成都，面對叛離軍閥及共軍攻勢，保衛蔣公，在成都坐鎮十日，最後於十二月十日，由蓉安全飛臺。胡將軍達成勤王任務，並奉蔣公指示，率部轉進西康，在大陸行最後之奮鬥，以致犧牲殆盡，蔣公不忍其在西康殉職，於最後時機接至來臺。時窮節乃見，胡將軍臨難不苟、唯命是從的武德，足為年輕世代所效法。

高尚的武德，為不計名位，但知任務。胡將軍來臺後，蔣公命其赴孤懸的大陳島指揮。以大陸曾任戰區司令長官上將之尊，做一個師長的工作，且艱苦備嘗，他欣然前往。其臨危授命、不計權位的美德，正是崇高武德的表現。

民國三十九年三月一日，蔣公復職，重整軍備，自為當務之急，而召訓高階軍官，則親自主持。蔣公特聘日本的優秀軍官富田直亮（化名白鴻亮），來臺成立軍官訓練團，胡將軍亦入班旁聽受訓，與我同班。

抗戰時，我只是連長級的軍官，且在西南戰場，故無緣當胡將軍的部下，連照片都未見過，但久仰其威名，後竟成為同班同學，他是上將，我只是小上校而已。自有機會相處，始知這位身經百戰的西北王，至為低調謙和。他比我長二十三歲，在課業討論時專注傾聽，很少發言，但可看出他對大軍的指揮，有很多的感觸。

既為同班同學，偶而也有餘興，便是到他在臺北的小辦公室打橋牌。我的記憶裏，只有一杯淡茶，別無招待。他從未請我們用餐，這並非吝嗇，乃是多年儉樸的美德。

抗戰期間，胡將軍駐節西北重鎮西安，彭孟緝將軍時任西安砲兵旅長，要見他得依例先登記候約。但到臺灣後，彭將軍任參謀總長，胡將軍任澎防部司令官，彭總長到澎湖視察時，胡將軍都親迎於機場，對這位老部下兼新長官，執新部下之禮甚恭，彭總長連聲說不敢當。兩位對軍中倫理和階級服從，都立下完美的榜樣。

今逢黃埔建軍九十年，胡將軍長公子為真博士，整理乃父有關文件四件，編為「胡宗南先生四書」，重行付梓，見其孝思，這是最珍貴的精神資產。我身列黃埔子弟，重溫四書，深為感動。胡將軍是軍人武德的典範，是黃埔精神的標竿，凡我同志，應永遠傳承，並發揚光大，是為序。

黃埔第十二期　陸軍一級上將　郝柏村

中華民國一〇三年　時年九十五

【推薦序二】

一九六二年二月，抗戰時期與胡宗南將軍頗有過從的徐復觀教授說，當他初聞胡宗南（一八九六—一九六二）先生逝世之訊，不免一陣心酸，難以抑制胸中「複雜的情感」。這種複雜的情感，是感懷一位曾經名滿天下、肩負方面重任的大員，面臨國家、革命與個人的重大挫折，事業幾乎化為烏有，卻始終遇謗不辭，永遠保持一顆向上之心。他說：儘管胡先生未能了中興復國的宿願，不幸齎志以歿，但依舊引人寄予欽佩的同情。

二十世紀的中國，是風雲際會的年代。胡先生本為小學教員，見革命怒潮勃發，毅然投筆從戎。一九二五年春自黃埔軍校第一期畢業後，經東征、北伐諸役，數年之間，已歷任排長、連長、營長、團長、旅長等職。先生升遷之速，既反映了上峰之器重，亦屬革命時期的特殊現象。一九三〇年底中原大戰結束，先生積功升任第一師師長，隨後投入剿共作戰。一九三六年第一師擴編為第一軍，先生出任中將軍長。在外界看來，第一軍係國民革命軍的骨幹，其歷史可上溯自一九二五年的黃埔軍校教導團，實乃黃埔軍事力量的「基本部隊」。先生是黃埔畢業生中的佼佼者，出任第一軍軍長之職，顯示黃埔薪傳有人，名聲尤為當時知識界所知曉。

一九三七年對日抗戰全面爆發，八月淞滬會戰開始。先生率第一軍參戰，經過三個月的浴血奮鬥，參戰的十六個團的連排長幾無倖存者，「僅餘勤務、衛士、司書、書記、軍需、輸送兵、飼養兵等一千二三百人」。

一九三八年起，先生奉命率第一軍等部移駐關中，歷任第十七軍團長、第三十四集團軍總司令、第八戰區副司令長官、第一戰區司令長官等職，長期經營陝、甘、新地帶，並整編、督訓華北各戰場退守西北的部隊，高峰時計有十餘個軍番號。時人或以為，斯時先生麾下數十萬大軍「久訓未戰」，目的僅在圍困封鎖延安中共統治區。但其實，先生所部是最高統帥部直接控制的戰略預備隊，不獨身負保護戰時首都重慶、鞏固西北屏障的重責，同時奉最高統帥部之調度，分派兵員赴華北各省前線，甚至空運支援西南地區，對抗戰全局有不可抹滅的貢獻。總之，先生曾在對日戰爭中扮演的重要角色，應是無庸置疑。

抗日戰爭結束，內戰繼起。一九四七年，先生率部攻克延安，一度大振國軍士氣。然不幸隨後戰局逆轉，先生亦難孤木獨撐，所部在一九五〇年春覆沒於川、康一帶。由於先生統兵眾多，且負方面重任，其軍事之失利不免遭致若干物議。即令如此，先生無一語以自辯，而是決心追隨領袖將革命事業從頭做起。

一九五一年，先生化名「秦東昌」，前往浙江省大陳列島，擔任江浙反共救國軍總指揮兼浙江省政府主席，整理及指揮反共游擊部隊，並且數度相機主動出擊。一九五五至一九五九年間，復擔任澎湖防衛部司令官；期間，曾於一九五八年八二三砲戰之時，積極策應金門前線戰務，成為金門陣地的最重要後援。相較於抗戰時期作為大兵團指揮官的地位，先生遷臺後統兵不多，防區不廣，然其能屈能伸、不棄不餒、雍容大將的氣概，確實極為可貴。

綜觀先生一生志業，但見其救國心切、治軍嚴謹、治事勤勞，令人敬佩。本書收錄先生自一九三〇年代以降的各種書信、文稿、講稿、電稿等，內容含括軍事思想、軍事作戰指揮、青年組訓等範疇；讀者覽之，必有所體會。當中涉及的人與事，不獨是先生軍政歷程的忠實紀錄，實亦為中華民國歷經抗日戰爭、內戰及冷戰時期臺海軍事對峙的歷史寫照。如一九五〇年一月，先生自西昌致電中國國民黨總裁蔣中正，謂所部「血戰四日，彈盡援絕，陷入重圍，終遭覆沒；卅年先烈創業，毀於一戰」。悲憤之心，溢於言表。又如，一九五一年先生所作大陳列島軍事部署筆記，以及與臺北方面的往來電稿，更反映當時反共游擊部隊的裝備缺乏，但戰鬥意志卻十分堅定昂揚。鐵血照丹青，讀來印象深刻動人。

先生哲嗣總統府資政胡為真先生，決於抗戰勝利屆滿七十年之際，除刊布其先翁日記外，復增訂《胡宗南先生文存》。本書之增訂與重刊，不僅紹述一位黃埔名將的個人事蹟、對國家的貢獻，更在深刻反思國家走過的路程。先生在大陸時期的發跡，繼而遭逢政治軍事的變局，隨後於臺灣重起爐灶，每一階段都與國家的運命息息攸關。是以，本書絕對是民國史研究的重要史料，對政治、軍事史研究領域尤有重大意義與價值。謹為序。

國史館館長　呂芳上　敬誌

中華民國一〇四年十二月二十日

【原序】
宗南文存

胡宗南先生之歿，忽忽已周年矣。作者秉其遺志，以興學育才為務，華岡新校，草創規模。茲者吾校大成館之二樓設「宗南堂」，陳列其遺物，以資紀念。友好輯其文稿，得十萬言，頃亦付梓。其夫人葉霞翟女士，以序言見囑。傷大樹之飄零，撫遺書而長嘆，追憶故人，泫然流涕。

宗南生於浙江天目山之北麓，雲樹參天，琅玕萬頃，其深情雅致，淡泊自甘，實為鄉土所孕育。壯歲遊學金陵，仰高山而懷先烈，過城垣而思故國，先憂後樂之志，曷能自己？及國父開府廣州，總統建軍黃埔，珠江粵海，嵐影波光，宗南乃獻身於此鎔鑄革命軍人之洪鑪。自北伐至抗戰，南起五嶺，北迄幽燕，大河長江，均有宗南之戰績在。方其馳驅隴坂，陟險秦嶺，駐節天水，甄陶多士，用意尤為深遠。抗日聖戰既起，淞滬交兵，中外刮目，其後則坐鎮西京，扼守潼關，敵人終不敢以一兵一卒渡河，保關中即以保巴蜀，桓桓上將，國之干城。戡亂之役，宗南躬率師旅，直搗延安，民心士氣，為之一振。顧俄共喪膽，而除惡未盡，因世局之飄蕩，召東亞之沉淪。宗南輾轉於川康山谷之間，大義凜然，樹幟於大陳澎湖之澳，國威重振。綜觀宗南之生平，為國史之寫照，亦版圖之縮影，音容雖杳，遺愛長存。

陸宣公曰：「兵法非他，人情而已。但以人情區處，即是兵法。」宗南之治軍，最富於人情味。平素好學深思，心知其意，戰時則清明在躬，出奇致勝。戡亂以武，愛民以仁，安閒肅穆，厚重強固，故軍旗所指，常能一舉而定。大將之責，首以得人為務。宗南之於將校，推誠相與，真有「解衣衣我，推食食我」之概。曾文正公所謂「克己而愛人，去偽而崇拙，躬履諸艱而不責人以同患，如遠遊還鄉而無所顧悸。」此為宗南之所自勉者，古稱「為將之道、軍井未汲，將不言渴；軍食未熟，將不言饑；軍火未燃，將不言寒；軍幕未施，將不言困。夏不揮扇，冬不衣裘，雨不張蓋，與眾同也。」此為宗南所躬行實踐者。惟能與士卒共勞苦，故士卒皆樂為死戰。宗南一生清廉，嚴以律己，不著私慾，不存私意，有功能忘，有勞不伐，恂恂然如儒者。故臨敵作戰，士卒之情，數十萬人只是一心。仁義之師，所向無敵，夫豈偶然哉？

宗南曾語予曰：「生平所拳拳服膺者，為《禮記．儒行篇》。」易曰：「大哉乾乎！剛健中正，純粹精也。」〈儒行篇〉之要義，即為「剛健中正」四字。故曰：「言必先信，行必中正……見利不虧其義，見死不更其守。」其剛毅有如此者。又曰：「儒有忠信以為甲冑，禮義以為干櫓，戴仁而行，抱義而處。今世行之，後世以為楷。身可危也，而志不可奪。博學而不窮，篤行而不倦，慕賢而容眾。苟利國家，不求富貴。」其特立獨行有如此者。余初識宗南在民國九年，四十年來，觀其精思力踐，情意懇摯，未嘗一日稍懈。其夫人告余曰，宗南已病甚，其進醫院時，車中仍正襟危坐，不稍傾倚。孔子曰：「吾未見剛者。」宗南其庶幾近之矣。

宗南盡忠報國，悲天憫人，夫豈欲以文辭自表顯者？然中國智信仁勇嚴之軍人魂，流風餘韻，吾於宗南之為人彷彿見之。古來名將，立德立功立言，在吾民族生命中俱為不朽。鑒古衡今，知人論世，當於宗南是書而有取焉。是為序。

鄞縣　張其昀　于華岡

中華民國五十二年五月

胡宗南先生陸軍官籍表

經歷

任官			服役			任職				離職		
官位	任年月日	文號	役別	年月日	文號	職別	第一級主官	任年月日	文號	離年月日	文號	離職原因
陸軍中將	二四、四、九					國民革命軍教導一團少中尉見習		一三、一二、一		一四、五、一		
上將銜	三四、一〇、三					國民革命軍教導二團上尉營附		一四、五、一		一四、九、一		
二級上將	四二、一〇、五	台統一字四〇八五號				國民革命軍教導二團少校營長		一四、九、		一五、六、一		
						國民革命軍一師二團中校團附		一五、六、一		一五、一一、一		
						國民革命軍一師二團上校團長		一五、一一、一		一六、五、一		
						國民革命軍第一師少將副師長		一六、五、一		一六、一〇、一		
						陸軍第二十二師中將師長		一六、一〇、一		一七、七、一		
						陸軍第一師第二旅少將旅長		一七、七、一		一八、一〇、一		
						陸軍第一師第一旅少將旅長		一八、一〇、一		一九、六、一		
						陸軍第一師少將代師長		一九、六、一		一九、一二、二九		
	二三、一二、三一	簡字八〇〇號				陸軍第一師中將師長		一九、一二、二九		二五、九、八		
	二五、四、一四	銓字八六三一號				陸軍第一軍中將軍長		二五、九、八		二六、九、二二		
						兼陸軍第一師師長		二五、九、八				
						兼甘肅學生集訓總隊總隊長		二六、四、五				

經歷

官位	任官 任年月日	任官 文號	服役 役別	服役 年月日	服役 文號	任職 職別	任職 第一級主官	任職 任年月日	任職 文號	離職 離年月日	離職 文號	離職原因
						兼津浦南段警備司令		二六、五、三				
						陸軍第十七軍團中將軍團長		二六、九、二二		二八、八、一		
						兼中央軍校西北訓練班主任		二七、三、八				
						兼陸軍第廿七軍軍長		二七、六、一九				
						兼軍委員幹四團教育長		二七、六、二				
						陸軍第三十四集團軍中將總司令		二八、八、一		三一、七、二三		
						兼西北游幹班教育長		二八、八、一六				
						兼軍委員會幹四團團附						
						第八戰區中將副司令長官		三一、七、二三		三三、七、三		
						兼中央軍校七分校主任						
						第一戰區中將副司令長官		三三、七、三		三四、一、九		
						第一戰區中將代司令長官		三四、一、九		三四、七、二		
						第一戰區中將司令長官		三四、七、二		三四、一〇、一一		
						第一戰區上將銜司令長官		三四、一〇、一一		三六、三、一		

經歷												
任官			服役			任職				離職		
官位	任年月日	文號	役別	年月日	文號	職別	第一級主官	任年月日	文號	離年月日	文號	離職原因
						鄭州綏署上將銜副主任		三四、一二、八				
						西安綏署上將銜主任		三六、三、一				
						兼西安陸軍訓練處處長		三七、一、二七				
						兼陸軍第十二編練司令官		三八、二、一				
						兼川陝甘邊區綏署主任		三八、八、一				
						西南軍政長官公署上將銜副長官兼參謀長		三八、一二、一				
						總統府戰略顧問委員會陸軍二級上將戰略顧問		三九、三、三一				
						江浙反共救國軍陸軍二級上將總指揮		四〇、一二、一七		四二、八、一六		
						浙江省政府委員兼主席		四〇、四、四				
						澎湖防衛司令部陸軍二級上將司令官		四四、九		四八、二		
						總統府戰略顧問委員會陸軍二級上蔣戰略顧問		四八、一、一一				

學歷

學校名稱（原校名）	期	科	（入）年月日	畢業年月日	畢業分數	考語
中央陸軍軍官學校	一		一三、六	一四、二		
國防大學	二		四二、九	四三、二		學養深厚，忠貞堅定，剛毅果決，智深勇沉，研究熱心。
國防研究院	一		四八、四、一五	四八、一二、一九		

著作

名稱	出版者

勛賞

事蹟	種類	年月日
	三寶	二〇、一
	三雲	二五、四
	革命十週紀念	二五、一〇
	二寶	三五、四
	忠勤	三四、一一
	勝利	
	二雲	三三、九
	青白	三五、四
	一雲	三六、八
	河圖	三六
	美司令官勳章	三七、二

獎勵

事蹟	種類	年月日
	陸甲一	二六、六
	華胄	二七

懲罰

事由及種類	年月日	撤銷原因年月日

家屬

稱	氏名

目次

統一時期

電函

文論

剿共時期

電函

文論

抗戰時期

電函

日記

信函

文論

政治協商及軍調時期

電函

日記

文論

國共內戰（戡亂）時期——西安

電函

• **民國三十六年十月**　「北攻東守」而非「北守東攻」：胡主任呈報蔣主席陝北第九期作戰計劃。253

• **民國三十六年十月九日**　蔣主席指示必須「東攻北守」，並責備胡主任。254

• **民國三十六年十月十日**　胡主任再呈報蔣主席，陳述第九期作戰計劃之理由：若東進必先攘北！255

• **民國三十六年十月十八日**　劉斐作戰次長呈蔣主席，強化「東攻北守」戰略 256

• **民國三十六年十月二十二日**　胡主任呈蔣主席，僅能以三個旅東進策應五兵團作戰。256

• **民國三十六年十月二十九日**　蔣主席再函勸胡主任抽調兵力向東 257

• **民國三十六年十一月三日**　陝境國軍兵力嚴重不足，胡主任電呈蔣主席，建議在關中成立三個師，但未獲同意。257

。**民國三十七年元月三日**　胡主任呈蔣主席，共軍準備圍攻山西臨汾，如派軍援救實力不足且道遠，緩不濟急。258

• **民國三十七年元月二十四日**　蔣主席再電示胡主任：將部隊調往東邊圍剿陳毅、陳賡，並赴洛陽。259

• **民國三十七年二月二十四日**　胡主任對蔣主席指示回復遵辦，並呈報派盛文參謀長飛南京面報。259

• **民國三十七年二月二十五日**　胡主任呈報奉命調兵往東後，中共大軍立即南下圍攻宜川，只得派廿九軍赴援。260

• **民國三十七年三月二十五日**　宜川失守後，國軍不得不撤離延安孤城。胡主任呈蔣主席懇准延安守軍（南下）參加關中作戰。261

• **民國三十七年三月二十六日**　胡主任呈蔣主席請閻錫山主任就近派軍支援臨汾 262

信函

文論

國共內戰（戡亂）時期——漢中（南鄭）

電函

日記

信函

國共內戰（戡亂）時期——四川

電函

國共內戰（戡亂）時期——海南

電函

信函

國共內戰（戡亂）時期——西昌

電函

文論

大陳時期

電函

日記

信函

文論

澎湖時期

信函

文論

臺灣時期

日記

信函

文論

附錄

年表

統一時期

民國 13 年至民國 21 年

投筆從戎，北伐統一

民國十二年十一月，黃埔軍校在上海招生，胡宗南先生時年二十八歲，擔任吳興王氏小學教員八年，有感於國家仍處於分裂動盪不安之局，決心投筆從戎，報效國家，乃前往上海應考，獲得錄取，從此步入軍界，追隨黃埔軍校校長蔣公東征西討，南戰北伐，為國家之統一發展而努力。

民國十三年，宗南先生自黃埔軍校第一期畢業，次年三月間參加東征棉湖戰役。作戰之前，他曾致函賀衷寒同學說：「國危民困，至今而極，既不能救，深以為恥，現身革命，所為何事？此次出發，但願戰死。」他有必死的決心，作戰有功，因此從中尉晉升上尉。

十一月間第二次東征河婆之役，宗南先生擔任營長，率軍擊退陳炯明部隊之後，駐守汕頭。

民國十五年夏，第一師參加北伐，軍次株州，宗南先生升任上校團長，率領第二團參加銅鼓之役，擊破孫傳芳部隊，歷經南昌之役，克服江西。

民國十六年，富陽之役，再次擊破孫傳芳主力部隊，克復杭州。進軍上海，掛國旗進入租界區揚威，市民夾道歡迎。宗南先生晉升第一師少將副師長兼任第二團團長，駐守南京，旋即渡江北伐，軍至山東郯城而還。

八月間，因寧漢分裂，蔣公引退，軍政失衡，孫傳芳趁機收復失土，進擊龍潭，第一師從杭州馳援，擊退孫傳芳部隊。十一月間第二次渡江北伐，克復蚌埠，宗南先生升任第二十二師師長，率軍攻克徐州。

民國十七年，宗南先生克服韓莊，收復濟南。六月間北伐軍攻克北京，東北易幟，北伐完成，全國部隊整編，第二十二師整編為第一師第二旅，宗南先生擔任少將旅長，移駐徐州，整訓部隊。

民國十八年，因馮玉祥、李宗仁不接受裁軍整編，桂軍在武漢叛變，蔣公下令西征，宗南先生率軍從徐州進入武漢保衛蔣公。馮玉祥叛變後，第一師第二旅進入河南，回師武漢。唐生智在鄭州叛變，宗南先生改率第一旅入豫討伐。

十九年一月，唐軍九位團長投降，唐軍瓦解。宗南先生率第一師第一旅由武漢進駐徐州備戰。四月間，汪精衛、馮玉祥、閻錫山舉行擴大會議，準備對中央軍攤牌。五月間中央下令討伐，中原戰起，宗南先生代理第一師師長，沿隴海路作戰，擊潰馮玉祥主力部隊，即菜油坊之戰。十一月，進駐開封，宗南先生晉升師長，開設軍官訓練班，積極整訓軍隊。

二十年，宗南先生率軍入河南，平定石友三叛軍。六月間，兩廣事起，宗南先生率軍入江西，駐軍萍鄉，兩廣事平，奉命開赴吉安剿共，因九一八事變發生，軍隊改調鄭州，成為華北安定力量，宗南先生時年三十六歲。

從民國十三年進入黃埔軍校，至民國二十年擔任少將師長，前後八年，宗南先生軍旅匆匆，甚少留下日記、書函、文論，因此，在統一時期所蒐集的函電，都是從國史館所保存蔣中正總統的檔案摘出。至於「國民革命軍第一師第二團第一期北伐戰史」，則是宗南先生於民國四十五年擔任澎湖防衛司令時請北伐時擔任他的參謀長的史銘執筆的回憶。有關此一時期的歷史大事和宗南先生的傳記，請參閱由臺灣商務印書館所出版「胡宗南先生四書」之《一代名將胡宗南》及《胡宗南上將年譜》。

電函

民國十九年八月十九日

蔣中正主席電示駐河南歸德之胡代師長，加強訓練整修陣地，及整頓訓練新兵以增討逆力量。[1]

背景說明：民國十九年中原會戰，胡先生時任旅長，因師長徐庭瑤負傷而升任代理師長。寧陵在河南東部靠近商坵。

「第一師胡代師長勛鑒：集中寧陵後望切實整頓訓練，對於新兵應日夜教練，尤須注重射擊與精神講話，使其明白討逆意義為要，並請在交通處領取跳越戰壕之竹梯，迅速組織分隊習練，俾得突破陣地後得以急進無慮障礙也，諸凡越外濠及除撤副防禦之各種動作準備，不厭其

1 胡先生自黃埔軍校第一期畢業後，即在蔣中正先生領導下參加各戰役，由於其表現而受到蔣先生注意，予以多次拔擢培植，並經常對其指示。全書亦取其中之若干指示，俾讀者更瞭解其多項作為之背景。

詳也；又寧陵前方之范庄、觀樓、瓦房、劉大、李集、姜庄、張水寨一帶之陣地，須重加修理，期於三日內完成。」（國史館檔案蔣中正總統籌筆典藏號 002-010200-00043-024）

民國十九年九月十七日

蔣中正主席電令胡代師長，限期趕到七女店、五女店一帶，夾擊逆軍。

背景說明：民國十九年中原會戰，胡代師長於該年九月間率第一師迂迴河南商邱、許昌、新鄭等地，協力擊敗馮玉祥叛部。

「急　並用飛機送

第一師無線電胡代師長勛鑒：聞貴師今午只能到張盤街，何如此遲緩，務限本日趕到七女店、五女店一帶，與我駐守該寨之部隊夾擊逆軍，萬勿再緩為要。」（國史館檔案典藏號 002-010200-00048-019）

民國二十年四月一日

蔣中正主席電示胡師長密保一人為警衛特務團長

「開封第一師胡師長勛鑒：警衛特務團長擬調一人，希選擇有能力、耐勞苦而忠勇者，密保為要。」（國史館檔案典藏號 002-010200-00056-074）

民國二十年十二月十九日

胡師長於河南鄭州得蔣中正先生辭國民政府主席職通電之後復電。

「一、鈞座辭電到鄭州，全軍徬徨，立請指示方針，以慰眾望。二、請迅令戴笠同志急組聯絡組，以聯絡各地忠勇同志為目的，為在野時間的領袖與幹部聯絡的惟一機關。每月經費約二千至三千元之數。請指定的欵。按月撥發。三、設法將在贛之第八十三師蔣伏生部調豫或鄭，以免為中傷云云。」（國史館「蔣中正總統事略稿本」，民國二十年十二月十九日）

附：

㈠蔣中正主席於民國二十年十二月十五日辭國民政府主席職，於十二月十六日，通電全國各總指揮及軍師旅團長。

㈡對於本電，蔣主席復稱曰：「篠電悉。第二項當照辦。惟蔣伏生部一時不便調動。」

文論

民國四十五年撰

國民革命軍第一軍第一師第二團第一期北伐戰史

前言

國民革命之目的，在求中國之自由平等，此吾黨總理孫中山先生數十年革命之心跡，而特於遺囑中所昭示於吾人者也，顧吾國之不自由、不平等孰為致之，係帝國主義者不平等條約所束縛，而使之然也，吾國民革命必須打倒帝國主義，而打倒帝國主義，尤須先剷除其工具與爪牙——北洋軍閥。民國十四年冬，兩廣統一，革命根據地鞏固，而全國革命之浪潮日益高漲，如是，即籌議出師北伐，打倒帝國主義，以統一全國，實行三民主義，完成國民革命之事業。十五年夏，第一師集結廣州；七月九日參加北伐誓師典禮後，即沿韶關、郴州、衡陽向株州推進，八月中旬集結完畢，列為中路軍之總預備隊，為各方之策應。軍長何應欽駐防潮梅，奉派為國民革命軍東路軍總指揮，率部攻閩，師長王俊、第一團團長孫元良、第二團團長倪弼、第三團團長薛岳，軍次株州，團長倪弼奉令調職，遺缺由該團第二營營長胡宗南升充，第一師即在株州集結待命，茲將第二團各次戰役經過分述如後。

一、銅鼓之役（圖1）

九月上旬，第一師由株州用火車向岳州輸送，五日車抵蒲圻，忽奉令原車開回長沙，星夜馳赴瀏陽，進攻楊鎮東之敵，八日至古港一帶，十一日至東門市，十二日經湘贛交界之鐵樹關，是夜分配兵力，以第二團任正面，第一團任左翼，第三團任右翼攻擊前進，敵亦向我進迫，於十三日上午，第二團在豐田、何家坳之線，與孫傳芳嫡系精銳第三方面軍第三軍副司令官楊鎮東之第七混成旅主力相遇，激戰半日，以該處地形不利於我，幾被包圍，是夜重新調配，決死抗拒，於十四日拂曉全團反攻，卒將正面之敵擊潰，而左右兩翼亦同時出擊，下午收復銅鼓追奔逐北，獲砲三門、機槍三挺、步槍二百餘枝，沿途遺棄槍枝甚多，斯時，第二軍在敵後截擊，俘獲無算，殘部向宜豐退卻。是役也，總司令蔣公察知孫傳芳大舉援贛，且將自贛西襲取長株，截斷粵漢交通，解除武昌圍困，使北伐之師首尾不能相顧，其形勢極為嚴重，究其影響所及，將使北伐功敗垂成，故飛調第一師馳往阻擊，使敵狡計不逞，固我後防，而我軍乃能奮勇攻克合圍已久之武昌，此蔣公用兵之神妙也。

二、樂化之役（圖2）

圖 1　國民革命軍第一軍第一師第二團銅鼓之役要圖

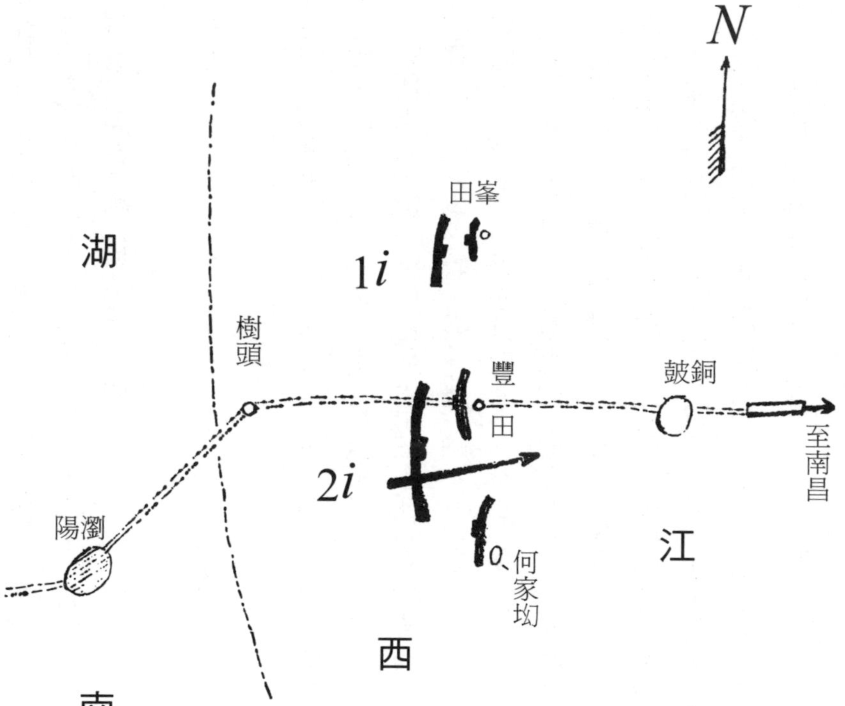

圖 2　國民革命軍第一軍第一師第二團樂化之役要圖

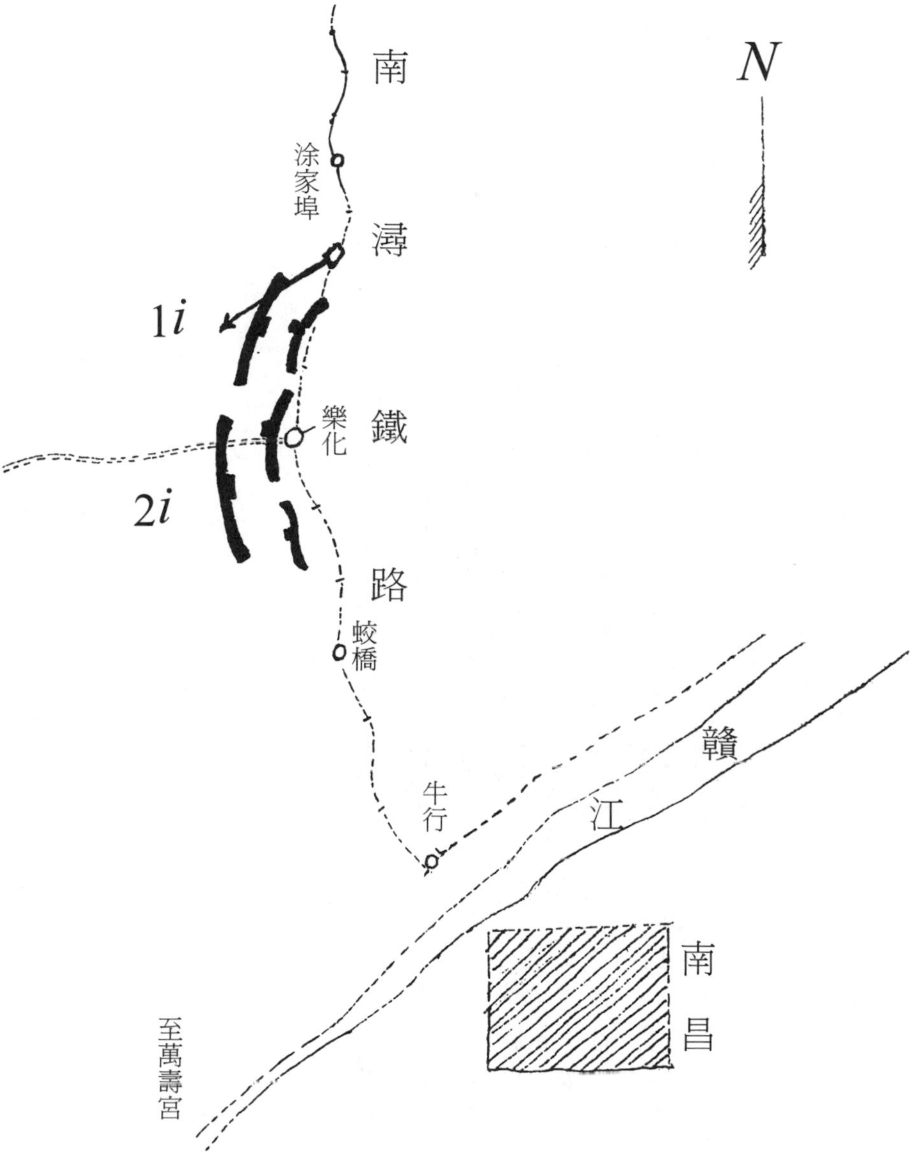

楊鎮東部被擊潰後，第一師乘勝向南潯鐵路推進，以截斷南昌與九江之聯絡；斯時，駐守樂化車站之敵為第三方面軍盧香亭之第三軍司令官崔錦淮部（孫逆基幹），九月二十一日第一師奉令攻擊該處之敵，第一團擔任左翼，第二團擔任正面，敵據守工事頑強抵抗，並由涂家埠調兵增援施行反擊，我第一團左側受敵威脅，激戰至次晨未克奏功，為保全實力乃奉令向柘林地區集中待命。

三、牛行之役（圖3）

十月間，我第六三軍圍攻南昌，敵負嵎死守，不克奏速效，而民間損失頗大，總司令蔣公乃循民眾之請，決心變改戰略，於十三日撤除南昌之圍，待殲滅南潯路之敵後再行解決南昌，我軍以遮斷南昌與九江之聯絡，於十月下旬第一師奉令攻擊牛行車站之敵，二十日第二團由生米街附近出發向牛行推進，前衛第三營下午三時行至距牛行四里許之長頭嶺，即與敵之警戒部隊發生戰鬥，激戰三小時，斃敵數十名，敵不支退回本陣地固守，次晨開始總攻，第一團任右翼、第二團任正面攻擊，該處為稻田及平地，可資利用之地形、地物，均被掃除，敵則據守深溝掩蓋之工事，並發揮砲兵火力頑強抵抗，我官兵奮不顧身，鼓勇猛攻，而敵軍亦密集出擊，往來衝殺，戰況異常慘烈，戰至是晚三時許，我左翼之第一團以受敵壓迫，陸續後撤，第二團決心死守，除保有第八連之一連外，大部兵力加入戰鬥，第二營營長李正華、第六連連長鄧伯玨、第九連連長張迪峯、連黨代表等九員不幸陣亡，副連長、排長死傷二十餘人，士兵死傷幾達全團三分之一，終以死傷慘重後援不繼，奉令向萬壽宮轉進，即以第八連為掩護，敵四出追擊，且戰且退，不幸傷亡士兵三十餘人，團長胡宗南在萬壽宮親撰悼詞一首，情辭懇切、悲憤

圖 3　國民革命軍第一軍第一師第二團牛行之役要圖

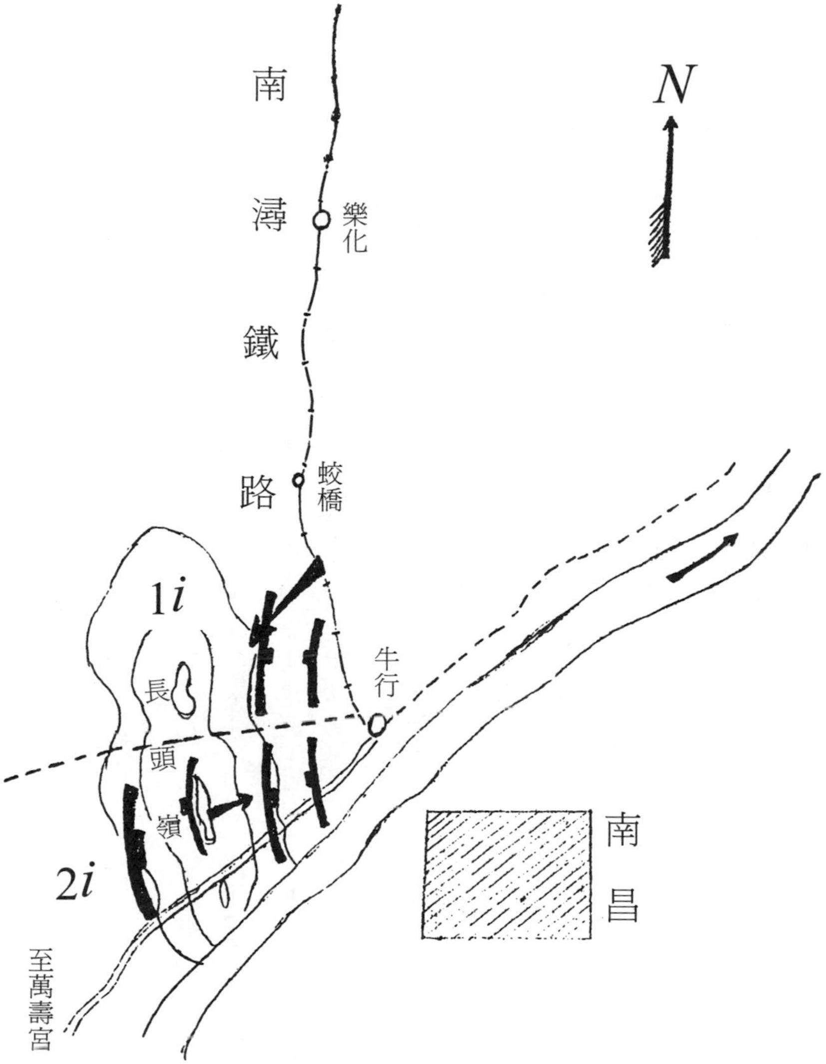

曷極，惜以事久境遷不能記憶為憾，第二團第二次克復南昌後，胡團長率領官兵前往戰地收拾遺骸，致祭忠烈。

四、南昌殲滅戰（圖4）

十一月一日，第一師奉令由萬壽宮出發，向牛行車站之敵反攻，四日下午第二團到達準備位置，五日晨開始攻擊前進，敵憑藉堅固工事激烈抵抗，並以密集部隊出擊，賴我官兵不避艱險奮勇向前，至六日晨，將該敵擊潰。第二團首先佔領牛行車站，七日上午南昌城內被圍之敵將江西總司令鄧琢如、第一師長唐福山、第九混成旅旅長張鳳岐等，豎起白旗聲言投降，第二團奉令渡過贛江，在城外將潰軍包圍，俘獲敵軍長李彥青、王良田等以下各級官佐數百人、士兵一萬五千餘人、各式槍枝萬餘枝、砲十餘門、騾馬數十匹，輜重無算戰績卓著，江西底定與有功焉。

五、新登之解圍

南昌克復，第一師王師長奉令調職，遺缺由第三團團長薛岳升充，而東路軍（總指揮何應欽）前敵總指揮部甫經成立，派王柏齡為總指揮，率第一、二、二十一等三師東出浙江，十一月下旬，第一師已推進嚴州附近，敵軍第三方面軍司令官孟昭月之第八、十兩師及第二方面軍司令官鄭俊彥之四、十兩師，佔領杭州後，孟昭月統率繼續向嚴州、蘭谿前進，十二月中旬，友軍第二十六軍張鳳岐部，在新登被敵包圍，情勢異常危急，第二團胡團長得悉情況，親率該

圖 4　國民革命軍第一軍第一師第二團南昌殲滅戰要圖

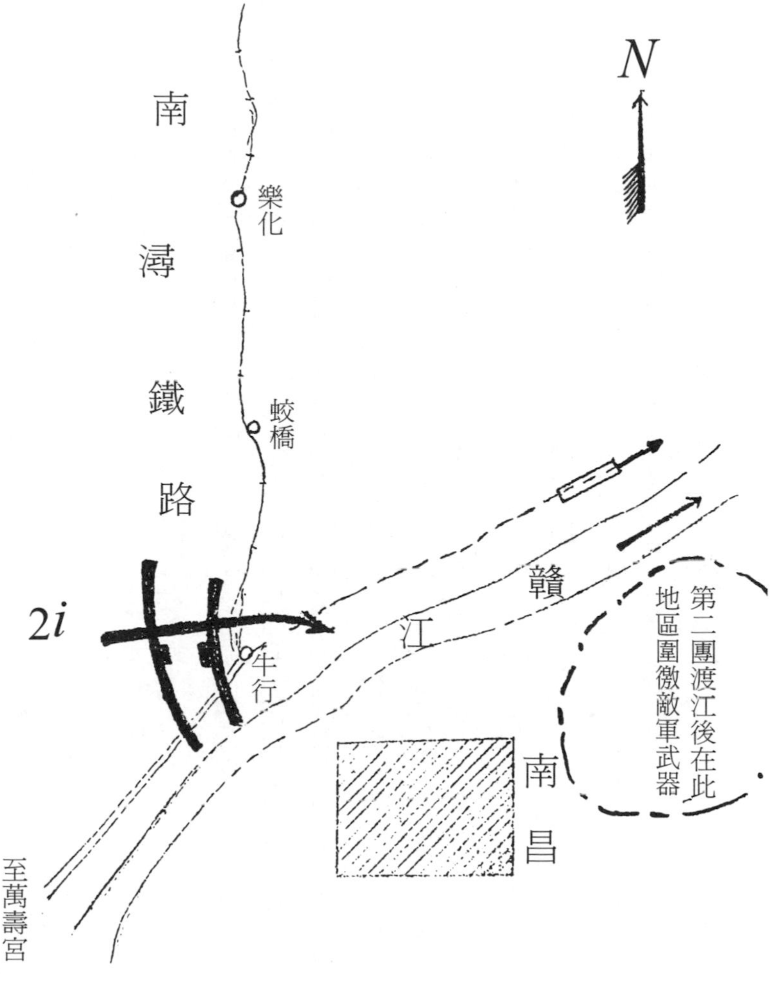

團輕裝簡從，星夜馳援激戰一日，卒告解圍，親書佈告安撫民眾後，率領難民返回原防，斯時，由贛閩入浙之部隊尚未到達預定地點，而敵軍為數甚眾，緊緊向我進迫，為掩護後續部隊之進出，及避免無謂犧牲，故二十六軍奉令撤至湯溪、第一師撤至龍游之線警戒。

六、洋埠之役（圖5）

十二月中旬，我東路軍前敵總指揮王柏齡奉令調職，遺缺由白崇禧接充，於一月十九日由南昌到達常山，而嚴州、蘭谿、金華、永昌之敵，正向我進迫，正面之敵孟昭月部，已抵達洋埠、湯溪之線，如再支持二十餘日，以俟閩中部隊之到達，則前途變化殊不可測，故不待由閩入浙部隊之集中，即毅然出擊，我第一、二、二十一等三師編為中央軍，由白總指揮直接指揮，一月二十九日拂曉，第一師向洋埠之敵攻擊前進，第一團任左翼沿江而下，第二團任正面攻擊，該敵係孟昭月師，裝備與素質均極優良，為孫部之精銳，據守設有外壕及掩體之工事，火網密織，而砲兵之射擊極為準確，地形平坦，前進頗為困難，激戰一日，無法接近陣地，入夜乃挑選勇敢與射擊特優之官兵五百餘人，攜帶手榴彈、短槍、大刀齊向敵陣最弱之點施行襲擊，前仆後繼，槍彈齊發、大刀飛舞，三鼓而攻入敵陣，左右兩翼乘勢夾擊，敵傷亡枕藉，卒告不支，於三十日拂曉向蘭谿潰退，第二團跟踪追擊，繳獲各式槍枝千餘枝、砲五六門，乘勝遂克蘭谿，當敵軍敗退之際，蘭谿民眾將浮橋北端拆除二節，潰軍不察，爭先搶渡，前擁後擠，浮橋傾覆，溺斃者無算，軍民合作之精神由此可見。

七、克復杭州（圖6）

圖 5　國民革命軍第一軍第一師第二團洋埠之役要圖

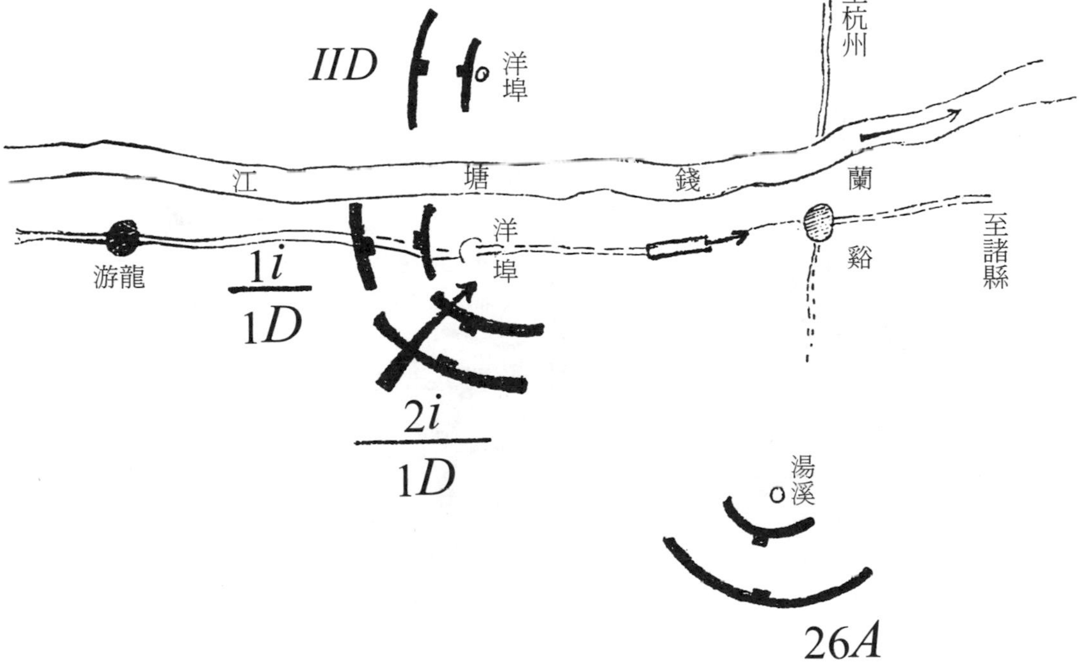

圖 6　國民革命軍第一軍第一師第二團張堰渡河之役要圖

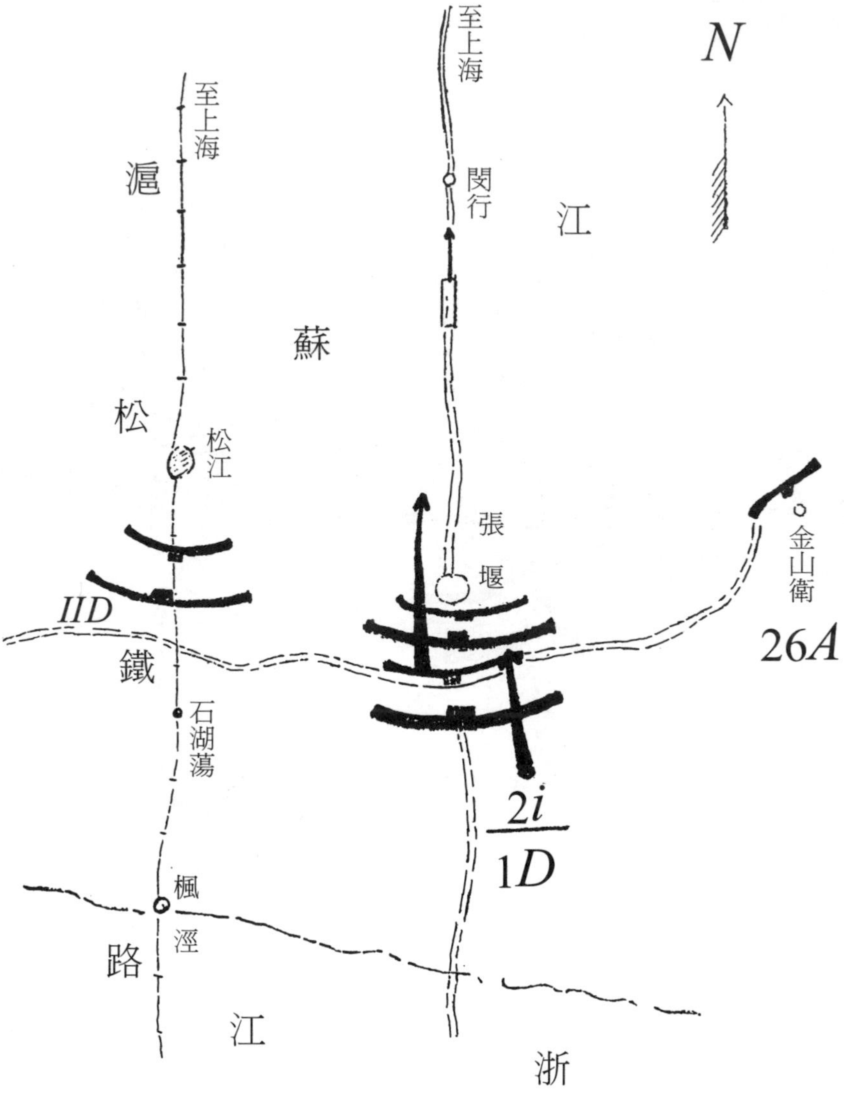

敵軍自一月二十九日湯蘭之役慘敗之後，向桐廬、諸暨逃竄，我軍亦乘勝分途追擊，孟昭月退回杭州後，整飭部隊復謀反攻，以段承澤部開富陽、劉士林部開諸暨、李俊義部開新登，孟則親到富陽督師，二月十一日，分由諸暨桐廬兩路向我進攻，均經我友軍迎頭痛擊，節節敗退。第一師第二團於十六日向杭州攻擊前進，當與富陽正面之敵發生接觸，激戰半日，將其擊退，該團乘勝追擊，即於二月十六日首先光復杭州，民眾擁護革命，翹望王師，夾道歡迎，壺漿爭餽，情況異常熱烈。

八、張堰渡河之戰

孫傳芳自浙敗後，其殘部孟昭月、劉士林、張復元、李俊義等部約萬人，分駐奉賢、松江、青浦之線，周蔭人部則集中於亭林、金山、衛松隱、張堰四處者各二團，葉樹、汆來廟二處各一團，欲保蘇境以圖反攻，並有魯軍張宗昌部、第八軍畢庶澄部，計三旅八團獨立團三萬餘人，另白俄部隊二千餘人，鐵甲車二列開抵上海，我軍為一鼓肅清底定東南，乃分路攻略上海，第一師即於二月二十二日沿滬杭鐵路向上海推進，迭克嘉興、嘉善。三月十七日第一師奉令渡江，攻擊張堰之敵後，側擊松江，第二團於是日上午徵集渡河材料準備一切後，下午開始向對岸之張偃攻擊前進，敵據守江岸頑強抵抗，經我官兵之奮勇火力之制壓數次強渡，卒於黃昏前渡江成功，敵則退守張偃陣地固守，第二團亦乘勝緊迫攻擊，激戰至十八日晨四時許，正是敵軍死傷慘重，戰局危殆之際，忽由上海調來白俄部隊千餘人，飽飫肴酒，攜帶短槍、大刀、手榴彈，向我衝鋒，來勢極為兇悍，第二團沉著應戰並捕獲白俄數名，詢悉敵情，計其酒醒力衰，於拂曉實行總反攻，激戰三小時，卒將該敵擊潰，乃以戰勝雄姿直取上海，首先佔領南市之兵工廠，當青天白日滿地紅之國旗，於此東亞第一大埠迎風高舉，百萬市民歡騰額慶，光復我東南半壁，此三月二十四日上午之盛事也，二十四日下午我軍亦克復南京，不久，第一師奉令拱衛首都，師長薛岳奉令調職，遺缺以志慮忠純、戰功輝煌之第二團團長胡宗南擢升。

綜觀第一師第二團參加各次戰役、攻堅犯難所向皆捷，虜獲之眾、戰績之著，實為全師之冠，蓋該團原為前黃埔教導第二團，歷經參加第一、二次東征及回師廣州各戰役，素著戰功，而紀律之嚴肅，士氣之旺盛，技術之優良，尚稱翹楚，惟自東征北伐，原久歷沙場之官佐，除團長胡宗南、參謀長史銘二人，現仍為黨國服務外[1]，餘均先後為黨國犧牲，忠烈之氣，沛然兩間，嗚呼盛矣。

民國二十年春

第一師師歌[2]

一

記著！記著！我第一師的同志們！
莽莽平原，泱泱河山，
到處有我們的血痕，
到處有我們的光榮。

二

起來！起來！我第一師的同志們！
準備熱烈，準備汗血，
要繼續先烈的生命，
要完成先烈的事業。

三

前進！前進！我第一師的同志們！
為主義死，為主義生，
時代沒有我們的敵人，
時代沒有我們的敵人。

---

1 本文初稿係胡宗南先生囑黃埔一期之史銘先生於民國四十五年所撰。
2 第一師師歌係作於民國二十年春季，河南大學教授吳造莪製譜，胡宗南先生親自作詞。

剿共時期

民國 21 年至民國 25 年

剿共抗日，西安事變

從民國二十一年到二十五年，江西安徽剿共時期，日本趁此機會發動「一二八淞滬戰爭」，目的在製造藉口發動對華侵略戰爭。

中國共產黨在蘇聯協助下，於民國八年五四運動時，在北大先成立「社會主義研究會」，次年三月改為「馬克思主義研究會」，五月，中國共產黨臨時中央在上海成立，並在各地建立地方組織。民國十年七月，中國共產黨正式在上海成立，在共產國際的領導下，與國民黨建立聯合戰線。以個人名義加入國民黨發展組織，但孫中山雖決定「聯俄容共」的政策，他與共產國際代表越飛的聯合宣言中即明言「共產主義不適合中國」。

由於共黨的作為，民國十五年五月，國民黨決定清黨，七月誓師北伐，共產黨決定利用北伐在上海等地發動工潮，製造罷工，奪取武裝。十六年五月在長沙發動暴亂。共黨並在廣東海豐、陸豐、廣州成立蘇維埃政府，但迅即被國民革命軍平定。然而，共軍勢力已經在江西、安徽、河南等地分別發展。國民革命軍北伐成功後，還需繼續與共軍及各地叛軍作戰，同時也要對付不斷挑釁的日軍。

民國二十一年，日軍發動「一二八淞滬戰爭」，企圖佔領上海，胡宗南將軍奉命率第一師秘密開進京滬線，分駐棲霞、龍潭各站，準備參加抗戰。後來移駐常州，趕築防禦工事與道路，以利軍隊調動移防。五月，淞滬停戰，第一師奉命進入安徽剿共，克復六安、霍山等縣。

宗南先生為了安定地方，決定派部屬戴濤撫輯流亡，組織民眾，救濟災民。他對戴濤說：

「以軍隊剿共，軍隊去則匪又來，若組織民眾使抗匪，則可省軍隊之力，使民眾安居，知有生之可樂，自不願從匪，匪乃無所施其技，而匪患潛消矣。此為根本要圖，汝宜盡心為之」。戴濤遵照辦理，在三王河、磨子潭等地慰災賑濟，開辦診所、學校，協助居民生產，歷經半年，共軍不敢來擾。

宗南先生早於民國十六年在南京擔任團長時，即已主張，「清黨在軍隊容易，問題在青年與農民，今後農民問題如不解決，中國的命運前途，是堪憂的。」

他一貫主張運用民眾力量，使為反共堡壘。証之六安霍山的措施，以及日後在陝北動員指揮部，建議成立豫魯冀挺進軍，都是根據此一想法而來的。

七月間，金家寨被第十師攻克後共軍徐向前率軍奔走湖北，第一師奉命前往鄂東，轉戰黃陂，擊退來犯之共軍。此時南昌空虛，共軍來襲，第一師趕往南昌坐鎮，援軍到達後，轉往武昌，再追剿徐向前部隊，由湖北經河南進入陝西，追至川陝交界的大巴山。由於四川當地的軍人不願中央軍入川，民國二十二年，宗南先生乃率領第一師，由漢中入甘肅，分駐隴南各縣，安定甘肅。為了訓練軍隊，在天水設立中央軍官學校西北軍官訓練班，培養軍官人才及無線電人才，同時修橋築路，提倡新生活，協助地方建設，改進當地鴉片風氣。

二十四年元月，共軍徐向前部隊進逼廣元，川軍失利，第一師奉命接替川軍駐守，才能入川，並在廣元保衛戰擊退共軍。

江西共軍經政府軍五次圍剿後，奔向貴州，經遵義會議決定向北前進，與陝北共軍合股，宗南先生奉命率領第一師追剿，在松潘苦戰八個月，才回師駐守甘谷。

甘谷苦寒，宗南先生因此受寒致病，蔣公特派冷欣陪同前往南京醫治，歷經一個月養病後始痊癒。此期間，蔣公曾多次致電詢問病情，極為關切。

二十五年三月，第一師移駐陝西潼關，六月間兩廣有異，第一師移駐長沙待命。兩廣安定後，宗南先生率軍回駐陝西西安，並擴編為第一軍。

共軍進入陝北後，積極擴大力量，據有陝甘邊境，因此，西北剿共司令部成立於西安，由張學良擔任副總司令，原在華北的東北軍，也調到關中，歸張學良指揮。

兩廣事變時，共軍侵擾隴東，宗南先生率第一軍入甘剿共，包圍共軍，但突接張學良電報，所有剿共部隊就地停止，等待命令，因此，共軍得以突圍而去。

宗南先生正疑慮間，忽接到有關張學良、楊虎城叛變，以「停止剿共、共同抗日」為由，扣留蔣公在西安的消息，此即民國二十五年十二月十二日的西安事變。

十二月十四日，胡宗南將軍領銜的二百七十五位青年將領，聯合致電張學良，要求儘速釋放蔣公，他並統一指揮在甘中央軍，迅速南下寶雞，威脅西安的張、楊部隊，十二月二十五日，張學良在各界的壓力之下，釋放蔣公，並陪同蔣公回到南京。

從民國二十一年到二十五年，蔣公曾多次致電宗南先生，對其近況多所關懷與勉勵，宗南先生也曾於民國二十一年發表致中共公開信，呼籲共軍投誠。

宗南先生等青年將領致張學良電文，如今得以完整保存下來，已經成為重要的歷史文件。

電函

民國二十一年十二月二十五日

蔣中正委員長令胡師長猛力進剿，肅清徐向前共軍俾全力準備抗日。

背景說明：民國二十一年初，胡師長率軍秘密支援一二八淞滬會戰，戰後即入安徽剿共，克服六安、霍縣，七月支援武漢、南昌，九月追剿中共徐向前，自鄂北、豫南入陝西，擊斃共軍首腦蔡昇熙，一直追至川、陝交界之大巴山脈。

「曹參謀長轉胡師長宗南：近日進剿詳情如何？據報，倭寇不久必侵犯熱河，進取華北，甚望努力將徐匪肅清，俾得早除匪患，專力抗日，克竟全功。近日各處軍政皆有進步，而以杭州航空為尤好，如能自強不息，當不難轉危為安，希嚴督所部，猛力進剿為要。　中正」（國史館檔案典藏號 002-010200-00074-047）

民國二十二年二月八日

蔣委員長電胡師長，調第一師到碧口，以為經營西北之基礎。

「決第一師調天水碧口，而調孫蔚如部回漢中，駐防陝南。希即照此進行，並速派有力之一旅到碧口駐防。」[1]（國史館檔案典藏號 002-020200-00022-098）

民國二十二年六月二十四日

蔣委員長電示胡師長嚴防共軍西竄。

「共軍在川北已佔優勢，尤以廣元為川，陝、甘三省要衝，與碧口相近，應增兵嚴防。」[2]

（國史館「蔣中正先生年譜長編」第四冊，頁一一九。）

---

1 按，孫蔚如係楊虎城部十七師師長，駐天水，孫部在甘肅包庇稅收，軍紀不佳。碧口為川陝甘要道。蔣委員長於十三日又電示胡師長稱「匪必向甘南竄，希速令前頭一旅限期到達碧口佈防，其餘各旅除留一部以待接防部隊外，主力速向天水碧口推進，勿延。」見國史館「蔣中正先生年譜長編」第四冊，民國一〇四年出版，頁二七—二八，另見臺灣商務印書館《胡宗南上將年譜》增修版，民國一〇三年出版，頁四〇—五〇。

2 按，川軍前此不願胡師長率中央軍入川，表示能自行剿滅共軍，但此時徐向前共軍已連敗川軍，進據川北要地廣元。

民國二十二年九月二日

蔣委員長電詢胡師長近況，並勉勵。

背景說明：胡師長奉命於是年二月底率部自陝西漢中移駐甘肅天水，並派一團駐蘭州，是為中央軍駐甘肅之開始。當時胡師長仍為單身，要到三年多以後才遇到後來的夫人。

「鄭州第一師辦事處轉胡師長：接函甚慰。未知近日安抵防地否，此次來廬相見，未盡所懷，別後殊拳拳不置；弟年已卅五而尚無家室，尤為繫念，此後久駐西北，應為革命盡職，立德立功，為人生一切基礎，古人成業而後立室者，不止一二。希專心服務，如未得電召，勿思東歸為要。　中正」（國史館檔案典藏號 002-010200-00093-014）

民國二十二年十二月四日

蔣委員長電令軍委會辦公廳主任朱培德等不能輕移胡師長部隊。

「胡（宗南）師駐隴為未來植開發西北之始基，為現在堵川中徐（向前）匪之西竄，任務重要。苟無他部接防，絕不能輕移。」（國史館「蔣中正先生年譜長編」第四冊，頁二四三。）

民國二十三年二月十日

蔣委員長電胡師長，甚念辛勞。

背景說明：胡師長率第一師駐於甘肅天水，當地環境艱困，第一師致力協助民生，造林開路，禁鴉片，倡新生活。

「第一師胡師長：中（蔣中正委員長）刻抵南昌，閩逆全部繳械與改編完畢。此次逆軍無一漏網，實為開革命戰史之創例，西北將士辛勞，無時不念，望努力珍重，以副厚望。　中正」

（國史館檔案典藏號 002-010200-000103-064）

民國二十三年八月八日

蔣委員長電示胡師長，禁止復興社在部隊活動。

「如有在部隊活動之會員，未得弟之同意者，應一律開除……如再有此等活動，即係藉公濟私，陽奉陰違者之所為，照律懲治可也。」（國史館「蔣中正先生年譜長編」第四冊，頁三九六。）

民國二十三年九月六日

軍政部何部長電陳蔣委員長，胡師長力請中央派軍入川剿共。

軍政部長何應欽電陳蔣委員長，謂胡師長電稱「中央若不定入川大計，前途將不堪設想……」。（國史館「蔣中正先生年譜長編」第四冊，頁四一八。）

民國二十四年五月二十三日

蔣委員長電示胡師長固守松潘城防。

「據共軍俘虜供稱，共軍向松潘東北進擾，且構築工事，可知松潘部隊對其駐地附近之偵探搜索猶未實施。應乘共軍徐向前主力尚在茂縣川北一帶與川軍對峙時，多組有力之別動隊，肅清疊溪以北地區之殘餘共軍，但一面仍須鞏固松潘城防，尤應切實訓練偵探、搜索及伏兵使用為要。」（國史館檔案典藏號 002-020200-00030-009）

民國二十四年十二月二十一日

蔣委員長電慰胡師長病情（其一）

「天水第一師胡師長：聞弟病甚念，近日病狀如何？傷寒病除靜臥與節食外，並無他法……醫生明日可飛天水。　中正手啟」（國史館檔案典藏號 002-010200-00149-017）

民國二十四年十二月二十五日

蔣委員長電慰胡師長病情（其二）

「第一師於參謀長[3]轉胡師長：弟病如何？前電未復，甚念。盼立復。　中正手啟」（國史館檔案典藏號 002-010200-00149-027）

民國二十四年十二月二十五日

蔣委員長電張學良詢胡師長病情

「西安張代總司令勛鑒：宗南師長病狀如何？西醫有否飛甘醫治？盼復。　中正」（國史館檔案典藏號 002-010200-00149-028）

---

3 於參謀長係於達，字憑遠，保定軍校三期。

民國二十五年三月二十四日

蔣委員長電張學良及胡師長指示第一師部署，並令軍政部何部長改第一師為軍。

「第一師先頭部隊可暫令其集中潼關附近，不必開洛陽……」。

「第一師先改為軍，將來可分編三個師，先發表胡宗南為軍長」。（同日，電軍政部長何應欽，國史館「蔣中正先生年譜長編」第五冊，頁四四—四五。）

文論

民國二十一年末

胡師長致中共公開信，呼籲其投誠中央。[1]

背景說明：胡師長於民國二十一年五月奉命率第一師入皖清剿共軍，共軍被擊潰後向西逃逸，前後經過湖北、河南、陝西、四川、甘肅，地方軍隊如楊虎城部等多未協力清剿，甚至在漫川關等戰略要地還對共軍網開一面，而第一師則始終尾追於共軍之後，直至川陝交界之大巴山。當時由於四川地方軍人鄧錫侯、田頌堯等不願中央軍入川，紛向中央強調能夠自力剿滅殘共，而甘肅政局亟須整頓，中央乃命第一師轉入甘肅。

「……追來追去，逃來逃去，在這裡我們又遇見了。像這樣追追逃逃，逃逃追追，到何日才

1 此為民國二十一年底，胡師長在追剿共軍時，於前線致中共的一封公開信，原載涂心園博士回憶手稿：「七分校點滴：兼憶胡宗南主任」，民國七十四年八月撰於美國華盛頓。涂博士曾任中央軍校第十分校政治教官，抗戰勝利後赴美深造，其後任職美國聯邦政府。

能終止？而真正受到損失與蹂躪的，還不是國家和老百姓？為了國家，為了人民，特向你們呼籲，放下武器，棄絕共產主義，投誠中央，以免生民塗炭，國力受損。」

民國二十五年十二月十四日

西安事變時青年將領胡宗南等二百七十五人忠告張學良電[2]

「西安張漢卿先生臺鑒：委員長為我全國唯一之領袖，亦我國家生存所託命，此為國內國外一致所公認，執事突犯尊嚴，敢行威迫，聞訊之餘，幾難置信。委座平日所以愛護執事厚待執事者何如，乃竟出此駭人聽聞之異舉，對黨國為違法亂紀，在個人為喪心害理。無論此事出於執事一時心志之失宰，或別有乖謬離奇之策動，於公於私，均不可恕。同人等悲憤驚痛，尤不可以言語形容。執事自受委座薰陶，亦嘗矢言竭忠，願以救國自救，今當國家對外甫有出路，全國一致急起救亡之時，忽爾劫持總帥，使不得行使職權，執行國策，安內攘外事業，遭受頓挫，即此倒行逆施之一端，已為舉國民意所不容。執事須知，委座數年來堅苦卓絕，已使全國人民與其革命精神融籌為一體，委座之身體自由，或受一時之劫持，委座之革命意志及其精神，久已普及於全國愛國同胞之腦筋，尤深刻灌注於吾軍校同學每一個及全體將士之血液，此決非任何惡劣勢力所得而劫持。吾人早已將整個生命，交付於領袖，交付於國家；交付於領袖所致力之革命事業，頭顱熱血，準備隨時隨地為保障黨國實行主義完成革命掃除障礙而揮灑。

2此為民國二十五年十二月十四日之文，時載於南京《中央日報》。

執事試自審地位力量，究有幾何，即執事受人愚弄，亦試一估量執事所欲憑藉以倡亂叛國之力量，與全國愛國同胞及革命將士之總力相比較，又為如何，順逆成敗，寧非灼然可知。關於執事違叛黨國之舉動，中央執行法紀，已有命令，同人無俟贅言，唯念執事春秋方富，一時失足，天良應未全泯，心理當感徬徨，茲請以吾全體同學之意志，忠告執事，望執事內審天理，外恤公憤，及早悔禍，泥首請罪於委座之前，俾委座即復自由，出而繼續領導復興救國之大業，則中央與委座對執事如何曲加矜貸，自一聽中央與委座之裁處。萬一執迷不悟，使委座稍有差池，則吾全體同學，誓言不顧一切，悉力以赴，決不與執事及與執事有關之任何個人，共戴天日於此世，海枯石爛，此志不渝，特以迫切之意，為執事敷陳情理與利害，以期執事之覺悟與反省。抑憤陳詞，唯熟察之。　胡宗南、黃杰、李默庵、孫元良、李延年、俞濟時、賀衷寒、鄧文儀、毛邦初等二百七十五人代表全體七萬餘同學印。」

民國二十五年十二月十四日

西安事變時胡宗南等二百七十五位青年將領告袍澤書[3]

「此次張逆學良，突於西安稱兵作亂，通匪禍國，冒犯領袖尊嚴劫持統帥權威，蓄意破毀業經統一之國家與安定之社會，致造成其惡無可赦罪不容誅之逆行，此實我全體革命軍人最大之恥辱，亦即第二期革命歷史中最大之污點也。張逆今日以為脅迫領袖，劫持統帥，即可為所欲為，豈知領袖身體雖失自由，而領袖之主張與教訓，及領袖之意志與精神，並未失去自由，蓋我全國曾受領袖薰陶與感召之革命將士，及領袖所領導之全黨革命同志與全國革命同胞，誓死以求貫徹其主張，服膺其教訓，遵循其意志，發揚其精神，而與黨國之叛徒，決不共戴一天於此世也。同時深知張逆本人，雖以聯匪抗敵為倡亂謀叛之口實，觀其一己平日觀念之複雜，行為之放蕩，習慣之墮落，及其所部歷來受其觀念行為與生活習慣之影響，加以剖析，則知張逆本人及其所部，不但不足以抗敵，抑且不足以言聯匪也。蓋張逆本人及其所部之觀念行為，與生活習慣，雖不無土匪之遺傳，然實不夠赤匪之條件，吾人於此可以斷言，張逆聯匪之日，即張逆為匪所消滅之時，此種結果，實無待於著龜也。抑有進者，今日全國革命之同胞，全黨革命之同志，及我全體革命之將士，幾無一人而不深切認識國家統一與社會安定之重要，更無一人而不深切認識領袖多年來堅苦卓絕冒險犯難，以締造此國家統一與社會安定局面之困難，此種認識，實即國家民族復興最堅強之基礎，張氏雖蓄意對此局面，加以破毀，但吾人深信舉世必能由其深切之認識中，以徵實此種破壞行為之罪惡。故在今日，不僅全體革命將士之熱血，足以浴殺叛逆，維護國家統一與社會安定而有餘，即全國革命民眾，對此大逆不道所洒悲憤慨痛之熱淚，亦足以浴殺叛逆，維護國家統一與社會安定而有餘。

總之，吾人承認領袖之十餘年來長期之培植與教練，深信領袖亦知愛護黨國之自由與生命，從未嘗顯及其一己之自由與生命，倘張逆尚有人性，必能認清此點，自悔劫持統帥脅迫領袖以破壞國家社會之失計，而立即翻然改圖，釋兵待罪以贖其不堪容赦之罪惡，或可邀國人原恕於萬一。若仍執迷自誤，即舉國上下，一致聲討之日，實即張逆自行註定其最後命運之時，當亦可無待於著龜也。　胡宗南、黃杰、李默庵、孫元良、李延年、俞濟時、賀衷寒、桂永清、鄧文儀、毛邦初等二百七十五人。」

3 此為民國二十五年十二月十四日之文。《西安事變史料》，頁九四—九六。

抗戰時期

民國 26 年至民國 34 年

勇挫日軍，防衛西北

日軍於民國二十六年七月七日在蘆溝橋製造事端，引起國軍還擊，蔣公在廬山發表談話，呼籲全國對日抗戰，中日戰爭全面爆發，一直到民國三十四年八月日本無條件投降，對日抗戰長達八年，收回臺灣、澎湖、東北等失地，廢除了中國國恥的各項不平等條約，建立了聯合國，但國軍犧牲三百多萬，民眾犧牲難以計數。

日本在明治維新後，國力增強，積極謀求對外發展，滿清統治下的中國，成為日本侵略的目標。道光二十年（一八四〇年）禁煙引起鴉片戰爭，歷經兩年清軍戰敗，簽定中英南京條約，從此外患內亂交相逼迫，中國幾乎要被列強割據。

光緒二十年（一八九四年），中日甲午戰爭爆發，清軍戰敗，被迫在次年簽訂馬關條約，割讓臺灣澎湖及遼東半島，賠款二億兩，其後在列強干涉下，日本放棄遼東半島。六年後，日本也參加八國聯軍攻打中國。光緒三十年（一九〇四）日本在中國領土打敗俄羅斯，侵佔東北的利益。

一九一二年民國成立，民國三年第一次世界大戰爆發，日本出兵侵略山東，強佔膠州灣和膠濟鐵路。次年日本提出二十一條件，要求袁世凱同意日本的要求，全國反對。

民國十七年，日本在濟南製造殺害中國工人的「五三慘案」，阻擾北伐軍進入山東，宗南先生的部隊也奉命退出濟南，不與日軍正面衝突。二十年，日軍在瀋陽發動「九一八事變」，佔領東北。二十一年又在上海發動「一二八」淞滬戰爭，國軍奮勇抵抗，其後在國際介入下停戰。次年，日本利用滿清廢帝溥儀在東北成立「滿洲國」。二十二年日軍又佔領熱河與察哈爾北部。民國二十五年日本外相廣田發表亡華三原則。二十六年七七事變後，中國以犧牲已到最後關頭，決定全面對日抗戰。

由於中國積弱已久，國軍戰力亦遠不如日軍，為長期抗戰，必須以空間換取時間，引誘日軍攻向我內陸，因此首先得改變日軍自北向南的攻擊線為自東向西，乃於七七事變之後一個月的八月十三日，攻擊上海日軍，前後並投入共七十萬部隊，逼使日軍不斷增兵至三十萬，是為第二次淞滬戰爭。宗南先生率領第一軍於八月三十日進入戰場，苦戰三個月，國軍雖然損失慘重，卻成功地破解了日本速戰速決的目的。九月中旬，第一軍在戰場上改編為第十七軍團，宗南先生升任軍團長。十二月十二日南京失守，胡宗南部隊奉命西進，進駐關中。

防共拒俄，廣訓人才

由於第十七軍團沿途收留數千志願參軍抗日的愛國青年，宗南先生便申請中央同意於民國二十七年，在西安王曲成立中央軍官學校第七分校，並成立戰時幹部訓練第四團，繼續到淪陷區招收流亡學生及愛國青年，加以培訓，儲備抗戰力量，並安定西北大後方。

九月間，日軍進攻武漢，宗南先生率軍戰於信羅各地，沿桐柏山北麓佈防，武漢撤守，十七軍團回師關中，日軍也不再西進。

二十九年，第十七軍團擴編為第三十四集團軍，宗南先生晉升集團軍總司令，並在西安設立游擊幹部訓練班，每半年一期，培訓大量游擊幹部進入敵後作戰，直到民國三十四年。六月，日軍數次進犯山西，宗南先生派二十七軍等部隊入晉，到中條山、太岳山，太行山等地支援作戰，以遲滯日軍攻我黃河防。當時中共朱德第十八集團軍也在晉城一帶，三方僵持兩年多，後來日軍大舉掃蕩國軍敵後部隊後，主力又調往其他戰場與國軍作戰，以致敵後山區多被共軍佔領。

三十年，第十戰區裁撤，第三十四集團軍改歸第八戰區長官朱紹良指揮，朱紹良擔任甘肅省主席，關中之事仍委由宗南先生處理。

三十一年，宗南先生擔任軍令部西安辦公廳代主任，隨侍蔣公視察河西等地，關中部隊也分編為三個集團軍。

宗南先生在關中致力培訓各種軍事人才，調集各部隊將校集訓，與辦學校，組織陝西黨政軍聯合會議。

三十三年春，新疆哈薩克族奸民在蘇俄支持下叛亂，宗南先生舊部廿九集團軍入新平亂，苦戰經年。五月，日軍攻陷洛陽，意圖關中，宗南先生率軍入河南，作戰於靈寶、陝州等地，遏阻日軍的攻勢。由於作戰有功，戰區變更，宗南先生調升第一戰區副長官，歸陳誠長官指揮。陳誠調升軍政部長後，宗南先生代理司令長官，至三十四年真除，統率五個集團軍。

三十四年三月，平漢鐵路日軍七萬餘人，分向南陽、老河口，襄陽、樊城，西峽口進犯，宗南先生派遣第三十一集團軍之第八十五師推進西峽口，另派第一軍推進西坪，九十軍前進洛南，阻擊日軍。西峽口戰役三次大捷，豆腐店、丁河店、大橫嶺均傳捷報，日軍攻勢受挫，不得不改採守勢，雙方形成對峙之局。

宗南先生除了成功擊退日軍攻勢外，也擊退伏牛山區共軍的進犯，保持陝北封鎖線的作戰能力，防範共軍藉機擴大勢力。

三十四年八月，長崎日本廣島被美國各投下一顆原子彈後，死傷慘重，乃於八月十日決定無條件投降，中國歷經八年抗戰，終於獲得最後的勝利。九月九日，日軍駐華總指揮官岡村寧次在南京簽字投降，鄭州日軍投降儀式則於九月二十二日舉行，由第一戰區胡宗南司令長官代表受降。這段受降經過，宗南先生在其日記中有詳細的記載。

本時期保留的函電、日記、演講詞、建議案等資料，足以提供歷史研究者最真實的第一手資料。

電函

民國二十六年一月十五日

蔣委員長電甘肅省主席于學忠、胡軍長：切實聯繫，和衷共濟！期西北迅速恢復常態。

「望兄等切實聯繫，和衷共濟，共同奮勉，為黨效忠，俾公私兩全有原望也。中與漢卿兄（張學良）皆在舍閒休假待罪，期待西北迅速恢復常態，俾得早免咎戾，以慰區區」。（國史館「蔣中正先生年譜長編」第五冊，民國一〇四年出版，頁二二四。）

民國二十六年八月二日

蔣委員長電胡軍長、董杰軍長，鐵道運輸司令錢京澤，防範日軍在海州登陸。

「日本兩艦隊已至海州附近，不久必在海州各口岸登陸，各部隊主力應集中海州增防。」

（國史館「蔣中正先生年譜長編」第五冊，民國一〇四年出版，頁三六五。）

民國二十六年九月至十月

胡軍長在淞滬戰役中所頒命令及其部隊部分戰況舉隅

背景說明：民國二十六年八月十三日開始之淞滬戰役，國軍在上海地區浴血奮戰，以劣勢之裝備及血肉之軀抵擋日軍強大的陸、海、空三軍，達三個月之久，迄十一月十二日才逐次撤至無錫。不但粉碎了日本「三月亡華」的狂語，更迫使日軍之作戰方向——從「自北向南」之進攻路線改為「自東向西」；從而讓我國爭取到時間將東部精華地區之人員、物資、設備等向西遷往內陸，奠定了我抗戰勝利的基礎。但國軍在此戰役中付出極大代價，傷亡共達三十萬人。

宗南先生當時是第一軍軍長，統率第一及第七十八師，於八月三十日進入戰場，先後在寶山、楊行、劉行、蘊藻濱、大場等地堅守至十一月八日，才奉命交防予廖磊之桂軍，後開後方補充；未三日，廖磊軍潰散，胡將軍即奉命至蘇州河守備，半個月後又奉命轉戰無錫、常州。由於第一軍係國民政府蔣中正委員長之嫡系精銳，日軍為求早日迫使我政府屈服，自以該部隊為重要打擊對象，是以宗南先生所統率的十六個團（約四萬人）於苦戰三個月後，絕大部分均犧牲於戰場，只剩一千二三百人（參見本書民國三十五年一月十八日日記）。

先是，國軍依據戰況於九月上旬起曾按計劃將各部隊作戰正面逐步調整，宗南先生之所部屬於「陳誠集團」內之右翼軍，並在九月十五日起擔任該右翼軍之指揮官，副指揮官為王東原將軍，指揮第一師、第十五師、第十六師、第三十二師、第七十八師及砲兵第十六團第三營。不久，第一軍亦擴編為第十七軍團，胡將軍升為司令。右翼軍對面之日軍為第三師團之第二旅團（久留米）及第十一師團之第十旅團第二十二聯隊與第二十二旅團之第四十三聯隊、第四十四聯隊。（相關檔案資料引自國防部檔案，載於國家發展委員會檔案管理局檔號0026/152.2/3813及臺灣商務印書館《胡宗南上將年譜》增修版，民國一〇三年。頁八〇—八三）

戰況一：

……

九月十三日拂曉，敵（日軍）以主力沿寶瀏公路向我全線繼續猛攻，敵機多架，反復轟炸；至十二時，第七十八師第四六四團之秦家塘至公路間陣地，被敵砲火摧毀，敵兵突入，我第一師第三團在陳宅、王宅之線佔領新陣地，阻敵前進；第七十八師第四六四團，由楊家行沿公路出擊，第十五師第八十六團，由劉家行沿公路前進，截擊敵之右側背；此際，敵三面將被包圍，乃後退回秦家塘、顧十房之線。

我空軍霍克三式機八架，於十三日十七時十五分，轟炸楊家行、劉家行間敵陣地，彈多命中敵步砲兵陣地，沿長江敵登陸軍，經我機掃射亦四散奔避。

十四日拂曉，敵以主力向第七十八師全線猛攻，一部由西盛家及楊家沿之間，衝至楊九房，被第一師第三團擊退；至二十二時，敵大部隊向楊九房猛攻，白刃相搏，爭至主陣地線，敵遂乘機分三路猛攻北朱店、淑里橋、五斗涇一帶主陣地；戰鬥至十四時頃，戰況尤烈，其戰車多輛掩護步兵沿公路突進，與我第八十三團反復肉搏，我傷亡頗大；至十七時頃，該師長復派第八十四團一營增援，始將敵擊退。

北站、劉家行、羅店、瀏河線之防禦（九月十五至三十日）

第三戰區所轄各集團，於九月上旬，先後接奉第二期作戰計劃後，即就當時情況，各將所屬作戰正面逐步調整；截至九月十五日一時止，各集團概在杭州灣北岸、浦東、北站、劉家行、羅店、亙瀏河之線。

陳誠集團方面：該集團之各團區分及作戰地境如左：

一、各團區分

㈠右翼軍：

1. 指揮官　胡宗南

2. 副指揮官　王東原

第一師

第十五師

第十六師

第三十二師

第七十八師

砲兵第十六團第三營

㈡中央軍：

1. 指揮官　羅卓英

2. 副指揮官　霍揆彰

第十一師

第十四師

第六十七師

第九十八師

迫擊砲第一營

㈢左翼軍：

1. 指揮官　劉和鼎

2. 副指揮官　俞濟時

第五十一師

第五十六師

第五十八師

迫擊砲第二營

戰防砲第一連（欠一排）

㈣集團直屬部隊：

1. 砲兵第十六團（欠第三營）

2. 高射砲第二連、第十連

二、作戰地境

㈠右翼軍與中央軍間為馬陸鎮、唐宅、陸福橋、賈家橋之線，線上屬左。

㈡中央軍與左翼軍間為唐家宅、胡家灣、小徐宅、湯家宅、孟宅之線，線上屬右。

右翼軍方面之敵，為第三師團之第五旅團（久留米），及第十一師團之第十旅團第二十二聯隊，與第二十二旅團之第四十三聯隊、第四十四聯隊。

戰況二：

右翼軍，十五日拂曉，（第一軍之）第七十八師竇宅、紫籐海兩處陣地，被敵數度衝入，經該師奮勇擊退；第一師陣地，本日晨受敵砲火猛烈轟擊，至九時，其第四團調集顧家鎮、孟灣，由第十六師派隊接替，其顧家鎮西之下家橋至羌家宅，由第一團接替。第十五師陣地，本日四時，敵向楊木橋第八十五團第一營陣地攻擊；六時頃，敵一部向該營右翼突入，經該團預備隊第三營增援，將敵擊退。第三十二師小朱宅、火燒場陣地；本日四時，敵以砲火戰車掩護，猛衝我小朱宅陣地；激戰三小時，敵我傷亡奇重，但敵終未得逞。至晚，師仍在金家灣、北楊宅之線。

胡宗南軍長以右翼軍指揮官身分於十五日二十一時，下達各師命令要旨如左：

「一、第七十八師仍佔領楊家宅、紫籐海、竇家弄（含）之線，拒止敵軍。

二、第一師（欠第一團）應自竇家弄（不含）、楊家沿、候弄、楊九房互張家衖之線，佔領陣地，拒止敵軍。

第七〇九團及第十五師第八十六團，著即歸第一師李鐵軍師長指揮。

第一團著歸第七十三軍王東原軍長指揮。

三、第三十二師及第十五師之主力，仍在楊家宅、金家灣、北楊宅之線，拒止敵軍。

四、第十六師主力，在劉家行南方地區，其第九十五團位置於中興宅附近，為軍預備隊。

五、作戰地境如左：

㈠第七十八師與第一師間為龔家巷、中興宅、竇家弄、老宅、大王宅、各北端之線，線上屬第七十八師。

㈡第一師與第三十二師間為新陸宅、北陸宅、羌家宅、東盛家、楊村各北端之線，線上屬第三十二師。

戰況三：

以第一師為例，數日內之戰況：

右翼軍相關各師奉到上述命令後分別調整，次日（十六日）拂曉後，敵機不斷向我第一師陣地上空偵炸；十一時頃，經我擊落一架焚燬。此時，其步兵七百餘，利用砲火掩護，向我楊家沿、候弄之線猛攻；經我第七〇九、第八十六兩團反復肉搏，雙方傷亡均大；至十七時頃，敵復增千餘，該師長乃命預備隊第二團第二營及第十六師第九十五團增援，陣地始得穩固。至晚，第八十六團撤至張宅附近整理，所遺陣地，交由第二團接替。該師歸王副指揮官指揮之第一團，守備小朱宅、金家灣一帶陣地；亦於十四時，被敵突破，幸第十五師之先頭部隊趕到驅逐該敵，恢復原陣地。

十七日拂曉，敵再向西盛橋、陳宅之線之第一師陣地猛攻。第二團第二營傷亡甚重，陣地失陷；敵乘勢以主力進攻張宅，激戰至十五時許，敵以步兵四五百人，向我右翼移動，企圖包圍攻擊；同時，以主力向我左地區隊之王宅進迫。李師長當即電飭第五十七師第三三七團派兵擊敵側背，打破其企圖。進迫王宅之敵，十六時突破我陣地，旋被我逆襲恢復；敵又以猛烈砲火轟擊，繼以步兵數百突擊，該陣地又告失陷；我再以地區預備隊第四團猛烈反擊，復將該敵驅逐，恢復原陣地。十八日拂曉，李師長[1]命第二團第一營營附率第三連，向陳宅攻擊；九時許，佔領該地，旋敵以大部隊反攻，該連傷亡甚眾，仍撤回張宅固守。十四時，敵集全力（約一聯隊）向我張宅、王宅陣地猛攻，我第二團派隊向敵之兩側出擊，鏖戰至十七時頃，張宅之敵攻擊頓挫；但王宅陣地與敵肉搏多時，官兵傷亡殆盡，陣地失陷，第四團以預備隊猛烈逆襲，卒將敵擊退，恢復原陣地。十九時頃，敵復向王宅附近進攻，我陣地一部被敵攻陷，第四團團長親自率隊反復衝擊，該陣地失而復得者四次，敵死亡枕藉，不支潰退，我亦陣亡團長一員，傷亡官兵百餘員名。此際，李師長以第四團傷亡奇重，乃將該團王九房陣地，著由第九十五團派

1 李師長為李鐵軍，黃埔一期，廣東人。

兵一部協力守備，並歸第九十五團團長唐肅統一指揮。第一團（欠第三營）於九時許，歸還建制，位置於顧家鎮附近。

十九日拂曉，第一師當面之敵再以機砲不斷轟擊該師陣地；八時頃，其步兵約兩聯隊向我進攻，經奮勇迎擊，終未得逞。十四時，敵復猛烈砲擊王宅陣地，第四團第二連官兵全數殉難，增援部隊又為敵陣阻止，王宅失陷。十七時許，乃令第四六八團之一連，增援第四團反攻，經二次猛襲，於二十日零時三十分，恢復王宅陣地。

二十日一時，敵復以砲火猛轟顧家鎮，同時，以步兵再度進攻我第一師陣地，胡指揮官當於一時四十分，令第五十七師第一六九旅歸第一師李師長指揮，接替第一師一部陣地。

第五十七師第一六九旅，二十日二時接替第一師張宅、王宅、王九房陣地。三時，張宅之線陣地，戰鬥劇烈；六時，張宅前進陣地守兵與敵肉搏後，全部犧牲，守備張宅之第三三七團第三營力圖恢復，與敵反復爭奪，肉搏至十二時，終將進攻之敵擊退，該營傷亡亦已過半。十六時，敵又砲擊張宅甚烈，該旅長即令李團抽調步兵二連，進出於王宅、張宅之間，策應該營左翼之戰鬥；十九時，敵我仍相持於陣地前數十公尺處。

十月八日，第一師師長於八日四時奉胡軍長命令要旨如左：

一、軍即在西塘橋、趙家角、橋亭宅之線，拒止敵人。

二、第一師應即佔領西塘橋、趙家角之線，陣地拒止敵人，右與馬橋宅稅警總團，左與第七十八師連繫，並須在後方各村落構築預備工事。

戰況四：

第一軍第一師當面之敵，十月九日八時攻陷第八師守備之王家邊，該師長即令第一團第三營營長率第八、九兩連增援，與敵肉搏。營長陣亡，官兵傷亡過半，乃撤回原陣地；敵乘勢向趙家角陣地猛攻，激戰至十三時，陣地失陷；敵佔領趙家角後，因死傷過重，未敢續進，該師乃乘夜加強工事。至十日拂曉，敵以砲火掩護步兵向趙家角南側灣宅、李宅陣地猛攻，激戰至十六時，我因傷亡過重，撤回第二線陣地。十一日一時，敵向該師西塘橋猛攻，激戰至十二時頃，守備該處之第二團團長及第三營營長陣亡，僅餘官兵二百餘人仍死守不退，激戰迄夜未停。十二日三時，該師將西塘橋防務交由稅警第六團接替。拂曉，西塘橋被敵突破，該師乃退守張家樓、灣宅之線。十三日晨迄十四日暮，敵不時以小部隊攻擊該師陣地，均被擊退……。

第一軍第一師當面之敵，自十五日起，不斷向我灣宅、毛宅一帶陣地進攻，均經我守兵擊退。十七日四時頃，敵兵七、八十名在砲火掩護下，向我張家樓陣地進攻，當被我擊潰，鹵獲輕機槍一挺，步槍二枝。十八日，敵三次猛攻灣宅陣地，均被我擊退；右翼第十九師之黃港陣地被敵突破，李師長當令暫歸該師指揮之第三師第十六團派兵一營，佔領張家樓至胡里宅之線陣地，構築工事，掩護該師右側背；入夜，戰況漸趨沈寂。

民國二十六年九月三日

蔣委員長手諭何部長應欽，慎選主管訓練人員如胡軍長等。

「補充兵之訓練，應特訓注重精神與抗倭教育，其各處主管訓練人員，尤要特別選擇其精神飽滿者負責主持，例如尚在後方之胡宗南、李延年、桂永清、黃杰、關麟徵、董釗、薛岳、甘麗初、羅奇等，均可令其分區主持，似較有效也。」（國史館「蔣中正總統事略稿本」民國二十六年九月三日。惟此時胡軍長已率軍進入淞滬戰場參加作戰。）

民國二十六年十二月一日

蔣委員長令胡軍團長亦指揮稅警總團

蔣中正委員長手令：「稅警總團與第一軍合編，由胡軍團長負責全權辦理。」（國史館檔案典藏號 002-010300-00007-048）

民國二十七年六月十八日

蔣委員長電示胡軍團長，掛名三民主義青年團組織處處長。

「洛陽偃師胡軍團長宗南：三民主義青年團派定弟為組織處處長，康澤為副處長；並以康暫代處長，如弟有相當人選可任處員者，希即保薦。又王祖壎現在何處。查復」（國史館「蔣中正總統事略稿本」民國二十七年六月十八日）

民國二十七年八月

蔣委員長復胡軍團長等人，勸勿輕赴前線。

西安胡軍團長宗南暨另四位軍長（陶、宋、李、李）函呈蔣委員長中正。以蔣身為統帥，勸勿輕赴前線，以策安全。以下為蔣委員長之復電。

「東函悉，個人安危，無足介意，只求國家能轉危為安，軍事能轉敗為勝而已，望諸同志專心整訓所部，為國效命，克盡革命之天職，則幸矣。」（國史館「蔣中正總統事略稿本」民國二十七年八月）

民國二十七年九月九日

蔣委員長電胡軍團長編練新成立之部隊

「西北部隊連現在已成之各師、及準備新編甘肅與漢中之各十個團，擬成立四團制師與三團制師各十個師，由弟負責全權編練；對於輜重運輸器材皆應完備，並成立健全工兵營五個，應需開辦費與臨時費，准予領發，希將全盤計劃詳報。」（國史館「蔣中正總統事略稿本」民國二十七年九月九日）

民國二十七年十二月二十九日

蔣委員長電令蔣鼎文主任及胡軍團長，防備日軍攻陝。

「敵由晉西渡攻陝東之動作，日益明顯，且近探得其計劃勢在必攻，務希周密準備，萬勿疏失為要。」（國史館「蔣中正總統事略稿本」民國二十七年十二月二十九日）

民國二十八年一月十一日

蔣委員長電示洛陽程潛主任，西安蔣主席鼎文及胡副總司令西安防禦之部署。

「新八師與第四十五師有否照前定計劃向西安集中？又禹門口為第二與第十戰區交接點，亦為我軍最薄弱之處，應特別增強有力部隊，並須配屬砲兵，務希即日佈置完妥。對於西安附近之戰車隊，應如何準備使用，亦須切實規定。至第二第十兩戰區交接線應如何補救充實與兩方連繫，及派定主要將領負責主持，亦望迅速處置，務希一一詳報。」（國史館「蔣中正總統事略稿本」民國二十八年一月十一日）

民國二十八年一月十一日

蔣委員長電示胡副總司令，部署制敵計劃以阻敵西進。

「手令：

西安胡副總司令宗南：此次敵軍進攻部署與計劃甚明，我軍如能處置嚴密、指揮有方，必能予敵以殲滅之打擊，而使敵以後再不敢有西進之圖，全局即可轉敗為勝。前自信陽挫失後，吾弟聲望大落，諒能自反，此次務希能克敵致勝完成使命。此時應如何深思熟慮，克奏膚功，是為至盼。　中正」（國史館檔案典藏號 002-010300-00019-017）

民國二十八年五月六日

蔣委員長電示陳誠長官招收訓練冀魯等省青年，並囑胡副總司令主持各戰區政治工作。

「手令：

南嶽陳司令長官：豫西、川北各地多有冀魯與東北青年及臨時學校，應注意招收訓練；又第一第二第八第十各戰區，最好在西安設一政治部派出所，指揮考核以上各戰區之政治工作及代行政治職務，或較現在為便也，並囑胡宗南主持其事；另派得力人員協助之。此事有研討利弊之必要，希詳為之　中正手啟」（國史館檔案（籌筆）典藏號 002-010300-00023-018）

民國二十八年五月三十日

蔣委員長電示湯恩伯總司令，協助胡軍團長組訓游擊幹部。

「鎮平湯總司令恩伯：西安應速籌設游擊訓練班，如前方部隊整補就緒，希即赴西安協助宗南組織訓練為要。」（國史館「蔣中正總統事略稿本」民國二十八年五月三十日）

民國二十八年七月三十一日

蔣委員長手令升任胡軍團長為集團軍總司令

「何總長：第三十四集團軍總司令由胡宗南升任可也。中正」（國史館檔案典藏號 002-020300-00006-085）

民國二十八年十二月三日

胡總司令呈報蔣委員長關於陝北異黨之企圖及防患未然之意見

「㈠鄧寶珊[2]因異黨應付困難，忽感消極，定邊縣城增加異黨騎兵一營，蒙旗通陝北道路，有人北渡。窺測異黨陰謀，似有逐漸向北發展，直接打通國際路線之企圖。㈡為防患未然，在榆林之鄧寶珊，在伊盟之馬占山，均有增強實力之必要，擬請：

1. 以新十二旅張俊耀部之兩團（原係甘肅團隊，現集三原一帶整訓），再由甘肅二十六補訓處撥兵三團合編為一師，其幹部由七分校選派，武器由軍政部儘先撥補，稍加整訓，即開榆林增防，併入新一軍建制。

2. 將十九補訓處（西安調撥）第一第二兩團（已有相當訓練、裝備尚未完全）改編為步騎混合之獨立旅，幹部與武器照前充實，由職負責整理後，開伊盟歸馬占山指揮。

如此部署，方能鞏固北門鎖鑰，而箝制異黨魔手左伸也，是否可行，敬乞　示遵。」

附：張治中（時任軍事委員會政治部部長）錄本電大要後建議：「似可照准，擬交何部長核辦」；奉蔣委員長批示：「先查到榆林之部隊如何走法，先有精密計劃，再定辦法。」

（國史館檔案典藏號 002-020300-00049-047）

---

2 鄧寶珊總司令早年參加同盟會，亦追隨馮玉祥，係地方實力派軍人，陝北榆林屬其防區。（國史館檔案典藏號 002-020300-00006-085）

民國二十八年十二月四日

蔣委員長令胡總司令督促軍校部隊教育，並讀左文襄集。

「胡總司令宗南：前電軍校與部隊教育應注重各點，以及中正所講述訓練目的及其要旨各書有否切實督促履行？弟最近研究何書？有何心得？對於戰術戰史研究之外，對於典範令之必要，各條亦須時時省覽，『左文襄集』應每日必看，六個月內務限期看完。中正手啟」（國史館檔案典藏號 002-010300-00030-011）

民國二十八年十二月二十四日

胡總司令呈報蔣委員長關於八路軍近在隴東各處不法行動及我防備各情

「據孔令恂寒午電，八路軍時在隴東各縣破壞中央政治及地方民眾組織，以冀擴張特區，故與地方政府及駐軍摩擦。惟以前只虛聲恫嚇，近則不惜以兵戎相臨，造成事實。上月駐定邊之新軍劉旅，防範稍疏，即被其繳械二連；本月蒸辰，復圍攻甯縣，雖經韓師令五七七團派兵兩營，以地方團隊名義，協同縣保安隊將其驅逐城外，但八路軍駐驛馬關之七七〇團團部及步兵一部，開赴白馬舖，其迫砲連經板橋向甯縣增援，並將合水慶陽縣府職員扣留，撤銷其西峰鎮辦事處，斷絕各處交通；窺其行動，似有大舉進犯企圖。朱長官為預防萬一起見，令九七師將固原防務交予新廿六師（何文鼎）並集結兵力於平涼附近，以期相機應付，同時並令各部隊力避正面衝突，以期將地方案件從政治方面解決。又據珊電稱，賀龍師開米脂綏德約萬餘人，其一團於半月前向合水出動之訊，甯縣縣長已派倪某擬元旦接事，其一切動作係整個計劃。甯縣東山之八路軍，本晨東退，我五七七團已向東山及上下官侖偵察該方行動等各情。謹聞」（國史館檔案典藏號 002-020300-00049-053）

附：本電張治中軍委會部長簽「擬抄知何總長」。蔣委員長批示「擬辦」。

民國二十九年二月六日

蔣委員長電蔣鼎文長官及胡總司令，為鞏固晉西，決調李文軍兩個師歸閻錫山指揮。

「晉西不能不調赴兩個師以支援閻長官（錫山），否則晉西必為共黨覬覦；而閻亦不能存在，則於黨國甚為不利。中意決調李文軍之兩師渡河駐晉西，歸閻指揮；而以王俊師與何文鼎或另編一師，補足李文軍之三個師可也。若不抽調正式優良部隊渡河，則入晉必不能發生作用也。」（國史館「蔣中正先生年譜長編」第六冊，頁二四五。）

附：七日，蔣鼎文先復以「虞晨機電」，謂擬抽調李文軍三師渡河支援，並建議以六師兵力控制石樓、離石附近，可使共黨就範。又復以「陽辰機電」，謂據報共黨有占宜川、洛川企圖，為準備今後需要，擬懇令第一九三師及第九十一師推進至寶雞、岐山附近，並將第十九補訓處編為兩師」（「蔣中正致蔣鼎文等電」，「蔣鼎文復蔣中正等電」（民國二十九年二月七日），均見國史館檔案典藏號 002-020300-00049-057）。另，胡總司令於六日復以「魚戌電」，謂為支援閻長官及在晉西呂梁山樹立根據地，擬以李文軍三個師渡河，駐晉西之吉縣、鄉寧一帶。（國史館檔案典藏號 002-080200-00291-019）

民國二十九年七月十五日

胡總司令呈報蔣委員長關於陝北、隴東、寧南封鎖碉堡計劃。

「手啟。世機渝電奉悉、遵即擬具陝北、隴東、寧南封鎖碉堡計劃：㈠碉堡線沿宜川北之雲崖河南岸交道鎮，以南隴坊鎮、七里鎮、柳茅鎮、小邱鎮、淳化、栒邑、正寧、寧縣、西峰鎮、韓家原畔、禮拜寺、白水寺。豫旺堡、豫旺縣、惠安堡，清水營及里黃盆、紅寺堡、金積靈武之線為第一線；宜川、洛川、中部、宜君、同官、耀縣、口頭鎮、涇河西岸邠縣、長武、鎮原、牛營子、固原、黑城鎮、楊家莊、同心城、中寧、中衛之線為第二線；㈡碉堡數按守備兵力。第一線十個師，第二線九個師，每個師二十七連；每連以母堡三座、子堡十二座計算，共母堡一五三九座、子堡六一五六座、每師碉堡數得按地形增減之；㈢築堡程序：限月底完成第一線，十月底完成第二線；㈣實施以民工為主、由軍隊監築；㈤經費如材料、人工，全部按市價發給。陝省約需一百四十餘萬元，甘省一百萬餘元，寧省六十九萬餘元，如木材人工減半價發給，陝省約需八十三萬餘元，甘省五十八萬餘元，寧省四十餘萬元，如經費籌措困難，則僅築第二線之碉堡；第一線即以現已築之野戰工事代替之，則可再減半數，似應由省府籌發，由中央補助若干，除將該項計劃分呈陝甘兩省政府、并飭董（釗）楊（德亮）兩軍長密派工兵實地勘定碉位呈核準備協助開工外、謹電呈核。」（國史館「蔣中正總統事略稿本」民國二十九年七月十五日。）

民國二十九年八月十五日

蔣委員長電朱紹良主席、蔣鼎文主席及胡總司令等，於陝甘邊區迅速構築碉堡網，以防共軍竄擾。

背景說明：自軍事委員會本月二十一日以「提示案」交中共促其遵行後，詎料其不僅不接受政府提示，而且提出調整游擊區域及游擊部隊辦法等新條件；同時，共軍並向國軍挑動武裝衝突，尤以陝甘地區備受威脅。

「陝甘兩省邊區一帶，應在我軍現駐之線上或在線後相當地點，秘密構築堡壘網，縱橫連繫，以防匪徒竄擾。但設計與察勘，必須極端秘密，一俟設計完成以後，構築開始之時，必須迅速完成。每線保（堡）壘構築時間，不得過半月，故準備器材與人員，必須周到完備，而後方易一舉完成；或先在其後方，如：中衛、海原、鎮原、固原、涇川、靈臺、永壽、醴泉、邠縣、淳化、耀縣、同官、中部、白水、郃陽之線做起；然後再向其前後兩方推進，構築數線。望照此旨，切實籌備，並限三個月內完成勿誤。」（國史館「蔣中正先生年譜長編」第六冊，頁三六七。）

附：胡總司令於八月十五日擬呈陝北隴東及寧南封鎖碉堡計畫，並飭第十六軍董釗部遣派工兵勘定碉位，限十月底前構築完成。（國史館「蔣中正先生年譜長編」第六冊，頁三六七。國史館檔案典藏號 002-020300-00049-085）

民國二十九年九月二日

蔣委員長同意胡總司令隨白副總長（崇禧）赴西北視察

「白副總長如約弟同往西北視察則可同行，聞馬鴻逵主席近頗消極，便中可代道慰勉之意，使其能繼續積極負責也。」（國史館「蔣中正總統事略稿本」民國二十九年九月二日。）

民國二十九年十一月二十二日

胡總司令電陳蔣委員長收復宜君、淳化、正寧間囊形地區之部署及陝西全境碉堡業已建築完成。

「㈠茲遵鈞座上月養侍參電，收復宜君、淳化、正寧間囊形地區，推進封鎖線，擬使用陝保安四個團為前鋒，已另集結廿八師、廿四師及預三師各一團，跟隨保安團之後，由宜君、淳化、栒邑三方面分進合擊，一舉收復之。㈡最近情報，異黨為防我碉堡完成後，進攻邊區，確已由河東抽調二萬人以上渡河，有一一五師、一二〇師等番號，分布於延長、延安、甘泉、鄜縣、馬欄等處。頃接朱德皓電，謂我方集中大軍，準備進攻邊區，請制止下屬之感情衝動，防止衝突，互不侵防，並力言勿信謠傳，賀（龍）部南下，絕無其事等語。㈢萬一引起真面目衝突，現宜川為六十一師（鍾松）、洛川為暫騎二師（馬祿）、中部為五十三師（曹日暉）、淳化為廿四師（廖昂）、栒邑為預三師（周開勳）、正寧為第八師（袁樸），均扼守碉線，可機動者為廿八師（李夢筆）及一〇九師（陳金城），當可應付。」（國史館「蔣中正先生年譜長編」第六冊，頁四四三。「胡宗南致蔣中正電」（民國二十九年十一月二十二日），《蔣中正總統文物》，國史館典藏號 002- 020300-00050-015。）

民國二十九年十二月二十四日

胡總司令養毅電呈蔣委員長報告異黨活動情形，請將三十六、二十七兩軍調至關中。

「篠機渝電奉悉、異黨情勢日趨緊張，其基幹部隊如賀龍、劉伯誠、林彪等部，均已陸續渡河西調；窺其用意，蓋以在江北河北各區，可藉敵偽之掩護，以游擊流竄之方式而生存，故集結主力於陝北；消極可確保邊區根據地，積極可南出西安，或經平涼以出隴南，或西驅蘭州，北取甯夏，均有可能；或避實擊虛，南守北進，先略取榆林，進佔伊盟，以打通國際路線。總之，一旦國共破裂，主戰場必在陝甘無疑，如我陝甘部隊為異軍擊破，則西北全局瓦解。查陝甘駐軍，自我何文鼎師由隴東北調綏西，孔令恂軍由陝東調至中條以後，兵力大感薄弱，隴東原三個師，正面現僅由九十七及預七兩師守備，陝境可使用之兵力，僅九十軍三個師，十六軍兩個師（欠禹門守河防之預一師）及七十六軍兩師（欠西安警備之一九六師）而已。自碉堡完成後，防線綿亙千餘里，處處薄弱，控置部隊甚少，陝東河防之第一軍亦無預備隊，如欲實施直搗膚施之攻勢作戰，或異軍集中兵力攻我某一點時，甚覺顧此失彼，兵力不敷。查第一戰區河南及晉南，防務調整後，集結之部隊甚多，敵情亦甚和緩，如原擬調至寶雞整訓之十四軍，現仍在洛陽附近，根據匪情判斷，權衡全局，似應調整戰略配置，擬請將現駐靈寶之三十三軍趙錫光部，及在晉東南之二十七軍范漢傑部調至關中控置，以應付非常事變，如蒙裁可，再將全般部署及對膚施攻勢作戰計劃呈核，如何？乞電示遵！」

附：本電由侍從室第一處賀耀組主任簽「篠機渝電係問平涼附近兵力如何？該地應特別注重，並增加兵力為要！擬交軍令部核議。」蔣委員長批示：「范漢傑萬不能調動，第十四軍如已集中在洛陽則可調至關中，交軍令部核議呈復。」（國史館檔案典藏號 002-020300-00050-021）

民國三十年五月十三日

蔣委員長分電衛立煌長官及胡總司令，將駐陝砲兵運至黃河南岸，對北岸日軍適時之猛射。

「駐陝砲兵應儘量設法運至黃河南岸各渡口，對北岸渡口之敵，亦應予以適時之猛射，尤其對於茅津、白浪、垣曲、狂口、鐵謝各渡口，更為重要。如我南岸重砲射程能及垣曲城，則潼關重砲應移至垣曲，集中猛射，使敵不能在垣曲立足，以協助我北岸友軍之反攻。惟各砲兵陣地應隨時移動，以免為敵機所轟炸也。此次晉南一戰，實為全局最大之關鍵，總使北岸各渡口之敵不得立足為要。」（國史館「蔣中正先生年譜長編」第六冊，民國一〇四年出版，頁五四九。《蔣中正總統文物》，國史館檔案典藏號 002-020300-00013-069）

民國三十年五月二十七日

蔣委員長電胡總司令，潼關應構築核心陣地，準備獨立作戰。

「潼關應構築核心陣地，準備獨立作戰，且足供固守一個月以上糧彈之貯藏，其後方應指定在雒南與盧氏，而不在西安，最好潼關守備部隊能與留在華山之游擊部隊同一建制也。華山之無線電機須分存五架，惟兵力不必過多，如無多兵可派，只留一營亦可也。西安現存地雷幾何？在陝能就地製造否？無論河防與核心工事，須多布地雷網，必可發生大效也。」（國史館「蔣中正先生年譜長編」第六冊，頁五五九。國史館檔案典藏號 002-020300-00006- 101）

民國三十年六月四日

胡總司令與衛立煌長官聯名呈報蔣委員長關於延安毛澤東來電事

「據毛澤東感電：

㈠目前惟有團結，并在蔣委員長領導之下實行親蘇外交，堅持抗日到底，中華民族才有出路。

㈡專靠美國是靠不住的，日美華妥協陰謀必須拒絕。

㈢我方擬派重要同志負責來洛，共商團結對敵之大計。

㈣我方要求只有三點：

甲、堅持抗日到底。

乙、實行民主政治。

丙、改善國共關係：

⑴對新四軍問題予以解決；⑵對八路軍餉彈予以發給；⑶對一切反共言論與行動予以停止；⑷此外，另無要求，對於外交問題再作具體討論」等語。

經職等一再商討，認為現時華北軍事形勢，對異黨關係似有重新協整之必要，并其要求三點亦甚易得解決之方案，且循此途徑，求得異黨問題、中蘇問題之相爭解決，默察彼方內部之苦悶，非不可能也，惟職等愚昧，所知有限，是否准派代表來洛協議、及如何指示之處，敬乞電令，祇遵。」按，衛立煌當時為第一戰區司令長官，胡總司令為第三十四集團軍中將總司令。（國史館檔案典藏號 002-020300-00049-053）

附：蔣中正委員長於六月七日回電衛司令長官及胡總司令：

「毛澤東電報窺其用意在對我前方將領離間與宣傳，可以置之不理，而且以後該黨人員之來電，皆不可直接作答；可明告其在陝洛之代表人員，如毛等早有誠意商談各事，應直電中央，不宜對我前方與各地將領通電，殊非正當行為，且不明其用意何在，使彼知無隙可乘也，但不必明言此為中之指示耳，中正魚機渝。」（參考國史館檔案典藏號 002-020300-00050-038，及郝柏村著，郝柏村解讀《蔣公八年抗戰日記一九三七─一九四五》，下冊，頁七七四。臺北：遠見天下文化出版公司，二〇一三年六月。）蔣委員長另於日記中分析，稱毛澤東此舉乃反映俄、德、倭關係緊張，而試探與挑撥我內部意見。[3]

民國三十年六月二十六日

蔣委員長電胡總司令將陝甘各軍編成三個集團軍，以鞏固西北防線。

背景說明：蔣委員長審察國際形勢與日軍戰略，認為西北地區將成為軍事重心，特電第三十四集團軍總司令胡宗南，指示將陝甘各軍戰鬥序列編成三個集團軍，以鞏固西北防線。二十七日，胡總司令遵奉指示，呈報調整陝甘部隊序列情形，電曰：

3 納粹德國於二周後即對蘇俄發動攻勢。

「宥電奉悉，陝甘部隊序列編配如下：㈠第二十七軍、第九十三軍、第三十八軍、第七十六軍四個軍，編為一個集團軍，以宋希濂為總司令。㈡第五十七軍、第四十二軍、第八十軍、新十二軍四個軍，編為一個集團軍，以王敬久為總司令。㈢第一軍、第九十軍、第十六軍、新七軍、騎三軍五個軍，編為一個集團軍，仍由職任總司令。以上三個集團軍，以兩集團軍駐陝西，一集團軍駐甘肅，統歸屬第八戰區之戰鬥序列。」（國史館「蔣中正先生年譜長編」第六冊，頁五七五。國史館檔案典藏號 002-090106-00015-157）

民國三十年七月一日、三日

蔣委員長電令胡總司令在終南山、隴山等地秘密規劃各軍貯藏糧彈之基地。

「駐陝各軍除河防部隊與指定固守西安者以外，其他各軍皆應在終南山、隴山、岐山等各山中，指定各軍貯藏糧彈之基地，並令各軍長負責規劃與籌備，以及設備無線電臺與防空防毒之工事，但不得誤認此為預備後退之根據地也。」七月三日，再電胡總司令曰：「前令移存糧彈於山中，與構築各地工事，現在情形如何，希詳復。」（國史館檔案典藏號 002-020300-00006-105、002-020300-00006-106）

民國三十年七月十一日

胡總司令呈報蔣委員長構築後方工事情形

「真電奉悉：㈠陝境各據點工事，原計劃於六月底一律完成，並經電呈有案，惟材料欠缺，徵購運輸均感困難，致未能如期完成，此後材料如能源源供應，凡西安、三原、涇陽、咸陽、潼關各據點工事、及陝東河防加強工事，已嚴令限七月底完成，最遲大約於八月中可一律完成：㈡第五十三師第十八團於灰日由船窩與原駐棗岑（船窩東北三十里）之該團第二營會合，現進駐鄉甯西南，餘正由韓城續進中。」

附：蔣委員長真電為：「查構築中之工事，應明確報告完工日期，工作計劃中亦須註明何時可完成，不當漫無規定，希即重報；又第五十三師何日渡河進駐晉西，希併查報」（國史館「蔣中正總統事略手稿」民國三十年七月十一日。）

民國三十年八月八日

蔣委員長電胡總司令駐陝部隊擇優抽一軍入川，並密報適任騎校教長人選。

蔣委員長電第三十四集團軍胡總司令曰：「駐陝部隊應即抽出一個軍入川，其素質須優良者，決調何軍速覆。又騎校胡競先對軍訓部命令不從，因此妨礙西北騎兵整訓之計畫，此人不識大體，已電其來渝面詢實情。如調換騎校教長，以何人為宜，希密報，並促其遵令來渝勿誤。」十日，胡總司令電復稱：「庚電奉悉。㈠擬派第七十六軍李鐵軍部開川（軍部駐西安，第二十四師駐三原，第一百九十六師駐靈寶，暫第五十七師駐臨潼），惟所轄暫第五十七師，係第三十六補訓處最近改編，甫由天水開來，缺額較多，且盡屬新兵。擬與現駐城固戰力較強之第三十六軍所屬暫第五十九師對調建制，將暫第五十九師就近南開，是否有當，敬祈速示飭遵。㈡除電胡競先速遵令赴渝聆訓外，關於教長人選，容另電呈核。」（國史館「蔣中正先生年譜長編」第六冊，頁五九八。）

民國三十年八月二十九日

蔣委員長電胡總司令速築河防工事

蔣委員長電第三十四集團軍胡總司令曰：

「據俄顧問報稱，河防工事並未依照計畫構築，而由河岸至後方之平面工事，則毫未修築。究竟實情如何？務希切實查報。自河岸至白水、蒲城與渭南一線之平面工事，應請俄顧問指導協助，從速構築。以俄國現在戰地史大林防線，其長度竟達數百里，殊可為我軍效法也。」九月四日，胡宗南電復稱：「查河防工事，均已按照迭呈構築及加強計畫，並遵照鈞座前後電示要領分別構築，現已次第完成。對前蘇聯工兵首席顧問等，在陝視察時，帶來構築河岸後方白水、蒲城、渭南一帶平面工事計畫，以工程浩大，未能同時動工，刻正勘察計畫中。惟關中木料向既缺乏，自先後構築河防工事，及西安、三原、涇陽、咸陽等據點工事以來，業經搜購，今後征購材料，當益形困難，非中央發給大批經費，不敢率爾動工。除構築計畫另行呈核外，謹先復請鑒察。」（國史館「蔣中正先生年譜長編」第六冊，頁五八九。國史館檔案典藏號 002-070200-00011-042）

民國三十年九月五日

蔣委員長電令胡總司令嚴防日軍利用奸商勾通部隊走私（另電老河口李宗仁長官，洛陽衛立煌長官）。

「據報，敵在中條山使用第五縱隊收效後，現擬在各戰區仿行，利用奸商、勾通貪利部隊，運貨走私，必要時內外夾襲，尤注意西安洛陽老河口等地，如不嚴厲防止，恐不肖軍隊見利忘義，以致軍紀廢弛、士無鬥志，抗戰前途何堪設想，希切實嚴防，並派員查察為要。」（國史館「蔣中正總統事略稿本」民國三十年九月五日。）

民國三十年九月十日

胡總司令電復蔣委員長關於增強河防工事情形

「蒸電奉悉，查：㈠禹門口沿河工事，已一再增築，對岸龍門山據點，亦迭經改善加強，足為禹門之屏障；㈡潼關附近除沿河第一線陣地及潼關核心據點工事，均經改善加強外，並於潼關以南高地築有第二線陣地，現已全部完成，除將工事再加強改善外，平（民）朝（邑）方面已增築第二第三兩線陣地，縱深概達二十公里；㈣河岸後方白水蒲城渭南一帶之平面陣地，現正偵察計劃構築中，敬復。」

附：蔣委員長前電轉告俄總顧問視察報告：「崔總顧問視察報告摘：㈠左翼禹門口一帶河幅狹窄，尚未施工，右翼潼關一帶工事縱深僅二至三公里，且為兵團交接部，均為弱點；㈡現有沿河防線僅具戰術縱深，欲期確實掩護西安，須構築第二線工事；㈢現有工事網祇可於洛陽東南正面拒止敵人，黃河防禦工事縱深不足具警戒作用；㈣靈寶盧氏一帶防禦工事異常薄弱，敵由此侵入之公算甚大，有加強各該地工事之必要，希速即改進遵辦。」（國史館「蔣中正總統事略稿本」民國三十年九月十日。）

民國三十年九月十七日

胡總司令呈報蔣緯國先生情形

「蔣緯國同志在第一師工作，該師每月均有考核，其最大優點，如意志堅強、膽識俱佳、有貫澈毅力、數理根柢甚優；如能持之以恆，而益使練歷艱苦，當尤為健全等語，職意擬再過若干時間，將緯國同志調往裝甲兵第二團服務，俾獲得機械化部隊實際應用之經驗，

未知鈞意如何，敬乞核示。」（國史館檔案典藏號 002-080200-00296-007）

附：蔣委員長復電稱：「翰電悉，緯國現在第一師服務，應經過相當時日，再定工作程序可也。」（國史館「蔣中正總統事略稿本」民國三十年九月十七日。）

民國三十年九月二十一日

蔣委員長電示胡總司令，西荊公路及附近山路蹊徑應節節設防，慎防日軍之進襲。

「西荊公路及其附近之山路蹊徑，皆應構築隱蔽工事，節節設防。最近敵軍在各地所用之戰術，專重在僻壤小徑，到處進擾，以攻我之不備，此應特別注意，而且此法我軍亦應特別習練。至於沿河與各重要據點所已設工事，皆應將預定使用之部隊，派往其預想所擔任地區之工事內，實地演習，最好在十月間行之。至其餘各陣地內之官兵，特別注重疏散與縱深以及防空與隱蔽為要，敵軍主力除在沿河正面進攻以外，或由南陽經荊西路襲取西安之可能，應速準備為要。」（國史館「蔣中正事略稿本」民國三十年九月二十一日，國史館「蔣中正先生年譜長編」第六冊，頁六二五。國史館檔案典藏號 002-020300-00006-108。）

民國三十年九月二十一日

蔣委員長電胡總司令以蔣緯國應專心在連練兵，不必參觀秋操。

背景說明：胡總司令於二十一日電陳：「十月秋操之時，擬派蔣緯國前往參觀。」蔣委員長之後電復胡宗南曰：

「緯國應專心在連練兵，不必參加秋操，以軍人一體，不可有特殊待遇，以敗壞軍風。」（「胡宗南致蔣中正電」（民國三十年九月二十一日），「蔣中正復胡宗南電」，「蔣中正先生年譜長編」第六冊，頁六二五。國史館檔案典藏號 002-080200-00296-014）

附：其後，蔣委員長電復胡副長官關於蔣緯國先生的升級事表示　緯國上尉停年未滿不應升為少校，如營長缺出，則可任為上尉營長或代理營長；惟其本營原有營長，必須依法可有缺升調時，方得調補，否則切勿為緯國關係，致破壞我軍紀也。

民國三十年十月二日

蔣委員長電胡總司令派軍鞏固洛陽河防（另電蘭州朱紹良長官）[4]

---

4 日本於兩個月後偷襲珍珠港。

「㈠汜東之敵於冬日拂曉分三路向鄭州渡犯，刻與孫桐萱部激戰中；㈡為鞏固洛陽河防，著第八戰區即以第七十六軍或第一軍之一個師速開洛陽，歸衛長官指揮，限微日前到達。」（國史館「蔣中正總統事略稿本」民國三十年十月二日。）

附：同日蔣委員長研究敵情有以下數項：「㈠敵渡黃河犯鄭州，其目的在牽制我收復信陽；㈡敵國昨（一日）上午十時至十一時，開樞密院會議，重要閣員均出席參加；下午二時，近衛又召集其內閣書記官長富田，情報局長伊藤、與企劃院總裁鈴木大將，討論國內外大局；至五時猶未畢，可知敵昨日對於外交與軍事必有重大之決定，而其發表撤退長沙之聲明，亦適於當日午後四時，此必與其會議有關也。」（國史館「蔣中正總統事略稿本」民國三十年十月二日。）

民國三十年十月三十一日

蔣委員長電令胡總司令從速研究調整河防部隊與總預備隊兵力

「河防部隊與總預備隊之兵力，應從速研究調整之法。照現布布置，如此大軍，而總預備隊並無一兵；且各軍所屬之師，皆分別其序列，指揮系統亦不能統一，此為最大之錯誤，而且完全違反原則。河防地區雖寬，但部署如能適當，仍可留有力之總預備隊，以為決戰之用。以後部署，仍應抽調第一軍與第十六軍或七十六軍，總須留整個兩軍至三個軍，為陝東之總預備隊。

即照此意旨，再將河防部隊分配調整，凡不重要之點，可盡量減少兵力，以有總預備隊在後方，則河防防兵力稍單薄仍無礙也。……總之，寧可河防兵力盡量減少，而總預備隊兵力不可不竭力設法增厚，此為軍事家惟一之要領，應切記之。」（國史館檔案典藏號 002-020300-00006-110）

民國三十年十一月九日

蔣委員長手令胡總司令二十七軍黃河北岸部署，並協助維持太行山游擊區實力。

「西安胡總司令：第二十七軍主力應即向平漢路東線之豫北冀南一帶移動，分布於黃河北岸之冀魯豫交界地帶，而以豫東為後方，期與李仙洲軍聯繫打成一片，作為我冀魯部隊之主力。照此意旨擬定整個計劃，從速進行，不必再待後命，惟陵川附近必須留相當部隊，協助龐總司令維持太行山游擊區實力，並即令其絕對服從其命令，其兵力先須留一師，不可太少。總之，對於黃河北岸以游擊戰為主旨，故兵力以分散為首要，不可以一軍或一師人眾集一地，以免被包剿也。中正手啟」[5]（國史館檔案典藏號 002-010300-00046-026）

---

5 二十七軍軍長為范漢傑。龐總司令為二十四集團軍總司令龐炳勳。當月二十三日，蔣委員長又令二十七軍不去平漢路東，而移防鄭州洛陽地區；惟其後再開入太行山區。次年起，日軍三次集中兵力攻擊我太行山游擊隊，龐總司令被俘，其後又受到日軍與共軍夾擊，損失慘重，乃退出太行山區整補。三十三年五月，河南戰事發生，二十七軍又奉令參戰，當時軍長為周士冕，惟太行山區已成為八路軍的根據地。參考國史館「蔣中正總統事略稿本」民國三十三年八月。

民國三十一年一月十七日

蔣委員長電令胡總司令訓練所屬戴防毒面具

「現在陝省之第一軍、第十六軍、第七十六軍、以及第九十軍各部隊，應特別注重戴防毒面具之訓練，其訓練之方法，可自三十分鐘至六小時為止。此項訓練，應極端秘密不可外洩。上述各部隊現有防毒面具若干，每師各有五百具之數，則足供輪流訓練之需，如何訓練，並希詳報。」（國史館「蔣中正總統事略稿本」民國三十一年一月十七日。）

民國三十一年三月十七日

胡總司令電呈蔣委員長，遵令代理軍事委員會西安辦公廳主任。

「篠機渝電奉悉。遵於本月梗日即前往西安辦公廳視事，所有職員遵命均維原狀。」

附：蔣委員長三月十七日電西安胡總司令宗南：「衛主任（立煌）已另有任用，西安辦公廳主任派朱長官（紹良）兼任，在朱未到任前，派弟暫代，希奉電令後即日前往接事，但所有職員，非有必要，不必更調，以暫維原狀為宜，何日視事，速復。」（國史館「蔣中正總統事略稿本」民國三十一年三月十七日。）

民國三十一年五月十七日

蔣委員長指示胡總司令七分校教育原則，並與第一軍相配合。

「對於第七分校之訓練，尤其關於步兵教育方面，可請第一軍張軍長（卓）切實指導，並嚴加督促。如能使第七分校與第一軍打成一片，使與作戰相配合，則訓練必更切實，以後弟檢閱部隊時，可由張軍長隨同校閱，並令其詳為講評，俾資改正，以求進步為要。」（國史館「蔣中正總統事略稿本」民國三十一年五月十七日。）

民國三十一年五月二十日

胡總司令電復蔣委員長談王超凡、余紀忠事。

「號機渝手啟電奉悉，中央軍校本校政治部主任似以王超凡為宜，其人政工資歷甚深，平穩老練，統禦力尚可，余紀忠優秀天真，且能識拔人才，然資歷尚淺，似以派第七分校政治部主任為宜。」

附：蔣委員長前電為「中央軍校本校政治部主任人選，甚為重要，擬調余紀忠與王超凡二人中之一人充任，此二人組織統禦能力，以何人最強，希詳報，候核。」（國史館「蔣中正總統事略稿本」民國三十一年五月二十日。）

民國三十一年九月二十一日

蔣委員長電令胡副長官，防止共黨偷運鴉片。

「現駐陝北隴東之部隊，對於共黨販賣仇貨與偷運鴉片，有否切實防止之方法，以及今後如何設法改正，以杜絕其偷運，希詳報。」（國史館「蔣中正總統事略稿本」民國三十一年九月。）

民國三十一年九月二十二日

胡副長官呈報蔣委員長，已與中共林彪晤面。

「西安胡副長官宗南養電，呈報林彪已到陝，今已晤面，擬日內乘汽車赴渝晉謁。」（國史館「蔣中正總統事略稿本」民國三十一年九月二十二日。）

民國三十一年十月五日

胡副長官呈蔣委員長歡迎美總統特使威爾基之行程安排

「江機渝江西機渝兩電均奉悉。威爾基之行程安排先生來陝時，不飛寶雞，直飛西安亦可，請於當日午後五時到達西安，下機後即至幹訓團（機場附近）休息，八時陝省府歡宴，十時乘火車至華陰，翌晨六時到達，轉乘汽車赴潼關，參觀潼關工事炮兵陣地及第一師演習，十一時完畢返華陰，正午十二時在華陰午餐，下午一時三十分由華陰至赤水，三時起七十八師閱兵講話，七時乘火車返西安，當晚住王曲。翌日上午參觀七分校課目，下午三時起閱兵講話，五時完畢，赴西安機場離陝，在陝日程共兩日兩夜。關於民眾在機場歡迎及歡送，均已組織及準備，惟閱兵場改在飛機場諸多不便，如適值雙十節前來西安王曲，亦不能閱兵，仍請照原定計劃實施，所擬當否，並何時前來，均請　電示。」

附：本電由陳布雷（時任蔣委員長侍從室第二處主任）、賀耀組（時任委員長侍從室第一處主任）二先生呈核。

蔣委員長批示：「復：刻已決定威爾基先生七日下午二時左右飛到西安，當晚或翌晨乘車參觀潼關陣地後當午回到西安，同日（即八日）下午由西安起飛，至離西安之時間程序由弟決定，而其唯一目的在參觀潼關前線，如此似不必閱兵矣　中正。」（國史館檔案典藏號 002-020300-00036-017）

按：威爾基（Wendell Willkie）係一九四〇年美國共和黨總統候選人，於選舉中敗給民主黨之羅斯福總統。一九四一年秋冬，威氏以羅斯福私人代表（或特使）之身份出訪北非、蘇聯以及中國，訪華時特別參訪潼關前線及西安七分校，並對宗南先生特別表示：「想不到在中國落後的西北的山區中，有全世界最大的軍官養成所，而且有這樣多的青年受著最卓越的訓練，中國抗戰必勝無疑。」（見胡宗南主任當時之幕僚陳大勳之回憶文，載於臺灣商務印書館《令人懷念的胡宗南將軍》，第二〇〇頁。）

民國三十一年十月六日

胡副長官電復蔣委員長加強對陝北中共封鎖事

「魚機渝電奉悉，酉冬勘熏代電計呈，查對陝北匪區加強封鎖除飭由軍隊擔任外，民眾組訓工作尤為重要。關於部洛、商同兩區動員指揮部之調整加強及經費諸問題，懇由鈞會速與行政院商決飭遵，以免影響工作之進行。」

附：蔣委員長前電如下：「對於陝北匪區應再加強封鎖並積極組訓該地區之民眾，如何辦理，希詳報。」（國史館「蔣中正總統事略稿本」民國三十一年十月六日。）

民國三十一年十一月二十二日

胡副長官電復蔣委員長，慰問足傷及英議員訪華團事。

「養戌機渝電奉悉㈠職足傷約一週內可痊，乞釋念；㈡英議員團第一日到西安，當晚至華陰，第二日赴潼關赤水，當晚返西安，第三日遊覽西安名勝，第四日參觀王曲分校，第五日赴寶雞，當日飛蓉。肅復」

附：蔣委員長前電為：「電悉傷勢何時能痊？傷在何處？甚念。准囑朱長官與英議員同來，該團擬廿五日到西安，廿八日晚離西安赴寶雞，廿九日上午參觀工廠，下午飛蓉，特告。」

（國史館「蔣中正總統事略稿本」民國三十一年十一月二十二日。）

民國三十二年七月十三日

蔣委員長電令胡副長官，可借鏡美軍昆明軍官訓練所之組織與方法。

「美軍在昆明所辦軍官訓練所，其組織與訓練方法多有可供借鏡者。希即酌派高級官長如集團軍總司令與軍師長，以及第七分校負責人員等前往參觀。如弟有暇亦可率領同往以資觀摩也。」（國史館「蔣中正總統事略稿本」民國三十二年七月十三日。）

民國三十二年十二月十四日及二十二日兩電

胡副長官電呈蔣委員長蘇聯飛機赴延安之情報

「據報，半月前有蘇聯巨型機兩架搭載蘇聯軍官二十六員，飛抵延安；並於上月三十日上午十一時離延，毛澤東準於最近赴蘇聯，現正討論應準備事項，以便請示今後對付之方針。」

附：本電委員長侍從室簽擬「蘇機飛延一節，擬交航委會，限一星期查報。」蔣委員長批示：「如擬、問此種報告詳查來由，及事實之證明為要，不可任意置信，適為共黨宣傳得計也。」（國史館「蔣中正總統事略稿本」民國三十二年十二月二十三日。）

民國三十二年十二月二十五日

胡副長官呈報蔣委員長戰區兵力及訓練情形

「十三日手諭奉悉、㈠戰區四個集團軍現兵力三四十萬人，缺額十一萬人，其中新七軍九八軍八十軍騎三軍缺額最多，訓練亦劣；至於第一第九十第十六第五七各軍，人數充足，訓練亦可；第卅六第四二各軍次之。會戰後兵員補充最成問題，已在魯西及徐州極力徵募，並擬改組光潢師管區吸收豫南鄂北壯丁，但陝省兵役機構必須改良。㈡驢馬編制數三七九三四匹，現有數二一二六四匹，另由朱長官（紹良）在新疆洽購三千匹補充，已另案請示中。㈢關於訓練部份，職等現在王曲分校訓練營長以上軍官，預定明年一月底完成。」（國史館「蔣中正總統事略稿本」民國三十二年十二月二十五日。）

民國三十三年一月二十五日

蔣委員長囑胡副長官物色陝西黨政重要人事

「陝省府改組時，其主席人選，除去年面告者外，其餘就近有否適當之廳長與省委資歷相稱之人員，省黨委與各處長人選，亦可詳陳。如能在陝籍同志中，選擇其有為有守富於進取鬥爭性者更好，總使黨政軍一元化，不再如往日有不一致之怪象也，希於本週內詳報。」（國史館「蔣中正總統事略稿本」民國三十三年一月二十五日。）

民國三十三年二月一日

胡副長官呈復蔣委員長關於黃龍山部署及工事構築情形

「丑東機渝電奉悉。謹復如次：㈠黃龍山境內要點計薛家坪（宜川南十五公里）駐暫二十五師第二團（欠一營），集義鎮駐該師師部及第一團，要險駐第二十八師第八十三團，石堡駐暫二十五師一營以上，兵力已達一師，駐防均已年餘，以後擬常川保持上項兵力。㈡工事方面計已完成據點工事者除一項各要點外，另有薛峰鎮、大嶺、馮原鎮等處，正修築者計有寺兒凹一處。茲復令九十軍李軍長文會同彭兼警備司令進之，擇各要點建築碉堡，限期完成，以增堅固。㈢已令駐防該區部隊於修築工事之餘由墾局就駐地附近酌劃墾區，從事屯墾。以上敬祈核備」

附：蔣委員長前電指示：「黃龍山應派兵一師或兩師常川駐防，並將扼要各地建築碉堡據守，並令其部隊官兵屯墾為要。如何部署，希即確定詳報。」（國史館「蔣中正總統事略稿本」民國三十三年二月一日。）

民國三十三年二月二十四日

胡副長官電呈蔣委員長，中共召開高級軍事會議內容之情報。

「據報，延安奸偽近開高級軍事會議，其內容如下：㈠我發動春季攻勢時，即在邊區集中二十師兵力，以內線作戰突破包圍，並相機進攻蘭州或西安。㈡決以最大努力保衛邊區，否則將黨政軍各機關遷移山西偏關，派大量兵力分三路施行游擊。第一路向寧夏河西竄擾，第二路由隴東向隴南四川竄擾，第三路由西安出子午嶺向漢中竄擾，使西北成混亂狀態。㈢在國際上爭求援助，使各國承認中國共黨政治上所組成之機構。」（國史館檔案典藏號 002-020300-00050-076）

民國三十三年二月二十九日

胡副長官電復蔣委員長，關於主持西安黨政軍聯合會議事。

「遵於寅刪（三月十五日）召開第一次西安黨政軍聯席會議，職任主席，參加者省府祝主席及谷主委等七人。宣佈會議目的為：㈠組訓民眾加強保甲；㈡清除奸盜；㈢平定物價；㈣肅清貪污。」

附：蔣委員長前電指示：「長安胡副長官宗南並轉谷主任委員正鼎：陝省府改組後應即速組織西安黨政軍聯合會議，以胡副長官為該會議主席，凡對敵奸有關事項，皆應同心一德，密切合作，澈底澄清，尤以組訓民眾、加強保甲、清除奸盜、肅清貪污、平定物價為主要任務，惟開始之初，對於社會應取和緩漸進態勢，勿使地方驚惶，奸黨得以乘機煽惑，故對合法團體與地方士紳特加聯繫，但有關貪污與奸盜案件必嚴加懲處，准予便宜行事。總之，此次黨政改組要以加強黨政實力，安定地方人心為宗旨，萬勿使敵奸乘機煽惑，反而加深前途之障礙也。」（國史館「蔣中正總統事略稿本」民國三十三年二月二十九日）

民國三十三年三月四日

胡副長官電呈蔣委員長請完成寶（雞）平（涼）公路

「茲據派赴寶平路解參謀廷英報稱：『寶（寶雞）平（平涼）路全長一九五公里，陝段完成土路便道，便橋已通車，零星工程料亦備齊，解凍即可動築。惟大橋路面以無款均未興築。甘段土路橋涵均已完成，路面亦未築。交部去冬撥發之八百萬元僅能維持土路便道便橋通車，如欲暢通，須追加大橋及路面工款等情。』查寶平路南綰川陝公路，北接平甯公路與西蘭華雙兩路，構成循環補給線，關係運輸至鉅，且西蘭公路為側敵（奸黨）行動時慮遮斷，為補救計，此路亟須完成，懇飭交部迅予追加工款為禱。」

附：蔣委員長批示交「交通部速辦並復知胡副長官」（國史館「蔣中正總統事略稿本」民國三十三年三月四日）

民國三十三年三月二十三日

胡副長官呈復蔣委員長防堵中共之兵力部署

「篠侍參電奉悉。遵飭第一線部隊嚴密戒備第二線控置部隊：㈠關中兵團韓城部陽附有第二十八師、預三師（兼保河防），三原附近有第一六五師、新二十七師，寶雞及以北地區有第八師第七十八師、第一六七師（此為有力機動部隊），渭南臨潼有第二十七軍三個師（該軍戰力甚弱），騎九師在隴縣，僅能固守該據點；㈡隴東兵團第九十七師在平涼，暫十五師在天水，第三軍現駐靜甯、定西、臨洮間，地區分散護路，不能作戰；㈢第九軍之新二十四師現集結寶雞附近構築工事，其第五十四師奉命南開現達褒城；㈣第九十八軍除四十二師之一個團駐寶雞外，主力在漢中；㈤裝甲兵第二團已集結於咸平線上；㈥傅馬兩部應派部隊已電查詢並與聯絡，寶雞為秦隴鎖鑰，地勢重要，新二十四師戰鬥力薄弱，懇飭第五十四師北開歸制。」

附：蔣委員長批復：「李陶范三個集團軍每個集團總要控置三個師有力部隊，以備出擊之用，而其重點應置於三原方面。又陶集團軍之副總司令與參謀長，應重選優秀能戰、有膽識有經驗之將領協助作戰。以陶本人守成有餘而勇敢精神不足，故非特別設法補救不可，中常以此為慮也。如何詳復」（國史館「蔣中正總統事略稿本」民國三十三年三月二十三日）

民國三十三年三月二十四日

胡副長官寅迴電請示蔣委員長，擬調第五十四師北開天水以固隴南。

「茲為有效防止奸匪乘機竄擾起見，擬即遵鈞座前頒對奸匪作戰計劃，將原駐平涼之五十七軍軍部及九十七師即行移駐海原；所遺平涼防務，擬以現駐天水之暫十五師擔任；至天水為隴南重鎮，尤應控置有力之一師，擬懇准將五十四師北開天水以固隴南，可否乞示」

附：蔣中正委員長批示：「復五十四師准調回寶雞，原駐寶雞之九十八軍一團可調歸漢中，該軍建制天水平涼駐軍暫宜勿動。」另，蔣委員長同日電令胡副長官嚴防中共竄擾如下：「此時準備工作除積極整頓部隊，充實兵力，鼓勵士氣，振作精神以外，惟以增築碉堡與各種工事如副防禦與長塹深壕等加強封鎖線，使之無隙可鑽，是為急務。前令務在封鎖線以外之縱橫二三百里地區以內層層築碉，節節設防，星羅棋布，堅壁清野，勿使其越出此天羅地網範圍之外，方為根本之計，故應嚴令各部官兵澈底明瞭此意；朝夕勤勞，一面設計，一面作工，勿稍暇逸，如此只要多流苦汗就可少流熱血。剿匪除奸之道無踰於此，接此電時應再研討已成工事之縱橫厚薄之所在，以及今後增強充實整個之方案，重要各地吾弟親自密勘，其他各處亦應分區分業分別多派精於工事人員前往檢查，負責督促。以後奸匪如有某區某段竄出，即應由該區該段之主管官長負責，處以縱匪之罪也。上午致祝主席一電想已轉達，亦希切實辦理為要。」（國史館「蔣中正總統事略稿本」民國三十三年三月二十四日）

民國三十三年三月三十日

胡副長官呈報蔣委員長封鎖線後方工事大部完成

「手啟敬未機渝電奉悉。前令在封鎖線後方三百至五百里地區以內所築工事已大部完成，詳情另報。查本部承築工事範圍甚廣，擬於本部設立工程督導組，專司工程計劃督導考核之責，經呈奉鈞座寅寒令一元家電『飭暫緩議』等因自應遵辦，惟今後增強工事設施及管理業務仍極繁雜，懇准遵原擬編制設立工程督導組，以便進行，並乞核示」

附：本電蔣委員長批復：「關於請設立工程督導組，照准。至陝南各縣城防及要點亦皆應訓組人民與構築城防為要，限本年八月底完成。」另，蔣委員長前電如下：「日前面示對於匪區封鎖線之後方其縱深三百里至五百里之內，每區應劃成多數三角形，依照所示要點切實進行佈置。希即詳加研究並將其具體辦法呈報。又陝甘二省內，各鄉村所存之糧食應設法轉運至城市或修碉堡存儲之，並酌派部隊予以保護，希即切實遵辦，呈報為要」。（國史館「蔣中正總統事略稿本」民國三十三年三月三十日及三十二年九月三十日）

民國三十三年四月十七日

胡副長官會同朱紹良長官呈報蔣委員長，關於中共接待外籍記者赴延安之準備工作。

「奸偽為招待外籍記者，將沿途工事盡行撤毀，並提出國共合作口號，鄜、甘城門衛兵撤去，將旅團營連番號改為縱支大中隊各名稱，又奸偽派有特工人員化妝包圍外籍記者，企圖造成對其有利之民意，並防止人民與記者團接近。」（國史館「蔣中正總統事略稿本」民國三十三年四月十七日）

民國三十三年五月三日

胡副長官辰江電呈蔣委員長，增築河防工事請撥款。

「豫敵進犯後，陝東河防較前吃緊，為鞏固河防，計擬：㈠於潼關南方之故東溝迄廨莊呰子一帶，構築兩營陣地，又以宋村至西峪口為其第二線，構築一營陣地，並配築水泥機槍掩體十六座；㈡於渭河口及大慶關腰棚一帶，增築水泥機槍掩體八座、構砲掩體兩座；㈢禹門西凍山附近增築水泥機槍掩體二座、指揮所一個；㈣宜川地位重要，增築水泥機槍掩體九座。以上共需約五百萬元。懇速飭發款為禱。」

附：蔣委員長批示「照准」（國史館「蔣中正總統事略稿本」民國三十三年五月三日）

民國三十三年五月四日

胡副長官辰支電呈蔣委員長，擬成立一摩托化師並增編一騎兵軍。

「查平涼天水以西兵力單薄，河西部隊向新疆移動更形成一大間隙。本部對敵奸兩面作戰，倘奸匪由平涼以西竄擾時，潰泛必大，倘敵人再由綏盟犯甯夏，進窺秦隴，觸瑕搗虛，以高屋建嶺之勢向東席捲，則作戰上必感困難，兵力不敷，轉移遲滯，亟應增建運動靈活部隊，機動使用。擬請：㈠成立一摩托化師，該師以裝（「裝」，指裝甲兵）二團為基幹，以陝甘汽車兵團撥歸建制，並增設步兵兩團編成之；㈡增編一騎兵軍，轄三個師，各師按三二年新編制編成，所需馬疋，一律由產馬區徵撥或徵購先行訓練裝備，逐步補充，是否可行，乞核示。」

附：蔣委員長批示：「交何總長核議」（國史館「蔣中正總統事略稿本」民國三十三年五月四日）

民國三十三年五月五日

胡副長官呈報蔣委員長撥款撫賑傷兵難民

「中原鏖戰，職部未雨綢繆，嚴整戰備，以及豫境傷兵難民扶老攜幼，絡繹入關，撫卹賑等，在在需款，乞指撥兩仟萬元。備用為禱。」

附：蔣委員長批示「先發壹仟萬元」（國史館「蔣中正總統事略稿本」民國三十三年五月五日）

民國三十三年五月十四日、十七日、十八日

胡副長官辰寒電、辰篠電及辰巧電呈蔣委員長部隊調動，及召編義勇隊以因應日軍攻擊[6]。

「㈠第一六五師即開洛川，接替第五三師防務，限二十二日前交接完畢；㈡第八十軍軍部即進駐洛川，指揮第一六五師、新三七師；㈢第五三師交防後即開部陽附近控置，限二十六日前到達；㈣暫騎二師即歸丁總司令直接指揮；㈤第五七軍軍部率第九七師□日經平寶路由寶雞以火車輸送至臨潼新豐鎮附近待命，限二十三日以前到達；㈥新三四師即以一個團開平涼控置，限二十三日前到達。謹電備查。」

「㈠第一〇九師已交防，七日到達大荔朝邑間集結，第二十七軍軍部率四十五師開寶雞接替第七十八師防務，已於十一日到達；㈡第七十八師交防後即開華縣赤水鎮集結待命，十六日全部到達；㈢第四十六師全部附工七團之一營，即開商南，除先期一團進駐西平鎮外，另派一營分駐雒南，約十七日可全部到達；㈣新二十七師即開宜川集義鎮、黃龍山一帶，接替第二十八師防務，歸第九十軍李軍長指揮，限五月二十二日前到達；㈤第二十八師交防後即開韓城附近集結待命，限五月二十三日到達；㈥砲五十二團之四個戰防砲連即開華縣歸制；㈦裝二團除大荔一連、華陰一連、靈寶一連外，餘均集結西安咸陽間待命。」

「……關中情況緊急，亟應發動民眾編組民槍，配合國軍作戰。查陝東接近前線藏槍甚多，每縣或一二萬與三五萬枝不等，凡擁有槍枝者非在鄉軍人即好鬥健兒，志切殺敵。擬先擇要，每縣召編一個義勇隊，每隊視人槍之多寡編成三至五個大隊，除給養按人數發給外，另發生活

---

6 日軍發動豫中攻勢，第八戰區胡副長官嗣派軍出潼關赴豫作戰，支援第一戰區，參考臺灣商務印書館《胡宗南上將年譜》增修版，頁一三四—一三八。

維持費，暫以三個月為期，期滿後或解散，或撥編正規軍，可否乞核示」（國史館「蔣中正總統事略稿本」民國三十三年五月十四日、十七日、十八日。）

附：蔣委員長批示「交何總長核辦」

民國三十三年六月二十一日

胡副長官呈報河南靈寶戰役各主官獎懲

「呈靈寶戰役各軍師團長獎懲辦法[7]：㈠第五七軍軍長劉安祺[8]指揮不當，擬請撤職留任。

7 民國三十三年四月起，日軍為打通平漢線攻潼關，乃發動豫中會戰，利用其裝甲部隊之優勢，連陷第一戰區之鄭州、洛陽、許昌；當時胡將軍為第八戰區副司令長官，率軍出潼關支援，在河南靈寶號略鎮間經力戰後阻止了日軍攻勢。當時為維軍紀，用法甚嚴，七月四日奉召赴重慶，蔣委員長亦曾對靈寶戰役提出檢討。參考臺灣商務印書館《胡宗南上將年譜》增修版，頁一三八—一三九。另據當時曾擔任前線敢死隊之七分校學生在臺面告，胡將軍親赴最前線召集彼等嚴肅宣示，如果此戰不勝，他本人的棺木已準備在後面。此外，在國軍勝利後，蔣委員長於六月十五日之日記中表示：「第八戰區之戰事暫可告一段落，此實抗戰成敗最大之關鍵。如果潼關或西安動搖或失陷，則全局實難收拾矣。此不僅西安地位重要，而宗南在關中專心訓練十軍兵力，為時已越五年之久，如果一旦失敗，則全國軍心民心皆難維持。故此次潼關之得失，比任何戰區成敗之關係為大。此所以半月以來，寢食不安也。今幸蒙上帝保佑，竟得轉危為安，實非人力之所能及也。」見國史館「蔣中正先生年譜長編」第七冊，頁六六七。民國一〇四年十二月出版。

㈡第九七師師長傅維藩作戰不力，自動後退，罪有應得，然初任師長，到差未久，情有可原，請押解，鈞（調）會訊辦。

㈢第一六七師四九九團團長賀一持，失陷要地，致陷戰局於不利，請按連坐法處死刑。五零一團團長胡學炳，增援不力，擬請撤職判處徒刑。

㈣第一〇九師師長戴慕真，指揮無方，擬請革職查辦。

㈤第一〇九師三二五團團長劉明縱，敵竄入夫婦峪口，既不力戰，又不報告，請按連坐法處死刑。

㈥預三師擊破夫婦峪口迂迴之敵及虢鎮西犯之敵，完成掩護任務，該師師長陳鞠旅指揮有方，請升為該軍副軍長，仍兼預三師師長。

㈦第一六七師五〇〇團團長匡全美，守備虢略陣地，屢挫強敵，未失一地，該團長匡全美指揮有方，請升為該師副師長。上列是否有當即請　電令祇遵。」

附：蔣委員長批示為：

「一、劉軍長是否當時在前方指揮九十七師，如果係彼指揮，則應革職交軍法審判。

二、傅維藩不固守陣地，（擅）自撤退應照連坐法，就地槍決。

---

8 五十七軍軍長劉安祺甫於年初升任該職，在靈寶會戰後雖受責備，卻於數月後當日軍一號作戰攻我廣西梧州前，即率全軍緊急空運貴陽；日軍緊接著攻陷桂林、柳州、獨山，威脅到重慶，劉軍有效地協助穩住了西南戰場的局勢。其後在三十八年，他再負責成功率軍自青島撤退來臺，構成保臺主力部隊之一。劉上將後曾任澎防部司令、金防部司令、陸軍總司令等職，貢獻卓著。參考中央研究院近代史研究所「劉安祺先生訪問紀錄」。

三、照辦
四、戴慕真革職交軍法裁判
五、照准
六、照准
七、照准

中正　六、廿三」（國史館檔案典藏號 002-020300-00014-098）

民國三十三年八月二十二日

胡副長官未感電呈復蔣委員長，關於招募豫東淪陷區新兵事。

「養機渝電奉悉，前派李漢章率五個團幹部赴豫東招募新兵，迄今三月，據報『已募得一萬三千餘人，有五千人準備西開中』。查新兵僅自入營日起發給糧餉服裝，所需經費為招募機構用費及幹部薪餉，茲擬請㈠准委李漢章為豫東召募處長，處部按師部編組，下轄五個團，月照編制發給軍糧，就地核實，補給以一年為期。㈡查預八師、第九十七師已奉令撥補，擬請以李漢章兼預八師師長周保黎為第九十七師師長，各率三團幹部在豫東召編，成立兩師，經費照發，以四個月為期，召募完成，屆時派員點驗，依情況或就地裝備，即留豫東訓練或令開陝歸制，上二項究以何者為妥？乞核示祇遵。」

附：蔣委員長批示：「准委李漢章為豫東招募處長，惟招兵幹部可視招募兵額之多寡而調配之，不必固定規定為五個團，又為免與陳大慶招募新兵混雜起見，飭陳長官（誠）酌情適當劃分其招募區域」。另，蔣委員長前電為：「招募豫東淪陷區新兵已到幾何？能否續招二萬新兵？其招募經費統計每名新兵到達陝境之經費至少約需幾何？詳報」（國史館「蔣中正總統事略稿本」民國三十三年八月二十二日）

民國三十四年一月十日

蔣委員長電令胡代司令長官，加強第一戰區工事及抽調五萬壯丁空運雲南。

「第一戰區目前亟應重新調整部署及加強必要工事，漢中一地，甚為重要，至少應調派一師部隊駐防，希即擬訂具體方案。其關於軍隊之分配及工事之位置等，並應繪圖詳報備核為要」。

又電曰：「在此一個月內，須由第一戰區在各軍中密抽老兵強壯者三萬人，另在陝西保安團等及徵集壯丁新兵二萬人，共計五萬人；由西安空運至雲南補充，並望於本月內開始空運。至於由各軍中抽兵之計劃與辦法行動皆須極端秘密，切不可聲張，如萬不得已時，可托言：每師抽調成績優良之士兵，集中戰區所指定地點，施以特技之訓練，以備反攻時作先鋒之用。總之，不使匪方知我抽兵南運為要，一面限令豫陝各地招徵十萬人，專為第一戰區補充缺額之用，其經費准予實報實銷。」（國史館「蔣中正總統事略稿本」民國三十四年一月十日）

按，抽調五萬壯丁赴雲南一節乃為配合美軍助我在西南編訓機械化部隊以備反攻之用。（參考臺灣商務印書館《胡宗南上將年譜》增修版，民國一〇三年出版，頁一六五。）

民國三十四年二月三日

胡代長官寅支電復蔣委員長，關於終南山北麓山口等地構築工事案。

「丑江機渝電奉悉，查終南山北麓各山口與同官、耀縣、臨潼、商南、雒南、山陽等地，均築有工事，惟歷時既久，仍應整理加強，奉電前因，遵即轉飭勘察，另備具體計劃呈核。又奉鈞座丑江令一元甲電，飭本戰區原有工事除潼關、西安、武關三要點可增築永久工事外，餘均暫緩構築等因，是否同時辦理之處？乞核示。」

附：本電蔣委員長之侍從室簽註：「謹查丑江令一元電，係軍令部承辦，擬於潼關、西安、武關三處增築永久工事，形成西北堅強據點。復查終南山北麓各山口暨同官等地，既已築有工事，似應遵照意旨迅加修理，使成小核心據點工事，擬以此意復胡代長官，當否乞核示」。蔣委員長嗣批示：「如擬」。另，蔣委員長前電如下：「終南山北麓各山口要隘與同官、耀縣、涇陽及臨潼、商南、雒南、商縣、山陽等地，均應利用城廓地物，構築一連至一團之小核心據點工事，希即研擬具體計劃，繪圖詳報為要。」（國史館「蔣中正總統事略稿本」民國三十四年二月三日）

民國三十四年三月至七月

胡司令長官在豫西鄂北會戰中之相關指令及部分戰況

背景說明：抗日戰爭後期，日軍發動豫西鄂北會戰，選擇我第一戰區及第五戰區接合部兵力薄弱之處，利用南陽平原適於其戰車師團機動作戰之特性，企圖一舉突破我陣地，向西挺進，佔領老河口機場，摧毀我空軍及中美聯合作戰之前進基地；繼沿豫陝公路向西挺進，突破潼關，佔據西安，威脅四川重慶陪都。三月下旬，日軍進展迅速，突破第五戰區多處防線。宗南先生時任第一戰區代理司令長官，立即令第三十一集團軍（總司令王仲廉將軍）及其他各軍策應作戰，爾後由於戰場局勢瞬息萬變，乃隨戰局之發展，指揮各軍出擊，作出各項部署指示，得以在河南西峽口附近以三次殲滅戰，粉碎了日軍企圖，成為我軍在抗戰勝利之前的一次重大勝利。（相關指令引自國防部檔案載於國家發展委員會檔案管理局檔號0034/152.2/1723，並參考參與作戰軍官所撰述編於《王曲文獻》（王曲文獻委員會編，民國八十年）之文字，及孟興華《豫西鄂北會戰西峽口之役致勝探討》（臺北：中華軍史學會，民國一〇二年），與臺灣商務印書館《胡宗南上將年譜》增修版，民國一〇三年出版。）

三月十六日：

（於本日）「令第三十一集團軍王仲廉總司令，以一部兵力鞏固伏牛山區之守備及策應劉茂恩部之作戰，主力鞏固西峽口及其以西原陣地。」

民國三十四年三月二十三日

胡代司令長官梗樾智俊電：

「一、戰區以相機打擊敵軍，確保豫西山地為目的。

二、劉茂恩總司令，指揮第十五軍之第六十四師及地方團隊，即佔領香菅、郭塞、內鄉、兩河口亙二郎廟，湍河西岸既設陣地，以一部守備鎮平據點，保持重點於內鄉、兩河口附近地區；內鄉勢須確保，擊破西進之敵。

三、第三十一集團軍，配屬工兵第九、第十三兩個團，重砲兵一個連，暫編第六十二、六十六，新編第一等三個師及陳舜德、席祥青分別率領之第四、第六兩縱隊，並即作如左之實施：

㈠第八十五軍副軍長，指揮第一百一十師，暫編第六十六師及陳舜德、席祥青分別率領之兩縱隊，確實鞏固伏牛山區，積極襲擊敵軍，策應豫西方面之作戰，對車村、廟子、潭頭等要點，必須確保。

㈡第八十五軍（欠一百一十師），以駐丁河店附近之師，挺進一部至屈原崗附近，餘在原陣地集結，完成戰備。

㈢以第七十八軍及暫編第六十二師，積極鞏固淅川、荊紫關、西坪、朱陽關之線陣地。

㈣以新編第一師附工兵第十三團，積極完成武關、竹林關一帶陣地。

㈤西峽口以東公路，即完成破壞準備。

四、第四集團軍，即就原陣地，加強鞏固，阻擊西犯之敵；對盧氏、十八盤、官道口諸要點之工事，尤須強固。

五、陣地須採據點式，陣地前阻絕設施，力求加強。

六、第四十五軍之暫編第一師，除留一部於峪山，保護樊城、叟溝間之交外；主力速向叟溝集中，歸本部直接指揮。

七、各出擊部隊，限二十七日拂曉，開始行動。

八、本部指揮所，俟各部隊開始行動後，即移梁家咀。」

洛寧方面，本日陷我中山鎮之敵，與我第三十八軍第十七師第四十九團第一營相持於火燃寺、南嶺上、土廟凹之線。劉峙長官，為增強反攻力量，以寅宥瑜戰電，請求第一戰區胡宗南代理長官，命劉茂恩總司令及第八十五軍，逕與高樹勳總司令指揮之新編第八軍及第二集團軍各部連繫，星夜向縣以北地區進出，協力各該部，尋殲進攻之敵。

胡代長官接獲劉峙長官電後，即於三月廿六日「令第三十一集團軍王仲廉總司令，以一部兵力鞏固伏牛山區之守備及策應劉茂恩部之作戰，主力鞏固西峽口及其以西原陣地」。

我軍事委員會以寅宥令一元北電，命令第八十五軍之暫編第六十二師，開草店、均縣間地區集結，其軍部及新編第一師，開荊紫關集結，歸劉峙長官指揮，限四月三日前到達，以加強第五戰區之戰力。

三月廿七日令：

「一、第八十五軍，即派第二十三師副師長，率兵一部，歸兼河南警備劉茂恩總司令指揮；並配屬地方團隊，推進至馬山口附近，向默河東岸之敵襲擊，威脅敵主力側背，以策應第五戰區之作戰。
二、暫編第六十六師，以一部向嵩縣之敵攻擊，相機佔領該縣。
三、第六挺進縱隊，著由伏牛山區守備部隊，抽配一部兵力，襲取南召。」

四月一日，我軍事委員會電令：

「冀察戰區總司令高樹勳所部及第三十一集團軍之新編第一師，暫編第六十二師，統歸第二集團軍劉汝明總司令指揮，劉總司令（汝明）歸第一戰區胡宗南代理長官指揮，負責迅速擊破西峽口及淅川附近竄犯之敵，再向南陽、鄧縣間轉移攻勢，以促主決戰方面之勝利。」

四月十九日夜：

王仲廉總司令奉胡宗南代理長官電話：「霸王砦須絕對確保，著飭第二十七、第八十五兩軍各派一部緊急支援」。

四月廿六日令：

「一、王仲廉集團，即以第八十五軍全力，猛擊進攻石槽坊、胡家砦、姬家營各附近之敵，澈底殲滅之，限儉酉達成任務。
二、劉茂恩部（河南警備總司令）及高樹勳部（冀察戰區總司令）與地方團隊，均以內鄉及西峽口為目標，加緊襲擊，斷敵後援，策應王仲廉集團之作戰。

上項訓令發出之同時，並通知劉汝明北渡丹江猛攻淅川之敵，以收南北夾擊之效。」

四月廿七日令：

「一、第一六七師全部控置馬灣、馬鞍橋間地區，支援丁河店方面之作戰，並準備爾後積極行動。

二、第二十八師以一個團推進至米坪，歸第六十五師壽志岡師長指揮，向南挺進，連繫第六十五師右翼，攻擊火星廟、西山溝敵之側背。爾後向趙心溝口、黃石店附近進出。餘主力推進出陳陽坪，準備側擊南下之敵。

三、第五十六師附保安團，先向錦雞嶺、揚河、蛇尾溝右側攻擊；爾後連繫第二十八師之一團，向柳樹底、封店及西峽口東北地區進出。」

五月七日：

「中國空軍第十一大隊向豆腐店之日軍反覆轟炸掃射，日軍一六三聯隊傷亡慘重。中國空軍並投下由第一戰區胡宗南長官署名之日文勸降書，這是日軍對華作戰八年以來首次遭遇之事件。」

五月八日：

「胡宗南代理長官為期獲致更大之戰果，經以五月八日酉電命令王仲廉總司令，要旨如左：

一、右翼及正面須鞏固現陣地，并相機襲取霸王砦。

二、左翼應即完成對單土地之包圍，將第二十七軍左翼之敵殲滅。」

五月十五日令：

「一、第三十一集團軍，應即對敵之堅固據點停止攻擊，新編第一師應即抽出控置於右翼之後方，機動使用。對霸王砦應另派部隊監視；第二十八師主力，即抽出控置於第二十七軍左側後，準備策應該集團軍正面之作戰，一部仍連繫第六十五師扼守現陣地；第二十七軍正面，力求鞏固現陣地，尤須確保馬頭砦，無令不得擅自放棄；並於上羊田、大竹園、上下韓莊以西各高地，構建預備陣地。

二、第四集團軍，即派新編第十四師副師長率一團以上之兵力，星夜兼程向寺河街前進，並指揮該地新編第十師之一營，迅取包圍夾擊之勢，將敵先頭部隊四百餘先予殲滅之，以排除該集團左側背之威脅。千山方面，應派兵搜索。

三、第四十軍即推進一部，佔領上莊、寺河街，並連繫該地方團隊，適時阻擊敵之竄擾，對右翼第四集團軍應取所要之連繫。

四、劉茂恩集團（豫省警備司令，轄有第十五軍），應就伏牛山區內現有國軍及地方團隊，統籌部署，竭力阻擊南竄奸匪，以防蔓延。」

洛寧方面，十至十五日之間，我第三十八軍與南面之敵，演成拉鋸戰，情況膠著，敵不得逞，我亦乏進展，配屬該軍新編第十四師及第一七七兩師之兩個營，守備十八盤，情勢鞏固。

靈寶方面，上官村、萬砦之敵，一部九百餘，砲四門，於十五日以掩護其主力通過草店南下之企圖，由大營向我第四十軍（第一戰區長官郭其原）第三十九師之第一一七團南朝、北朝、新店、馮佐陣地進攻。

五月十六日至二十日：

「淅川方面：十五日，第八十五軍之暫編第六十二師，仍與敵相持於淅川城以西。至二十日五時，該師一度趁陰雨之際，以小部向磨峪灣之敵襲擊，但未奏功。

西峽口方面，第八十五及第七十八軍南面之敵，自十六日至二十日，積極完成其工事。

我第二十七軍之暫編第四師，重悉王仲廉總司令十四日之部署命令，十六日完成第七十四師馬頭砦之接替防務，當日即與敵發生激戰。鏖戰至十八日，敵不支退去。我乘勝追擊，於二十日攻克郭溝。同日，該軍之第二十八師攻克上店。第十五軍之第六十五師攻克大土槽。兩師乘勝協力經黃龍廟溝追擊殘敵。

洛寧方面：我龍骨寨、叟羊坡、柿樹凹、楸樹嶺南面之敵，十六日數度猛攻各該處，均被我守軍第三十八軍擊退，至二十日，敵仍於龍王坡、長明溝、長水寨之線與我第三十八軍對峙。

五月中旬：「胡宗南代理長官，以第三十八軍作戰官兵，在此一戰鬥中，奮勇挫敵，使豫西整個戰局，轉危為安，特予犒賞獎金五百萬元。」

是日，我牛心廟及閻村陷敵，敵續佔南水、桑園、西谷、大小秦村一帶，其兵力約步騎三千餘，砲十門。據悉，該股敵人，為敵第二十六師團之獨立第十一聯隊及第六十九師團之第八十四大隊。我守軍第四十軍新編第四十師之第一一八團轉移毛雨、南天門。同日，東震子之敵，與我第四十軍第一〇六師第三一七團之第三營，激戰於種家坡。該師李振清師長為鞏固師之主陣地，令北裡、載窩之第三一六團轉移川口、虢略鎮，加強守備。

踞大營、五原之敵一千三百餘，以兩路分別向南北朝、新店我第四十軍第三十九師第一一七團陣地猛攻，經我痛擊，敵未逞。

五月十八日令：

「一、第四集團軍應對長水鎮附近之敵，以第三十八軍就現態勢固陣地，堅強守備，阻敵竄犯。無令，絕對不得後退。該軍以有力之一部，確佔中山鎮、倪溝亙盧溝鎮之線主陣地，加強工事，並派隊扼守千山各隘口，並行遠程搜索。

二、第九十六軍壽興中軍長，即率主力北上，確佔火山關、大石山、馬家山、興隆寨、任家山之線，阻敵南竄；爾後連繫第九十軍擊破當面之敵，如敵經大南嶺，雲臺山向西南竄犯時，該軍應不待第九十軍到達，即向敵側擊。

三、第九十軍嚴明軍長，即率第七師，推進至荊彰、姚家坪、大胡峪間地區。第六十一師推進至羅家地、胡子福地、小廟溝間地區，限（五月）馬（二十一日）到達，歸第四集團軍裴昌會副總司令指揮，準備攻擊西犯之敵。

四、第四軍應確保現陣地，特須置重點於大南嶺、雲臺山亙南之間地區，阻敵進犯，爾後協力第四集團軍，將敵夾擊而殲滅之。」

二十二日至二十三日。

老虎頭、興隆砦之敵，在其砲火掩護下，而我軍九十六軍新編第十四師之第四十、第四十二兩團官道口、固水之陣地猛攻十一次，均未逞。同日，我第四十軍新編第四十師之第一一九、第一一八兩團與第一〇六師第三一八團之第一營，在我軍之協力下，分向水南、岔道口、毛雨、翻底之敵行猛烈攻擊；激戰至二十三日十五時，我第一一九團攻克水南；十九時，我第一一八團攻克翻底。此際，大萬附近之敵，迭向我新店、馮佐進擾，均被我守軍第四十軍之第三十九師擊退。

（我第一戰區）胡宗南代理長官，鑒於連日來我新編第十四師及新編第四十師之浴血戰鬥，使敵軍傷亡慘重，攻勢頓挫，遂決心乘此時機，於二十四日發動攻勢，部署如左：

五月廿三日令

一、第四集團軍，除仍以一部對長水鎮之敵鞏固現陣地牽制犯敵外，主力先行分攻官道口以東以北之敵；再由火山關、石大山、核桃園、大南嶺附近地區向馬家山、代家山、清亮河之敵，施行包圍而殲滅之；而後追擊壽河街、孟家河及牛心廟東側附近後；以一部對佛金廟方面戒備，阻敵增援。主力對四庄山形成包圍，左翼對四庄山、邵家山方面，特須注意掩護，並與第四十軍密切連繫。

二、第四十軍除以一部鞏固席家凹以北及河防陣地外，主力即對岔道口之敵行包圍，進出牛心廟，藉第四集團軍主力進出之協助，圍殲岔道口正面之敵於四庄山地帶，但對上社、十八盤方面，特須注意警戒搜索與掩護。

三、攻勢轉移後，第四集團軍與第四十軍之作戰地境為臣家營、邵家山、康家咀、前槐亙年底之線，線上屬第四集團軍。

……

五月廿五日令

一、第四集團軍主力，即向老棍嶺、佛金廟之線追擊，進佔該線後，以一部向草廟、三角山行威力搜索，襲佔該地。

二、第四十軍主力，即向范家嶺、上社之線追擊；進佔該線後，以一部協力第四集團軍，相機襲佔草廟。

三、追擊後作戰地境延伸至年底，馮家圪塯，一四八、八二高地亙紅皮河之線，線上屬右。

五月卅一日令三十一集團軍

「貴集團應即將第一一〇師、第二十八師抽出，控置原第一線後方，重策攻勢；所遺防務，由貴總司令統籌派接，就現態勢鞏固要點並確保之。」

五月卅日，另鑒於宜陽南竄之共軍連日由伊臨邊境進攻伏牛山，勢甚盛，遂決心對靈寶方面之敵暫停進攻，調整部署：

「一、第四集團軍與本部直轄之第四十軍，密取連繫於段家山、文家山、閻村、後崖、成元村朝、柿坡、川口、建子圪壋、童子南、大小中原、案里之線，佔領主陣地，構築工事，堅強固守。

二、第九十六軍軍部及第一七七師控置於杜關以南地區。

三、另九十軍於官道口以西公路附近，集結待命。

四、第四集團軍與第四十軍作戰地境，改為王家營、邵家山、劉家嶺亙小嶺坡根之線，線上屬右。」

軍事委員會五月卅日電：「此次陝縣頑敵，猖獗南犯，我各級指揮官指揮適當，斬獲甚眾，殊堪嘉尚。」

六月二十六日至七月十八日：

淅川、西峽口方面：我第八十五軍當面之敵，經我迭予打擊後，已無力再行進攻。自六月二十六日以迄七月一日間，於石門觀、花家臺、毛雨、韓營、郭樓之線，構築工事。二日晚，王仲廉總司令，奉胡宗南代理長官電令，要旨如下：「對當面之敵，暫行停止攻擊，詳偵敵之主力及其工事程度，另定方案調整部署，準備爾後攻勢。」至四日，我第三十一集團軍第一線部隊，在紙房、站山寨、皂角村、鐵仙溝、老君臺東端高地、五元溝西端高地、母豬峽、豆腐店、丁河店、大老虎溝西側、馬頭砦、郭溝、黃龍廟溝、一二二四零高地、東西臺子之線與敵對峙。十一日，我胡代長官為適應當前狀況且便於爾後整編，乃就現態勢對淅川、西峽口之部署，調整如左：七月十一日令，復調整第一線部署如下：

一、第八十五軍之暫編第六十二師。新編第一師，擔任磨峪灣、石槽坊（不含）間之防務，由仙祖耀副軍長統一指揮之。

二、第九十軍（欠第五十三師）接收第八十五、第七十八兩軍石槽坊（含）亙丁河店（含）間之防務，歸王仲廉總司令指揮，並限午刪（七月十五日）以前接替完畢。

三、第二十七軍（附第六十五師）仍擔任丁河店（不含）東西台子間防務。

四、第八十五軍交防後，即開商南附近富水關整編，第七十八軍交防後，即開龍駒寨附近整編。

民國三十四年四月十二日

胡代司令長官電呈蔣委員長請犒賞有戰功之袍澤

「暫六十六師劉子奇部及十五軍之姚團，在敵後均能貫澈命令，與敵苦戰，先後攻克嵩縣伊陽，確保至今，並續在城郊與敵激戰，達成任務，誠屬可嘉，特先賞予獎金各拾萬元，以資鼓勵，謹電鑒核。」（國史館「蔣中正總統事略稿本」民國三十四年四月十二日）

民國三十四年五月十五日

蔣委員長分電胡代司令長官（陝西省）祝主席（紹周）減免陝北封鎖線各縣徵兵徵糧，注重保甲組織與訓練。

「陝北封鎖線各縣似應減免徵兵、徵糧等項，而注重於當地保甲組織與壯丁訓練，使地方人民各自守衛鄰近之碉堡，以增強封鎖線之力量。如何？希會同議擬具體實施辦法，並對實施此項辦法後陝北之兵員及糧食如何籌補等，亦希一併擬具報核為要。」（國史館「蔣中正先生年譜長編」第八冊，頁七八－七九。民國一〇四年十二月出版。）

按，宗南先生早於民國三十年初即組「動員指揮部」，於陝北隴東一千三百華里長之封鎖線上，訓練保甲長組織民眾進行盤查、清諜，協助交通運輸等，初獲陝西省蔣鼎文主席支持，成效大著，使中共大感不便，乃縱反間，六月，熊斌任省主席，堅持取銷動員指揮部，至年底不得不停止此項陝北民眾之動員組織工作，中共為此舉酒相慶，認為比打了勝仗還更有價值。見《胡宗南上將年譜》增修版，頁一〇四－一〇六。

民國三十四年六月一日

胡代長官自西安電蔣經國先生告以蘭州校址事可辦到

「中央訓練團蔣經國兄鑒，廿七日電話轉悉。㈠幹喬[9]治療費已謹敬代達㈡蘭州校址事已電朱長官遷讓，雖未奉復，但絕可辦到，兄即可進行。弟胡宗南辰豔親印」。（國史館檔案典藏號 002-080200-00650-047）

9 幹喬係梁幹喬先生，朱長官係朱紹良先生。

日記

民國三十四年九月二十二日

胡司令長官鄭州受降經過

今日為八年以來最可紀念之日，鄭、洛、汴日軍正式投降於本戰區，投降典禮於九時在指揮所禮堂舉行。余於八時五十五分自寓所坐指揮車赴禮堂，約兩分鐘到達，入場全體肅立致敬。余就座後，攝影員紛紛攝影。九時正，引導官黃正成引導日軍代表第十二軍軍長中將鷹森孝、參謀長少將中山源夫、折田高參、參謀中澤少校、神木少校、翻譯官小山田等六人，魚貫入場，在一定線上排列整齊，向余鞠躬，余起立點頭答禮，並命之請坐，當時范漢傑參謀長宣告攝影三分鐘，全體肅靜，鴉雀無聲，攝影停止，日軍代表鷹森孝中將起立報告，謂余是接受命令來的。余問有沒有證明文件？日軍代表答有，當即呈出證明文件，余略一閱覽，順交范參謀長，范呈出命令二紙，余簽字、蓋章，即以一紙交范參謀長，轉遞中山參謀長，轉交日軍代表。余曰，此為本長官交付貴官第一號命令。日軍代表檢閱後簽字，於受令證蓋章，交其參謀長轉遞范參謀長，轉余，余審閱該證後，隨交范參謀長收存。日軍代表起立報告，命令已確實奉到。余謂，請貴官此後執行本長官命令。日軍代表答，是。余曰：日軍代表退席，鷹森孝中將即起立，退後三步，向余一鞠躬，余起立答禮。鷹森孝等一行五人，按操典向後轉動作退出，典禮完成，自始至終約八分鐘。日軍代表退出後，余即向參加典禮官長及來賓發表談話：鄭州、洛陽、開封、新鄉日軍到今天才正式接受命令，而開始繳械，本戰區當面任務，得能順利完成，甚為愉快。回想八年以來，賴我們最高統帥蔣委員長，英明的領導、卓越的指揮、堅強的意志，喚起全國軍民共同奮鬥，出兵、出糧、出力、出錢、流血、流汗，支撐抗戰，擁護國策，經過八年的血戰，乃能喚得友邦的同情與援助，尤其美國朋友密切合作、密切提攜之下，乃能得到最偉大的勝利，這勝利一洗中國歷史上的恥辱、一洗中國地理上的污點、一洗中國人民憤恨與不平的心理。

我們臨此勝利與光輝的一天，除遙祝領袖萬歲外，恭祝各位勝利。

講話畢，譯成英文，前後約六分鐘，講話完畢後，在院內攝影。

午前十時前赴廣場升旗。

十二時赴河南黨政之歡宴。

下午四時余在指揮所大禮堂招待貴賓，舉行茶會。

八時與高樹勛、劉茂恩、馬法五、李興中、裴昌會、王仲廉開會。

信函

民國二十六年十二月二十日

胡軍團長致戴雨農將軍電

「南京，轉戴雨農兄。巧申港電悉。弟刻在無錫又進入陣地矣。此次前方撤退各軍，秩序紀律毫無。官無鬥志，士多傷亡，吳福線尚不能守，錫澄線更無論矣。黃埔部隊多已打完，無人撐持，其餘當然望風而潰矣。第二期革命已失敗，吾人必須努力培養第三期革命幹部來完成未來之使命也。

胡宗南哿午錫叩」

民國二十九年二月

胡總司令致天德教涵靜（李玉階）老先生三函[1]

華陰縣華山大上方（函一）

「涵靜老先生道席：前得手示，適有寶難之行，倉卒未及奉答，卷念無已；頃又辱承賜教，並滕以靜觀所得，雒誦數四，欣感莫名。先生遊心物外，冥契玄中，心靈與造化參通，精神合天地交感。凡所啟示，均有端倪，且先生以方外之人，久棄塵俗，而乃惓懷國家民族，忠藎不渝，非特儕輩所難求，即古今方外史乘中亦所僅見。宗南與先生道雖不同，情無二致，每瞻華嶽，輒令神馳。敬布區區，時希明教。山中風雪益深諸祈為道珍衛。專此並頌道安

胡宗南　拜啟　二月一日」

1本項蒙李子弋教授提供。當年五月，胡總司令著馬靴攀登李老先生在懸崖峭壁上之「大上方」相談，極為投契，並獲贈李老夫人手織之布鞋，方得穩步下山，而老道人夫婦亦見及胡總司令穿的竟是縫補破襪，遂益增尊敬之意。其後雙方一直維持深厚友誼。來臺後，胡上將於五十一年二月五日（年初一）突然至李宅問候，還共用蛋炒飯，李老先生當時服務於自立晚報，乃約妥元宵後邀約余紀忠王惕吾卜少夫等新聞界友人共餐，不料九天後即聽聞胡上將突然去世之消息，李老夫婦極為悲痛，老夫人甚至哭倒在地。以上均係李老先生長公子李子弋教授民國一〇四年十一月提供。

專呈（函二）

「涵靜老先生道席：二月一日之函未知收到否？

茲逢獻歲，山中風雪滿途，遙念先生，定諗勝概，梅開見天地之心，芋塾誠宰相之器，方家作用迥異世塵，欽頌無已。刻特專呈微物四色，聊佐庖廚，伏乞哂納。寒氣正厲，山中尤甚，敬希珍衛，以慰相念。專此泐陳 即頌年祉

胡宗南 拜啟 二月五日」

面陳 大上方（函三）

「涵靜先生道鑒：久未奉候，輒深馳系。

近維道體冲夷起居納祜，至以為頌。曩者為令郎成都就學之事，願效棉薄；近以所託友人尚在晉南未歸，益以開學在邇，蓉陝交通困難，鄙意舍遠就近，改在興國中學，亦甚便捷。興國原為國立中學，成績頗佳，雖學額早滿，尚可設法。校址在韋曲，由岳麓乘車，朝發夕至，得交通之便，無遠涉之勞，未審尊意以為可否？茲特遣唐副官[2]攜函面陳，即祈裁示。山中早寒，諸乞珍衛，恕不一一 並頌道安

胡宗南 拜啟 九月五日」

---

2 唐副官係唐西園，為宗南先生多年之侍從，來臺後服務於警界。

民國二十九年三月二十二日
胡總司令復張漢卿（學良）先生函

「漢卿先生：

奉讀三，四〇手書，十分眷眷，無限依念！承賜好詩一首，英氣凌雲，大有波濤澎湃之慨，想見近年來閉門學習之盛！

王曲是一很好的名詞，好山好水，好平原，有煙雲林木之奇，到處襯出偉大，而現在則有好牧場，好酒店，好游泳場，好閱兵場，好小學校，好林場；氣象萬千，非當年在太史洞晤對時情景矣！

在王曲附近之軍校學生，將近兩萬餘人，皆為燕、趙、魯、汴、蘇、浙優秀青年，情緒熱烈，殺氣騰騰，益顯出秦嶺壯麗，王曲風光。

每在青龍嶺上，看山上煙雲，天上明月，無不念念數千里外之英雄美人；光明，榮譽，真不勝惓惓之感也。

弟年來檢討過去之工作，非常慚媿，尤其在抗戰戰術上，頗有今是昨非之慨，準備又準備，準備又準備，必不辜負好戰場，好江山，好時代。

近將離開成都，轉回西北，敬以最誠摯之心，祝兄健康！並謝厚意。

弟胡宗南上三月二十二日成都市上」

民國三十一年八月二十二日

胡主任致劉壽如（安祺）將軍函

「宜川劉師長安祺兄：〇宗在華陰候兄來到，匆匆赴蘭州未及謀面，甚繫念也；調職之事，想已聞及，明知對兄或有不利，然對國家對部隊，收效實偉；以吾人相知之雅，赴難之勇，報國之忠，而又當改造部隊，需兄最切之時，必能含笑西來，而助宗一臂也。何日動身？函覆。至七十八師，兄所用之人，不可帶走，嚴令安心工作為要，宗刻在蘭州。胡宗南感亥親。」

文論

民國二十六年五月三日

胡軍長對徐州五萬民眾演講詞

「……在西北連年征戰，勦平患亂，為軍人應盡之天職，實在無足頌揚。徐州為國防重鎮，學生市民皆有組織訓練，應積極準備鮮血來洗刷這幾年國恥，準備流汗，來洗清不潔山河；大家更應埋頭充實國防、交通、經濟各種建設，在蔣委員長統率下，完成民族復興運動。」[1]

民國二十九年四月十日

胡總司令建議成立魯冀豫邊區挺進軍

第二期抗戰之中心工作，在如何培養戰力，準備反攻，而華北戰場之準備工作，應以淪陷區域為對象，爭取失學失業之青年，組訓顛沛流離之民眾，以為反攻之外圍堅強力量，並以游擊對游擊，組織對組織，政治對政治，瓦解偽軍，消滅反叛，其意義實非常重大。

一、請以黃杰為魯冀豫邊區挺進軍總指揮，先在豫境成立總指揮部負魯冀豫邊區游擊軍編組訓練之責。

二、請准由第七分校在魯冀豫成立學生總隊二至三個，招收淪陷區青年從事軍事政治訓練。

三、以前項學生總隊為基幹調撥長准徵募處之兩個補充團及第七分校在豫之兩個教導團並選撥豫省各補訓處之補充團建立新軍二至三師以為魯冀豫游擊軍之基本武力。

四、請提前發給二至三個師之武器裝備及經費，俾上述部隊能早日編成，加緊練成勁旅。

五、上述游擊區之政治幹部由幹訓第四團派遣。

---

1 引自《中央日報》民國二十六年五月四日第四版，此文為民國二十六年五月三日，抗戰爆發前胡軍長在徐州五萬人歡迎大會上致謝詞，原文包括：「第一軍駐防蘇北與豫東　津浦南段沿線駐軍均歸胡宗南氏指揮，徐州各界舉行歡迎大會。中央社徐州三日電：軍委會發表胡宗南兼津浦南段警備司令，黃杰兼隴海東段警備司令，胡氏即日負責維護徐埠及津浦南段治安，所有沿鐵路五十里以內駐軍、均歸指揮，第一軍亦分佈蘇北豫東一帶駐防……徐埠各界民眾，三日晨九時在雲龍山下體育場舉行歡迎第一軍長胡宗南及全體將士大會，到學生市民等五萬餘人，熱烈空前，胡率高級軍官於爆竹軍樂聲中蒞臨，全體致敬……胡宗南登臺演說……講畢，由第一軍政訓處長沈上達報告第一軍七年來作戰經過，末由學生及各界代表分別演說，十二時散會，全埠並懸旗致敬。」

按，第一軍於民國二十五年十二月西安事變前在陝西、四川、甘肅等地連年勦共，事變時胡軍長指揮各中央部隊佔領寶雞，威脅張學良、楊虎城叛軍，事變後奉命停止勦共，留駐甘肅訓練，再於二十六年五月全軍調徐州、歸德間，加強訓練對抗優勢日軍各戰術，準備抗戰。八一三淞滬戰役爆發後，第一軍於八月三十日投入戰場。

右擬是否有當　伏乞　鈞裁示遵　謹呈委員長　蔣

職胡宗南呈

民國二十九年四月十一日

胡總司令建議增強額濟納旂駐軍及計劃書

查抗戰發生，第一九一師即奉令以一營移駐額濟納旗，旋又增駐一團。但該旗位於外蒙及新綏之邊區，地處要衝，益以日寇之西圖日亟，與夫俄蒙（外蒙）之銳意經營，該旗駐軍，深感不足，且軍師部與該旗相距甚遠，指揮不便，經楊軍長德亮實地視察，認為實有增強該旗駐軍擴充為旅之必要。茲謹擬具增強額旗駐軍計劃隨文恭呈。詧（察）核。謹呈　委員長　蔣。職胡宗南呈。附呈：增強額旗駐軍計劃書一份。

增強額旗駐軍計劃書

第一　理由

額濟納旗（以下簡稱額旗）位寧夏省之西部，北界外蒙古，西連新疆，東越阿拉善旗而至綏西。新綏公路橫貫東西，甘蒙大道縱通南北，境內戈壁沙漠，形成天然之無數飛機場。日軍在抗戰前，曾在該旗設立特務機關，收買蒙民，運貯械彈，修建機場，經營不遺餘力。至抗戰後雖被撲滅，但由綏西沿新綏公路前進，一舉而略取該旗，威脅吾西北側背之企圖，固未嘗中止焉。同時俄、蒙、新各方，亦活動甚力，迄今仍有新疆連絡參謀駐屯該旗，外蒙之俄蒙軍官及諜報人員，亦不時出沒干涉該旗北部。

額旗地理上之重要如此，而外人圖我之亟又如彼，故在目前之情況下，額旗對任何方面言之，實為非常重要之軍略要地，居國防之最前線，而增強該旗防務，亦為當前刻不容緩之急務。

第二　增強計劃

查額旗雖有防守司令部之設（司令由塔王兼）但僅蒙兵數十，殆無戰鬥力之可言。此外僅本軍第一九一師之一團，但因㈠地域遼廣，平時已感兵力不敷分配，遑論戰時？㈡第四十二軍軍部現駐蘭州，第一九一師師部現駐中衛，二地與額旗相距約三千餘里，指揮管教，均感不便，改進之道，應㈠增加兵力㈡增設較高級指揮官，得以單獨應付，茲謹擬具編制如下：

- 額濟納守備旅（或獨立某某旅）
  - 步兵二團
  - 騎兵一連
  - 機械化部隊一營
    - 戰車防禦砲一連
    - 小口徑高射砲（或高射MG）一連
    - 裝甲汽車及機器腳踏車一連

額旗土域遼廣，僅以步兵一團駐防，頗欠周密，故守備旅下應增設步兵一團，騎兵一連，以期鞏固，額旗戈壁一片，縱橫千里，隨處可以通行，敵人入境，即偵察往返廢時，不易處置，況將來敵人進擊，以機械化部隊為前驅，殆無疑義，故應有防空，防裝甲車部隊及供巡邏、搜索、聯絡用之機械化部隊。旅司令部暨各部隊細部之編制，可參照現行各種編制擬訂之。至第一九一師出缺之一團，另請補足，以全建制。

第三　增軍後諸問題之解決

一、給養增軍後之糧食，可由高臺，酒泉，金塔，鼎新四縣購運，已足供用。

二、營房蒙人以幕為居，遷徙無定，或謂大量駐軍，必感困難，第一九一師之一團利用弱水兩岸之天然林木，已築就營房一座，（名建國營房）概為兵工建築，足供一團之用，部隊加多，可酌量增築，木材不覺困難。其他各地之分遣部隊，可修築土房及利用蒙古包。

三、汽油肅州以西之玉門油礦，現已出油，由肅州至額旂，汽車僅二日行程，故守備旅機械化部隊之所需油料，殆無絲毫困難。

四、交通運輸額旗之主要背後聯絡線為南下經鼎新金塔而至肅縣，此線現已勉通汽車，稍經修理，即可暢行無阻，且額納各地均有天然之汽車路及駝行道。至運輸方面，除汽車外，就地取材，雇用駱駝、大車，即可敷用。

民國二十九年

胡總司令建議請移民新疆

重慶軍事委員會委員長蔣鈞鑒。密竊查新疆綰轂歐亞，毗連印俄，為西北國防要衝，徒以地廣人稀、民族複雜、政治國防、在在堪虞，長治久安之道、端賴移民，遵照總理在實業計劃中之指示，似宜用系統方法，殖民新疆，每一移民，施以訓練，俾能以國家民族之意識，與生產工作之技能，在軍事組織管理控制之下，經營其個人局部之事業，生衍蕃殖，樂業安居，勵行民族政策，至移民實施方法，如整戶遷移，所需遷徙貸金，戰時頗難籌措，而正格懇殖，亦易惹起民族糾紛，可行之法，唯有用訓練團體名義，招收或征調不滿兵役年限之青年，施以特殊訓練，逐步遷入新疆，漸由訓練而為懇殖，此事經營需時，而初步工作，目前即宜著手進行，期能與向新疆伸展之軍事政治力量配合擴展，以完成此艱鉅之歷史事業，謹擬具移民新疆初步辦法㈠擬責由中央戰時工作幹部訓練團成立一少年工作總隊，先在河南災區招收十二歲至十六歲之男女兒童一萬人，施以嚴格之移民訓練，俟辦有成效，再在豫陝甘各省，陸續招募以十萬人為目標。㈡一萬人之招考工作，預定六個月辦理竣事，在陝準備及訓練期間，亦定為六個月，期滿移往肅州、再六個月即移敦煌入哈密，一面訓練一面參加生產工作。㈢移民訓練內容，除一般之基本軍事政治教育，更注重生產技能之培養，並採取半工半讀方式，使其專技能更切實際。㈣俟移民實施後再成立管理指導機構，從事工作生活婚配等問題之指導與掌握。㈤目前一萬之訓練費用，除糧秣服裝，請令軍政部駐陝軍糧局與軍需局發給外，其餘開辦費經常費等可暫由戰幹團自行籌措，將來人數增多，範圍擴大，再請中央指撥專款，以上辦法當否，敬乞示遵，職胡宗南卯亥艷幹機印。

附：蔣委員長復電：胡總司令宗南亥艷幹機電悉，密，新疆移民初步工作辦法，可准照辦，所需糧秣服裝已飭軍政部照發矣，中正子巧——侍祕印。

民國二十九年十二月九日

胡宗南先生於終南山大頂祭父文

「父親在上：父親去世已三年矣，此三年中可歌可泣之事，萬語千言，不能盡述，上月七日上委員長蔣公一電，文曰「本年十二月九日，先父際清公棄養三周年忌日，當二十六年十二月，職自上海撤退，二日到京，五日渡江，中經南京浦口烏衣滁州之戰，家鄉音信隔絕，毫無所知，軍次壽州，始聞噩耗，時已距先父棄養之日二月餘矣，迨抵漢口，奉諭以孝豐淪陷，道途阻塞，毋庸冒險，回籍奔喪，當時以南京陷落，武漢倉皇，情勢危急，未忍遠離，忍淚飲痛，忽忽三年，而此三年之中，遭逢羅山信陽之挫，立功未能，一死不易，上辜聖明，下慚先烈，徬徨終夜，憤激殊多，當此三年忌日將臨，擬請准予回浙料理先父窀穸，稍盡哀思，用慰孺慕，所有離陝時期職務，擬請以二十七軍長范漢傑代理卅四集團軍總司令，西北訓練團教育長顧希平代理第七分校主任，使得負責有人，而免職守久曠，倚裝待命，即請電令祇遵」嗣得委座寒川侍參電令，所請不准，嗣得章旭初兄函告，以家鄉二度陷落，地荒匪多，壯丁逃散，墳地年內不能完成，嗣又叔父鏡清函告，墳地須等到明年，年內不必回孝等語，只好督促旭初、懷珍諸兄，期于明年，再行奉安，兒出外多年，未嘗一省，遭逢亂離之世，構成百身莫贖之痛，親恩浩蕩，而音容長違，親德巍巍，而慰親無計，獨上南山，請靈設奠，一身寒落，風雪漫天，固不自知其心傷神創，而語無倫次也，父親在上，鑒此赤忱。中華民國廿九年十二月九日。

兒宗南手錄」

民國三十三年秋

贈未婚妻葉霞翟詩[2]

八年歲月艱難甚，錦繡韶華寂寞思。
猶見天涯奇女子，相逢依舊未婚時。
縱無健翮飛雲漢，常有柔情越太華。
我亦思君情不勝，為君居處尚無家。

民國二十九年

胡主任在擴大紀念週對游擊幹部訓練班畢業同學和七分校十六期同學致訓辭[3]

今天是本校擴大總理紀念週，暨歡迎游幹班畢業同學大會。游幹班第二期畢業同學和軍官學校十六期同學在王曲見面，這是有很重大的意義的。

游幹班同學和十六期同學，年齡雖不同，地位雖然不同，將來的工作也從屬不同；但是思想

2 民國三十三年秋，胡將軍的未婚妻葉霞翟博士從海外回國不久，正執教於成都光華大學，胡宗南先生曾前後贈詩多首，此為由胡夫人抄錄其中之兩首。

是相同的，信仰是相同的，大家的心是一樣的躍跳，大家的血是一樣的沸騰，大家的人格是一樣的崇高偉大，同時在校長領導之下，其精神力量，更是團結一致。今天我們還在一起，明天游幹班畢業同學，就要走下翠華山，到戰場去，到戰區去，擔負起偉大的工作與使命，其責任是如何重大啊！我們十六期同學，一方面很熱忱的來歡迎游幹班畢業同學，在王曲見面握手，一方面也歡送游幹班同學，下山以後到戰場去殺敵，不久的將來，軍校十六期同學，即將追隨游幹班同學之後，與敵人奮鬥，共同負起復興民族，爭取最後的勝利的偉大使命。

民國二十九年

胡主任在七分校十六期學生畢業典禮講辭[4]

今天十六期四五總隊及工兵隊，通訊隊，在西北舉行畢業典禮，恰在抗戰第三期，各戰場轉敗為勝，造成敵我對峙的今天，各位要離開學校往前線參加作戰，這個意義是很重大的！

3 此文是民國二十九年胡宗南先生於西安王曲分校講。按，宗南先生鑒於日軍在華北佔地日廣，國軍必須加強敵後游擊作戰之能力，尤其必須在太行山，中條山，太岳山區等地與日軍周旋，乃呈准於二十九年在西安之南的翠華山太乙宮成立「西北游擊幹部訓練班」，請蔣委員長兼任班主任，並請富游擊戰經驗之湯恩伯將軍任總教官，自己任副教育長，學員由豫陝部隊中抽調，每期訓練六個月，共辦十二期。詳見《胡宗南上將年譜》增修版，頁九十七。

4 此文是民國二十九年宗南先生於西安王曲分校講。

在第二期作戰經驗裡面，我們發現敵人幾種重要的退步：第一、他們開始遺棄大量屍體，把從前捨命搶屍的親愛精神喪失了。第二、他們開始架槍待繳，把從前抵抗到底的頑強精神喪失了。第三、他們開始厭戰自殺，把從前戰勝攻克的必勝觀念喪失了。我們知道這親愛精神、頑強精神、必勝觀念，是作戰勝利最重要的原素，現在敵人在第二期作戰中逐漸喪失了。我們就要很快的把握這個機會，努力於新軍的心理建設。這樣一定可以把第二期的時間縮短，促成第三期反攻的可能性。

在各位同學去參加建設新軍的時候，我要在這個機會提醒各位四件事：

第一、不要忘記了校長（即蔣中正委員長）鞠躬盡瘁的精神：校長在抗戰的時候，就告訴全國同胞「抗戰一開始，便須一直打到底」，「不勝利是不能停止的」，現在我們同敵人搏鬥三年了，這三年當中，無論在外交上、財政上、軍事上，經過了無限的艱苦危險，然而，校長是始終如一的堅持著歷盡了艱險，嘗盡了痛苦，白盡了頭髮，才打出今日勝利的局面。諸位同志，民族生死存亡之日，目睹為國盡瘁的領袖，我們如果有一刻偷閒懶惰、貪生怕死，怎樣對得起國家民族？怎樣對得起忠心耿耿鞠躬盡瘁的校長？所以各位到部隊去，第一件事便是把鞠躬盡瘁的精神帶去，才對得起國家民族，才對得起校長，才能夠完成新軍的心理建設！第二、不要忘記了新生活與新風氣：我們知道要轉移風氣，不在言論而在行動，小之如走路，穿衣、吃飯，大之如臨大敵，處大變，均須確本訓條，絲毫不苟，尤其要明白「行遠自邇，登高自卑」，大功大節之成就，完全要平日一言一行之積累，但未有平日偷安苟且，而能臨難不苟者，亦未有自己偷安苟且，而能使部下視死如歸者，所以各位對于校中所希望培養新風氣各點，必須確實體認，逐句實行，對自己必須要明白：我當排長，則我之一舉一動，不影響全排士兵之行動，我當見習官，則我之一舉一動，必影響全體同學及本校校長之名譽。對同學必須要明白，他的不好，就是我們大家不好，若能時時以全局為念，才能互相為勸，互相糾正，才能夠符合校訓親愛精誠的真義。同學離開了學校，如果沾染了不良風氣，講應酬、講排擠，行動腐化，就是自私自利，不親愛不精誠，便是學校的蟊賊，校長的叛徒，不但學校要處分他，就是全體同學都可以不承認他是同學。第三、不要忘記新戰士的精神，現在，校長希望我們的是「頂天立地，繼往開來」，時代要求我們的是「抵抗強敵，建設國家」，這是何等的責任？所以本校曾把新戰士的條件，如戰鬥之信心，精神技術，生活紀律各項條件詳細說明，這不是憑空說理，而是根據校長歷年來的教訓，客觀環境的要求，與夫十餘年戰場上的經驗綜合起來提出，作為新戰士行動的標準，這不是普通的教條，而是在生死搏鬥時同志們精神上的標幟，普魯士危亡時費希特告德意志書那樣情緒，希望各同志逐字體驗、句句實現，使國民看得見新軍人的風格而下淚，而歡欣鼓舞。這樣不但建立了新軍，而且可將我們大中華民族國魂喚醒過來，重返幾千年前光榮的地位。第四、不要忘記了學問，新戰術的創造：世界天天不斷的進步，我們自己不進步便是落伍，我們辦了四十年的陸軍，而沒有自己陣中要務令，沒有自己的戰史，沒有各種專門的研究，這是我們軍人的恥辱！因此才使東鄰的小國敢於來壓迫我們，侵略我們，現在參加了四年戰役的同志還多數不覺學術的落後，把軍事看成簡單的東西，不曉得養成研究的風氣，如果長此下去，抗戰快不會有希望，中華民族決定要滅亡，牛馬奴隸之苦，一定要及身受之！所以我們要建立新軍，一定養成研究的風氣，每一次演習，每一次戰鬥以後，一定要由各班、各排、各連自己來集合討論，一個步哨的位置，一件武器使用，可以影響戰局，討論下來的結論，便是進步的基礎，便是創造的機會，如果各團連對於演習戰鬥的討論會，皆認為是例行公事，敷衍公事，那便是沒出息，不求長進，便是整個的自殺，所以各位出去，一定要認定討論會是最好的機會，認真地自動的領導參加，將每次結論，記錄下來，澈底改正，這樣一定可以提高一班官兵的學術，才能夠奠定必勝的基礎。

總之，要樹立軍隊的新風氣，必先建立軍人的新風格。今天在總理遺像前面行此盛大的畢業典禮，希望各位以虔敬肅穆的態度接受這四項要求。

民國二十八年七月一日

今日的戰士[5]

引言

槍加科學和機械加電力，成功了科學頭腦，鋼鐵身體的軍人。

槍加紀律加主義加組織加民族，成功了主義戰士，民眾武力的軍人。

槍加鋤頭加鎚子加斧頭，成功了前方戰鬥後方生產的軍人。

有了科學的頭腦，才能使用機械，使用電力在空中飛。飛……飛……能在一萬公尺的天空中飛翔，偵察機每小時四百公里，驅追機每小時五百公里，轟炸機四百五十公里。去襲擊敵人，飛機就做我的翅膀了。

---

5 本文為民國二十八年七月一日對軍七分校十五期畢業學生之演講錄，同時亦為民國二十八年至三十四年間，胡主任對中央軍校第七分校各期學生主講之「今日的戰士」的主要內容。

在陸地上裝了鐵甲，踏上風火輪，能衝……衝……衝鋒陷陣，衝破敵人的堡壘，毀滅敵人的堅城戰車，能在四十五度的山坡上前進，每小時六噸以上者四十公里，十二噸以上者二十五公里，二十五噸以上者二十公里，坦克車成了我的甲了。

在海面上能游，能排除風浪，能前進、能戰鬥，每小時驅逐艦三十八哩（約七十一公里），巡洋艦三十七哩（約六十九公里），主力艦二十三哩（約四十三公里）。兵艦做了我們的車輛了。

潛水艇能在五十公尺海底戰鬥，每小時水上能行十九浬（約三十五公里），水底能行十二哩（約二十三公里），來一個奇襲，來一個衝擊，誰都擋不住，潛水艇做了我的掩護了。

這些軍人能使用電力使用機械控制時間，使歲月延長，控制空間，使距離縮短，這真是了不得的現代軍人了，但還是不夠。

因為有了科學的頭腦，有了鋼鐵的身體，而沒有靈魂；雖然能飛、能衝，亦不過是盲動衝動；而對於國家民族，絕沒有好處，所以現代軍人必須以主義作靈魂，以領袖作燈塔，而為民眾的武力，然後才能戰無不勝，攻無不克，主宰戰場，得到偉大之勝利，然而還是不夠。

因為現代軍人，決不肯以當兵為職業——就是不能自己生活，全靠吃糧，吃糧這名詞多難聽啊！

所以一個現代軍人，在前方要能戰鬥，在後方要能生產，自己的衣食住行，自己解決，達到自給自足的目的。然後才能算是一個真正的現代軍人。

我們想一想，我們有沒有這個條件。當然我們是具備這些條件，但是你們想一想，過去軍人，並非不是顯赫一時，但他們對於時代究竟有什麼貢獻呢，他們的條件又是怎樣呢？

在思想方面：槍加迷信（如算命、相面、卜卦、風水），加福祿壽（既要子孫多，又要長壽），加同鄉親戚，加發財賭博，加貪贓，加幫會，成功了腐敗落伍禍國殃民的軍人。

在行動方面：槍加大刀，加牛車，加木炭稻草，加飛毛腿，加夜明珠，成功了腐敗落伍、不堪一戰的軍人。

這些思想，這些行動的軍人，有什麼方法可以存在呢？校長說，「各位站在這個時代潮流的前面，要領導群眾；完成抗戰建國的事只有熱情毅力還不夠，最要緊的，就是要保持科學的利器，發揮科學辦事的效能，才能獲得最大的成功；否則我們如果還是因襲幾百年甚至一二千年不合科學、違反科學的老辦法來治理群眾，辦理現代的事情；不僅是不能發生什麼功效，而且將愈弄愈亂，愈弄愈糟」。這些寶訓，真是對現代軍人主要的指示，我們要特別注意。

第一章　生活

第一條：以身作則實行新生活規條。做到不吸煙，不酗酒，不嫖妓，不賭博；做到不唱高調，不說謊話，不輕然諾，不洩漏機密。

第二條：今日的英雄，是從群眾中生長出來的，非由天上掉下來的；所以生活標準，要達到前方生活士兵化，後方生活平民化。

一，日行百餘里，背負三十斤，打水要茶一切自己來。二，燒餅，油條，高粱麵，小米稀飯是上等的伙食，粗布衣麻草鞋是我們上等的衣冠，茅屋土坑窰洞硬板床，是我們美麗的住室。

第三條：大少爺之所以不能領導群眾者，因生活與下層隔離，生活不一樣，聯繫就不一樣，利害更不一樣；對事漠不關心，對人毫無心肝，此大少爺之所以終無成就也。

第四條：精神生活向上流，以最忠實，最勇敢，最熱情，最廉潔的表現，永遠做榜樣給人家看，永遠以自己的模範來影響群眾，領導群眾。

第五條：為上級服務，是義務的而不是羞恥，尊敬師長，尊敬上官，正所以表現親愛精誠。

第六條：人品者，人與人之比較。人格者，人與獸之分野。人格重於生命，生命可以犧牲，人格不可犧牲，剜血肉以補破滅之人格，是補不起來的。

第七條：虛名可以讓人，財物可以讓人，只有當仁不讓，見義不讓。

第八條：什麼都可以滿足，階級不如人，地位不如人，不是羞恥，知識不如人才是羞恥，西洋人說：「知識就是權力」，中國人說：「學問為濟世之本」。現代的軍人，必具備豐富的知識，才足以應付今天的科學戰爭。所以階級不如人，地位不如人，不是羞恥。知識不如人才是羞恥。

第九條：總理遺教，領袖訓示，是我們生活的規範，行動的指南針，生命的泉源，戰鬥的範典，勝利的明燈，實際工作的導師。對於我們之需要正如空氣之於人，水之於魚，同樣的迫切，不可須臾背離。

第二章　工作

第一條：工作以精到，敏捷、積極專一為主；不敷衍，不妥協，不懶惰，不消極，不散漫，不推諉，不掩飾，不騙欺。

第二條：以工作的成績，勝利的光輝，來表現擁護領袖的忠誠。

第三條：隱瞞是人生最大的毛病，從事革命工作的人，應盡量暴露自我的缺點，同時大家共同討論，共同改進，這樣工作才有成績，個人才有進步。

第四條：人生以服務為目的，辨明出賣與貢獻的分野，以最低階級，負最重責任，拿最少的錢，做最大的事。

第五條：沒有錢也能辦事，這就是革命，辦事處處靠錢，是失敗的原因。

第六條：工作應從苦幹實幹中努力，養成口到，心到、眼到、手到、足到的習慣。

第七條：每一個幹部，必須養成作大人（無名為大），做大事（下層為大），成大勇（無我為大）的工作精神；建立願為基石，不作棟樑，願為幹部，不作首領的光榮心理。

第八條：像金人一樣的封口，不叫苦，不吹噓，不發牢騷；埋頭苦幹，在工作中提高他人對自己的重視。

第九條：反對機械地，照例地，等待命令地來做事。反對做表面的事，做奉承阿諛的事。反對為一個人做事，為自己私人做事，為因人監督壓迫而做事；要在自己責任範圍內，積極地，主動地，創造地來做事。

第十條：有恆為成功之本，打破做一行，怨一行，站在那裏討厭那裏的壞樣子。打倒這邊混混，那邊混混，半生做不出一件事來的壞樣子。打倒一忽兒興奮，一忽兒消沉的壞樣子。打倒要這要那，討價還價的壞樣子。必須腳踏實地，死心工作，做一事，是一事，做一行，是一行。

第十一條：以自發的行為，自動的管理，自覺的紀律，養成獨立作戰的能力。擔負艱鉅繁重的工作。

第十二條：自動管理不僅是管理自己，而且要管理人、事、物、法，具備整理、處置、修理的能力。

第十三條：學校的教育，要影響到學校所在地的社會；部隊的教育，要影響到部隊所在地的社會；引起新改革，造成新風氣。

第十四條：一切都是你的，你為什麼不努力？當需要你的時候，把自己看做第三者和雇員，躲開困難，逃避責任，這種聰明人是機會主義者，永遠得不到夥伴。

第三章　紀律

第一條：火車在軌道上行走，人在紀律中生長，不可以個人的行動破壞團體的紀律，毀傷團體的名譽。

第二條：我們參加革命，是自己來的，不是繩索繫縛來的；因此，我們的生活行動，必須自重自愛；處處靠人家監督鞭策，這是奴隸的心理，決不是革命的戰士。

第三條：渴不飲盜泉之水，熱不息惡木之蔭，約束自己，打破物質的引誘，才能建立光榮純潔的人生。

第四條：賭博就是貪污，走私就是賣國，敷衍就是官僚，虧空就是犯罪，向人家借錢，就是自刮臉皮，盜賣軍糧，就是自殺，經不起生活壓迫，因而動搖變更灰心的人，根本談不到人生，尤其談不到戰鬥，更談不上革命。

第五條：官誘不動，錢買不動，手槍炸彈威脅不動，水深火熱壓迫不動還不是革命的戰士。

第六條：服從命令，執行命令，更保證執行命令，堅決完成任務；攻必克，守必固，這是戰鬥紀律第一。

第七條：死字頂在頭上，成功握在手裏，受命不辱，輕傷不退，被圍不驚，撤退不亂。這是戰鬥紀律第二。

第八條：不幸而被俘，嚴刑拷打之下，刀鋸鼎鑊之前，至死不投降，至死不變節，至死不出賣戰友，洩露祕密，造成中華民族至高無上的氣節，可歌可泣的風格，這是戰鬥紀律第三。

第九條：我們是人不是物，人是利用萬物，萬物為人利用。我們是人，不是機器，不是木頭，不是土塊，木頭土塊是擺樣子的，機器是要人力電力來發動的；人是自覺的，自動的，自發的，尤其是軍人，愛名譽，知廉恥，應該樹立自殺風氣，建立無形紀律，不許：一，輕傷自退，二，假傷圖逃；三，主官陣亡或被俘而無動作；四，重視友軍失敗而無動作；五，不奉命令，無故放棄應守之要地，致陷軍事之重大損失；六，貽誤時間致陷軍事上之最大損失；七，洩露機密而陷軍事上之重大損失；有了這種行為，將不齒於上官，貽笑於同志，見棄於士兵民眾；人生至此，不死何待。

第四章　戰鬥

第一條：人是鬥爭的，與天爭，與物爭，與強暴爭，與艱苦爭；只有積極，只有快樂，只有前進，而不許頹喪苦悶，頹喪苦悶即表示戰鬥意志消失。戰鬥意志消失即不能為人。唯其是戰爭的，快樂的，積極的，所以戰士只許流血，不許流淚。

第二條：爭取信仰，爭取信任，爭取互信；從名譽奉之於上，毀謗歸之於我中努力；從平安奉之於人，危險歸之於我中努力；從安置傷兵，掩埋戰友，支撐危局，援助友軍中努力。從信仰堅於人，犧牲大於人，苦幹過於人，並不自視高於人中努力；從不怨不尤，不慌不忙中努力。

第三條：陣前搶救傷兵，搶埋遺屍；生與其危，死臨其穴；此同志之事也，後死者之事也。

第四條：在見習時期，是由學校到軍營一個劃時代的階段，故在此時期，最好當兵，才能瞭解兵的心理，官長言行的好壞，連上之弊病得失，與下層之偉大，在這些地方磨練，才是真才實學。

第五條：連上發現間諜漢奸叛徒奸宄時，必須竭力解決之，切不可姑息隱瞞。對敵人寬大，就是對自己殘酷。

第六條：軍人思想以忠實為美，體格以強壯為美，意志以堅決為美，動作以迅速確實為美；而戰鬥以慘烈為美，在戰場上腿炸斷了，手打掉了，眼打瞎了，頭打沒有了，這正是軍人最可驕傲的美麗。人生幾十年的光陰，而軍人在短短幾秒鐘之內，就能以有聲有色的戰鬥行動，把生命的威力完全發揮出來，這是何等便宜，又是何等精彩。

第七條：今日的中國，需要志士仁人，猛烈鬥士，做無名英雄；埋頭於工作，埋頭於行伍，在饑餓寒冷中打滾，在艱難困苦中打滾，在槍林彈雨中打滾；滾成一個鐵漢，硬漢，英雄好漢，創造出轟轟烈烈的戰鬥光輝。

第八條：訓練決定勝敗，我們訓練的重點在：㈠增加士兵的智力，使其盡最善最大的努力。㈡使士兵具有以一當十的戰鬥技能，更具有非打不可非勝不可的戰鬥觀念。㈢使士兵知道以戰勝攻取成仁取義來擁護領袖。㈣在敵機狂炸之下，作戰失敗之時，而又陷於饑寒顛覆流離之際，鼓舞風雲，振奮士氣，使士兵重返於戰鬥。

第九條：現代的戰爭，已經不是喝了酒，拿了刀向前衝的時候了；軍人固然要有必死的決心，同時更要練成不死的技能，這樣才能殺敵致果，求得勝利。

結論

今日的戰士，生於理智，長於戰鬥，成於艱苦，終於道義。擇善固執，貫徹始終，理智也；克服困難，戰勝環境，戰鬥也；屢敗屢勝，百戰不撓，艱苦也；篤信死守，不計成敗利鈍，道義也；由真切之理智，而歸於雄偉之道義，此戰士所以能為聖賢，為英雄，為時代光輝，為民眾表率。

歷史的使命，落在你們的肩上，祖宗的付託，交在你們的身上，黨國的命運，握在你們的手上，幾百萬先烈的眼睛盯在你們的頭上，同志們：努力吧！

民國二十七年至三十四年
抗戰期間胡主任在七分校訓話選輯[6]

背景說明：軍官教育隊轄有至少六種訓練班，在每班開學與結業時，胡主任必親臨點名訓話，每次訓話，重點雖有不同，唯歸納起來，多總理遺教、領袖言行、及先賢事蹟演繹出

6 根據涂心園博士之回憶。涂博士曾任中央軍校第七分校政治教官，抗戰勝利後胡長官支助赴美留學獲博士學位，本文撰於美國華盛頓，民國七十四年，原題為「七分校點滴：兼憶胡宗南主任」；其部分內容並曾於是年面告。

來，再加上他自己的獨創見解。軍官教育隊所調訓的人員，都是少校級以下的現職官佐，所以在訓話時採用深入淺出的方式，使學員容易聽懂。現在把所能記憶的，不限時序，彙列如下：

㈠選調各位來此受訓，目的是要把各位訓練成更堅強的幹部。甚麼是幹部？幹部是一個建築的支柱，是國家政令的實行者。不過幹部有好有壞，歷史告訴我們，凡能用優良幹部者，就成功，否則就失敗。俗語：「三軍易得，一將難求」，這是過時代的話。我以為：「一將固然難求，三軍亦不易得。」大小事業的成功，端賴大眾一心，群策群力，百折不回。決非一個人或少數人的力量，所能勝任。所以我們崇拜的是團體英雄，不是個人英雄。

㈡我們是軍人，我們是革命軍人，我們更要時時刻刻作一個模範軍人。模範軍人要從人格培養開始，一個人如果僅有專門技術，而沒有堅定信仰，結果必定身敗名裂。歷史上的文大祥，就是文人的模範，岳武穆就是武人的模範。文天祥之所以能名垂千古，是因為他居官清正、臨難不屈。岳武穆之所以能流芳萬世，是因為他奮勇殺敵、精忠報國。文官不愛錢，武將不惜死，他們可當之無愧。但是我們在國難期間，應當更進一步去實行文官不但不愛錢，而且不惜死，武人不但不惜死，而且不愛錢，這才是模範軍人的信條。

㈢幹部訓練，要生活與精神行動，雙方並重。生活要下流，精神要上流。國難期間，人人應自奉儉約，軍人更應如此。所謂下流，並非下流無恥，而是把物質享受，盡可向下減低。同時要注意，生活享受，雖然降低，但是作戰精神，仍要提高。

㈣有許多人誤解平等二字。有一次我向入伍生訓話，我問：「行軍時指軍官騎馬，士兵步行，是否平等？」一個入伍生率直回答：「不平等。」我說這不是你的過錯，而是你的誤解。為了爭取勝利，指揮官應該利用比較快捷的交通工具，如馬匹、汽車等，去指揮全軍的活動。總理說過，國家所賦與的權力與義務，都是平的的，但是天生的才智，和做事的大小，及所負的責任，都不會平等。作軍人的是以服從為天職，各守各的崗位，誤解平等是不對的。

㈤智仁勇是童子軍的銘言。也是軍人的座右銘。智者不惑、仁者不憂、勇者不懼。惟智者才能明辨是非，故不惑；惟仁者乃能親民愛物，故不憂；惟勇者乃能不避艱險，故不懼。

㈥不低頭吃飯。這是與學員會餐時所作的簡單訓示。他以身作則，並說明凡人心所想的，外表就會顯示出來，因此凡脅肩諂笑者，多為小人，仰頭正視者，多為君子。不低頭吃飯，正是表示一個不諂媚、不求人的大丈夫。

㈦胡主任對於講話的藝術，非常重視。他說許多人只知道講，而不知道聽。會講與會聽，有同等的重要性。講話的目的，是在表現優點，但多講廢話，就會暴露弱點。所以發言要中肯，注意表現，避免暴露。

㈧殺身成仁。捨生取義，是我們做人處世的最終目的。凡是軍校畢業生，都有校長所贈的一柄寶劍，鐫有「成功成仁」四字，隨身佩帶。這個寶劍固然可以用作自衛，但主要目的，是用以自殺，所以叫作成仁劍。我們軍人，遇到不能殺敵致果的時候，就要自殺，不能達成任務要自殺，有辱軍譽時要自殺，貽誤軍機者要自殺。條例甚多，不勝枚舉。自殺的方式亦甚多，不一定專用成仁劍。不過成仁劍乃是軍人魂，與軍人榮譽的代表，應當隨身佩帶的。

㈨游擊戰術。七分校辦有小型日報，王曲週刊，力行月刊等。對於中外大事，軍事研究，文藝創作，專題演講等，均詳為刊出。內有胡主任親擬的一篇「論游擊戰」用斬釘截鐵的軍事術語，把編組、訓練、行動、地形及天候之利用，草變樹木，人變石頭，種種掩蔽方式，及指揮人員的位置等，均詳為列出。使人看了，覺得生動活現，是一篇游擊戰術的寶典。

(十)有一次在校本部北側大操場集合訓話，闡釋忠孝仁愛，信義和平。講話中間，他的牙橋忽然脫落，他若無其事的，拾起來裝上，仍繼續訓話。記得那天張研田還講了一段經濟與罷工問題。

胡主任講話，不論在甚麼場合，都是條理分明，不奢談，不呼喊，不煽動。我沒有看到或聽到他在任何地方失掉理智。以上所舉，雖僅寥寥數條，或能代表胡主任言論之一部份。

民國三十年

胡副長官在第八戰區將校訓練班講話錄（胡將軍自民國三十年起擔任第三十四集團軍總司令時開始（轄第一、第十六、第十九、第七十六共四個軍），為統一軍官之思想及提升戰術素養，乃成立訓練班，調訓各部隊營長以上軍官，每期十五天，定名為第八戰區將校訓練班。本篇發表於民國三十年至三十二年。）

每日訓練口號

一、抬起頭來

(一)頭是人身的首腦部。頭部姿勢的好壞，不但可表現他體魄精神的好壞，且可看出他思想能力的優劣。

㈡凡低下頭去的人，不是身體有病，就是精神萎靡，不是志氣消沉，就是身分卑賤，這種無用的人，只有任人欺侮，任人宰割。

㈢軍人是有志氣，有膽量，有作為，有前途的人，是天地間的硬漢子，頭一定是抬起來的。尤其各位同學，都是中國國民黨的黨員，領袖的幹部，中華民國的正式軍人，怕什麼？為什麼低頭，從今天起，本班的同學，大家都要抬起頭來，要永遠抬起頭來，做一個堂堂正正，頂天立地，轟轟烈烈揚眉吐氣的革命軍人。

二、挺起胸膛豎起脊梁

㈠下等動物是沒有脊骨的，高等動物有脊骨，但脊骨都是橫生的，豎不起來的，充份表現其奴畜性。人為萬物之靈，軍人是代表國民精神，我們的脊梁要豎起來支撐天地。

㈡老弱殘病的人，胸膛是狹小的，是凹下的；雄糾糾氣昂昂的戰士，胸膛是挺出來的，挺出胸膛，才表現出軍人的擔當，軍人的力量。

㈢歷史的使命落在你們肩上；祖宗的付託，寄在你們的身上；黨國命運，又在你們的手上，幾百萬先烈的眼睛，盯在你們的頭上。同志們，你們要挺起膛胸，豎起脊梁，來擔任這神聖重大的使命。

三、立定腳跟

你們站穩了沒有？（站穩了）。你們立定了沒有？（立定了）你們會不會倒下來？（不會）。你們要知道，凡是腳跟不定的人，都不配當軍人。

㈠立定腳跟就是要「站得穩」。

1. 不用不乾淨的錢——如貪污、走私、吃空、做買賣等。
2. 不做不乾淨的事——如輕傷而退，被俘而屈，臨陣而逃等。
3. 不吃不乾淨的飯——如吃土匪的飯，吃漢奸的飯，吃日本鬼子的飯，認賊作父等。

㈡立定腳跟就是「有恆」。

打破做一行怨一行，站在這裏討厭這裏的壞樣子。

打破這邊混混，那邊混混，半生做不出一件事來的壞樣子。

打破一忽兒興奮，一忽兒消極的壞樣子。

打破要這、要那，討價還價的壞樣子。

必須腳踏實地，死心工作，做一事是一事，做一行是一行，才是現代軍人。

四、人格第一

㈠人品是人與人的比較，人格是人與獸的分野，是做人基本的基本。人格重於生命。生命可以犧牲，人格絕不可犧牲。人格破了，割血肉來補，是補不起來的。

㈡古代的孤臣孽子，今日的信徒先烈，都是人格卓越的人。凡是人格卓越的人，一定官誘不動，錢買不動，手槍炸彈威嚇不動，水深火熱壓迫不動，而能支撐艱危，成仁取義。

㈢委座說：「人格事大，生死事小」。大家勉乎哉。

五、紀律至上

㈠紀律是軍隊的命脈。紀律的實行，應由上而下；紀律的監督，應由下而上。紀律重於一切，一切可以通融，惟紀律不可通融。

㈡不違反規定，不疏忽禮節，不延誤時間，不洩露機密，這是平時紀律第一。不怕苦、不貪財、不強佔民房、不佔取民物，這是平時紀律第二。能同甘共苦，能信賞必罰，能認真管理，能勵行教育，這是平時紀律第三。

㈢能執行命令，完成任務，守必固，攻必克，這是戰鬥紀律第一。能受命不辱，受傷不退，被圍不驚，撤退不亂，這是戰鬥紀律第二。不幸而被俘，嚴刑拷打之下，刀鋸鼎鑊之前，至死不投降，至死不變節，至死不出賣戰友，不洩露機密，造成中華民族至高無上的氣節，可歌可泣的風格，這是戰鬥紀律第三。

六、戰績為先

㈠我八戰區各部隊，兩三年以來，多半是整訓中。專站在旁邊看別人拚命，看別人立功，這是我們的一種恨事，也可說是我們大家的恥辱。現在我們需要一次激烈的戰爭，更需要一次的最大的勝利，大家注意，我們拚命立功的機會快到了。

㈡打仗是勝利第一，勝利以戰績為先。能以少敵眾，死守不退，能援助友軍，轉敗為勝者，是好戰績。能俘獲多數戰利品，虜獲多數敵官兵，是更好的戰績。能克復城寨，生擒敵人指揮官者，是更好的戰績。至如在戰場上腿炸斷了，手打掉了，眼睛打瞎了，頭打沒有了；像這樣能把生命的威力，完全發揮出來的軍人，更是我們最欽慕，最崇拜的無上光榮者。

㈢戰績惟有精於研究，勤於訓練，勇於犧牲者可以獲得。你們的前途在於戰績，抗戰的前途也在於戰績，望各自努力。

二、精神教育與軍人性格

各位都是部隊長，擔負了部隊軍事教育的工作，擔負了「作之君、作之親、作之師的責任」。以各位的經驗，軍事教育究竟是容易的事呢，還是不容易的事，是非常的事呢，還是平常的事，以余體驗所得，軍事教育為堅苦的事業，為神聖的事業。不是有思想，有學問，有抱負，有認識的人，不足以談這件事情，更不足以擔任這個事業。而況軍事教育，訓練一批信仰主義，為主義生，為主義死的信徒戰士，為民族，為國家，保守土地，保衛人民，流血流汗，粉骨碎身，斷頭折臂，視死如歸的人物乎；而況軍事教育須訓練一批有正氣，有良心，有血性，有道義，富貴不能淫，貧賤不能移，威武不能屈的大丈夫乎；而況軍事教育須訓練一批打硬仗，紮死寨，受傷不退，被俘不屈，在嚴刑拷打的下面，刀鋸鼎鑊的前頭，到死不投降，到死不變節的硬漢，好漢乎；此則各位部隊官長責任之重，貢獻之大，真所謂任重而道遠，仁以為己任，不亦重乎，死而後已，不亦遠乎。

在這個神聖的任務之下，我們要訓練出具有第一等戰鬥力的士兵，訓練出具有第一等指揮力的官長，必須先養成第一等軍人性格的軍人。而欲養成第一等軍人性格的軍人，不是單靠智能訓練所能成功，而必須特別注重到精神的訓練。所謂智能訓練，只限於智識技能的增進；所謂精神訓練，就是由言論，行動，思想的啟迪，誘導轉變，改造，使每個軍人頭腦所想的，口所說的，行為所表現的，精神所鼓舞的，存之於內而形之於外的，無一不美，無一不善，無一不真，塑成軍人性格的典型，使大家有所遵循，有所模仿。

所謂軍人的性格是什麼？

一、勝利心，榮譽心

禽獸只需要生存，而不需要榮譽。人是需要生存，同時需要榮譽。軍人更是需要勝利，需要榮譽，而並不重視生存。所謂勝利第一，榮譽第一，生命第二。為什麼？因為軍人的職責是戰鬥，戰鬥的目的在勝利，在榮譽；對勝利的渴望，對榮譽的追求，是軍人必須具備的性格。要達到這個目的，必須獎勵，崇拜英雄，絕對的風頭主義。平時利用各種比賽，如球類比賽，射擊比賽，各種運動比賽，勞動比賽，演說比賽等，對勝利者予以嘉獎勉勵，奉為群眾光輝，號召群眾擁護愛戴，使士兵知道勝利之可貴，榮譽之可貴，從這種地方，來養成軍人進取的意志和旺盛的企圖。

二、孤注一擲與冒險

古代軍人常從賭博中衡量某人之勇敢與膽怯，好似下注愈大，其人必勇，下注甚小，則必為膽怯一流。如劉毅家無擔石之貯，而一擲百萬，毫無吝惜，當時的人很讚美他。現代軍人，當然不能以古代流氓地痞一流不守紀律之人為例，更不能以賭博之事為例；但是孤注一擲的氣概，即集中一切所有，破釜沉舟，以求決戰的氣概；即毫無保留毫無後悔的決定性行動，則實為軍人的美德。委座說：「成功的祕訣就在向最危險的道路前進」。拿破崙（Napoléon Bonaparte, 1769-1821）說：「如果不冒危險可打勝仗，則勝利的榮冠，將屬於才能平凡的人」。孤注一擲與冒險，是成功的要訣，必須在平時養成。

三、確實性

現在軍隊很多動作不確實，如敬禮之隨便，如集合未畢即喊立正看齊。如呼口號時手舉而不直，口雖張而呼不響，甚至聲音模糊，不辨字義。他如裝退子彈，上下刺刀，射擊行軍等無一確實，尤其可恨的是小孩子穿軍衣，穿大軍衣，有損軍隊的尊嚴，衣服破了不補，讓棉花露在外面，軍人等於叫化子。子彈袋破了不補，子彈遺落尚不知悉；以及用槍枝作扁擔挑東西等，種種不確實的動作，一天天積累，一天天演變，造成今日軍人的醜態，做假、報謊、敷衍、矇蔽的惡習，不一而足。為求虛名而作假麼，為求取快一時而撒謊麼。官長作假一分，士兵必做假二分，官長撒謊一句，士兵必撒謊二句。影響於動作雖小，影響於心理最大，影響於平時雖小，影響於戰時尤大。試問在戰場上，在血海骨嶽的戰場上，豈有作假撒謊的人，肯與我們同生死麼？

四、韌強的意志與徹底的行動

戰場上一種轟轟烈烈的事業，必期待於韌強和行動徹底的人物。而此等性格之養成，又仕於平時訓練的努力。

1.如急行軍規定每小時二十里，則除倒斃者外，其餘任何理由，必須跑到，如跳木馬，跳遠、跳高等，雖屢次失敗，必須鼓勵其再接再厲，不可中止。

2.如極疲勞回營之紀律訓練，必須嚴格要求。

3.日俄戰爭之前，日兵有從高地跳下，腿斷而槍不放。

4.德國人訓練降落傘部隊，著地暈過去的士兵，一醒過來，立刻命他們前進。訓練騎兵，對於摔下馬的，除非是骨斷或重傷，否則仍然要他們再上馬練習。

5.日本陸軍在演習的時候，一聞前進口令，雖大河在前，也必毫無猶豫的跳下去，狂風暴雨，盛暑嚴寒，都是他們認為最難得的機會。他們絕不改野外為課堂。此即徹底與韌強的表現。

總之，平時訓練，如果妥協、姑息、敷衍、馬虎，一到戰時，無論攻擊防禦，必至七折八扣，毫無效果。

五、犧牲精神

各位都是在戰場上長起來的，亦可說從槍林彈雨中滾出來的。

過去在剿匪抗戰諸役，我們有許多忠勇壯烈可歌可泣的事蹟，都值得我們欣慰。但按諸日人之封鎖旅順口，西班牙之保衛馬德里，蘇聯空軍之轟炸德運輸艦，以及死守史達林等；其犧牲精神，亦都值得我們參考。他們硬是把飛機和人作為肉彈，與敵人的兵艦陣地同歸於盡。硬是把衣服澆上汽油燃著火去阻止敵人的戰車。此與我上海戰役忠勇壯烈相彷，我們更須努力培養此種精神，以冀獲得未來之勝利和榮譽。犧牲精神從何處培養？從不貪財，愛名譽，愛團體三個條件中養成。古人說：「酒色中尚有英雄，銅臭中絕無豪傑」。貪財的人沒有不怕死的，怕死的到了要緊關頭，沒有不投降的。又如平時生活愛名譽，工作負責任，責任推動戰鬥，名譽推動犧牲，不愛名譽不負責任的人，沒有不怕死的，又如對團體無熱誠，不忠實，推而大之，對國家民族絕不肯犧牲，所以我們一定要打擊弄錢的意識，荒唐的行為，動搖畏縮的傾向，使其絕對消滅，然後犧牲精神可以萌芽。

六、信仰心

建立對主義對領袖的絕對信仰心，為我們最基本的任務與要求。信仰心的建立，有待於經常的努力。如基督徒在吃飯前要做禱告，睡覺前也要做禱告，每個星期做一次禮拜，從生到死，念念不忘，因此能夠建立對上帝對基督的無限信心。蘇聯紅軍每天早晚點名以及閱兵分列的時候，指揮官向士兵發問：「你們準備好了沒有」，士兵回答：「準備好了」。指揮官再問：「準備了什麼」，士兵回答：「為馬列主義盡忠，為史達林效死」。而在日本，他們每家屋頂上插著一面日本國旗，屋子裏掛著一張天皇照片，假如這戶人家著了火，家主先要把天皇相片搶出來，他們每所學校禮堂裏都掛著天皇相片，假使這所學校失了火，學生們一定奮勇地去搶天皇相片，倘若搶不出來，校長便以為對不起天皇，就必切腹自殺；由於此種精誠熱烈的信仰，所以能意志集中，行動徹底，但回轉來檢查我們本身如何呢？

各位都是信仰領袖的。但是為什麼讓中國的敵人——日本軍閥的太陽旗，在我們的領土上飄揚；各位都是信仰主義的，但是為什麼肯讓其他顏色的旗幟在你們的眼前招展；由此證明我們信仰的虔誠與堅決，還沒有百分之百達到理想。我們的思想行動還不能百分之百的一致。因此今後的精神訓練，必須重新努力，才能達到目的。

七、責任心

提到「責任心」三個字，我真覺得毛骨悚然。看守所的守兵，會同犯人一同逃亡，採買士兵會因身上有錢而逃跑，哨兵會因睡覺而遺失了槍支，河防及封鎖線的官兵，會因貪財而至於走私放渡。連排長每將逃兵的責任諉之於兵役法之不良，而將遺棄陣地之罪，諉之於上級指揮不當；至於士兵疾病無人過問，死亡無人埋葬，裝具破碎不加修補，騾馬羸瘦不加理睬，這都是不負責任的表現，也就是表示我們平時對於責任心的養成訓練，沒有注意。

日本人對於責任心的養成是特別注意的。他們的口號是「珠寶賤如糞土，生命輕如鴻毛，責任重於泰山」。數年前有一個當中隊長的，因為本隊士兵的成績不如別隊，切腹自殺了。日俄戰爭結束，乃木大將回到日本之後，看見陣亡者的家屬，哭父啼兒，覺得自己指揮不好，以致死傷累累，正在國家敘勳敘爵，風頭十足的時候，切腹自殺了。

責任心是什麼呢？是良心、血性、忠心、實心的總和。而責任心的養成，必須在平時日常生活中，利用採買，衛兵，值日、公差、勤務等各種機會，養成負責的習慣。

上列七項為軍人必具之性格，亦為精神教育之重要課目。然人生至二十五歲以後，一切劣根性、罪惡性、搗亂性等皆已養成，而欲於入伍以後，金丹換骨，完成現代軍人的條件，則必須竭盡一切力量，從事於鍛鍊培養不可。

(一)環境的習染：訓練不僅靠內容，同時靠環境，因為訓練的環境，對習染上有很大關係，必須把一切違反時代的舊現象，壞習氣，都掃除淨盡。把所有機關與機關之間，人與人之間，連長與排長之間，營長與團長之間，閒言閒語，是非糾紛，一律取消，把彼此間妒忌，毀謗、幸災樂禍等一律取消，把悲觀、失望、洩氣、消極、灰心、沒出路、無前途、請長假、向後轉、不幹了、回家去等觀念，一律取消。表示上下一致，內外一致，然後由環境可以影響到訓練。

㈡環境的感應：環境對感應上亦有很大的關係。如高山大河產生頂天立地的精神，如先聖先賢的圖表，哲學部份的圖表，古代英雄故事的圖表，近代尤其本軍本團之驚天動地可歌可泣忠勇故事之圖表，皆可以感召人心，收潛移默化之效。

㈢人力的感召：學生是先生的化身，士兵是官長的化身，什麼樣的先生，教出什麼樣的學生，什麼樣的官長，帶出什麼樣的士兵，這是一定的道理。所以部隊長自身，要成為學習不倦，誨人不倦，服膺不倦，傳熱不倦的領導者；自己成為烈火，就可以熔化鋼鐵，自己成為太陽，就可以吸引地球。由生活領導，人格領導，工作領導，學術領導，來塑成部隊長的典型，而為士兵部屬的楷模。尤其在品格上，絕不許有一些缺憾，如怕死、貪污、盜賣軍糧，吃空假報等，影響於精神教育最大，這是尤應注意的。

三、幹部與風氣

從前王闓運先生在《湘軍志》中，講湘軍初起的時候，曾國藩用儒生帶領農民，朝氣蓬勃，建立了不少的功勳，到了後來，湘軍的官長已經不是儒生了，士兵也不是農民了。因而一蹶不振。

儒生為什麼這麼寶貴，農民又為什麼這麼寶貴呢？因為儒生有真誠質樸的氣質，農民也有真誠質樸的氣質。真誠質樸的氣質是什麼？即不說謊，不報假，不虛偽，不欺騙，真心誠意，實實在在的氣質是也。儒生主持天下的大是大非，而忘記了自己的禍福苦樂，爭取天下的大利大善，而不計較個人的調遷升沉；這就是當時所謂的儒生，至於農民，最能安分守己，埋頭苦幹，從生到死，絕不變更，這就是當時所謂的農民；以儒生的智慧，發揮農民的力量，智慧和力量，在真誠質樸的基礎上，凝結起來，而能造成優良切實的風氣，擔當天下的大責重任。

我們看當時湘軍的風氣是怎樣呢？

㈠「呼吸相顧，痛癢相關，赴湯同行，蹈火同往，勝則舉杯酒以讓功，敗則出死力以相救」。此其一。

㈡以千里相救為湘軍家法：「雖平日積怨深仇，臨陣仍彼此照顧，雖上午口角參商，下午仍彼此救援」。此其二。

㈢「克己而愛人，去偽而崇拙，浩然捐生，如遠遊之還鄉，皆以苟活為羞，以避事為恥」。此其三。

㈣「以愛民為治兵第一要義，日日三令五申，視為性命根本之事」。因此「駐營之處，百姓歡迎，耕種不輟，萬幕無譁，一塵不驚」。此其四。

㈤辦事結實，臨難有不屈撓之節，臨財有不沾染之廉，此其五。

這風氣如何造成？就是由於曾國藩能用真正的儒生，作軍隊的骨幹，拿真誠質樸的氣質，樹立軍隊的風氣，因此能夠建功立業。如羅羅山先生，就是湘軍的中堅份子，羅羅山死了以後，他的弟子李續賓兄弟繼承他的事業；李續賓兄弟死後，湘軍的勢力雖然一天天擴大，而驕惰虛浮的風氣則一天天增高，真誠質樸的氣質，亦一天天減少。所以曾文正公晚年，嘆息湘軍的墮落，他給郭筠仙的信上說：「自金陵克復，人以為漸入佳境，不知乃日處愁城。湘軍銳氣已渫，功成意滿，良者次第散去，留者驕佚不檢」。

所以捻匪起來的時候，曾國藩就力主用新起的淮軍，可見得真誠質樸的氣質，實在是軍隊成敗的關鍵，得之則生，不得則死，這是很值得我們警惕的。

如果拿這一段歷史來印證今天的現實，更值得我們警惕，委座在某次戰役檢討時，對現在一般部隊幹部曾痛加指斥，大意說：

㈠現在不能打敗敵人是各將領精神頹喪，不能知恥，所以任敵人自由來去。

㈡最痛心之事，為打了兩三天，就說不得了，或者說，死傷太大了，要退下來，真是無廉恥，心先死了。古人云：哀莫大於心死，沒有不滅亡的。

㈢打仗時說兵少，領糧時並不說兵少，養成貪婪奢侈的惡習，如何得了，愈窮愈奢侈，是亡國的現象。

㈣部下走私，就是自己貪污，對於貪、辱、欺三字，應徹底反省。

㈤我們第一點要知道不是做官，時刻要戒慎恐懼，自己監督自己，幾年以來，我們將領沒有什麼進步，這是很危險的事。

㈥各將領意志決心每況愈下，實為不可諱言之事實，望大家切實改正，本委員長無愧於你們，你們也要無愧於總理在天之靈及已死的同志同胞才是。

三十一年西安會議時，委座又痛切指出軍隊十二項壞風氣：「一是賭博，二是走私，三運吸鴉片，四是勒索擾民，五為經營商業，六為加入幫會，七為軍官帶了眷屬住在部隊附近，八為新兵毆打官長中途譁變，九為接收新兵時作弊，十是高級主管不到下層部隊督察點名，十一為部隊主管不能徹底監督命令執行，十二為謊報」。

我們讀了委座的訓示以後，有什麼感想沒有？請大家想一想，兵練不好，仗打不好，是誰的責任？缺額這麼多，逃兵這麼多，教育這麼腐敗，是誰的責任？部隊不守紀律，不守範圍，江河日下，又是誰的責任。總理講軍人精神教育，以智仁勇為軍人精神教育的極則。智是知仁，勇是行仁，仁是三者的核心。孔子對仁的解釋是：剛毅木訥之近仁。剛是堅強，毅是持久，木訥是厚重。總結起來，仁的意思就是堅強，持久而厚重；巧言令色鮮矣仁，是說虛偽輕薄的人靠不住。由此可知，儒生真誠質樸的氣質，和仁的氣質相近，農民真誠質樸的氣質，也和仁的氣質相近。雖然和仁相近，但並不是完全是仁，唯有現代革命軍人的氣質，才完全是仁的氣質。你們想想，一雙草鞋，一頂斗笠，一條小皮帶，為革命，為主義，陷陣衝鋒，出生入死，視死如歸，這不是仁嗎？軍隊所到，不拉夫，不籌款，不派餉，不強住民房，秋毫無犯，萬眾歡騰，這不是仁嗎？眼睛打瞎了，腿打斷了，自己感覺是廢人了，悄悄的到了上海，跳下吳淞口，這不是仁嗎？當了軍官，家庭不能生活，兒子失了學，妻子做了妓女，這不是仁嗎？在戰場上受了重傷，不肯下來，更不肯被敵人俘虜，叫同志，你補我一槍，你補我一槍，求得早死，這不是仁嗎？這不是現代革命軍人的氣質嗎？拿這個仁的氣質，與真誠質樸的氣質相比，拿現代革命軍人，與當年的儒生農民相比，那真是光輝萬丈，當年湘軍，何足道哉。

以這個標準，來衡量軍人的行為，可以說：

凡是欺騙上官，虛報名額，冒領糧餉的人，都是天下最不仁的人。

凡是賭博，迷信，自私自利的人，都是天下最不仁的人。

凡是坐視上官被俘而不救，坐視友軍失敗而不援，坐視主官陣亡而不能搶回屍體，坐視傷兵啼號，屍骨遍地而不能搬運埋葬；逃避責任，躲開戰鬥者，都是天下最不仁的人。

凡是走私，放渡，盜賣軍糧，私做買賣者，都是天下最不仁的人。

凡是濫送財帛給親友，慷公家之慨，市自己之惠者，都是天下最不仁的人。

凡是移交不清，私留武器彈藥及公家物品者，都是天下最不仁的人。不仁的人，談不上智，更說不到勇，只可以做奸商，做市儈，而絕不可以治兵。為什麼？因為治兵的事業，是堅苦的事業，是神聖的事業，是犧牲自己，救國救民的事業；是殺身成仁，捨生取義的事業，絕不是奸商市儈所能擔任的。

今日的中國正需要長期的戰爭，我們一定要把握人民，絕不許民心離開了戰爭。今日的軍事正需要偉大的勝利，我們一定要把握士兵，絕不許兵心離開了官長。今日的局勢，強敵壓境，正需要最堅強的決鬥，我們一定要肅清個人主義，官僚主義，悲觀、失敗、落後主義，絕不許官長離開了革命，官長如果離開了革命，兵心一定離開了官長，民心一定離開了戰爭。所以今天的中心問題，就是要各位官長，重整革命的精神，轉移部隊的風氣。

曾國藩說：方今天下大亂，人懷苟且之心，出範圍之外，無過而問焉者，吾輩當自立準繩，自為守之，並約同志共守之。

各位都是有思想有抱負的革命軍人，民族的精英靈秀，現在正擔負時代的艱危與革命的重任，應該痛下決心，把本身以及部隊所殘餘的污點，徹底清除，造成最進步、最光明的革命風氣。

㈠寧使自己凍死，餓死，寧使妻子窮死，苦死，絕不吃空，走私、貪污。做不到的自殺。

㈡愛民第一，救民第一，絕不拉夫，拉騾、拉車，絕不強佔民房，騷擾地方，欺凌百姓。做不到的自殺。

㈢死字頂在頭上，受命不辱，輕傷不退，被俘不屈，做不到的自殺。

㈣以赴湯蹈火的精神，發揮對上官，對同志，對友軍的道義，絕不坐視上官被俘而不救，坐視友軍失敗而不援，坐視同志戰死而不掩埋，坐視主官陣亡而不能搶回屍體。做不到的自殺。

由這樣的風氣，來砥礪決死苦鬥的精神，克己愛人的精神，親愛精誠的精神，建立攻無不克，守無不固的堅強鐵軍，而才能任革命之大責重任，諸位同志勉之。

四、執行本班術科訓練之注意

本班所有的術科課目，都是今後作戰上很重要的課目，也多半是各部隊不甚注意，或訓練欠熟習、欠確實的課目，回部隊後要徹底普遍實施，不可稍涉疏忽，尤其要注意是：

(一)「步兵輕重兵器射擊教育」的方法和步驟要綿密施行。

(二)「輕重機關槍和迫擊砲的故障排除」，要使該部隊的每一官兵，都能夠明瞭和熟練。

(三)「步兵各個戰鬥教練」的地形識別與判斷，距離測量，地形地物的利用，散兵的運動與射擊，散兵對各種情況的處置等，要施行叮嚀反覆的教育。

(四)「近戰教練」中手榴彈的投擲法與避彈法，衝鋒與射擊之聯繫等，須充份施行演練。

(五)「據點攻擊」時之偵察部署，輕重兵器之火力協調，以及工兵作業通訊連絡等，須認真施行。

(六)「夜間戰鬥」時，防者對於偵察、計劃、部署、信號等之注意，與射擊、照明、逆襲等之準備；攻者對於敵情與進路之偵察，兵力之部署，斥候之派出，嚮導記號連絡等之準備（如白旗、石灰、火繩等），照明撲滅班之預行配置等，均應分別切實演習之。

(七)「防裝甲班之訓練」，各部隊應即實施。至如燃燒瓶，集來手榴彈等，各軍師應努力仿製使用之。

(八)「工兵阻絕戰鬥」中，破壞鐵絲網，爆破筒，地雷搜索班，應切實演練。

不易演練必須變通方法以演練者：

㈠關於「戰車」的各種演習甚重要，各部隊雖然無戰車，可利用破舊之大車改製，或用竹片編成戰車形，糊紙塗色，加四小木輪牽引之，或用大旗一面畫成戰車形代替之亦可。絕不可因無戰車即不施行此項教育，因戰車愈接近愈少危險，宜使士兵有此認識。

㈡「山地戰鬥」之各種特殊技術，各部隊雖無此項教官及器材，但對於此種技術之重要性，及不畏難、不怕險之冒險性，應設法努力倡導。最低限度應使士兵全體都能超越溝渠，能攀登崖岸，能架梯上樹頂，能借繩索越高牆，不致遇阻絕即停止，逢險要即裹足。

㈢「伏兵戰」一項，演練時不可複雜，更不必求熱鬧，應分為「設伏」與「防伏」兩者分別演習之。須知「設伏」要訣全在「兵力小，地形好，設備巧，時間少」。「防伏」要訣全在「搜索明，掩護勤，距離緊，行動隱」，宜精心研究，設法演練，使官兵人人有此認識與注意。特別規定事項：

1.村落戰及巷戰甚重要，應常演習，但因之而燬壞村落之碉樓，投炸彈或設門雷於人民之住宅內，以燃燒筒指向人民之屋窗內，撞牆壁，碎屋瓦等，均易惹起人民惡感，應絕對避免之。

2.英國式之刺槍術，有若干仿效者，肉縛之以徒手格鬥，以工作器具自衛等，亦為近戰教練之重要科目。但因此而拋棄槍支或損及槍支之某部份，則有違愛護武器的本旨，應竭力避免之。

3.戰時之對空警戒，為高射部隊之任務，或由指揮官指定部隊擔任，散兵應一意向前，力求接近敵人。不可因空中有敵機，遂各自講求隱避，致終止原來任務。

4.關於毒瓦斯防護之處置，不可認為戴上防毒面具即為滿足。訓練此項課目時，尚須注意

「辨風向」，「察顏色」，「嗅氣味」，「選進路」等動作，並須教以無防毒面具時之應急處置。（如用手巾濕水或小便後以之堵塞口鼻等簡便方法）。

5. 散兵對左右陣亡的戰友，固應收取其子彈，但對其身上的符號及手牒等，亦須同時收取，不可稍忽，而訓練此項動作時，應極力提倡犧牲精神，崇拜此戰死的烈士，故一面收取死者的子彈，符號、手牒；一面須存著最尊敬最仰佩的心理，發生出下面的贊辭：「好，你今天為主義為領袖盡忠了，你是我們最光榮的同志。我敬佩你，你含笑的去吧，我一定替你報仇」，這樣的教育，是「勉生慰死」的教育，也就是很重要的精神教育。

6. 對隱顯靶的射擊教育，不可使散兵先認識靶的位置，宜在適當地形，或掘成淺壕設置標靶，俟散兵前進後，再陸續錯雜顯出之，又由「斜面下向斜面上衝鋒，先擲一把沙土以迷敵眼」，這是萬不可靠的舉動，須知由上向下擲灰土，更較容易也。

7. 各種課目演習時，使用彈藥甚多，各部隊施行教育，不可以此為訓。絕對禁止無的放矢浪費彈藥。宜用大爆竹以代迫擊砲及敵方的彈著，用小鞭炮以代輕重機關槍的連續射擊，如無錢買紙炮，更可用各種音響器（如敲竹筒，擊鑼鼓）以替代之。並可用石灰色或土塊以代敵彈。只須多設審判官及情況顯示人員，即可使演習逼真也，又部隊如無煙幕罐，可積樹枝落葉等焚燒以代之。

五、將校班畢業學員信條

第八戰區將校訓練班畢業學員信條

1. 要徹底負責，執行本班的各種訓練。

2. 要督飭所屬，徹底達成訓練的要求。

3. 要有精誠熱烈，不移不貳的信仰心。

4. 要有堅強果決，不輟不懈的責任心。

5. 要有迎頭趕上，爭取戰績的勝利心。

6. 要有自強不息，爭奪光彩的榮譽心。

7. 要有臨機應變，不待命令的獨立性。

8. 要有實事求是，不辱職責的確實性。

9. 要有破釜沉舟，成敗不計的冒險性。

10. 要有見危授受，臨節不辱的犧牲性。

11. 要使部屬都能遵奉委座訓示，不貪污、不走私、不賭博。

12. 要使部屬都能實行革命軍連坐法，成為轟轟烈烈頂天立地的革命將士。

民國三十年

新幹部的建立[7]

前言

鐵肩擔主義，血手寫文章，服從領袖、從頭收拾舊山河，保中國。

第一項　我們應該怎樣生活

第一條　以身作則，實行新生活規條，改造部隊，做到一、不吸煙。二、不酗酒。三、不嫖妓。四、不賭博。五、不唱高調。六、不說謊話。七、不失時間。八、不洩祕密。

第二條　今日之幹部是從群眾中生長出來的，不是從天上掉下來的，所以生活標準，要做到前方士兵化，後方平民化。

第三條　根絕少爺公子習氣，以親愛精誠感召部下，以禮義廉恥克制自己，絕對取締打人罵人官僚舊習氣。

第四條　日行百餘里，背負卅斤，一切自己來。

第五條　燒餅油條豆漿，小米稀飯，是我們上等美餐，茅舍窰洞，土坑硬板，是我們美麗住

7此篇文章為抗戰期間對七分校及戰幹第四團學生講。

第六條　總理遺教領袖訓示，對於我們的需要，正如空氣於身體呼吸之迫切，是行動的明燈，生命的源泉，勝利的決定，實際工作的導師，不可忽略。

第七條　領袖呼吸，必須在轉瞬之間，透過幹部，到達群眾，使得上下距離縮短，左右間隔不要，這個全靠有賢良的幹部。

第八條　奉公守法的生活，自決自發的心理，不容自恕，養成自殺的新風氣，建立無形的紀律：㈠輕傷自退者，㈡假傷圖逃者。㈢坐視官長陣亡，坐視友軍失敗者，㈣不奉命令無故放棄應守之要地，致陷軍事上重大損失者。㈤企圖自身或與第三人同謀，冒領或浮領軍實者。㈥貪污在五百元以上者，㈦吸食鴉片者，㈧背叛主義，誣衊領袖者。

第九條　陣前搶回傷兵，陣前搶葬遺屍，生與其危，死臨其穴，此同志之事也，後死者之事也。

第十條　人生是戰爭的，人是鬥爭的動物，人與天爭人與物爭與反動勢力爭，祇有積極祇有快樂，不許頹喪苦悶，就是表示戰鬥意志消失，就不能做人。

第十一條　人生是戰鬥的，是積極的，是快樂的，故祇許流血，不許流淚，祇許大笑，不許大哭。

第十二條　以赴湯蹈火的精神，援助同志，援助友軍。

第十三條　生活的潮流，要以最忠實，最勇敢，最熱情，最廉潔的精神，永遠做人家模範，來影響群眾，領導群眾。

第十四條　大少爺所以不能領導群眾者，因為生活與下層隔離，生活不一樣，聯繫不一樣，利害不一樣，對事漠不關心，對人毫無心肝，此大少爺所以總不能成功也。

第二項　我們怎樣工作

第十五條　工作以精到，敏捷緊張，專一為準則，要做到不敷衍，不妥協，不懶惰，不消極，不散漫，不虛偽，不推諉，不懦怯，不驕傲，不欺騙。

第十六條　要以工作的成績，和勝利的光輝來擁護領袖。

第十七條　隱瞞是我們本身最大的毛病，要儘量暴露自己的缺點弱點，讓大家共同研究糾正。

第十八條　人生以服務為目的，所以要辨別「拍賣」與「貢獻」的性質，以最低的階級擔負最大的責任，以最少的錢，來做最大的事業。

第十九條　沒有錢也要辦事。

第二十條　工作應該從苦幹實幹中努力，尤其要做到口到眼到手到足到。

第廿一條　學校教育必須要影響學校所在地之社會，軍隊駐地，也必須影響軍隊所在地之社會，引起新的改革，造成新的風氣。

第廿二條　每一個幹部，須有為基石，不為棟樑，為幹部不為首領的光榮心理。

第廿三條　自發的行為，自動的管理，自覺的紀律，擔當艱難繁巨的工作，養成獨立作戰各自為戰的習慣。

第廿四條　自動的管理，不僅為管理自己，尤其要管理人事物法養成處理整理修理三種本能。

第廿五條　工作的重點，在使士兵智力、體力、忍耐力、工作力，不斷增加，使士兵能盡到最善最大努力此其一：使每個士兵有以一對十的戰鬥技術，戰鬥思想，更有非打不可，非勝不可的戰勝精神。此其二：使每個戰士，以戰勝攻克，成仁取義的行動來信仰主義，擁護領袖。此其三：在敗退中，在饑餓寒冷顛沛流離中，必須鼓動風雲，重赴戰鬥，此其四：了解士兵夫辛勞高尚，予以多方安慰，了解士兵夫騾馬軍隊中之地位，予以多方愛護此其五。

第廿六條　人是不易了解的，要了解一個人，必須有極大忍耐性，留心在戰場中，工作中，生活中，在艱難困苦中的表現，活的教訓，決定人的價值，決定團體的命運。

第廿七條　適當的使用部下，用得其人，用得其物，用得其地，用得其時，公正愛護，嚴格考核，勤勞的指導，快樂的糾正，明正的賞罰。

第廿八條　對敵人寬容偉大就是對自己殘忍刻薄，比如偵探漢奸，叛兵土匪，一天放了出去，十天不能肅清其惡，一人放了出去，十人不能捉獲，歷史上前例很多，做這件事的人，不必有意為惡，實在無此常識也。

第廿九條　一切都是你的，你為什麼不努力，在國家需要你的時候，你把自己看做一個僱員，是一個第三者，是一個客人，躲開困難，逃避責任，你這種聰明人是機會主義者，永遠得不到別人的幫助你。

民國三十年

新生活與新風氣[8]

引言

校長說：我們要使學生成為一個人，就不得不先教他知道實際生活，如同一個人連衣食住行都不會，那還能教他做什麼。所以我們對於受教的學生，除掉講堂上講授學問以外，而在課本以外的生活，尤為重要。尤其是吃飯、穿衣、走路、居住、日常的實際生活，更應注意，我們中國現在的教育無論大學中學小學，統統都不知道注意這些日常生活，以致現在的學生青年，不僅不能得到切實的學問，而且連吃飯穿衣在中國教育，以為不重要，而外國人恰恰以此事作教育最重要的部分，所以他們成功。

人所以和禽獸不同，就因為人有人格人品，人格是做人的起碼，人品是人與人的比較，人格和人品的高下優劣，決定於日常生活習慣的好壞。必須在日常生活之中養成良好的習慣，造成高尚藝術，有秩序的新風氣，才配做一個人，才能培養出健全的人格人品，才可以擔當抗戰建國的革命重任。

一、戰士走路胸膛是挺的，不低頭的。

二、與上官同行，腳步須與上官一致，與同事同行，腳步須與第壹人一致。

三、走路時不要吃東西，東張西望。

---

8 此篇講稿為抗戰期間胡主任對七分校及戰幹第四團學員講。

四、走路應靠左邊。
五、部隊與汽車相會時，應先讓汽車通過。
六、飲食不許有呼呼之聲用瓢取湯先送碗內。
七、衣冠不整並不足以表示刻苦，而是表示所受的訓練不夠，必須從戴帽子，扣鈕子，打綁腿，剪指甲，整理自己做起。
八、軍人的要簡樸，鞋子要適合走路爬山，鞋襪的顏色要黑色，領巾、手巾要白色，內衣要札在裏面，皮帶要札緊。
九、鋼筆表鍊戒指不可露在外面。
十、同人說話，要面向對方。
十一、對上級講話，應當立正對答，表示恭敬，身雖不動，兩手仍可自由活動，表示語意。
十二、說話要切實負責任。
十三、立正的時候，要有不動搖，頂天立地的氣概，做到體定心定氣定神定。
十四、敬禮必須注目，把親愛精誠的感情用目光送給受禮的人。
十五、不可濫用駐止敬禮。
十六、看人不可斜視。
十七、依靠桌椅牆壁之習慣表示依賴，對人欠伸哈欠等不良動作表示輕薄，集會時擁擠恐後之動作，表示不守秩序。
十八、隨地大小便吐痰放屁倒臥與禽獸何異。
十九、隨地見到大小便垃圾死物而不能掩埋者何能建設。
二十、呼口號應該興奮熱烈把滿腔真誠的感情，在歡呼跳躍中發揮出來。

廿一、鐘表必須準確，集會時要遵守時間，不可遲到也不必早到。
廿二、處處要保持軍人的氣概和尊嚴，在公共場所更要注意。
廿三、戰士有保護老弱婦孺之責，例如在汽車火車裏，就要先讓他們坐。
廿四、為上級服其勞，是義務不是羞恥。
廿五、要遵重別人的人格，不可開口罵人動手打人。
廿六、損壞的東西，必須立刻修好，在日常生活中，養成收拾殘破的本領。
廿七、桌子要放好，床鋪要放平，一切的東西要確實穩當，有條理，各得其所，這就是所謂部署，如果各種物件東倒西歪，雜亂無章，就是表示沒有處理的能力。
廿八、不可用槍枝挑東西，不可任意攀折樹木，或在樹上掛東西拴騾馬。
廿九、儘量避免踐踏農田。
三十、多做事少說話，不訴苦不發牢騷。
卅一、今日事今日畢，拖延等待是失敗的原因。
卅二、做事要抓住重點，不顧一切前進。
卅三、要做事，就不要做「官」，專門擺官架子的人，一定不能做事。
卅四、賭博必須貪污，打倒賭博，就是打倒貪污。
卅五、向人借錢，就是自刮臉皮無恥也，向人借錢就是表示自己無計劃，無預算，無能也。
卅六、打倒自大自滿自驕的心理，打倒以不服從紀律為榮的心理。
卅七、我們只許流血，不許流淚，只許積極，樂觀，前進，而不許頹喪苦悶。
卅八、剷除夤緣上級討好部屬引用同鄉依托關係請客拉攏奔走鑽營等反時代反革命的風氣。
卅九、剷除經營買賣假公濟私交代不清剋扣軍餉等卑劣污濁的風氣。

民國三十年三月十七日

胡主任對七分校十七期各總隊講「人生最可怕的缺點」[9]

一、**無品**

禽獸之流

二、**無志**

落伍腐敗份子，不爭氣，不長途的寄生者。

三、**無禮**

不守紀律，不守範圍，雖然英雄，不過土匪而已。

四、**無恥**

喪心病狂，無所顧忌，軍閥的爪牙，官僚的走狗，漢奸的僱傭，帝國主義的幫兇，國家的罪人，老百姓的死對頭。

五、**無膽**

屋子裡磨刀，見到人下跪的懦夫，老鼠一樣的可憐蟲。

六、**無識**

頭腦空虛，人云亦云，被人牽了鼻子走的傢伙。

---

9 民國三十年三月十七日，於陝西西安王曲第七分校的河西大操場升旗時，對集合學員總隊所講，以建立學生的人品修養。參考《一代名將胡宗南》一九八頁。

七、**無氣節**
可以威脅，可以利誘，沒有骨頭的軟體動物。
八、**無靈魂**
沒有思想，沒有信仰，沒有道義的飯桶草包，行尸走肉。
九、**無擔當**
擔不了責任，挑不起困難，專門依賴旁人的低能兒。
十、**無良心血性**
麻木不仁，狼心狗肺之徒。
十一、**可死不死。**
十二、**應當自殺，而不自殺。**
十三、**貪污。**
十四、**動搖。**
十五、**投降。**
十六、**虛浮輕薄。**
十七、**敷衍苟且。**
十八、**畏難怕險。**
十九、**態度如灰色蟲。**
二十、**工作如營混子。**
廿一、**心死氣餒，一敗不能再戰。**

民國三十年三月十七日

胡主任對七分校十七期各總隊講「當你在最困難的時候」[10]

不管你擔負的痛苦如何重大，千萬不要倒地，譬如一匹良馬，你騎在他身上，他絕不肯將你摔下來，就是當地受傷的時候，也不會倒地，一定要將你負到目的地，才倒下來，我們對於這種忍受痛苦，不倒地的習慣一定要注意養成；遇難倒地，打仗潰退，是最壞的事，我們在困苦艱難時，無論如何沉重，千萬不要倒地。

處在經濟壓迫，工作困難，環境惡劣之際，正是我們革命青年長進之時，不經奮鬥，我們的品格不能建立起來，全靠經濟的壓迫，工作的困難，環境的惡劣，才能充實我們的人品，堅定我們的意志。

我們在困苦的時候，思想志氣，更應該崇高，不許有向部下借錢或向別人求助的事，有許多人窮極了，就發生搶劫的行為，我們必須知道英雄在環境愈困苦的時候，其志氣就愈為高尚。在困難中間，常易動搖，一遇阻礙，向後轉不幹等消極心理常會發現，這種動搖，向後轉，不幹的心理必須要提防和消除。

我們遇到困難，不要遲疑猶豫或討厭畏縮，必須立刻迎接這種困難。

在危險的時候，只有出之以堅忍，才不會滅亡。

---

10 民國三十年三月十七日，於河西大操場升旗時，對七分校十七期各學員總隊所講，以建立學生的人品修養。參考《一代名將胡宗南》，頁一九八。

我們的聰明失敗了，天才沒有了。但是有一種東西可以恢復。全部失敗，仍舊可以恢復聰明和天才，那就是「忍耐」二字。

在戰鬥危急的時候，不動搖，不後退，這是革命軍人的基本條件。

忍耐到最後五分鐘才能得到勝利。

前後左右四面均受包圍，這時候才正是足以表現我們能力的機會，我們遇到困難一定要這樣去做，隨便倒地，潰敗下來，這是最可恥的事，你們要特別注意。

民國二十九年及三十年

胡主任分別對戰幹四團及七分校十六期畢業生講「慷慨而去，光榮而歸」[11]

我們五千多個同學，將要離開學校，到前線去，擔任殺敵工作了，在這兩年的中間，各位沒有機會見到校長的面，大家的心中覺得這是一種損失，這一次舉行畢業典禮，校長本想親自來的，因為國事不能到西安來同各位見面，但是校長在重慶，他的心裏也一定很掛念你們的，今天我當了各位同志同學的面前，想起來最近這幾天就要分別了，心裏有很多的話要想同大家說，但是又說不出什麼，不過我深恐我們同學畢業以後，出去工作不能完成校長的期望，這是我心中最擔心最掛念的。

---

11 本篇為民國二十九年及三十年四月十二日，胡主任分別對戰幹四團及七分校十六期畢業生所講。

大家要知道，我們是總理的信徒，總理是偉大的，我們是校長的學生，校長是偉大的；可是我們自己應該要知道我們也是偉大的，所以更要自愛自尊，不要污辱了總理，污辱了校長，這是特別要緊的事，各位必須要注意。

在去年幹訓團畢業的時候，我曾送他們十六個字，今天我想拿回這十六個字來轉送給你們，這十六個字很簡單，就是：「今天出門，今天而立；慷慨而去，光榮而歸」。所謂：「今天出門，今天而立」的意思是什麼？中國從前講三十而立，就是說一個人到了三十歲，才自立作事，但是各位現在還沒有到三十歲就要自立了，因為現在的時代和從前不同了，如果我們到三十而立太遲了，所以今天出門就要立定志願，我們是總理的信徒，校長的學生領袖的幹部，我們的任務是救國家，救民族，所以必須抱定奮鬥犧牲的精神去幹，這是第一、二句的意思。

第三句：「慷慨而去」：各位到部隊裏去，是報效國家的，為國效勞，應當慷慨而去。

第四句：「光榮而歸」：剛才有一位同學講：失土不復就不回來，這個不必一定這樣做的，譬如我們負了傷，應當回來，這樣的回來是有光榮的，這就是所謂光榮而歸，今天我送你們的就是這十六個字，希望大家各自注意。

還有一點要注意的，我們到部隊中間去報到，最好我們自己能夠挑一擔行李，或背了自己的包裹，不要夫子挑，亦不要車子來送，這樣的到部隊中去報到，這個動作，我覺得比較我們現在掛了皮帶短劍神氣活現的好得萬倍；你們要知道現在部隊生活是怎樣的？他們白天要守陣地，又要打仗，到了晚上，還要走到六、七十里路以外去揹了麥子回到宿營地來，並且還要連夜的磨麥，磨好了送到團部或營部去，沒有一點好的東西吃得到口。如第一軍及十六軍各師都是這樣困苦的，假使我們以為是學校畢業，分發到部隊中去，是去做官的，很神氣的，擺出官架子來，不知道士兵的辛苦困難，不知道幾年以來抗戰建國工作經過得不容易，只知道想升官發財，就要被一般官長士兵看不起。所以我很希望你們今天到部隊去，是自己肩挑行李或者背負包裹去的，這樣不但大家看得起，而且使各級官長與士兵來敬重你們，他們知道你們是來吃苦的，是來同甘苦共患難的，不是離開群眾的一種特別的人，並且希望你們在工作的時候不懈怠，戰鬥的時候非常勇敢，一切事情都要有計劃有準備，要做到慷慨而去光榮而歸，才不辜負校長的期望。

今天我看到你們以為畢業了心中很得意，有幾位同學在講演的時候，手也亂動，表示出當了官長，中間帶有一點驕傲神氣，這一次何部長[12]來，你們大家都是看到的，何部長講了八點鐘的話，他始終是立正講的，從來沒有稍息講過話，大家要曉得為什麼要立正講話?立正講話，就是表示恭敬我們軍人，對上官固然要恭敬，但是對部下也要恭敬。你們講話，兩手隨隨便便亂動，這就是表示不恭敬，今天特別提出來對大家說一說，希望各位特別注意。

今天沒有別的話講，就是剛才送你們的：「今天出門今天而立，慷慨而去光榮而歸」。這十六個字，請你們時常記在心頭，對於你們將來事業的前途，一定會有幫助的。

民國三十年四月

第一線的需要[13]

12 何部長係國民政府軍政部部長何應欽上將。

13 本篇為民國三十年四月，胡主任對七分校十六期第六及第十三總隊學員所講。

本分校第十六期第六總隊和第十三總隊的同學，在最近就要畢業的同學，當然是中國最優秀最進步的青年代表，是最光榮的幹部，分發到部隊中間去，一定為我們前方各部隊所歡迎，為我們前方各部隊士兵所欽慕敬仰；可是我們要知道，前方部隊所需要的是什麼？需要一種什麼樣的學術？需要怎樣的一種官長去領導？這就是所謂時代的需要，亦可以說是第一線的需要，就是時代需要；時代的需要，必須是第一線的需要，我們將要畢業的學生，對於這個問題不能不有一個打算，怎麼樣可以不會使兵士藐視，使官長看輕，怎麼樣使敵人不會來歡迎我們，有這樣一種幹部？今天應該同各位談一談。

一、戰鬥指揮我們現在的學生，就是將來的幹部，「戰鬥指揮」是什麼？就是班排連等的攻擊防禦，追擊退卻，搜索警戒等指揮動作。這些你們都已經學過了的，還有利用地形，就是怎樣利用地形，改造地形，以及對部隊怎麼樣的掌握，操典原則的活用，輕重機槍及步砲兵之協同動作，這種都是戰鬥指揮；是連排長不可缺少的本領，亦就是前方各部隊所需要的東西。我們現在在學校當學生的時期，要多多研究，對於這種問題，是不是能夠統統都學會了，學會了還不夠，還要有新的發明，新的創造拿出來去教士兵，這是第一點要注意的。

二、技術方面如各種射擊法則，尤其是輕重火器射擊，戰鬥射擊，及夜間射擊之各種射擊設備，更為重要。記得上一次在鳳翔，看見他們作的夜間射擊設備，僅僅作了一點水平射擊設備，這是不夠的，應該加築燈光（照明）設備以及其他各種必要之設備，都須注意，此外，土工作業輕重火器之掩體，亦要時常實施。

劈刺：前方士兵不會的，他們只會同從前馮先生部隊教的刺花槍，只求好看，不切實際，這種刺花槍，現在是用不著了，我們要求實際的劈刺，對於器械，障礙超越，游泳球類運動，以及爬山唱歌等，都是前方士兵所需要的東西；還有爆破法則，以及一切工兵作業，亦要學習。

此外如投擲手榴彈，一定須在平時，先拿模型教士兵練習。擲彈筒與槍榴彈的使用法則，這些都是關係技術方面的，而且是前方最需要的東西，我們要練習純熟；今天學了明天又不學了，是無用的，假使你在部隊中間，士兵問你輕重機槍發生故障怎麼樣修理法，當官長的，如果不懂，答不出來，就要使士兵看輕，所以現在我們應該盡量的學習，這是第二點應該注意的。

三、生活方面，現在部隊裏面的士兵生活極苦，那麼當官長的，應當想辦法減輕士兵生活的痛苦，對於打草鞋，洗衣服，修理裝備，這些要教士兵的，尤其燒飯燒菜，每個士兵都要懂得並且會作，否則伙夫逃跑了，就要斷炊，還有做木工土工，這些技術，亦要使士兵人人都會；勞作方面，挑擔水，亦要練習，這種士兵工作，在帝國主義的軍隊裏面，是很少見，但是在革命的軍隊中間，一定個個士兵都要能知能行，這種工作是非常需要的，是很實際的事體。

以上三點，都是現在前方各部隊士兵所需要的事體，也就是我們現在學生時代所應該急切研討的學識，如果將來分發到部隊裏，問你們，這樣亦不知那樣亦不知，那樣亦不會，這種官長是不需要的，各位快要畢業，想要拿新的東西帶到部隊裏去，那麼現在趕快要求你們的官長，拚命的拿好材料來教你們，使將來不致坍臺，要這樣去努力才對的，所以中華民國最優秀的光明的進步的青年代表，就要看誰能夠去努力，才能充當，而亦就是前方第一線所需要的這樣一種青年，請你們各位努力學習。

民國三十一年元月二十六日

胡總司令建議第二戰區長官部（閻錫山長官）遷入關中[14]

委員長蔣（密）職於號日赴克難坡，養日西返，留晉兩日，得與二戰區軍政首長會談，印象殊深，克難坡距寨子溝軍橋三十里，距師家灘前線九十里，距鄉寧吉縣敵區不足二百里，童山濯濯，不生草木，環境艱苦，器材缺乏，對敵只有碉堡，而無堅強之工事，對空僅恃窰洞，更闕防毒之設備，若敵人覷隙進攻，則一夕之間，可以到達，倘敵機肆逞轟炸，則我堂堂長官部，傾刻可成齏粉，閻長官黨國重鎮，處最前線殊可不必。而趙戴文先生以七十六歲之高齡，年來奔越山嶺，已殘一膝，至今辛勞終日，備嘗艱苦，益令人不勝涕淚之感，擬懇鈞座指令二戰區長官部遷入關中，使閻長官支柱西北，屏藩中樞，致力軍政，兼籌經濟，是誠計之上也；駐蹕於韓城郃陽之間，責以收復華北之任，進戰退守，皆極從容，次也；移鎮宜川，經營山西，免於威脅，徐圖長征又次也，如侷促於晉西一隅，敵偽環伺，疆土日蹙，雖有克難之鴻圖，終鮮規復之實力，屈抑長才，誠為國家莫大之損失，一得之愚，謹以奉獻聖明，是否有當，敬乞鈞察職胡宗南呈二十六韓城宥未親。

14民國三十一年元月，胡宗南先生以卅四集團軍總司令身份奉蔣中正委員長命赴山西克難坡訪晤第二戰區司令長官閻錫山先生後，於元月廿六日在陝西韓城電蔣委員長作此建議。按，民國二十九年汪精衛在南京成立偽政權後，國民政府政要對抗戰前途多有悲觀，以致動搖其抗日決心者。蔣委員長憂慮閻長官亦有意與日本妥協，乃於民國三十年對閻申戒，亦派員規勸，且令宗南先生派軍過黃河在山西建立據點以監視閻之行動；此次再令宗南先生親自過河面見閻長官。詳見《胡宗南先生日記》增修版，頁一一三—一一五，以及國史館《胡宗南上將年譜》，民國一〇四年七月出版。

民國三十四年八月三日

胡司令長官歡迎美國飛虎隊陳納德將軍致辭

今天能瞻仰陳納德將軍手采，非常榮幸，抗戰八年以來，我第一線之進退功罪，成敗得失，汗血烽火，唯陳納德將軍及其部屬為中國生死患難之交。從十四航空隊到西安以後，西安民眾從警報、轟炸、死亡、逃避、涕淚之中而得到安全，工作、快樂，歡笑的保障，而沒有再看到日本飛機之襲擊。在豫西豫南大戰。我陸軍得到美空軍之掩護，合作而建立輝煌的戰果，陳納德將軍對於中國民眾偉大的貢獻及抗戰的功勛真是一言難盡，本人敬代表陝西一二〇〇萬民眾、河南三二〇〇萬民眾向陳納德將軍致敬，并祝健康、成功，而永遠和中國人民在一起。

（美國陳納德將軍《Gen. Claire L. Chennault》在我抗戰時率志願航空隊《飛虎隊 **Flying Tigers**》來華助我，本文為民國三十四年八月三日，自胡宗南先生日記摘錄。）

民國三十四年九月三日

胡司令長官主持西安各界民眾慶祝抗戰勝利大會致辭[15]

日本無條件投降，於昨日正式簽字，今日為慶祝勝利第一日，中國八年抗戰，在這八年中間，衝破了一切艱難、困苦、內憂外患，而終於得到勝利，這其間：

第一，我們領袖蔣委員長正確的領導，卓越指揮的決心而堅強八年苦撐，而終於領導中華民國得到偉大的勝利。

第二，軍民堅苦支撐成仁取義，犧牲奮鬥，流血流汗，出兵、出錢、出糧、出力，配合國策，支持抗戰而終於得到偉大的勝利。

第三，八年抗戰以來不斷的得到友邦的協助，尤其是美國朋友，極大的援助，密切的合作，而終於擊潰日本使無條件投降，所以我們慶祝勝利，我們對於我們的領袖以及抗戰的軍民，以及我們的友邦，尤其是美國朋友。我們應致其崇高的敬意，勝利在堅苦中得來，在戰爭中得來，今天我們洗淨了中國歷史上一切的恥辱，今天我們洗淨了中國地埋上一切的污點，今天我們洗淨了中國民眾心理上一切的不平而創造出一個新時代新光明新歲月新生命。

所以，今天我們應該狂歡、應該慶祝。

15 見國史館《胡宗南先生日記》民國三十四年九月三日，一〇四年出版。

政治協商及
軍調時期

民國 34 年末至民國 36 年初

政治協商，美方調停

抗戰勝利後的世局，逐漸演變成美國與蘇聯兩個超強對立，各組陣營，亦均致力影響中國政局，而中國當時整體而言：民生凋蔽、經濟困難、人心厭戰。

民國三十五年一月十日至三十一日在重慶舉行的政治協商會議，起因於中共的要求、國民政府的回應，以及美國介入調停、蘇聯佔領東北並援助中共接收發展的結果。

在三十四年八月日本宣佈投降後，中共已經不是抗戰以前的中共了。中共藉著抗戰的機會，在華北、陝甘寧等地擴大勢力，成立軍區和邊區政府。抗戰勝利後立即在各地搶先接收，蘇聯在日本宣佈投降前搶先占領東北，阻擾國軍接收東北，並將武器、設備、城市等交給中共，使得中共擁有百萬以上的軍隊，和佔領區一億以上的人口。當時宗南先生為第一戰區司令長官，立即將隴海鐵路沿線部隊向河南洛陽、鄭州等地星夜推進，並派傘兵到北平佈告安民。

先是民國三十二年九月六日，國民黨舉行五屆十一中全會，蔣公宣佈抗戰勝利在望，希望積極實行憲政。國防最高委員會隨即決議設置「憲政實施協進會」，中共董必武、周恩來亦擔任委員。

隨著蘇聯在對德國的戰爭中逐漸獲得上風，而中共在華北等地所成立的「解放區」也日益增廣，中共在與政府談判的要價也就越來越高。三十三年一月，毛澤東表示願派周恩來、林祖涵、朱德至重慶請示，五月二日，國民政府代表王世杰、張治中，與中共代表林祖涵，在西安會談有關共軍編制、防區及政治問題。會議至十日結束，中共要求擴編共軍為四個軍、十二個師。但是，六月五日中卻提出「關於解決目前若干緊急問題的意見」，與西安會議所談完全變質，僅談到政治問題。

九月十五日，中共代表林祖涵在國民參政會報告國共和談經過，首次提出組織「聯合政府」。參政會決議組織延安視察團，由冷遹、胡霖、王雲五、傅斯年、陶孟和前往延安視察。

三十四年七月一日，國民參政員褚輔成、黃炎培、冷遹、傅斯年、左舜生、張伯鈞前往延安，與中共商談團結問題。十五日，張伯鈞即發表談話，主張「停開國民大會，召開政治會議」。

八月十日，日本政府願接受波茨坦宣言要求投降，中共之朱德立即以「延安總部」名義，連發七道命令，明令各「解放區」武裝接受投降，並令呂正操等部隊進入東北，配合蘇軍作戰。

八月十五日，日本正式投降，而我國由於美英蘇「雅爾達密約」的影響，又盼望蘇聯不再支持中共，遂亦與蘇聯簽訂「友好同盟條約」。國民政府主席蔣中正指示日軍駐華最高指揮官岡村寧次接受我陸軍總司令何應欽之命令，並電邀毛澤東來重慶共商國是。二十日及二十三日均再電邀，毛乃在美國駐華大使赫爾利（Patrick Jay Hurley）的安全保證下，與周恩來、王若飛於八月二十八日抵達重慶，次日蔣主席接見，談論團結建國。三十日，張群、王世杰、張治中與毛澤東等人開始會談軍政問題，至十月十日會談結束，雙方簽訂「會談紀要」，雙方同意舉行政治協商會議，進一步討論國民大會代表等有關問題。

會談結束十天，十月二十日起共軍在蘇北、魯南、豫北、豫南、冀北等地有計畫地與國軍發生衝突，破壞平漢鐵路，並早於九月初進軍東北，蘇軍卻違背與我友好條約的承諾，協助共軍，且阻擾國軍進入大連等地。

美國則在民國三十四年十二月派馬歇爾（George Catlett Marshall）以杜魯門（Harry S. Truman）總統特使及駐華大使身份來中國，目的在促成國共和談，召開中國各黨派人士參與的國民會議，以實現中國統一並且停止敵對行動。

三十五年一月五日，國民政府公佈「召開政治協商會議辦法」，協商範圍包括和平建國方案、國民大會召集事項。七日，軍事三人小組張群、周恩來、馬歇爾，會商停戰問題，隨即於一月十日舉行政治協商會議，政府同時發布對共軍停止衝突令。但是，共軍仍在停火令的次日進入赤峰，攻佔侯馬、集寧、營口等地。山西共軍四萬人則經熱河進入東北。當時，宗南先生曾密電蔣委員長反對停戰，反對政治協商會議。

政治協商會議到一月三十一日結束。二月一日發表會議五項協議，對政府組織、施政綱領、軍事問題、國民大會、憲法各分組報告，均獲得協議。至於如何執行，則有待繼續討論與落實。二月二十五日，軍事三人小組簽訂「關於軍隊整編及統編中共部隊為國軍之基本方案」，但東北接收問題，成為國共雙方爭議的衝突點，中共並堅持在改組政府完成之前，不派國民大會代表，導致國民大會延到十一月十二日召開，十二月二十五日才通過中華民國憲法。這期間馬歇爾屢以停止美援要脅國民政府，但未能約束共軍。

國共雙方在為了接收失土，已經在東北、華北多次交火。政府三次發布停戰令，並提出東北整軍方案，卻遭中共拒絕，共軍在東北及華北、西北各地發動攻勢，所謂「打打談談」，停戰與談判成為中共的掩護，國軍卻因停戰令的約束，在東北及陝北等地不得不退回若干經奮戰所奪回的失土，士氣大受影響，而逐漸失去原有之優勢。

三十六年一月，共軍又在魯南發動大規模攻擊，國軍失利，局勢逐漸改變。

國軍整編，共勢擴張

關於整軍方案，胡宗南上將在抗戰勝利時，其第一戰區帶領的五個集團軍共十三個軍，到三十五年三月十六日奉命整軍時，整編為三個軍，十個整編師、二十個整編旅，連同各種特種部隊，僅剩官兵二十五萬六千人。其精銳部隊甚多調往華北等地，而整編後的兵力，卻必須防禦陝西、晉南、晉西、隴東等廣大區域，這與中共能不斷裹脅佔領區民眾，擴展兵力相比，就可看出情勢的改變了。

五月底第一次停戰令屆滿之前，陝北共軍已大部份抽調東渡，向山西、綏遠、河北、東北挺進，同時在延安大肆擴軍。六月七日，第二次停戰令發布，中共晉南太岳軍區陳賡部隊九旅的兵力，向山西南部發動全面攻擊。六月底，中共中原軍區李先念部隊，向湖北、河南、陝西邊區進攻。八月間，中共劉伯承部隊以十五萬的兵力，在山東西部、河南北部等地攻擊。

李先念部隊企圖建立秦嶺根據地，與陝北共軍會合，以圖關中。當時，駐守關中的國軍，僅有整編後的三個旅，和洛陽附近的一個旅。宗南先生決定以有限的兵力確保秦嶺、鞏固關中。歷經三次圍剿，到八月底，李先念僅率二百多人穿越川陝公路進入甘肅，王震也只帶了約兩百人進入陝北共區。

陳賡部隊向晉南發動攻勢，截斷同蒲鐵路，並沿著鐵路南北兩端攻擊。宗南先生調動部隊打通同蒲鐵路，十月底收復晉南各縣，與晉軍會師，正擬進一步掃蕩，忽於十月二十九日接到國防部停止攻擊令，晉南戰役遂告一段落。國軍一撤離，不及三個月，不只晉南晉西又失陷，全國各地共軍紛紛採取行動，中國有如鼎沸了。

電函

民國三十四年九月二十七日

胡長官呈報蔣委員長中共將向東北開拔事

「陝北奸匪近宣稱，蘇聯將東北三省讓於奸匪，限十日內陸續向東北開拔接防，陝北各地確發現奸匪積極脫售糧食及舊服等。」（國史館「蔣中正總統事略稿本」民國三十四年十月）[1]

1 按，事略稿本另包括陳立夫、張蔭梧、戴笠等先生之報告，均提及中共向東北、熱河、察哈爾發展及與蘇俄軍隊之密切關係。

民國三十四年十月二十日

胡長官呈報蔣委員長晉省共軍陰謀及當地軍事政治益趨嚴重之情形

「據三十四集團軍李總司令（文）報稱，晉省奸軍陰謀與當地之軍事政治情形日趨嚴重：

㈠彭德懷率三萬人於九月廿二日圍攻長治，2WA以彭敏斌率兩軍往援，匪即邀擊我援軍，突襲其司令部，援軍即亂潰，損失在兩師以上，如匪攻陷長治後北進，賀龍部南來夾擊，太原勢將不保。

㈡政治仍強迫施行兵農合一政策，人民多未還鄉，各縣鄉村多半屬匪區。此間軍政幹部之思想與作風仍為一貫之閉關與獨佔主義，倘中央無大軍赴晉應援，不但太原岌岌可危，即同蒲正太亦無法保持，晉省日軍槍械難繳，日久奸黨誘惑，後患尤不堪設想等情。　謹聞」

附：本電蔣委員長批「閱」（國史館檔案典藏號 002-020400-00003-087）

民國三十四年十一月十日

胡長官電呈蔣委員長毛澤東從重慶「共商國事」返延安後所作內部指示之情報

「毛澤東自渝返延後，在延安召集高級會議，除報告談判情形，誣衊本黨無誠意外，並指示：一、軍事方面：㈠以現有部隊十分之八向遼、吉、黑、熱、晉、綏、魯、皖、冀等地分佈，進行游擊戰，阻止國軍前進；㈡以十分之二部隊，配合地方團隊，保衛邊區；㈢以和平不流血方式對付國軍，如忍無可忍勢必應戰到底。二、政治方面：㈠新佔領之地區，應先建立政權，並以組織民眾為首要工作；㈡對登陸來華之盟軍表示友好並盡力協助，以爭取國際之良好印象，伺機暴露國民黨政權之黑暗與腐化；㈢對佔領區之幫會及仕紳應極力拉攏，予以利用，並擴大我外圍組織，以轉移一般民眾之視聽與意象；㈣收買國民黨失意政軍人員，而使之效忠我黨。」（國史館檔案典藏號 002-020400-00003-111）

民國三十五年元月

密電蔣委員長建議乾運獨斷，貫澈剿共，不能對共軍停戰。

「重慶委員長蔣鈞鑒：密查共匪乘抗戰空隙，死灰再熾，完全利用日寇八年之掩護，以數千死黨，擴大數萬基幹，再擴大為數十萬之眾。究其實力，除以基幹控制重點外，其他皆利用地痞流氓，裹脅貧民，驅以為亂，虛聲號召，烏合雲散，若赤眉黃巾黃巢李闖之劫亂，毒痡中原，為人神之所共惡。職在西北，歷察其奸，屢晤前方將領，均認為有一年半之時間，以實擊虛，即能殲除此醜類。乃者政治協商會議揭幕，適予匪軍以喘息調整補充占領之機會，尤予共黨公開對立，淆亂觀聽，反獲國內外輿論之保障。此為我政府及本黨有莫可計算之損失，將來演變，胡所底止，而予國家民族無窮之禍害。言念及此，不勝悲憤，務請鈞座乾運獨斷，貫澈決策，調整部署，實施申討，則再有一年半之時間，必能置國家民族於長治久安之境。謹陳區區，伏俟明察。　職胡〇〇叩，寒印。」[1]

民國三十五年一月八日

蔣委員長電胡長官等，告知日內將下停戰令。

「顧主任（祝同）、劉主任（峙）、胡長官（宗南）：日內將下停戰令，但停戰必須在發令後之五日或七日，方能生效。故近日應積極布置，凡可佔領之要點，應速於停戰令生效之前佔領為要。」（國史館檔案典藏號 002-020400-00008-002）

---

1 本項密電係民國三十五年元月，政府被迫接受美國馬歇爾（George Catlett Marshall, Jr. 1880-1859）之調停，並舉行政治協商會議，不得不下令各地已佔優勢之國軍，停止追擊。胡上將乃密呈此電，全文亦載於國史館蔣中正總統檔案檔號 002-020400-00003-106。本項電稿原文有「鈞座忍辱求全，內恐戰事之持久，外察國際之糾紛，慮患思深，實所感泣。職以為今日所以演變至此者，乃我黨革命軍人之恥辱，未能貫澈黨國之使命。茲當存亡轉捩之機，職受恩深重，除遵令停戰，妥為佈署外，義憤所激，惟有督勵所屬，朝夕申儆，誓死枕戈，為黨國盡最後之職責」一段，為胡上將刪去，而另親筆改為更積極建議之文句。

日記

民國三十五年一月十八日

胡宗南先生追念先翁際清公及回憶淞滬會戰日記一則[1]

背景說明：胡宗南將軍夫人葉霞翟霞教授選摘此篇日記於「文存」之第一版，並說明如下：「民國三十五年一月抗戰勝利後，胡將軍請假回家省親並為先翁際清公營建墓園，此為其返家第一日的日記。」此篇日記亦為宗南先生追念父親及回憶淞滬會戰之情形。

轎子偏到，下午三時半到鶴溪，進村，問琴賓家住何處，一人答仍住原地即帶路走，入門見母及弟妹等，相對默然，住宅即桂花廳，環堵蕭然，不蔽風雨，未幾即同琴賓上康山泰山斗，展謁父墓，感慨無極，心中想到廿六年在上海時父親對我不娶妻甚為惱怒，忽忽九年，父親死了，我亦兩鬢斑斑，漸漸老了，半世戰爭，一生戎馬，只贏得一事無成。

1 此為胡宗南先生民國三十五年一月十八日記。

父親死於廿六年十二月九日，其時，余正苦戰上海三閱月，所統十六個團只剩勤務衛士司書書記軍需輸送兵飼養兵等一千二三百人。在大場交防於廖磊之桂軍後即開後方補充，未三日，廖磊軍潰散，余奉命守蘇州河，半月後復奉命撤退，轉戰無錫常州，某日奉命赴南京，委座命守南京，而以衛戍副司令長官職相畀，令未下，委座又令至浦口督戰，而以羅卓英為唐生智之副。似為四日到南京六日或七日，到浦口八日，委座離南京十日，敵攻浦口，十二日南京陷落，而吾父適於九日病逝於孝豐鶴溪，電訊不通，烽火漫天，行人斷絕，骨肉流離之際；而余尚在擊楫中流意氣豪邁，真可慨可痛可恥可悲者也。

歸途在昏黑中逢旭初兄來自城中，相對默然！

民國三十五年六月六日

蔣中正主席手令胡司令長官仍服原有任務，暫不調東北。

背景說明：蔣主席於民國三十五年五月二十二日在南京召見胡司令長官，告以計劃派他去東北，因現在西北的重要性大大降低，而擬派劉峙上將接替西北之工作，但次日啟程巡視東北之後，乃改變主意。

「胡長官：東北視察回來，各主管精神團結工作成績亦良，以不即更調為宜，弟可暫服原有任務也。」（國史館檔案典藏號 002-010400-00002-020-001。另參考臺灣商務印書館《胡宗南上將年譜》增修版。頁一八六—一八七。）

民國三十五年十二月十二日

胡長官呈蔣中正主席，共軍進犯（晉南）垣曲未能確保，但其後予以收復。

「此次匪軍進犯垣曲，竟未能確保，殊為詫異。經飭二十七師王師長，五五旅姚旅長及裴副長官，分別徹查原因，追究責任。茲據該員等分列報稱，查此次進犯之匪共約六七千人，三日晚向垣曲猛犯，我守軍一六三團兩營，奮勇抵抗，斃匪甚眾；至五日晚，匪迫城郊之際，垣曲愛鄉團（晉省府組織）突然叛變，一面引匪進入，一面襲擊我軍，遂至腹背受攻，乃被迫突圍；六日以彈藥告盡，乃行南渡。計陣亡營長兩員，連長以下官兵傷亡六百餘，匪傷亡亦在千五百以上；經查此次失利，山西愛鄉團之叛變，引匪進入，實為主因等情。現垣曲已於十日為該團反攻收復，除嚴飭趕築工事，期能固守外，謹電核備。」

附：本電侍從室簽「擬飭將愛鄉團組織內情詳報」，奉批「如擬」。（國史館檔案典藏號0020-020400-00009-097）按，垣曲位於山西南端，靠近戰略要地運城。民國三十五年八月，國防部令宗南先生所部自陝西進援山西南部後，九月六日即打通同蒲路南段，收復晉南各縣，殘共向太岳山區逃竄。嗣奉令繼續北進，至十月底完全打通同蒲路，共擊斃共軍二萬六千人，俘獲千餘人。國防部令停止攻擊。前後計收復失地五萬餘方公里，縣城八座，惟交防予晉軍，撤回陝西後未及三個月，晉南，晉西又多被共軍攻佔。本電中所提及之裴副長官係第一戰區副司令長官裴昌會，王師長係王應尊。另，國史館《胡宗南先生日記》十二月七日載：「垣曲失守，一六三團應負責任。令恢復垣曲。」以上另參考臺灣商務印書館《胡宗南上將年譜》增修版。頁一七六—一八〇。

民國三十五年十二月十六日

胡長官自西安電蔣經國先生交換意見

「南京蔣經國弟：亥真電悉八四九八密。所見及另方針皆極妥，兄舊年內或轉於京一行，屆時當再圖良晤。　胡宗南亥寒親印」（國史館檔案典藏號 002-080200-00655-028）

附一：蔣經國先生三十五年十二月十三日亥真電全文如下：

「此次老兄來京，因事忙未得暢談，深以為憾。在此國家多事之秋，領袖多憂之時，吾人唯有一心一意，各盡其責，為領袖分擔勞怨，方得慰人安己。小弟年輕學淺，一切有待老兄之指教，望老兄時賜教，是所至望。弟定日內返里安葬先母，須年底始能返京，遙祝健康。　弟經國敬叩，亥真印。」

附二：蔣經國先生嗣再於三月初致函胡上將，表示：

「此次在京得互談心事，並承蒙指示今後為人做事之道，當力行以謀共同大業之完成。」

（國史館檔案典藏號 002-080200-00636-019）

文論

民國三十五年初胡長官在西安督訓處講「新英雄主義」[1]

前言

凡是有志氣、有抱負、有進取心、想在社會上有所表現的人；都要具備一些英雄主義的色彩。人類幾千年的歷史，可以說就是一部英雄的傳記。一個國家，一個民族，如果沒有英雄，一定是黯淡無光，缺少生氣。今天的中國，正是需要反攻，需要戰鬥，需要勝利的時候。要創造，要建設，要發展，就應該鼓勵英雄，提倡英雄主義。

1 此篇為民國三十五年初在西安督訓處講。當時中央軍校第七分校甫行停辦，仍在訓之學員及其他團隊均改棣於督訓處。

但是我們今天所要鼓勵英雄，絕不是個人主義的英雄。絕不是陳腐沒落，自私自利的英雄主義。《水滸傳》裏的宋江，在潯陽樓壁上題詩，說是「他年遂得凌雲志，敢笑黃巢不丈夫。」這是什麼？這是英雄主義，但這是土匪流寇的英雄主義。石達開作詩言志，說是「策馬立懸崖，彎弓射明月，人頭做酒杯，飲盡仇讎血。」這是什麼？這是英雄主義，但這是殺人放火的英雄主義。最近毛澤東發表了一篇沁園春詞，說是「惜秦皇漢武，略輸文彩，唐宗宋祖，稍遜風騷；一代天驕，成吉思汗，只是彎弓射大鵰；俱往矣，數風流人物，還看今朝。」這是什麼？這是英雄主義，但這是封建、帝王、反動的英雄主義；這種英雄主義，只能存在於十八世紀以前的專制宗法社會。在二十世紀的今天，而有這樣荒謬的思想，只能表示他的落伍與淺薄，不管這種人如何猖狂得意，結果只有成為時代的丑角，終必被今日的潮流所埋葬。

真正的英雄不能脫離現實的需要，今天現實的需要是統一不是割據，是建設不是破壞，是工作成績的貢獻，而不是個人權位的爭奪。因此，今天的英雄，不是宋江、石達開、毛澤東一流人物，而是有思想、有信仰、有肝膽、有辦法的革命戰士，以國家為本位，以三民主義為中心，不說大話，不唱高調，而在學術上、工作上、戰鬥上拚命求表現，爭第一，爭抬頭，爭群眾的領導，爭社會的表彰，這才是新的英雄——中國今天所需要的英雄。

愛團體

人是社會的動物，不能夠脫離群眾獨處，社會愈進步，人與人的關係就愈密切，團體的效用也就格外顯明。蜜蜂和螞蟻，尚且知道合群，何況乎人，更何況乎二十世紀的人。

廿世紀的生活，是團體的生活，廿世紀的工作，是集體的工作，廿世紀的戰爭，是總體的戰爭。在今天而要自私自利，便是落伍。在今天而要獨善其身，便是愚蠢。在今天而要以個人的聰明才智去創造一種事業，便是不識時務。今天的一切，以團體為本位。必須愛團體，以團體的力量，才能完成個人的功能。

一架轟炸機的製造，是由三十多個不同的工廠，二千多個不同的技術工人，分工合作所得到的產物。原子炸彈的發明，是集合五千多位數學家、物理學家、化學家、礦物學家、治金學家，共同努力所得到的產物，團體的力量如此偉大，個人的聰明，能值幾何？

可是今天中國一般的現象，群的意識比較模糊。在街上走路，步調不能一致，一家兄弟意見不能一致。公共場所的秩序，不能遵守，醫生的藥方總是祖傳祕製，不肯宣示於人。有價值的書籍，總是放在自己家裏珍藏，不肯讓人借閱。在一個團體裏面，互相妒忌，互相排擠，互相推諉，互相牽制的現象多。而彼此勉勵，彼此幫助，彼此合作的現象少。只知有個人，不知有團體，這種下等動物的心理，是一種恥辱，也是一種危機。今後我們必須克服這種個人主義的傾向，建立團體的意識。要知道，一件事情的成功，不是那一個人的成功，而是大家全體的成功；一件事情的失敗，不是那一個人的失敗，而是大家全體的失敗。自己有長處，也要尊重別人的長處，自己求進步，自己要做英雄，也要鼓勵別人成為英雄，有了這種團體的意識，才可以在廿世紀的今天，擔當革命建國、建軍的重任。

科學技術

我們今後的任務，是建設現代化的國家，建立現代化的軍隊，什麼叫做現代化？現代化就是科學，都要標明幾年的建設計劃，這是時間觀念的表現。因此，生產要爭時間，工作要爭時間，能爭得時間，就能勝利。不能爭得時間，就要落伍。

可是我們一般的現象，時間觀念比較薄弱。許多人甚至於許多軍官，都沒有錶。有錶的人，也不求正確。這是表示不重視時間，集會的時候，不是遲到，就是早退。限定今天完成的事情，往往拖到明天，這是不遵守時間。工作的時候，要去談天；上課的時候，要去打瞌睡；一次宴會，要花費三四個鐘頭，這是不愛惜時間。今天要做些什麼？明天要做些什麼？什麼時候讀書？什麼時候辦事？什麼時候娛樂？全是毫無計劃。工作不像工作，休息不像休息，這是不能分配時間。因此，外國人譏笑中國人是洪水前期的人物，不知道時間的價值。

我們要想現代化，必須養成時間觀念，重視時間，遵守時間，愛惜時間，分配時間，徹底剷除拖延遲緩的毛病，講速度，講效率，才能迎頭趕上，達到現代化的目的。

高度的熱情

日本投降以後，西安各界慶祝勝利，舉行火炬遊行，有一位士兵在鐘樓附近的電線桿上看熱鬧，忽然觸電，全身著火，附近的民眾有好幾萬人，都是袖手旁觀，沒有一個人去援救他。適逢美國空軍駕著吉普車經過鐘樓，看到這種情形，立刻跳下汽車，從中國警察的手裏奪了一根木棍，馬上爬到電線桿上，把那位觸電的兵士搶救下來，用人工呼吸法將他救活，又用汽車送他到醫院裏治療，第二天痊癒回營。這一幕情景，實在令人感動。為什麼那麼多中國人不肯救這位士兵？為什麼美國空軍肯去救他？我認為一方面是前者沒有熱情，而另一方面則是後者有著高度的熱情。美國人之所以能贏得戰爭，稱雄世界，原因固然很多，而美國軍民有高度的熱情，也是主要的原因之一。

火車是靠了熱來行走，機器是靠了熱來發動。宇宙萬物是靠了熱來生長發育。熱是力量的泉源，熱是生命的表現，你的熱能夠像火一樣，就可以熔化鋼鐵。你的熱能夠像太陽一樣，就可以吸引地球。

說你愛國家愛民族嗎：沒有熱情就談不上愛。說你信仰主義信仰領袖嗎：沒有熱情就談不上信仰。忠心，勇敢，奮鬥，犧牲，都是熱情的發揮，沒有熱情，就是衰老，就是腐朽，就是冷血。你要保持你的青春，保持你的活力，保持你的進取向上的意志，保持你的勇往邁進的精神，就必須保持熱情。保持高度的熱情。

國共內戰（戡亂）時期——西安

民國 36 年 2 月至民國 38 年 5 月

國共拉鋸，攻守易勢

宗南先生於民國二十七年春奉命至西安設立十七軍團之軍團部，直至三十八年五月十八日的十一、二年間，始終以西安為總部。

毛共於二十四年抵達陝西北部的延安，使延安成為中共的指揮中心。宗南先生認為必須攻下延安，才能清除共軍在西北的根據地，因此數次擬定攻打延安的計畫，呈報蔣公，均因國內外的因素，未被獲准。

三十六年一月，馬歇爾促成國共和談失敗，離華返美，反而被任命為國務卿，主導美國對華政策。此時國民政府不得不宣佈解散軍事三人小組、及北平軍事調處執行部（三十五年一月成立），美國即通知決定撤退駐華美軍。

宗南先生研究敵情後，認為以駐守西北的兵力，有把握攻下延安。蔣公於三十六年二月二十八日在南京召開軍事會議，次日再接見宗南先生，聽取簡報後，同意攻打延安。於是，西安綏署部隊於三月十四日起從宜川及洛川各方位同時採取行動，主力部隊整一軍捨棄道路行軍，改採荒山無人中共種植鴉片之地越嶺攻擊，出乎共軍意料之外，毛共倉皇離開延安，向北奔走，國軍遂於三月十九日攻下延安。

然而，收復延安之後，各地軍區因戰後縮編，兵力仍然不足，而中共因在各解放區有嚴密組織，補充兵源及後勤比政府容易，故共軍在各戰區擴大行動，內戰如野火燎原，更加不可收拾。政府卻在此時裁撤戰區，改設綏靖公署，軍力更加不足以防守。

在此情況下，宗南先生擬定作戰方針，建議編練新軍，以便集中兵力，徹底剿滅陝北共軍。惟未獲採納，此時東邊地區之河北、山東等地共軍陳毅、劉伯承、聶榮臻部，東北林彪部等各路共軍均難以剿滅，五月間，國軍精銳七十四師在國防部共諜劉斐次長的調度下於山東孟良崮覆滅，更是關內剿共戰爭的轉捩點。國軍總兵力不足，即向西安綏靖公署調兵支援，國共雙方差異日漸擴大。

七月間，蔣公在徐州電話通知宗南先生，將調九至十個團的兵力前往徐州支援作戰。當時宗南先生的部隊都在前線作戰，只能調出六個團前往徐州支援，蔣公詢問原因，他只好據實以告。

共軍為了應付陝北綏靖作戰，攻打榆林，西安綏署軍隊分兵支援，八月十三日榆林圍解，卻因受限於糧彈俱缺，不能一舉擊滅共軍，反而與共軍形成拉鋸戰。

經濟崩潰，西安撤守

這一年七月十八日，國民政府發布「動員戡亂綱要」，顯示情況相當嚴重，大局的困難在外交上的孤立，政治上的紛亂，經濟上通貨膨脹影響甚鉅，社會上學生反內戰罷課遊行而普遍不安，雖然推動憲政照常進行，各地戡亂戰爭已經無法收拾了。

三十七年，是局勢逆轉的一年，大局的困難未解，致軍事亦連連失利。共軍在長江以北到處作戰，攻陷華北，東北各主要城鎮，建立大別山區根據地、將山西、察哈爾、河北與山東等佔領區合併為「華北人民政府」與「華北軍區」。而陝北也因中央把精兵東調後局勢逆轉，不得

不退出延安（詳見附錄四申辯書）

秋冬之際，東北國軍完全失敗，華北傅作義精銳被殲，而最嚴重在徐蚌會戰；十一月八日，共軍劉伯承與陳毅部隊發動八十萬兵力，在數百萬民夫支援下攻打徐州，徐蚌會戰開始，激戰到三十日，國軍不得不放棄徐州。迄三十八年一月十日，國軍全部覆滅。徐蚌會戰失敗，局勢急轉直下。

三十八年一月，天津淪陷，一月二十一日蔣總統在桂系逼迫下宣布引退，北平隨即失陷。副總統李宗仁代理總統後，立即進行與中共的和談。和談於四月一日開始，四月二十一日，和談破裂，共軍渡江，南京失守。政府於四月撤至廣州，再於十月遷至重慶。西北方面，五月十六日共軍已進逼西安，胡上將奉命撤離。十月一日，中共在北平宣佈成立「中華人民共和國」。

十一月二十日李宗仁託病不理政務，離職飛往香港，十二月五日再轉飛美國，蔣公不得已以中國國民黨總裁身份在十一月十四日飛往重慶等地支撐危局，然而，局勢已經危在旦夕了，四川局勢不穩，宋希濂部潰敗後，在陝南的胡宗南的部隊成為支撐危局的最後力量。

電函

民國三十六年二月十二日

胡主任呈蔣中正主席增援榆林事

「榆林為陝北重心，為增加該處防務，充實二十二軍力量，及調整該方面人事；擬將留駐西安之二十八旅旅部及一團空運榆林，編入二十二軍建制，並以二十二軍軍長左世允與整十七師師長何文鼎（陝西，軍校一期）對調職務。當否　乞示」

附：蔣主席批：「二十八旅准即空運榆林，但此時不宜更換軍長。」（國史館檔案典藏號002-020400-00019-001-013x 及 032x）

民國三十六年間延安戰役相關文件

一、延安戰役之背景說明：

(一)共軍經由抗戰期間之謀略經營，養精蓄銳，其訓練、裝備、組織及精神力均甚強大，政府高層及許多將領未能知己知彼，太過高估自己實力而低估中共；故國軍在民國三十五年間就有整三師、整六十九師、整九十九旅在魯西、蘇北被殲。

(二)民國三十六年國內政治情勢紛擾，戰費激增，通貨膨脹嚴重，而軍事上在山東對共軍陳毅，劉伯承所部之攻擊諸多不利，又再損失了第二十六師、新砲團、第五十一師、七十三軍，及整四十六師以及大量裝備。

(三)這時蔣中正主席特別期望有一個軍事上的勝利來改善國內外的情勢，決定於三月攻略延安。蔣主席認為「此時行之（收復延安），對政略、對外交皆有最大意義」，「收復延安時機已成熟，不能再緩也。」

(四)攻略延安戰役其所用第一線部隊為第一軍（軍長董釗，率整一師師長羅列，整廿七師師長王應尊，整九十師代師長陳武）及第二十九軍（軍長劉戡，率整三十六師師長鍾松，整十七師師長何文鼎），以及砲兵、工兵等，共十二個旅八萬四千人，另控制部隊三萬人，總共十一萬四千人；而中共在陝北正規軍有十六個旅及騎兵，共六萬人；晉西可支援之部隊三萬二千人；民兵七萬人中三分之一可用於作戰，而國軍裝備較優，又有空軍助陣，故雙方戰力相當。

(五)共軍以延安有重大象徵意義，故曾計劃依靠堅固工事，積極固守，頑強抗擊，並設法從晉西南發動攻勢以減輕延安之壓力，惟均未能如願。（參考國史館「蔣中正總統事略稿本」及「蔣中正總統日記」——民國三十五年及三十六年一、二月，三月一、二、三日、七日、十日、十三日、十六日、十七日、十九日、二十日、二十一日。以及臺灣商務印書館《胡宗南上將年譜》增修版、中共《西北野戰軍戰史》，中國人民解放軍六十年大事記。）

二、延安戰役電報（三月十六日）：綏靖公署胡主任電復蔣主席，攻擊延安各地均經惡鬥。

「一、各地均經惡鬥，始克收復，防敵逆襲與反擊，已有嚴密部署。二、當面敵仍向延安集中，有與我決戰模樣，正依原計劃向延安急進，並控置第二線兵力，準備作有利之反包圍。」（國史館「蔣中正總統事略稿本」民國三十六年三月十六日。）

附：蔣主席批復「照原計劃進行，可也。」另，蔣主席前電為：「一、敵方第一防線，如未激戰，則今後前進更應慎重，嚴防其反擊與伏擊；切不可以為其兵力不足。謂其將放棄延安。即使我已收復延安，亦應嚴防其逆襲與反擊。二、臨真鎮克復以後。似以先收復延安為有利。」（國史館「蔣中正總統事略稿本」民國三十六年三月十六日。）

三、西安綏靖公署延安戰役報告書

第一、攻略延安之原因

1. 政略上：抗日勝利後，各國被共匪宣傳欺騙，輕視本黨，對蘇聯懷恐懼心理。三十五年末三十六年初，國際間會議頻繁，適我東北軍事失利，國內不良份子乘機作祟，匪焰益張。我第一戰區有見及此，擬搗毀匪巢，伸張我政府權威，一改國際觀聽。

2. 戰略上：匪據「延安」為赤都達十三年之久，為其發號施令及政治經濟文化之中心，我軍若能攻取陝北，無異毀其神經中樞，必有助於全國各戰區之作戰；再者，自我抗日以來，匪假抗戰為名，行擴充之實，迨勝利後已赤焰遍地。我友軍第二戰區兵力薄弱，已處四面楚歌之境。三十五年秋，匪大舉犯晉南，我第一戰區奉令援晉，兵力逐次東渡，轉戰於晉南。惟以匪潛據日久，根深蒂固，此剿彼起，而我兵力有限，難竟全功；且我大軍隔黃河作戰，一切後方補給莫不以陝西是賴，而陝西之匪近在咫尺，自宜川南下，切斷我主力軍生命線，輕而易舉，故戰略上欲攻晉匪，必先鞏固我後方；鞏固之法若以若干兵力取守勢，則非僅有害於攻勢作戰之兵力，而後方漫長之連絡線亦防不勝防，結果必致兩失。是以欲固後方，惟有取積極手段以攻略陝北匪巢為上策。

3. 戰術上：就當時匪我一般態勢而言，匪我主力均在河東，黃河天障，大兵力轉移困難，任何一方若能主動攻擊，對方必無法應付，故是時本戰區就戰術上研究攻取延安必操勝算，因而就各種之利害，一再向中央陳述攻延安之有利。

再者，陝北匪我交界線（即封鎖線）自三十五年秋以來，我方不斷受匪小部隊之襲擊；因封鎖線太長，兵力有限，所能置於第一線者兵力極為薄弱（一團人所負責之正面常達百餘里），防不勝防，尤其三十五年末匪在囊形地帶（洛川、黃陵、宜君、耀縣、淳化、栒邑、正寧、慶陽、合水之線類似囊形，故名）襲擊，我軍幾無寧日。故我為一勞永計，必須攻略之。基於以上各點理由，我戰區一再建議中央，終蒙採納。遂於三十六年初策定攻擊腹案。

第二、作戰日期

延安戰役之本階段雖五日半，但攻擊延安前對慶陽、合水之攻佔，囊形地帶之攻略，皆為攻擊延安之準備。因是時我方主力皆在河東，欲西調必須相當時日，且大軍集結於封鎖線，易於暴露企圖，因而一面將主力逐漸西調，一面將原在河西部隊集結而逐次攻略上述各地；次則利用攻擊慶陽、合水之態勢，誘惑匪注意力於西方，最後乃由宜川、洛川間北攻延安，故統計進攻延安實施攻擊時日少，而準備則達二月之久。攻擊準備自三十六年一月至三月中旬，攻擊開始自三十六年三月十四日至三月十九日。

第三、戰鬥性質

延安戰役純屬攻擊與追擊，但延安攻略後之戰果擴張，則攻防追退俱備矣。

第四、作戰地域一般狀況

1. 兵要地誌：陝北地勢高而缺水，山崗重疊多矮樹林，道路稀少，僅有洛川至延安一條汽車道可通，其餘皆羊腸小道。陝北最重要之特殊地形乃多斷絕地，深溝縱橫；遠視之若平地，而中途常斷以達數十丈之深溝，雖對面可通話，但欲通過須一、二小時至數小時，且此等深溝上下急峻，騾馬上下甚為困難，車輛無法行動，此種地形處處皆是。
2. 陝北地圖僅十萬分一，一切記載皆不確實，因此乃於戰鬥前商請空軍派機空測照像，爾後由本戰區加以調製曲線圖，印發各部隊使用，但亦僅限於預定攻擊經過地區。

第五、會戰前匪我參戰部隊兵力態勢：

1. 匪我態勢：匪以一部兵力沿封鎖線，不斷向我襲擊，其主力在山西與我軍作戰中，我軍主力在山西對匪攻擊，以一部沿封鎖線取守勢。
2. 戰鬥前，匪我態勢如附圖第一。
3. 匪我戰鬥序列、兵力比較：

共軍指揮官：朱德

- 第一二〇師（賀龍部）

・第三五八旅

・第三五九旅（王震部）

・新一旅

・新四旅

・新八旅

・新十一旅

・警一二三四旅（王世泰等）

・教導旅

・騎兵第六師（胡景鐸部）

每旅人數不等，並分佈於整個陝北各地，第一線約二個旅，大小勞山主陣地約五個旅。此外有民兵約五萬人。

我軍指揮官：第一戰區司令長官胡宗南

第一軍轄：整第一師（1B、78B、167B），整第廿七師（31B、47B），整第九十師（53B、61B）。第廿九軍轄整第十七師（12B、84B、48B），整第三十六師（123B、165B）（欠28B在榆林）：整第一三五旅。

第七十六師（24B、144B）

第六、作戰計劃（如附件第一，見頁二二七）

第七、作戰經過概要

1.戰鬥開始前二日，長官（宗南先生）召集各部隊長及幕僚長在洛川及宜川開會，指示攻擊要領。

2.原定三月十二日開始，因美機兩架在延安，乃延至三月十四日開始攻擊。

●第一日（三月十四日）戰鬥經過：

一、敵情

(1)匪新四旅所屬之 16R、25R、771R，分踞黑水寺直羅鎮張村驛地區。

(2)踞鄜縣道左舖地區，匪蔡建民部及警三旅所屬各部隊，文日北撤大昇號照八寺之線。

(3)踞鄜縣附近監軍臺，匪警獨團王保善部，元日北移，與民主聯軍 K6D 胡景鐸部，在榆林橋道左舖公路兩側佈防，道左舖胡部不只一團。

(4)踞牛武鎮、交道鎮茶坊一帶匪軍教一旅第一團，元日起主力北竄，所遺防務，由縣區基幹隊接替。

(5)甘泉以南傳不作堅強抵抗，惟大小勞山之堅固工事，均由日俘築成，其工事多在地下及山洞內建築。

(6)匪教導旅旅部駐金盆灣，教二旅駐清泉鎮，一部向臨真抽調中。

(7)踞七里鎮西南及偏橋以北地區，匪二百餘行動詭密，時出竄擾。

⑻踞恩彌村匪，刻分若干小股，每股廿餘人，向各處竄擾。

⑼宜君至馬欄道路兩側有匪活動，每股百餘，時出襲擾。

⑽匪擬抽調一部潛伏我後方擾亂。

⑾踞焦翎關匪三百餘，元日圍攻孟家河鄉公所被擊退，寒向馬欄方面竄去。

⑿本（十四日）晨，匪汽車十餘輛，由鄜縣向甘泉急駛。

⒀雙柳樹匪四百餘，向馬欄方向流竄中。

⒁永和關發現匪二千餘，動態不明（以上三項，空軍情報）。

二、戰況

⑴右兵團：

- 第一師由辛庄廟灣、觀亭地區向舊治城三泰莊之線攻擊，沿途摧毀匪軍抵抗，至十五時攻佔義落坡、標家臺以北高地之線。
- 第九十師由英旺茹丰間地區向劉村附近攻擊，途中遭匪頑抗，並受地形及地雷之障礙，十八時抵劉村以西，及岳家寺附近地區。
- 第廿七師由薛白丰陸堡地區向臨真攻擊，匪教二旅，依伏地堡壘之堅固工事頑抗，十五時許，突破匪陣地三道，於西瓜要嶮對峙中。

⑵左兵團：

- 第三十六師由黨家原地區向牛武鎮攻擊，因迂迴匪主陣地側背，出敵不意，于十時攻佔韓家原牛武鎮郝家之線，並向回莊追擊。
- 第十七師由堡子頭向茶坊攻擊，匪新四旅據茶坊北山寺之線頑抗，經十二旅奮勇衝殺，七時克交道鎮，十三時佔領茶坊。

• 第一三五旅為兵團預備隊，十四時推進於交道鎮。

(3) 空軍戰報：

一、B25 二架，八時廿分由西安飛金盆灣，斃匪百餘，燬屋十棟。

二、B25 四架，八時四十至五十六分，西安飛鄜縣茶坊，斃傷匪百餘，馬十餘匹，發現匪向甘泉逃竄，鄜縣城投彈均命中，黑水寺山頂大火。

三、B25 三架，至延長城投彈，燬城內房屋及城外營房十餘棟。

四、B25 二架，至鄜縣及羊泉鎮，發現匪由羊泉向東北前進，羊泉有匪千餘，被射斃二百餘。

五、B24 十四架，八時三十分由上海飛延安，投彈六萬五千磅，百分之八十均命中。

六、B47 十二架，七時由西安飛鄜縣及交道鎮，按布板指示，斃傷匪無數。

七、B47 七架，由西安飛延安上空，炸射匪黨政機關。

• 第二日（三月十五日）戰鬥經過：

一、敵情

(1) 匪教導旅部踞金盆灣所屬一三兩團，在金盆灣南泥灣地區；第二團在臨真鎮附近與我對戰中。

(2)（俘供）匪警三旅屬五、七、八三團，昨（十四）日在交道鎮作戰者係第七團。

(3)據報，匪由晉西北調三個旅西渡，刻在鎮川橫山徵夫徵糧，揚言犯榆林。

(4)匪新四旅，現踞延安迄于谷驛地區。

(5)十四日，匪千五百餘在米脂西北公路上向南行進；十三日在永和關至延長公路上發現匪二千餘、吉普一輛，向西行進（空軍情報）。

(6)本（十五）日十三時十分，延安至甘泉路上，車十餘輛北行；十三時廿五分，安塞至保安路上，馬三十餘匹東南行；十三時五十二分，米脂公路上發現匪五百；十四時另五分，綏德至清澗公路發現匪千五百餘，馬四百餘匹，向南行進，判斷係匪後續部隊（空軍報告）。

二、戰況

(1)右兵團：

・第一師由標家臺義落鎮，向董家臺三泰莊攻擊，匪憑險頑抗激戰，後于十七時佔領董家臺及三義庄西南之線。

・第九十師由劉村向金盆灣攻擊，於太極溝以南高地，遭匪頑抗激戰，至十八時攻佔太極溝以南及金盆灣南十里高地之線。

・第廿七師十四時攻佔臨真鎮。

(2)左兵團：

・第三十六師由郝家原、韓家原向榆林橋以北攻擊，十五時攻佔一四二〇高地，十七時攻佔榆林橋。

・第十七師八時佔領北山寺，續向榆林橋前進。

・第一三五旅為預備隊，控置於交道鎮附近地區。

三、空軍戰報

一、B24 兩架，由鄠縣起飛，十三時到達延安上空，投彈三次，命中地方法院、工廠及城西北之村莊。

二、B24 兩架，十五時八分飛抵延安上空，投彈四次，計命中匪中央委員會、工廠及大建築物一所。

三、B24 兩架，由鄠縣十三時五十分飛達綏德，轟炸城內、城西、城北營房，及城東北橋梁；十四時九分，炸米脂城南建築物及橋梁。

四、B24 兩架，十五時十分，炸延安工廠、延安市政府及新市場。

五、B25 一架，在永和關延川間路上，發現匪三四百員，向西北行。

六、B25 一架，十時五十分在臨真投彈；十一時十分在何家溝投彈；十一時十五分在北窯坡投彈。

七、九時十四分，B25 一架，在袁家溝南發現匪二千餘向臨真鎮前進；九時五十分回航在慶陽北發現匪二百餘，騾馬三十餘匹；十時十分在合水縣東發現馬車十餘輛向東行。

八、B25 一架，十三時四十分，於臨真上空發現我軍符號，其東南十公里有我部隊，長徑約五公里向北行進，在延長發現東門外山上工事甚多。十四時十五分于鄜縣東北，發現匪機槍陣地；鄜縣東五公里發現我軍約二萬餘北進。

九、B25 一架，十六時三十五分，臨真發現我軍五千餘向金盆灣前進；十六時四十五分在金盆灣發現匪五百餘向路旁逃散。

十、P47兩架，十時四十五分于甘泉鄜縣間公路上，發現馬車廿餘輛向南行進。

• 第三日（三月十六日）戰鬥經過：

一、敵情

(1)匪警三旅主力第五、六兩團，近由西華池開延安附近，又匪三五九旅先頭一部亦到達延安。

(2)延安市區中共各機關均遷四鄉，匪總部在城西北棗園。

(3)延安機場每星期三有運輸機一架，降落載運物不明。

(4)延安以南，匪均歸賀龍指揮，準備在大小勞山與我決戰。

(5)匪新四旅長由張仲良接任該旅，轄773R、3R、8R、16R，踞千谷驛附近。

(6)匪獨一旅轄2R、4R、35R，踞西華池一帶。

(7)本（十六）日發現，匪三五成群由延安向東北及以東地區竄去（空軍情報）。

(8)晉南匪集結三個旅，於翼城絳縣以東地區，有犯侯馬曲沃企圖，以策應陝北作戰。

二、戰況

(1)右兵團：

・第一師向金盆灣南側及馬坊攻擊，將匪陣地摧毀；十七時，七十八旅攻佔金盆灣以北大道，一六七旅佔領馬坊以南之高地。

•第九十師續攻金盆灣。十二時，六一旅逐次攻佔金盆灣；十三時向馬家山續攻，匪依工事頑抗；十六時廿分被我佔領，匪北竄。

•第廿七師為預備隊，推進至金盆灣西北地區。

(2)左兵團：

•第三十六師一六五旅續向板橋屯攻擊，十四時攻佔單腰梁高地之線，一二三旅攻佔道左舖，向麻子街方向追擊。

•第十七師十二旅以一團任茶坊北山寺守備，餘推進至榆林橋。

•第一三五旅為預備隊，進至小原子。

三、空軍戰報

一、**P51**：七時四十五分延川東發現匪百餘；八時至清澗發現匪三五成群向北行，又馬三十餘匹向東行；八時四十分至延安東，發現穿灰色服匪三五成群向東行；十時十分在離石發現匪八九成群、馬三十餘匹向西渡河，並抬有擔架；又磧口發現匪三五成群，船四支西渡中；十時四十分葭縣河東岸有船四隻、部隊六七百；十時五十分至米脂投燃燒彈，城內大火；十一時另五分，清澗南，發見匪百餘南行。

二、**P47** 至金盆灣東北及甘泉城投彈，在道左舖北有我軍二三千人休息。

三、**P40** 七時四十五分發現臨真有我軍八九千西進；七時五十分在金盆灣南二里，有我軍三千餘向金盆攻擊中；七時五十分在金盆灣投彈三枚；十一時十分在麻子街發現匪百餘，甘泉至馬坊有匪四百餘。

四、B25九時三十分在沁源有汽車五輛東行；十一時廿分安塞附近發現匪二百餘。十一時廿五分安塞延安路上發現匪二百餘。

五、P47十三時三十一分發現我軍進入金盆灣，我軍攻過麻子街向北行進中，清泉鎮至王家要嶮溝內有我密集部隊。

六、B25于沁源附近發現匪行軍部隊萬餘，沿沁河南行。

● 第四日（三月十七日）戰鬥經過：

一、敵情

(1)匪警獨團北撤至甘泉、縣城被匪拆毀，飭民眾將糧食北運。

(2)匪教導旅連日損失奇重，現竄踞金盆灣西北地區。

(3)甘泉北大小勞山陣地，似踞匪一個師，甘泉東南僅有少數警戒部隊，傅村鎮、毛家菴有匪騎六師及新四旅。

(4)傅村鎮有匪之手榴彈工廠。

(5)匪三五九旅現踞延長、延川地區，三五八旅似在甘谷驛附近。

(6)銑日匪三四千由安塞向延安前進中。

(7)踞宜君雷原鎮附近，匪薛志仁部連日以小股向洛河西岸竄擾。

二、戰況

(1)右兵團：

• 第一師由金盆灣西北向馬家坪西北行，逐次攻略，匪教導旅憑工事頑抗，迄十八時先後攻佔各高地，與匪在葡化灣北端對峙中。

• 第九十師以五三旅在右，六一旅在左，沿金延大道突進。十三時攻佔月山坪，十七時佔荒溝孫家砭以北之線。

• 第廿七師四七旅為預備隊，推進至月山坪。

(2) 左兵團：

• 第一六五旅向黑龍山、伏陸山之敵攻擊，遇匪一二〇師獨立旅，據險頑抗，戰至十七時三十分，將各要地佔領；一二三旅向窯店子攻擊，十四時佔領窯店子，十五時佔領東岳山。

• 第十七師十二旅主力推進至麻子街，任交通要點守備。

• 第一三五旅為預備隊，推進于板橋屯。

• 第五日（三月十八日）戰鬥經過：

一、敵情

(1) 與我三十六師在甘泉東北作戰之匪，為賀龍部一二〇師之獨立第一旅之七一四團。

(2) 匪警一旅之十四團全部在甘泉東北；匪第八旅之第六團在甘泉北；又據報，大小勞山有匪一個旅。

(3) 金盆灣西北之匪係教二、三兩團，又俘供：匪奉命在金盆灣至松樹岭固守七天，王震部即可到達。

二、戰況

(1)右兵團：

・第七八旅十七時攻佔楊家畔高地，一六七旅由店子上向西北攻擊，十七時攻佔娘娘廟以南高地。

・以五十三旅由金延大道以東地區；以六十一旅編四個突擊營向匪陣鑽隙攻擊，十時佔領郭家臺，楊家畔以北張家之線于十七時攻佔。

・第廿七師主力進至郭家臺附近。

(2)左兵團：

・以一六五旅由楊家秤向大勞山側擊，八時攻克勞山陣地——山頭十二個及一二七六高地。

・一二三旅攻克甘泉，向小勞山攻擊。

・十七師十二旅任交通要點守備。

・一三五旅以四〇團佔領黑龍山，掩護軍主力右側背。

・第六日（三月十九日）戰鬥經過：

一、敵情

(1)洛河西岸大昇號附近有潰散之匪，且有匪倉庫。

(2)甘泉西北黑眼溝銑夜發現，由西竄到匪騎兵二百餘，又匪教導旅受創後，主力向金沙鎮方面潰竄中。

(3)匪著黃軍服者，戰力較強，係日式裝備。

(4)甘泉北拒抗我軍之匪，有一二〇師之獨一旅（轄三團）、第八旅（二、六、八三團）、新四旅、警一旅、警三旅及一二〇師之七一四團等，統由賀龍指揮，又延安附近匪為警四旅。

(5)拐鎮附近發現匪約二千人（空軍情報）。

(6)延長地區匪集結三個旅，有向我右翼襲擊企圖。

二、戰況

(1)右兵團：

- 第一師突擊隊於八時四分攻克延安。
- 第九十師，十五時佔領飛機場清涼山。
- 廿七師四七旅為預備隊，進至七里舖。

(2)左兵團：

- 三十六師，八時攻佔大小勞山，十七時攻佔三十里舖。
- 十七師十二旅進至甘泉，任甘泉迄茶坊之守備。
- 一三五旅為預備隊，進至大勞山。

第八、敵我消耗

本戰役我軍乃採奇襲戰術，場上多用鑽隙戰法，故傷亡較少。

第九、得失檢討

1. 優點

A. 主動：準備充分。

B. 祕密：上自統帥部下至部隊官兵，均能絕對守密。

C. 欺騙：隴東佯動成功。

D. 中央突破：選擇匪黨臨真鎮、金盆灣種煙禁地為主攻擊方面，一舉而突破之。[1]

E. 奇襲：機動而迅速。

F. 兵力澈底集中。

G. 匪判斷錯誤：因受我佯動欺騙而誤認隴東必有重兵。

2. 缺點

A. 情報不夠：匪封鎖嚴密，工作人員過於缺乏。

B. 友軍不協同：致未能澈底肅清。

C. 補給困難：生活日用品皆須由後方運送。

D. 地形特殊：高臺地溝渠縱橫，到處荒涼，道路稀少，晴則沙塵蔽野，雨則泥濘難行。

---

1 西安綏署國軍為達奇襲目的，甚至未將攻擊詳細路線完全透露予當時之國防部作戰次長劉斐，致劉某事後對綏署盛文參謀長至表不滿。參考《盛文先生訪問紀錄》，頁一二六。

E.匪空室清野澈底：本來人煙寥落，復被撤離後遍地寂無人跡。

F.匪黨政完全支持軍事：確能做到軍事第一及一切為前線。

附件第一

第一戰區攻略陝北匪巢作戰指導　三月六日於西安本部

第一、匪情判斷

一、當面之匪正規軍約五萬七千人，民兵七萬人，可能由晉西增援者約三萬人。

判斷匪軍：㈠可能在勞山地區與我決戰。㈡或以延安為核心，以主力向延安東北地區集結；以一部向延安西北地區集結，俟我主力前進時向我夾擊。㈢匪主力被我擊破後（或避免決戰），向晉西或綏南逃竄。

第二、方針

二、戰區以一舉攻略陝北匪巢，肅清黃河西岸匪軍之目的，澈底集中優勢之兵力，由宜洛間地區直搗延安，以有力之一部突入敵後而奇襲之，攻擊開始日期為三月十二日拂曉。

第三、指導要領

三、靈敏運用空軍協同作戰，妨礙匪河東西之運動，打擊匪主力之集結。

四、攻擊開始前，寧夏與陝北兩方面各以有力部隊對三邊及安定方面行牽制攻擊，策應本戰區之作戰。

五、左右兩兵團應各以一部為第一線兵團，以主力為第二線兵團。第一線兵團應以步工兵編組，多數攻擊群於空軍及炮兵掩護之下，奮勇突破敵之陣地，並繼續貫穿其縱深。第二線兵團應跟隨佔領。遇匪頑抗時，由第二線兵團迅速前進作翼之延伸包圍而殲滅之。

六、匪若企圖以延安為核心吸引我之主力，而以其主力分由兩側包圍我軍時（即用口袋戰術時），則第二線兵團應以一部作正面拒止、主力突破一點，對敵作反包圍而殲滅之。

七、右兵團於攻佔臨真鎮及金盆灣後，應留一旅兵力於各該地；掩護主力之側後方。

八、左兵團於攻佔鄜縣榆林橋及甘泉後，應留一旅兵力於各該地掩護主力之側後方。

九、左右兩兵團攻擊時，應特別注意對兩側之警戒，各以一部行梯次配置，並適時派側翼支隊以資掩護。

十、各兵團於日沒前不論攻擊奏功或未奏功，均應以主力就已佔領據點，築工固守，並以小部隊對匪行夜襲。

十一、各兵團之工兵應隨部隊進展修成公路各一條。

十二、隴東兵團應於攻擊開始前，以有力部隊編組多數縱隊（以營為單位），深入敵後突擊，以策應主力軍之作戰。

十三、隴東兵團佯攻時，應盡量利用欺敵手段，新一旅應偽稱第七六師全部；獨一團應偽稱為卅六師全部；第三團應偽稱第一師全部，並揚言先攻保安直羅鎮後再攻延安。

十四、匪若避免決戰而以主力向河東竄退，則應以主力跟蹤追擊，並以我晉南部迅速進出永和關、三交鎮，遮斷匪軍退路，夾擊匪軍於黃河兩岸而殲滅之。

十五、戰區新聞處編組，多數黨政團工作隊，隨部隊前進，迅速恢復政權，肅清奸黨，組訓民眾。

第四、集中及掩護

十六、

1. 右兵團即七八旅，及四七旅任集中掩護。
2. 左兵團應以十二旅接替七八旅洛川附近碉防，掩護主力集中。

第五、兵團部署

十七、軍隊區分

1. 右兵團：

指揮官第一軍軍長董釗

第一師

第九十師

第廿七師
重迫砲十四團第三營（欠一連）
工兵九團第三營
工兵第三團第一營
2. 左兵團
指揮官第廿九軍軍長劉戡
第三六師（欠二八旅）
第十七師（欠四八旅、八四旅）附一三五旅
砲五一團第四營之一連
工兵第三團（欠一營）
隴東兵團
指揮官第三六師副師長顧錫九
新一旅
獨一團
獨二團
獨三團
甘肅保安第一團
陝西保安第三團
陝西保安第六團
戰區預備隊

第六六師
第七六師（欠新一旅）
第十師（欠八五旅之兩營、第八三旅之四營及第十旅）
騎兵第一旅第二團第一團之兩個連
戰車第二營
重砲十一團（欠一連）
砲九團第三營

十八、兵團作戰地境如左：

1. 右兵團：—孫家河（含）—清泉鎮（含）—樊家庄—袁家庄—皮家屹塔（含）—趙家岩（含）之線，線上屬右。
2. 左兵團：—齊家溝—羊泉鎮（不含）北溪口—劉溝門之線，線上屬右。
3. 隴東兵團：

十九、各部隊任務及行動

1. 右兵團應展開於平陸堡龍泉鎮間地區。於十二日拂曉開始，以主力由清泉溝、金盆灣孫家砭、張家橋道向延安攻擊，以一部攻佔臨真鎮，後於主力之右側方，成梯次配備而前進。
2. 左兵團應展開於洛川附近地區，於十二日拂曉開始，沿洛河東岸攻佔茶房、甘泉，向黑家庄、劉家河之線進出。
3. 隴東兵團應以新一旅編組多數游擊支隊（以營為單位），於攻擊前兩日開始分向保安安塞延安甘泉各線附近，行擾亂攻擊，並以守碉部隊對匪行威力搜索，策應主力軍之作戰。

4.戰區預備隊應以第十師主力控置於咸陽，一部控置於宜君中部，以七六師（欠新一旅）控置於洛川，以四八旅（欠一四三團）控置於耀縣，一四三團控置於馬欄附近，以騎兵一旅第二團控置於平涼附近，以騎一團之兩連控置於涇川，獨一團主力控置於邠州，戰車第二營各一連分控於洛川、西安、鄠縣，砲十一團第二營各一連分控於西安、三橋，鄠縣，砲九團第三營控置於洛川，砲五一團第四營之一連控於邠州。

第六、兵站設施（如附件一）

附件一

兵站設施計劃大綱：

第一、設施要領

一、軍集中前，兵站先設，部隊後進，在軍集中後，則兵站隨軍推進而設施之。

二、軍集中前

(1)渭南—大荔—郃陽—韓城—大峪—宜川—龍泉鎮之線，為右兵團兵站主補給線。

(2)西安—咸陽—銅川—洛川之線，為左兵團兵站主補給線。

(3)渭南—白水—洛川之線，為左右兩兵團補助兵站線。

三、軍集中後

(1)龍泉鎮—金盆灣—延安之線，為右兵團兵站主補給線。

(2)鄜縣—甘泉—延安之線，為左兵團兵站主補絡線。

四、渭南—白水—洛川之線路，已令第七補給區會同陝西省政府積極整修。

五、軍擊破當面奸匪後，則將軍主要兵站補給線改由左兵團兵站主要補給線路，并控制站所，及各種輸力，適時向延安以北延伸之。

六、兩兵團站管區地境線，同兩兵團作戰地境線。

第二、補給

七、軍集中前各部隊，其經常糧秣之補給，由就近各兵站補給之；軍集中後，各部隊應攜帶糧秣七日份，及乾糧（大餅）三日份，各軍應儘量利用當地物資。

八、軍集中前後，各部隊應帶足一個攜行基數彈藥，爾後若有消耗，則由兵站隨時補足之。情況緊急時得由兵站追送之。

九、糧彈器材等之儲屯：

㈠糧秣

1. 宜川麵粉四萬袋。

2. 洛川麵粉二萬五千袋。

3. 黃陵麵粉八千袋。

4. 龍泉鎮方面所需麵粉，由宜川運濟。

㈡彈葯（一旅份按步機彈兩個補給基數，迫擊砲、槍榴彈筒按三個補給基數，山野砲按五個補給基數。）

1. 宜川四旅份。

2. 洛川五旅份。

3. 龍泉鎮五旅份。

㈢器材

1. 副防禦器材：在洛川、宜川等地預屯四號甲雷四千顆，有刺鉛線三千公斤（因為庫無存品，現正積極調運繼屯中）。

2. 通信器材：在兩兵團兵站線，各運屯五十噸。

3. 衛生器材：在兩兵團兵站線，各運屯三十噸。

4. 燃料（汽油、潤滑油等）：在兩兵團兵站線，各運屯二十個燃料消耗價。

第三、交通通信（略）

第四、衛生

十、傷患輸送利用兵站回空汽車，向左右兩兵站線路後送之，并於左兵站線配置衛生汽車隊一隊，以利傷亡者之收容與後送。

十一、兵站醫院及後方醫院各開設於韓城、渭南、銅川、三原、咸陽、西安等處。

第七、交通通訊

二十、工兵部隊應隨部隊之進展，徵集民工迅速修築佔領區被破壞之公路，並應於三日內修通宜川臨真鎮線及洛川甘泉線之公路。

廿一、同官洛川宜川間公路橋樑，應先予以勘查，使能通過重砲兵及戰車。

廿二、通訊網以利用既設線路構成之，並須即時修復匪區通訊網，除第一線部隊外，禁用無線電通話。

第八、陸空協同

廿三、戰略偵察及轟炸

1. 攻擊開始前四日起主偵察A.中陽三交鎮、清澗永平鎮至延安道。B.石樓永和延川至延安道。C.榆林安定至延安道。D.靖邊保安至延安道。E.馬門關、永和關、三交鎮吳堡等各渡口匪軍動態。

2. 攻擊開始前三日，主轟炸延安機場及延安附近一切軍事設施，綏德、米脂、延長、延川、保安、安塞、安定甘泉諸要地，及馬門關、永和關、三交鎮吳堡等渡口設施。

廿四、戰術偵察及轟炸

1. 於攻擊開始前起亙全戰役主偵察碉線匪兵力、兵種、工事設施，主陣地工事位置強度及兵力配備狀況，戰場內匪兵力調動並以一部任兵團連絡。

2.攻擊開始直前主轟炸匪軍工事及陣地內一切設施。

廿五、戰場協助（陸戰）

1.攻擊開始之同時，以戰鬥機主協力右兵團作戰，一部協力左兵團作戰。

2.移於追擊後，以全力協力追擊部隊猛烈追擊，並遮斷黃河各渡口匪軍退路。

第九、政治及宣傳

廿六、地方行政人員及保安團隊應隨部隊之推進對收復城鎮鄉村，隨時恢復政權，撫輯平民。

廿七、收復區中適齡之壯丁，應由地方政府予以看管感化，待會戰結束後再予恢復自由。

附件二

各級新聞處隨軍進剿應注意事項

一、戰區新聞處於軍事進剿期間，應大量向匪區空投宣傳品，其內容應以瓦解匪軍士氣，安定匪區民心，並宣揚國軍剿匪救民之光榮任務，與優待俘虜撫輯流亡之良好紀律為主，各師旅團新聞處（室）亦應督勵所屬工作人員，以各種方式擴大對匪區之宣傳，以利作戰。

二、各師旅團新聞處室於隨軍進入匪區之前，應儘可能與有關黨團及行政機關，密取聯繫，協助其進入匪區工作，或組織聯合隨軍工作隨軍出發。

三、各級政工人員於隨軍進入匪區後之工作，應遵照綏靖時期工作綱領之所示確切辦理，尤應著重於左列各項：

㈠糾撫部隊紀律：各級糾撫隊仍應繼續工作，指導官兵愛護人民，確保優良之紀律。

㈡辦理軍民合作：依照規定成立軍民合作站，於必要時指導辦理；柴草麵料及其他必需就地採購物品之徵購事宜，並處理一切軍民有關事項。

㈢協助綏靖善後指導：協助地方黨團行政機關辦理編組保甲，清查戶口，撫輯流亡，救濟災黎，訓練人民自治自衛，並依法協同處理收復區土地及糧食等問題。

㈣防制奸匪活動：嚴防收復區奸匪份子潛伏活動，并防範其在我部隊進行兵運工作，確切控制，運用當地一切新聞文化及教育之力量，駁斥奸匪理論，暴露匪軍暴行，並宣揚本黨主義及中央國策，以廓清匪毒，爭取民心。

四、戰區綏靖工作督導團成立後，應加強對各級新聞機構工作之指導；此外，如有必要時，戰區新聞處並應組織工作隊，配屬進剿，指揮機構統籌指揮進剿部隊之工作。[2]

---

2 本文件係由西安綏靖公署撰擬，以胡宗南主任名義呈報國防部。全文引自國家發展委員會檔案管理局檔號 0036/543.6/7423。西安綏靖公署當時之參謀長為盛文，副參謀長為薛敏泉。另，曾任中華民國國家安全局局長之宋心濂上將於民國八二年七月面告，民國三十六年渠曾服務於西安綏靖公署，參與規復延安之參謀作業。

國軍光復延安後，交通部電信總局即前往設立電信局，並完成若干對外報話線路。教育部亦派教育工作隊前往籌設延安師範及民教館，可參考檔案管理局檔號 0036/080106020/00068。

另關於對延安之建設計劃，包括植樹、開闢公路、架橋等，可參考臺灣商務印書館《胡宗南上將年譜》增修版，二一五頁，民國一〇三年出版。戰役經過及建設計劃可參考國史館《胡宗南先生日記》相關內容（民國三十六年二月至八月），民國一〇四年出版。

四、參謀總長陳誠上將於民國三十六年三月二十日舉行中外記者招待會報告收復延安經過。

「共軍盤據十三年之延安，已於十九日上午十時為國軍收復。此次國軍對延安用兵，因共黨不但拒絕和平談判，且毀棄和平大會制定之憲法，不承認中央政府及其對外所簽訂之一切條約，又復實行全體動員，發動全面叛亂，如攻擊徐州，威脅首都，侵襲長春，妨礙政府之接收東北，均其較為顯著者。在此情形下，中央政治解決之希望，已告幻滅，政府實已無法再行拖延忍讓，乃不得已而用兵。因延安為中共叛亂之根據地，發號施令之中心，自應首先攻取，以擊潰其首腦。用兵先後不過五日，共軍用以保衛延安之部隊，不為不多，計有教一、二、三、四旅，二十七師，第二騎兵師，新八旅，新九旅，十一旅，並以賀龍由山西增調之一二〇師，三五八旅，三五九旅，獨立第一、二、三旅，共有三個師十三個旅之兵力，配合民兵約有十六萬之眾，五天即告崩潰，其戰鬥力及戰鬥意志之薄弱，可以想見。共軍投誠及被俘者達萬餘名，共軍認為金湯之延安，如此易於攻克，其故在此。諸君如欲親往視察，無論延安、魯南、魯西，本人無不樂於協助。」

附：當時共到會中外記者八十餘人。[3]

---

3 引自《陳誠先生回憶錄》，第二部：國共戰爭——民國三十六年三月二十日。國史館，臺北，民國九十四年八月初版。

五、蔣經國先生電報在延安之胡主任表達致候之意（四月二十八日）

「胡長官宗南兄賜鑒：（密）一克延安，寇勢頹挫，各地人心為之振奮，近日又聞軍政開展神速，兄戎馬煩勞，無任馳念，謹此致候並祈珍攝。弟經國叩卯儉印」（國史館檔案典藏號002-080200-00636-056）

六、民國三十六年八月七日蔣中正主席視察延安經過

八月七日

「自延安克復後，公日以往視為念。至今日始以榆林為匪所圍之故，飛延安指揮。十時半，由京起飛，經西安換機。午後四時，到達延安上空，見山腹窰洞，排列如蜂窩，西安綏署胡宗南主任等在機場迎候。延安市民聞訊，自動懸掛國旗歡迎。公下機後，駐節於清涼花園，稍事休息，即研究陝北戰局，最後裁定由寧夏方面主動向榆林進擊。

晡。登墩兒山制高點工事視察。

晚。召見胡宗南主任。胡稱榆林守軍鄧寶珊副主任左右多不正之徒，臨危之際，恐鄧將為其所搖撼。因榆林城內平時即有匪探未加清除也。公遂決定手書致鄧，令其先行切實肅清內部，一面並密令駐榆林之徐保旅長注意。」

八月八日

「今日延安朝霧深嚴，與關內天氣迥殊。公晨起即寫致鄧寶珊副主任函凡十餘紙。十時，召見營長以上軍官訓話，旋至舊城址視察。舊城面臨延水，背負墩兒山。左有清涼山、右有寶山城，互為犄角。公以為是處地勢狹窄，山形斷絕，略無可取。惟於嘉嶺見石刻雄偉，傳為范文正（仲淹）公手筆，公於是徘徊流連者良久。嗣赴醫院慰問傷兵，並遊眺楊家陵萬佛洞。及返，已午後一時矣。歸途過胡宗南總部，即召約高級將領會餐。餐後，起程回京。市民無少長，皆夾道歡呼送別，熱烈真摯，使公至為感動，並憶及昨日接見議員畢光年等十餘人，多匪踞時之所謂「勞動英雄」，一皆洗心革面。有老者，七十三歲，為前清秀才，與之語，語出至誠。自謂今與昔比，無異更生，淚眼歡顏，亦至足感人也。座機至中部上空，在黃陵繞越二匝，形勢歷歷在目，公以為勝於地面瞻仰矣。途中研究黨團統一文告稿，至七時，安返京邸。」

八月十日

「公自記延安之行之感想，以為延安地形深奧險狹，防守必可自保。共匪如真有魄力，內部真能團結，何致被我胡宗南軍一擊即敗。而其所宣傳『難攻不落』『死守到底』之唯一巢穴，以我軍行動未及一週，即告克復，當為唯物主義否定精神者之報應矣。

公並書『滌腥蕩穢，掃氈除污，不有涵濡恢宏之量，何能達成忍辱雪恥之志。』數語，以見志。」（以上引自國史館「蔣中正總統事略稿本」，民國三十六年八月。）

七、蔣中正委員長前於民國三十三年八月所擬之攻佔延安戰略

背景說明：蔣中正委員長於抗戰時期的民國三十三年八月，即曾制定攻取延安戰略，並親自條諭胡副長官（時任第八戰區副長官），其內容如下：

「準備各點：㈠匪部主力及其重點似在鄜縣附近，其薄弱點似在三邊。㈡我軍丁部如能由豫旺直取安邊與寧條、梁光與橫山、榆林高部取得聯繫，然後再南下轉攻米脂綏德，以斷其北竄之路；則整個包圍之勢已成，以後即易處置矣。㈢我軍南路主力，可否用在宜川直取延安而對鄜縣方面作為助攻，務使延安能於進剿半月內，切實佔領。此為整個計畫惟一之要領，其他方面可照前兩條之主旨，周密設計，總使進剿時間能盡量縮短，務於三個月能完全肅清也。㈣照前述主旨第一，對於豫旺直取定邊張家川，一路必須有運輸之充分準備方可，務不惜一切經費，積極籌備運輸工具，與盡量搜購騾馬，究需經費幾何？速計具報，但搜購騾馬必須秘密，能以臨時集中，事先則分寄於各處較遠之地，只要在半月內能集中豫旺附近可也。㈤韓城至宜川與洛川至宜川之公路，其交通情形不知實情如何，必須切實準備，總使在韓城與關中各部能迅速運集於宜川方面，為惟一要務。㈥宜川直取延安之地形、道路、交通，應特別查實，勿使臨時受阻，並將適合於該路之兵種與各種工具，能有充分準備也。㈦陝北圍剿行動之準備重點：⑴完成舊沙王府與榆林附近之飛機場；⑵韓城至宜川之公路與洛川至宜川交通，應積極加

強，而韓城至宜川公路更為重要，此路必須多準備汽車以便臨時運輸主力於此點也；(3)宜川至延安至延長地形道路與敵情，及其陣地所在地與構造形式，皆須特別查明。蓋劉匪戰術不同於抗倭，必須照剿匪手本原則與要領熟習，尤其要注重其不通之道路與不防之地點，設法研究，切實準備，所謂鑽穴抵隙攻其無備，尤應運用以迂為直之道，用於三邊方面之兵力即此理也。總之，兵無定形，必應敵之形勢為對象以決對策，故此時一切訓練與工具之準備、以及我所趨之方向地形以為標準也，希依此速圖為要。」（全文載國史館「蔣中正總統事略稿本」民國三十三年八月十八日。）

八、民國四十一年延安戰役基層軍官檢討報告舉隅

整編第一師第一六旅上尉□國華撰「延安蟠龍戰役戰鬥報告」

「……綜觀延安之戰，各軍傷亡均屬不大，其原因乃為高級司令部作戰指導得宜，出敵意表，夾擊其側背所致也，蓋吾軍進擊之途，悉為百餘無人煙稀少之荒山，其險要處，重武器等均須以繩吊下，進軍途徑均為工兵自行砍伐，其行動尤屬詭密，常能繞行匪後，故其不得不撤離戰場，惟各軍行動過於謹慎遲緩，致未能將匪包圍而殲滅之於戰場……」（國發會檔案管理局檔號 003-155.2-7423。此篇撰於民國四十一年。）

民國三十六年四月二十五日

胡主任電復蔣主席，剋期擊潰陝北共軍主力之令。

「查陝北為奸黨盤據甚久、赤化甚深之地區。『共軍』雖傷亡甚眾，但補充頗速，且由晉西增援六萬之眾，目前正期撲滅其主力中。以我地方未靖，不能不由軍事統制也，至飭抽調兩師轉用一節，當於辰月底遵辦。」

附：蔣主席前電指示如下：「陝北『共軍』主力，何日可以擊潰？何時可以肅清？務希嚴督猛進，限本月底能抽出兩個師應援各方也，希詳報。」（國史館「蔣中正總統事略稿本」民國三十六年四月二十五日。）

民國三十六年六月十四日

胡主任建議另編練新軍，以膺艱鉅。

「竊思兩年來，國內形勢日呈惡劣，國軍以整編之餘，力量銳減，奸黨到處裹脅，又受某方支持，兵力日增，致當前戰場，我幾均處劣勢。危機之深甚於抗戰，裁軍固在休養國力，但共禍不除，無以建國，民生疾苦，終至無法解決，且將陷於絕境；為安定國本，掃蕩赤氛，擬請於萬分困難之中，另編新軍，以膺此艱鉅任務，而免共禍再事蔓延。」（原載國史館「蔣中正總統事略稿本」民國三十六年六月十四日，頁七八至七九，蔣公批飭「國防部核議具報」。）

延安攻略後，陝北戰局轉趨不利之背景說明：

㈠民國三十六年時，中共在其陝甘寧邊區共控制三十二個縣，其中完全佔領二十三個縣，部分佔領九個縣，行政區劃分為二一六區，一二五四個鄉，四八五二個行政村。三月份國軍克服延安，造成共軍相當傷亡，對當時全國的政治局勢、民心安定及國際觀感之改善有重大助益，但在軍事上卻因未能殲滅共軍主力，必須持續清剿。雖然繼續攻克不少城鎮，但每克服一城鎮，自需分兵駐守。由於中共在陝北地方上經營了十多年，以黨的建設為本，故其人民組織及後勤系統均有深厚基礎。故共軍情報靈通，兵源及後勤之補充均遠較國軍只能依靠後方支援來得容易，是以其戰力之恢復亦迅速得多；且由於共軍機動性強，慣於夜戰（以躲避國軍空襲），在實力不足時又避免與國軍決戰，得以一再覓機以多數兵力圍攻我駐守孤立據點之國軍，而我國防部之共諜作戰次長劉斐[4]又加以配合，嚴令限期國軍佔領各指定據點，致陷入共軍包圍，使國軍多次吃虧，以致直到當年夏季，我軍仍未能捕捉到中共的毛、周等領導人。儘管如此，由於西安綏署胡主任集中第一軍及第廿九軍為主的可用兵力，不斷修正戰法，在陝北致力清剿，並強化地方政治工作，遂逐漸對中共在陝北的領導階層造成愈來愈

4 劉斐，湖南人，早年追隨白崇禧先生，留學日本，懂戰略戰術，為人孤傲卻能得長官歡心，擔任作戰次長十一年，「一紙命令下部隊，一紙命令暗達中共」，以使國軍敗亡為目的。參考《陳誠先生回憶錄》二十一頁，《盛文先生訪問紀錄》第十三章。

大的壓力，毛澤東本人亦險被我廿九軍發現（只差四百公尺），故中共中央乃指令晉冀魯豫地區共軍必須加強攻勢，以迫使我政府把陝北國軍調離當地。

(二)國軍於三月克服延安後繼續向北搜索掃蕩，於四月間查獲共軍有七旅之眾在群山密林中，暫不宜輕進，並向南京國防部申復，不料此時國防部卻一再下令向綏德、米脂急進，以致中伏，並有補給重鎮蟠龍之失，損失甚大。當時無人料到國防部次長劉斐竟是共諜[5]。中共藉抗戰之大好良機，已在山西河北山東河南各地控制廣大地區建立地方政權，當國軍在陝北採取攻勢時，對山東中共陳毅的主力亦採取攻勢，不幸自當（三十六）年四月起又多次失利。先是七十二師在泰安被殲，繼而於五月間，精銳的七十四師亦因共諜劉斐之調度，而在石頭荒山、無水無糧的孟良崮高地犧牲，師長張靈甫雖對此調度極為不解與不滿，但仍從命，以致兵敗自戕殉國（張靈甫將軍公子道宇先生二〇一四年六月相告。）參謀總長陳誠上將因「時時奉命東奔西走，劉（斐次長）則在京包辦作戰，介公亦與之密商軍國大計」，為此特飛徐州，才查知該師失敗原因（見《陳誠先生回憶錄》國共戰爭，二四一頁，附錄壹，一五一頁）。另外，三十六年六月，邱清泉將軍率領其常勝第五軍南下進剿山東陳毅共軍，連連得手時，劉斐卻設詞急令其北返，致功敗垂成；到三十七年七月邱軍長在黃汎區作戰又佔上風時，劉斐竟以不實情報令其分兵，致陷入苦戰。（參考國史館，中華民國史事紀要三十八年一至六月份，一一八至一一九頁。「邱清泉烈士傳」，及邱公子國鼎先生二〇一五年六月面告）。孟良崮的失敗，是「關內整個剿共戰爭的轉捩點」（前院長郝柏村對國共內戰之評語）。至於當時的關

5 當時任整一師副師長的許良玉將軍後來在臺告稱。見徐枕，《一代名將胡宗南》，三八八頁。

外東北戰場，國軍雖在民國三十四年起，曾派去了美械裝備、全國最精銳的新一軍和新六軍等部隊，但在蘇俄佔領軍的阻撓，同時積極協助共軍的情況下，再加三次停戰令嚴重挫傷士氣，以致到三十六年夏，國軍對共軍的實力已從優勢轉為均勢，之後到秋、冬季時再處於劣勢，需要關內增援。儘管如此，蔣中正主席於七月召見胡主任及參謀總長陳誠上將商討時，仍決定繼續對陝北中共中央進行清剿肅清，「待肅清後，再抽調兵力（到其他戰場支援）」（蔣中正總統七月四、五日之日記），繼於八月七日、八日親自飛往延安巡視，甚為滿意，稱「全國剿共軍事完全按計劃奏功者，僅有此役」，又稱讚「陝北軍人在胡主任領導下，為全國軍人模範」。當時共軍彭德懷部正以四萬兵力發動陝北榆林戰役，國軍守軍廿二軍，尤賴西安綏署徐保所率之廿八旅奮勇抵抗，迨綏署之卅六師兼程趕到後，即共同擊破了共軍之包圍，造成國共內戰中，國軍獲勝的另一戰例。

(三)但另一方面，三十六年八月上旬，中共晉冀魯豫野戰軍十多萬人在劉伯承和鄧小平的指揮下，從山東西南發起戰略進攻，直接挺進中原，冀圖減輕中共中央在陝北所受之壓力，（因中共中央「快支持不住了」。）劉鄧一路經豫北、冀南、魯西打到鄂東，當時我國防部共謀劉斐次長還向蔣中正主席「堅決判斷」劉鄧共軍不會超越隴海鐵路南竄（蔣中正先生八月七日日記），但該軍竟一路陷盧州、桐城、舒城而到了大別山，威脅京蕪；「規模之大，嘆為前所未有，剿匪又入一新階段矣」。（《蔣中正總統事略稿本》九月十日）同時晉南共軍陳賡、孔從周部為接應劉鄧的攻勢，則南渡黃河，威脅潼關，甚至西安。蔣主席日記中對此迭表憂慮（「蔣中正事略稿本」十一月十一日）；山東的共軍最大股的陳毅部則渡黃河向魯西進犯。此時，在陝北的西安綏署國軍雖曾數次偵得共軍主力所在，正待包圍，卻都因陝西省政府及南京聯勤總部負責的後勤不繼，以致糧彈兩缺，不能發動攻擊，而坐視戰機流失。共軍自十月起在山東及中原、山西等地採取流竄大戰略，以孤立分割國軍，不斷圍點打援，國軍則形成被圍與解圍的循環。於是蔣中正主席於九、十月間，對主要作戰方向重新考慮，認為「對共進剿總方略」「應重新研究，勿使共軍越長江南竄為第一……我軍以消滅黃河以南共軍為主旨」（蔣中正先生十月三日日記）。並於十一月初指示國防部長白崇禧設立江西九江指揮所，指揮國軍精銳向大別山區合圍。

(四)因此，當西安綏靖公署胡主任於十月以極機密電呈報「陝北第九期作戰計劃」時，參軍長薛岳簽請「劉（斐）次長核辦」奉同意，（當時參謀總長陳誠奉兼東北行轅主任，已於九月二日在瀋陽就職），蔣中正主席隨即致電胡主任，對其「北攻東守」之計劃嚴予斥責，強調要「東攻北守」，以東攻山西、河南、山東的陳賡、陳毅為主，而不是北攻毛澤東、周恩來、彭德懷等中共領導人。胡主任接電後於次日立即再上電報，分析共軍威脅之方向，瀝陳由於「北方之匪數倍於陝東之匪」，如果把主力開往東邊，「非獨前功盡棄，亦不可能」（因鐵路多被中共破壞，從陝北到關中到豫東有二千多華里，步行得走一個月，根本不可能協助圍堵陳毅），而且共軍會乘虛下關中，將遺西北莫大遺患，所以堅決主張「東進必先攘北」，此電又被參軍長送請「劉次長核辦」。

(五)此時，中共再攻陝北榆林，卻遭受傷亡一萬五千餘，我軍只傷亡六千餘人的結果，共軍再度敗退；十一月間，察哈爾省政府主席傅作義即電呈蔣主席，建議：「(一)趁匪攻榆林挫折之際，把握戰機，由胡主任由西安抽兵北進，職部由晉西北進攻，並由太原出兵柳林，與寧夏東進之軍，形成四面合圍，澈底解決匪中央主力。(二)職擬飛寧，西晤少雲（馬鴻逵，寧夏省政府主席）商洽一切，……」

蔣主席批：「兄最好能飛寧夏與少雲面洽聯絡與作戰辦法、所提戰略問題，正在研究準備

中。」（國史館檔案典藏號002-020400-00019-001-027x）

(六)不幸傅作義主席之建議尚未實現，傅本人即被調任為「華北剿匪總司令」，並於十二月初赴北平。三十六年十二月、三十七年元月，蔣中正主席兩度再指示胡主任，飭即在河南嵩縣與臨池地區組成兵團，「並須由弟親臨洛陽指揮，以期完成總進剿之任務，且可防堵匪主力西竄也」（「蔣中正總統事略稿本」，三十六年十二月二十四日）此時，國軍與共軍在陝北作拉鋸戰，而晉南共軍又第三度圍攻山西重要據點運城，西安綏署守軍一二三旅拼到最後，運城於十二月底陷落。蔣主席日夜憂慮，「各戰區皆告急，失敗電報如雪片飛來」（十二月廿九日日記）。三十七年元月廿五日，蔣主席又電飭胡主任將第一師等調離陝北，胡主任只得回電遵辦，但建議派西安綏靖公署參謀長盛文將軍飛南京面報，獲同意。

(七)盛文參謀長抵南京後，即先往見國防部劉斐次長，提及國防部以蔣主席名義致胡主任電報以外又下的「三道金牌」，命令自陝北調兵向東，如此將會使我軍進剿中共中央的一切努力前功盡棄；劉斐則反過來痛責西安綏署違法抗命，於是兩人發生劇烈爭吵。彼此互罵「你是軍閥」、「你是匪諜」，然後吵到蔣主席面前。蔣對盛好言相勸，並招待他看戲，但並未改變要西安綏署調兵向東進攻之令，使盛參謀長無功而返。二月四日，陝北國軍主力第一軍由董釗將軍率領，開始向東出發。（詳見中央研究院近代史研究所《盛文先生訪問紀錄》第十、十一章，民國七十八年出版。）

(八)國軍善戰之主力東調十天後，中共彭德懷即率大軍南下包圍宜川，再加上賀龍部，共八萬人圍點打援；國軍守軍僅廿四旅一個旅，西安綏署只得調留在陝西唯一主力廿九軍（軍長劉戡）二萬餘人從洛川向東增援，結果不幸在瓦子街被優勢共軍包圍。劉軍長因兩個月前率軍援救陝北清澗失敗，受到處分（詳見《蔣中正事略稿本》民國三十六年十月），其本人亦自責甚深，故廿九軍在地形不利陷入包圍時仍寧冒險以救宜川為前進方向，而非及時轉向，不幸當時天候又極壞，致空軍無法助戰，結果全軍覆滅，劉戡軍長及九十師師長嚴明（皆抗戰名將）均自戕壯烈殉國（詳見本書四七〇頁劉戡烈士傳），旅長李達、周由之陣亡，京師震動。蔣主席令綏署胡主任撤職留任，盛參謀長撤職查辦，國防部並下令將盛文送往南京聽候處分。惟蔣主席電話指示盛先留在綏署，協助處理善後。

(九)宜川喪失，共軍主力南下後，延安便成孤城，為避免守城的孤軍平白犧牲，綏署遂令其於四月二十一日起經洛川南撤。在此之前，西安綏署不通知國防部，秘密飭已東調的董釗第一軍部隊日夜兼程趕回，以保關中。那時中共彭德懷部果然挾勝利餘威，以主力迅速南下洛川，企圖攻取西安，不料遇到調回之國軍，作戰失利而西竄，國軍尾追，從四月到五月初一路戰鬥，最後在涇渭河谷遭青海國軍馬繼援部夾擊，被國軍澈底擊潰，是為國軍之涇渭河谷大捷，關中地區暫時轉危為安，蔣主席遂令顧祝同參謀總長撤銷對胡主任撤職留任的處分，也未追究西安綏署秘密逕自調回已東調之軍之過。（蔣中正五月十一日日記：「上週陝甘邊區對共四個縱隊之解決，是為最近唯一告慰之快息也。」）

（另，四月二十日蔣主席飭盛文參謀長飛赴南京，抵機場後卻派車載其入官邸，由蔣夫人對盛表示肯定，稱許他的作戰計劃是對的，他的處置是對的，「蔣主席很了解」，其後國防部劉斐組調查團再欲處分盛參謀長，卻找不到證據而放棄。）

(十)三十七年五月，西安綏署在陝西截擊彭德懷部時，亦奉命派軍在山西臨汾、豫西等地與共軍陳賡部及劉伯承部等惡戰，並亦支援太原閻錫山主席，各部隊均奮戰到最後為國犧牲。

(十一)三十七年十月，共軍彭德懷部進襲渭北平原，欲配合豫西陳賡共軍席捲西北，西安綏署與共軍激烈戰鬥後，實施後退集中；自六日至十五日，誘敵主力進入陝東大荔附近地區，包圍而痛擊，摧毀了共軍陣地，殲敵第二縱隊全部以及第三縱隊之大部達三萬人，並收復澄城、郃陽等地。國軍傷亡約達萬人，是謂大荔大捷。

綜上，陝北戰局轉趨不利，除因國際、政治、經濟等大局的不利外，其轉捩點是將包圍共軍首腦的精兵東調，結果造成宜川會戰的失敗。東調的背景除因各地共軍的配合，採取流竄大戰略，尤其劉、鄧軍下大別山造成的影響外，亦有國防部共諜劉斐隨時影響蔣中正主席決心的作為。其後綏署雖獲致若干勝利，但仍不得不於民國三十八年五月放棄西安，撤至漢中，當時因不少四川地方部隊並不可靠，欲立即入四川以穩住四川及西南局勢。卻被廣州的李宗仁政府所阻，等到十一月再奉蔣總裁命下四川時，四川內部情勢已難挽回。劉斐則在參加李宗仁所派和談代表團赴北平與中共談判後正式公開投共，其後再赴香港策動賀耀組、劉建緒，湖南省主席程潛，湖南警備司令陳明仁等重要首長陸續投共，引共軍迅速南下圍攻四川及西南。[6]以下為相關電報。

6 參考國史館檔案、國史館「蔣中正總統事略稿本」，國史館「蔣中正先生年譜長編」第八冊，第九冊，蔣中正總統日記，國史館《陳誠先生回憶錄》，臺灣商務印書館《胡宗南上將年譜》增修版，郝柏村前院長「摘註蔣公日記（一九四五年至一九四九年）」，中央研究院近代史研究所「盛文先生訪問紀錄」，鄧文儀三十八年八月十二日「長沙事件報告」檔案管理局號 0038/543.64/1060.2A 等。

民國三十六年六月二十五日

胡主任呈蔣主席我（晉南）運城守軍誓死固守電

「運城三六九團覃團長[7]廿一日電稱：『主席手諭奉悉，不獨歡榮之至，職當鼓勵全體官兵誓死固守運城，發揚我革命軍人至上之精神，決保運城固若金湯，不負主席之命，請釋錦注，敬祝健康。』職胡宗南」。（國史館檔案典藏號 002-020400-00019-094）

民國三十六年九月十五日

蔣主席電示胡主任先解決陝北共軍

「㈠關中作戰計劃，在本星期內可空運集中八個團兵力。此只可先鞏固西安城防與機場，如屆時潼關尚能固守未失，則當分四個團增防潼關至盧靈關之線……。㈡至於陝北戰局，無論匪部南下兵力之大小，而我軍應集中陝北，全力先求解決其留在陝北之匪部，然後再移兵南下，再圖圍剿，望照此方針實施為要。」（國史館檔案典藏號 002-020400-00019-001-023x）

---

7 覃團長春芳，為整三十六師一二三旅三六九團團長兼運城指揮官，其守軍對抗優勢共軍賀龍部之攻擊，堅持到十二月二十八日。覃團長及雷文滇團長（整十七師四十八旅一四四團團長，均係一路追隨宗南先生之忠實幹部）雖於戰事中皆受重傷，然均已「盡其最大責任」。參考蔣中正總統日記，民國三十六年十二月廿二日、廿五日、廿六日及廿八日。

民國三十六年九月二十五日

胡主任呈蔣主席，對豫陝邊區共軍作戰計劃五項。

「謹將本署對豫陝邊區匪軍作戰計劃摘呈如次：㈠綏署以各個擊破豫陝邊境匪軍之目的，以一部佔領蘆靈關太峪口潼關之線，牽制當面匪軍，以主力先擊破盧氏之匪，與西進國軍會師，爾後再向北攻擊，壓迫匪軍於黃河而殲滅之。攻擊開始日期預定為九月廿六日；㈡第六五師附八三旅之二四七團，於申有拂曉展開於沙嶺景村鎮富家坪之線（雒南以東），先向木洞溝盧氏匪軍攻擊，爾後再依情況向北攻擊；㈢第三十師（廿七旅一九九團八九團）附一六七旅（欠五四一團）佔領蘆靈關巡檢司各要地及太裕口潼關之線，拒止匪軍西進，並相機出擊，策應六五師之作戰；㈣第廿八旅、第八三旅（欠二四七團）為預備隊，分置雒南華陰附近；㈤第六五師與卅師作戰地境為路家街、五里頭、竹園河、趙家嶺、觀音堂之線（雒南盧氏以北三十華里），線上屬六五師，以上部隊統歸華陰指揮所陶兼主任峙岳指揮，除統一計劃另呈外，謹電鑒核。」。（國史館檔案典藏號 002-020400-00019-089）（附地圖）

附：該電由薛岳參軍長簽「擬交劉次長（斐）核辦」。

奉批：「如擬」。

民國三十六年十月二日

胡主任致蔣經國先生共申作無條件之犧牲

「南京國府機要室八七八九密請譯轉　蔣經國兄　申銑電敬悉。吾兄忠孝之情加人一等，承示無條件犧牲，尤為弟之素志。近正布置陝東陝北軍事，務期近日能奏薄效。吾兄長才人識，尚祈匡我不力，遲復並致歉忱。弟胡宗南叩　冬印」（國史館檔案典藏號 002-080200-00657-019）

附：蔣經國先生前於三十六年九月十六日發往延安電報全文如下：

「胡長官鈞鑒：久未互通函電，無任掛念。吾人處此危急之際，唯有不顧一切而赴國難，所有煩悶苦痛皆能忍之於心，而求力量之發揮，得能消滅當前之大敵。年老之領袖如此辛勞，如此多憂，吾輩除作無條件之犧牲外，再無他路可行矣。念老兄之心甚切，懇望保重身體　並祝成功。小弟經國敬叩　申銑勵。」（國史館檔案典藏號 002-080200-00637-015）

民國三十六年十月

「北攻東守」而非「北守東攻」：胡主任呈報蔣主席陝北第九期作戰計劃。

西安綏靖公署胡宗南主任呈蔣中正主席「陝北第九期作戰計劃」：

「即到南京國府軍務局呈主席蔣。（極機密）。謹將本署陝北第九期作戰計劃摘呈如次：㈠

方針：綏署以擊滅延水以南匪軍為目的，以有力一部固守延安及維護交通，以主力逐次向南求匪攻擊，作戰開始日期預定為十月二十日。㈡兵團部署：⑴廿九軍率十七師二六五五旅五五旅固守延安，並維護延鄜間交通。⑵第一軍第一師附四旅九十師廿七師，分向延安甘泉，向臨真金盆灣攻擊，到達後以廿七師控置該地區機動軍，主力即續向宜川茹平龍泉鎮（均宜川西）之線及其以南攻擊。⑶卅六師部率廿八旅第一旅第三團騎二旅第四團，於第一軍主力到後，由韓城向石堡要險攻擊，同日南下部隊夾擊匪。以上除實施經過另報外，謹電核備。職胡宗南酉巧酭寧舜印」

附：本電薛岳上將簽呈「交劉次長（斐）核辦」（國史館檔案典藏號 002-020400-00019-101）

民國三十六年十月九日

蔣主席指示必須「東攻北守」，並責備胡主任。

蔣中正委員長電西安綏靖公署胡宗南主任：

「本日由瀋陽回京，始悉弟北攻東守計劃，此種違反時間、地形、交通及全局情況之處置，為最下之策，應立即改正，勿稍遲延；即以東攻北守為主旨。希即照此調防。並先將潼關北調之兩旅即速調回潼關。勿誤」（國史館「蔣中正總統事略稿本」民國卅六年十月九日，原電另見國史館檔案典藏號 002-020400-00019-096。）

民國三十六年十月十日

胡主任再呈報蔣主席，陳述第九期作戰計劃之理由：若東進必先攘北！

「南京國府軍務局轉呈主席蔣（密） 酉佳酉府機、及佳創才（五）兩電均奏悉。謹將本署第九期作戰計劃策定理由條陳如次：㈠自陳賡匪渡河後，我主力軍自米脂南進到延安，廿日間，彭匪十餘旅，步步牽制，襲擊我軍，尤以岔口村附近三日之戰鬥為烈，是後匪以四個旅攻延長延川，以四個旅切斷大小勞山；潛伏金盆灣一帶，以四個旅潛伏洛川附近，待機南返關中，基以上匪情判斷，匪以為我主力軍將南下而東進，匪乃得任意進佔關中。切斷隴海西段及西蘭路，使我首尾難顧，如是，則我東未能殲匪，而關中已不可收拾，動搖西北大局。迨十月初，匪默察我軍整補於延安，無南下意，尤恐我迫攝匪軍之後，遂亦停留於延水之濱。十月一二三日先後攻陷我延長延川。㈡綏署判斷，陝東之匪已分股南竄，西荊公路非短期所能肅清，若我主力軍南下，必引匪進擾關中，是以策進作戰計劃——欲東進必先攘北，且北方之匪數倍於陝東之匪也。㈢十月六日，匪以四旅猛攻我清澗七十六師一部，晝夜不息，期在必得，迄今（十日）晨惡戰四晝夜，匪我傷亡均重，城外據點盡失，幸我援軍迅捷前進，本（十）日或可解圍，而宜川、韓城、郃陽、澄城亦均告急，幸我預料在先，部隊均將次到達戰場。㈣依匪我一般態勢，此時若置陝北之匪不顧而東進，非獨前功盡棄，亦不可能；若強為之，將遺西北莫大之紊亂與後憂，故綏署作戰方針亦係東進，但以先對北構成封鎖線為目前必須之部署。蓋延水以南直至關中無險可守也，是否有當？謹電 呈核，職胡宗南酉灰午緇印（原件附地圖）」

附：本電薛岳參軍長簽「一、酉佳酉府機手令，係示應北守東攻等因。二、佳創才電，係國防部承辦，謹註。原件呈閱，擬交劉次長（斐）核辦」，奉蔣主席批「如擬」。（國史館檔案典藏號 002-020400-00019-097）

民國三十六年十月十八日

劉斐作戰次長呈蔣主席，強化「東攻北守」戰略

劉斐呈蔣主席代電「關於胡宗南申復策定第九期作戰計劃理由一節奉悉，查本部承辦鈞座酉佳電，飭胡部東出潼關，並不需其主力南移，僅以有力一部，由潼關出擊，進出靈陝，策定洛陽兵團之反攻，即可奏功；至胡部主力仍可在延水佈防，除飭胡主任仍本東攻北守要旨指導作戰外，謹電鑒核」（國史館檔案典藏號 002-020400-00019-100）

民國三十六年十月二十二日

胡主任呈蔣主席，僅能以三個旅東進策應五兵團作戰。

「南京國府軍務局呈主席蔣（極機密）酉馬創侍電奉悉，自應遵辦，惟本署現已按酉巧酉寧舜電所呈第九期作戰計劃實施，擔任陝北清剿及要點守備計五個旅；擔任護路及囊形地帶清剿

兩旅；第一師九十師抵臨真河金盆灣附近；卅六師抵孫家溝門「宜川以南」附近，擬夾擊王震及王世泰股匪，故實無法抽出五個旅，僅能以前電所示三個旅，東進策應五兵團之作戰。謹電鑒核　胡宗南酉養酉勉炳印。」（國史館檔案典藏號 002-020400-00019-103）

民國三十六年十月二十九日

蔣主席再函勸胡主任抽調兵力向東

「晚課後。函勉胡宗南主任大膽抽調兵力。先行解決隴海鐵路西段之陳賡匪股。」（國史館「蔣中正總統事略稿本」民國卅六年十月廿九日。）

民國三十六年十一月三日

陝境國軍兵力嚴重不足，胡主任電呈蔣主席，建議在關中成立三個師，但未獲同意。

「查剿匪最後勝利，端視敵我力量之消長為依歸，西北區域廣大，兵力單薄。對匪軍流竄，若賴今日少數兵力應付，已成顧此失彼，更難望移轉其他戰場。擬作未雨綢繆計，在關中成立三個師，施以短期教育，庶不致臨渴掘井，可否，乞示」

附：對於本電，陳（誠）總長十月三十日簽擬意見：

「甲、新成立部隊免議，各抽調旅，應加速編組訓練備用。

乙、以現有之五個抽調旅編為卅六軍兩旅，六團制師兩個師。由胡主任編報，尚餘一個抽調旅，仍為獨立旅。」

蔣主席批：「照甲案可也。」（國史館檔案典藏號 002-020400-00019-098）

民國三十七年元月三日

胡主任呈蔣主席，共軍準備圍攻山西臨汾，如派軍援救實力不足且道遠，緩不濟急。

「晉南匪自攻陷運城後，以一部南下，憑黃河、中條之險，企圖拒我軍北渡入晉，望主力轉向北移，連日以來，於臨汾附近大量運儲糧彈，似準備圍攻臨汾。查臨汾守軍僅兩團，兵力單薄，勢難久守；而我援救兵團，遠在二百公里外，且第一師、第三十師、第二八旅各部總兵力不足三萬，而匪攻運城者，已達八萬，更增以運城以北獨立團等軍區部隊，則較我增援部隊優勢三倍以上。我以極劣勢兵力，欲深入匪區二百公里解救臨汾，不僅時間難如所期，查渡河部隊以四團渡河量估計，至少須六天方能渡完，且極端危險，而事實上恐不可能。又我以西安為基地之空軍，以距離過遠，對於臨汾亦難以支援，除飭北渡兵團遵限開始行動外，對臨汾作戰究應如何指導，祈電示遵。」（國史館「蔣中正總統事略稿本」民國三十七年一月三日。）

民國三十七年元月二十四日

蔣主席再電示胡主任：將部隊調往東邊圍剿陳毅、陳賡，並赴洛陽。

「第一師與三十六師，務照原定計劃，如期集中指定地區勿誤。如第一師須加整休，則該師與第二〇三師任務對調亦可。總之，此次圍剿中原二陳匪部，嵩縣與臨汝地區兵團之任務，特別重要，必須如期在指定地區組成此兵團，並須由弟親駐洛陽指揮，以期完成總進剿之任務，足可防堵匪主力西竄也。」（國史館「蔣中正總統事略稿本」民國三十七年一月二十四日。）

民國三十七年元月二十四日

胡主任對蔣主席指示回復遵辦，並呈報派盛文參謀長飛南京面報。

子宥聖禺電：「為達成任務，具申三項意見：⑴抽調之兵力第一師（欠第一旅），三十六師（欠二十八旅）、三十八師（五十五旅、一七七旅）、六十五師。⑵以裴昌會指揮。⑶兵團東進時，親駐洛陽指揮。⑷陝洛交通及閿鄉河防，由地方團隊接替。⑸集中期延至丑刪。⑹派盛文參謀長飛京。」

附：對本電薛岳參軍長簽：「⑴至⑸項交劉次長（斐）速核辦　⑹項呈核。」

蔣主席批：「如擬，除三十八師一七七旅不能移調外，其餘可照辦，並望如期集中勿誤。」

（國史館檔案典藏號 002-020400-00019-147）

民國三十七年二月二十五日

胡主任呈報奉命調兵往東後，中共大軍立即南下圍攻宜川，只得派廿九軍赴援。

「㈠陝北彭懷德匪部，本月下旬以來，逐次南下，其先頭梗竄金盆灣南。而同日夜，王震股由禹門口附近強渡黃河，我守軍陝保六團，以無重火器，在匪砲火之下，經戰鬥後，損傷甚大，南撤韓城附近。迴日，匪一股約六七千人進圍宜川・觀亭、英旺各附近，均發現股匪。我宜川守軍於萬靈山警戒陣地，及我二十七師之一營，於觀亭附近發生戰鬥。東禹門渡河匪，續有增加。有日，攻宜川之匪，頗形活躍。入夜後，反覆向我萬靈山、太子山警戒陣地猛攻，戰況慘烈，計斃匪百餘人。拂曉後，我逐漸退守鳳翅山、郎山、虎頭山主陣地。迄目前為止，攻宜川匪，確係第三縱隊，約萬人。竄據龍泉鎮、英旺各附近者為匪第一縱隊。另據報，匪二萬餘人於此，由宜川以東南竄，由東禹門渡河之匪第二縱隊王震股，已增至七、八千人。除以上主力向北，并以一部西竄。又舊襄窩一帶，槐樹庄、張村驛各附近，各有匪二、三千人竄據。㈡本署為策應宜川方面作戰，已飭劉戡軍第廿七師九十師經（逕）進至瓦子街、小市庄間地區，先擊破龍泉鎮附近匪之一股，再向宜川攻擊。為防匪越黃龍山直擾關中，已調第三十師急開部陽附近，并調第一師及第二十八旅集結潼關附近為第二線兵團，期盡量集中兵力於陝北方面與匪決戰。廬氏、商縣、雒南各要點及陝南自治，統交六十五師負責。陝、洛交通之維護連絡，由三十師擔任。洛陽遠隔，本署無力兼顧，該地守備請由陸軍總部鄭州指揮部指揮，以免貽誤。謹呈。」[8]

附一：蔣主席批：「交國防部研議」。（國史館「蔣中正總統事略稿本」民國三十七年二月廿六日。）

附二：三十七年三月十二日夜（南京）。宜川戰役失敗後，蔣經國先生電慰胡主任：「胡主任宗南大兄賜鑒：昨本擬來，長以氣候惡劣，乃逕回京。宜川戰役之後，深信吾兄定能重整軍旅，予頑匪以重大打擊也，弟經國叩寅文勵印」（國史館檔案典藏號002-080200-00638-055）

民國三十七年三月二十五日

宜川失守後，國軍不得不撤離延安孤城。胡主任呈蔣主席懇准延安守軍（南下）參加關中作戰。

「自彭匪傾巢南犯，我主力軍集結關中，準備機動作戰後，延安守軍陷於孤立，已將一旬，刻民食已盡，日有餓殍，軍食亦僅足半月，嗣後空補既難持久，糧食維持勢不可能，匪僅行圍

---

8 二十九軍軍長劉戡，九十師師長嚴明均於此役中自戕殉國。二人背景見本書胡上將親撰之「劉戡、嚴明烈士傳」。

困，困守已感困難，匪如強攻出擊，主力軍不能遠出馳援，將徒被犧牲，本署正澈底集中兵力，與匪於關中決戰之際，免將有用之兵力久置無用之地，擬懇准其撤出，嗣後其行動：㈠經由定邊集，太白鎮、邠州南回關中，參加作戰，較為妥慎。㈡南下與洛川守軍會合，再與我北進主力軍協殲彭匪，但如豫西陳匪西犯時，則不能實施，是否可行，並以如何行動為宜，謹電核示，職胡宗南。寅有衛印」

附：本電薛岳參軍長簽「擬交劉次長（斐）速核議」。奉批「如擬」。按，蔣中正總統三月二十七日日記亦記載延安放棄與撤退之路。事實上，此時全國之政局至為紛亂，而經濟尤其不能支持軍事。

民國三十七年三月二十六日

胡主任呈蔣主席請閻錫山主任就近派軍支援臨汾

「臨汾被匪圍攻時逾兩週，匪我傷亡，均極慘重。現匪不斷增加，其勢志在必得，為挽救此晉南唯一要點，擬懇電飭閻主任酌派部隊，即日進駐霍縣、洪洞之間，相機策應我臨汾守軍之作戰，可否，謹電鑒核。」（國史館「蔣中正總統事略稿本」民國三十七年三月二十六日。按，西安綏靖公署自民國三十五年整編後，僅餘六個師、十四個旅可機動，而三月初經宜川之敗後，兵力更少。本電及元月三日無兵力救援臨汾電之兩電顯示當時西安綏署在陝西、晉南、隴東防線長，防務重，卻兵力不足之窘境。）

民國三十七年五月一日，四日，六日
胡主任就西安綏署派在山西臨汾駐軍艱苦奮戰情形呈報蔣主席

五月一日：

「臨汾戰報：㈠卯感戌至儉丑，匪以各種炮火掩護，向我全面猛撲數次，均被我擊退。儉寅，我卅旅爆破班，將東關小北門匪通我之坑道炸毀，斃傷匪五百餘。㈡豔丑，匪以小股紛擾城南各據點，主力在砲火掩護下，向小北門以北我陣地猛撲二次未逞，遺屍八十餘具。謹聞。職胡宗南」（國史館「蔣中正總統事略稿本」民國三十七年五月一日。）

五月一日：

「據俘供，㈠攻臨汾之匪，以窯之經東關向我城東，掘有深四丈之坑道五條，刻正積極進掘中；㈡匪企圖於坑道全部完竣後，爆破總攻；㈢匪近備有催淚劑，準備攻碉及爬城。」（國史館「蔣中正總統事略稿本」民國三十七年五月一日。）

五月四日：

「據臨汾卅旅尹旅長及多幹部電稱：臨汾血戰兩月，刻已瀕於危境，官兵爛額殘軀，傷亡達三分之二，宰馬為食，拆屋為薪，此情之慘，實難言喻。職等死固不足惜，惟以巨大物資、武器、人員資敵，致貽笑中外，實難瞑目。務懇晝夜派機助戰，並空運部隊至太原，配合國軍南下馳援，以保此名城，收拾人心，等情，謹電鑒核。職胡宗南」

附：蔣主席電復臨汾守軍：「現在陝北戰局已經勝利，對增援臨汾計劃即可實行，務希與友軍同舟共濟，奮鬥到底，並督勵所部，固守待援為要。糧彈空運接濟，與空軍盡力助戰，已嚴督加強，實施勿念。」

另，蔣主席批示胡主任：「全力空運投送，並由弟負責親自主持。督促第卅師在陝部隊，應即準備空運太原，以期促成晉軍援臨之決心，並望與閻主任切商辦法，勿稍敷衍為要。」（國史館「蔣中正總統事略稿本」民國三十七年五月四日。）

五月六日：

「臨汾戰況：㈠五月五日，匪以坑道爆破及砲擊，終日未停，黃昏後，集結一旅兵力，向東城北部連續四次猛撲，均經白刃逐退，戰況慘烈，迄戌匪勢猶未艾。㈡我東城北部工事，泰半被毀，正進行外壕爭奪戰。我傷亡日重，城內逆襲部隊，均已抽填第一線。」「另，臨汾謝錫昌副旅長微電呈報蔣主席，略以匪正以密集砲火，配合坑道爆破，向我東城猛攻，臨汾危在旦夕。陝部東渡，恐已不及，空運太原南下，亦嫌過遲。請飭（閻錫山主任之）晉軍立援，為最便捷。」

附：蔣主席即指示閻主任，力謀挽救危局，閻主任卻覆謂派軍南下會被共軍伏擊，不如八十三旅及魯崇義師迅速空運太原，共同南下；否則援助臨汾有失，太原亦難守。（國史館「蔣中正總統事略稿本」民國三十七年五月十五日。）

民國三十七年五月四日

西安綏署部隊除在山西之外，同時亦在河南抵擋共軍攻勢。

「據宛西團隊指揮官陳舜德辰冬電稱：匪劉伯誠部，冬日向淅川進犯，江日已包圍縣城；戰況慘烈，守城士兵僅一團，實難確保。如中央即令駐均縣之一六三旅星夜馳援，可挽垂危。否則淅川不保，則鄂北宛西前途堪虞，謹電作最後之呼救，等情。謹電鑒核。職胡宗南」[9]（國史館「蔣中正總統事略稿本」民國三十七年五月四日。）

附：蔣主席批：「交國防部核辦」。

9 陳舜德領導之宛西團隊在民國三十四年春夏河南西峽口會戰中協助國軍數次殲滅日軍，功績卓著。

民國三十七年五月七日，八日，九日
西安綏署涇渭河谷大捷在「蔣中正總統事略稿本」中之相關記載

五月七日

「是日、被圍於涇川以北地區之彭德懷、王震匪部二萬七千餘人，經國軍兩晝夜之奮勇進擊，已告崩潰。」

五月八日

「是日、涇川一帶之匪部，經陝甘邊境國軍強大部隊包圍下，斃俘達萬餘。突圍向荔鎮、豐臺之一匪股，復遭我長武北上部隊截擊。」

五月九日

「是日、隴東大殲滅戰，已近尾聲。經三日來國軍圍殲，匪死傷計達一萬二千以上。戰場陳屍遍野，繳獲武器堆積如山。少數殘匪拚死向東北方向潰逃，國軍仍在派隊追擊中。」

（國史館「蔣中正總統事略稿本」民國三十七年五月七，八，九日。）

民國三十七年五月十五日

西安胡主任電呈蔣總統空運支援太原事

「寒電辰元巳侍玄電奉悉，自應遵照，但第卅師部隊目前既屬第六十五師，尚在囊形地帶，尾追彭匪殘部中，一週內難以到達西安，恐緩不濟急。而第八三旅早已準備完畢待命，且西安油料亦須由徐州運來。應先運八十三旅，抑待三十師到達後再運，祈電示遵。職胡宗南」（國史館「蔣中正總統事略稿本」民國三十七年五月九日。）

附：蔣主席電復：「應即令三十師從速集中西安，空運太原，切勿延誤。此次進擊殘匪，指派三個師兵力，一路前進，未免浪費太過也。」

民國三十七年六月三日

涇渭河谷大捷顧參謀總長祝同呈報蔣總統，讚胡主任指揮卓越。

「查此次陝北彭匪德懷，傾巢南犯，進竄隴東，經西安綏署所部與馬繼援師窮追，將匪主力殲滅。該主任胡宗南指揮卓越，用兵神速，奉　鈞座面諭：『茲宜川戰役，胡宗南以指揮失當，曾經撤職留任處分一案，應予撤銷，並電慰勉其餘有功人員，一併令飭查報』等諭。已遵諭撤銷該主任撤職留任處分，並分電各軍遵照，除有功人員另簽外，理合呈請核備。」

（國史館「蔣中正總統事略稿本」民國三十七年六月三日。）

民國三十七年六月十九日

胡主任電呈蔣中正總統對陝北共軍作戰計劃

「總統蔣六〇四八密（表）　謹將本署對陝北匪軍作戰計劃如次：㈠一縱隊六月十五日由中部竄黃龍山，二縱隊據將軍山以北地區；三縱隊據韓城西南；四縱隊六月十三日竄宜君，有向東竄模樣；八縱隊據宜川以南地區，有誘我部、澄國軍於黃龍山區決戰企圖；舊囊形地帶似駐留一部4CD。㈡本署以誘匪東調，乘虛肅清舊囊形地帶[10]之目的。一部仍續向黃龍山區佯動誘匪，主力集黃龍山區；爾後以一部乘虛肅清囊形地帶，主力分置於郃澄銅各附近地區，待機進擊。㈢第五兵團以三十八師（附十二旅二十七旅及四十八旅之一四二團）　以一部向黃龍山區佯動，爾後佔領陌良鎮、甘井鎮，主力控置部陽以西澄城以北地區，六十一旅一一四團相機規復白水，三十六師主力仍控置同官附近。㈣第一軍準備以暫二旅，保一旅第一團，新九旅二六團，一六七旅一部向柳林、小邱、鐵王之線搜剿，爾後再向照金石門關附近地區進出，肅清舊囊形地區南部散匪一部，相機規復栒邑，謹電鑒核。職胡宗南。已巧協其印（原件附地圖）」

10所謂舊囊形地帶乃陝北黃陵、宜君、耀縣、淳化、旬邑到隴東、合水、慶陽之間之地域，狀似囊形，多年來均係由中共控制，國軍多次欲加以肅清而因國內外各種不同因素而未能進行。

附：薛岳參軍長簽「擬交顧總長核辦」。[11]

奉批：「如擬」。

民國三十七年十月中旬

陝東大荔會戰我軍獲捷，「蔣中正總統事略稿本」中之相關記載

蔣總統手擬電稿予西安胡宗南主任：「篠電悉，應趁匪敗退之際，積極追擊，以期澈底解決其幾個縱隊，使之不能在短期內重擾關中為要。關於派馬繼援部東進協剿，已令張主任（治中）速辦，惟其希望不大，不如獨立奮鬥，免誤戰機也。」時彭匪德懷，挾其黃龍山區之匪第一、第二、第三、第四、第六各縱隊於六日向陝東大荔進犯，經國軍迎頭痛擊後，大部為我包圍殲滅，餘亦紛紛潰竄；至十七日，我已先後收復朝邑、郃陽、澄城，勢如破竹，現正向黃龍山區匪巢繼續挺進掃蕩中。（國史館「蔣中正總統事略稿本」三十七年十月）

---

11 顧祝同上將於五月接替陳誠上將，任參謀總長。

民國三十七年十一月十七日

胡主任建議補充戰力，鞏固反攻基地，在川陜甘豫邊區增設三師制軍三個。

「綜觀月來軍事演變，西北戰略地位益見重要，對東、北兩面作戰益增艱鉅。為充實作戰能力，鞏固反攻基地計，除宜將現有多軍充實為三師制軍外（須增編步兵師六個），並應增設三師制軍三個。擬請賦予軍番號三；步兵師番號十五；騎兵師番號一，分在西北川、陝、甘、豫邊區成立，歸本署督訓。是項幹部無問題，如是，本署得編成三師制軍十五個，確立後期革命中堅武力。當否　乞示。」（參考國史館「蔣中正總統事略稿本」民國三十七年十一月，第四九九至五〇〇頁，及臺灣商務印書館《胡宗南上將年譜》增修版，二三七—二三八頁。）

附：蔣中正總統對本電之批示為：「准先增編六個師，每年充實為三個師之編成。現已指定三個師，當待有空番號後，提先補編，但可先行準備幹部。至於另增編三個軍一節，此時尚難辦理。」惟兩個月後（民國三十八年元月），蔣總統即行引退，李宗仁任代總統後，與中共議和，不願增加中央軍軍力，是以增編各師事，始終未能實現。

民國三十七年十一月三十日

胡主任呈請蔣總統決定天水、漢中等地指揮事權。

「查川、陝關係密切，漢中、天水均須有先時建立後方基地、積極準備之必要。但自川、陝邊區綏署區域改劃後，已均不歸本署指揮，措施至感困難，陷於無人負責狀態，如不能即予徹底有效解決事權統一，則今後之艱鉅責任，將無法承負。務懇鈞座迅予裁奪示復。」（國史館「蔣中正總統事略稿本」民國三十七年十一月。）

附：關於本電，蔣總統批示：「此電抄送何部長（應欽），顧總長（祝同）：鄧（錫侯）既不就川陝甘邊區綏署主任，應即調為重慶綏署副主任，川陝甘邊區綏署撤銷；漢中、天水多歸西安與西北綏署分別統轄可也。」[12]

民國三十八年一月十八日

胡主任呈蔣總統請調駐新疆部隊東開俾參加西北戡亂戰役

「新疆目下寧謐，有騎五軍在彼，似可鎮壓，其四十二軍（趙錫光）、新二軍（李士林）及河西之九十一軍（黃祖壎）擬請掃數東開，參加西北戡亂戰役。在我則化無用為有用，在新疆則以撤戍兵而示信，一舉數得，敬乞鑒核。」（國史館「蔣中正總統事略稿本」民國三十八年一

12 鄧錫侯為川軍領導人之一，曾任四川省主席，但此時已與國民政府漸行漸遠，一年後與劉文輝、潘文華共同宣佈投向中共。至於西北綏署當為西北軍政長官公署，駐蘭州，統轄青海、新疆、河西等地，主任為張治中。

月。）

附：蔣委員長批：「交顧總長核議並復」。

民國三十八年元月二十六日

電復蔣總統所告知引退函，以領袖蒙塵自責並請促張群主任西來以維重心。

「前上馬電，泣請鈞座勿遽高蹈，未蒙採納，頃蔣堅忍同志返陝，面遞鈞諭，啟椷拜誦，益用愴懷。生等庸劣，不能靡平大難，以紓宸憂，國都南遷，領袖蒙塵，千秋萬世，長為鈞座之罪人矣。奉囑死中求生，奮鬥到底，敢不唯命。惟大變之來，各方步驟，參差不一，如無統一指揮，專使聯繫，則眾志不固，互信不生，請鈞座注意及之。岳軍先生亦懇催令西來，以維重心，臨電愴惻，恭叩鈞安。」[13]

---

13 民國三十八年元月二十日蔣中正總統引退，致電胡主任告知此事，謂引退係「冀促成和平」；同日親函胡主任，促其「作死中求生之奮鬥」，今後「主力應置於漢中附近」，將來並受「重慶張（群）主任之指揮」。該函由蔣堅忍先生於二十六日攜抵西安面呈。本電文引自國史館「蔣中正總統事略稿本」民國三十八年一月二十六日，餘請參考臺灣商務印書館《胡宗南上將年譜》增修版，頁二三七，二三八。

民國三十八年五月十三日

蔣中正總裁電請四川省主席王陵基接濟胡主任部隊

「陝省國軍聞將絕食，無任繫念，務望兄從速設法接濟，並將前兄代征補充兵額，亦請特別撥補，實為至感。」（國史館檔案典藏號 002-020400-00331-035）

民國三十八年五月十四日

蔣中正總裁電告胡主任無法接濟軍費，應作自立自強打算。

「中央政府所有全部現洋尚不足二千萬之數，而且所有金銀非由政府與國防部命令，決非個人所能任意支配，否則即為違法，更予人以口實。此種困難，當非弟所能了解也。此時各部只能作自立自強之打算，中可只在不違法之內，從中設法協助而已。」（國史館檔案典藏號 002-020400-00028-117）

信函

民國三十六年三月二十七日

胡主任致蔡棨先生函[1]

「英元兄：前次兄赴榆林，翊贊鄧公[2]軍事，而參預南下之軍，截斷匪逃竄之路，而生擒朱毛，建立奇功為要，此祝 戎綏！

胡宗南手啟 三月廿七日延安」

1 蔡英元，名棨。第一軍幹部，擅長參謀作業，追隨胡上將數十年，民國三十九年三月曾力勸胡上將離西昌返臺，俾號召學生部屬從事反共鬥爭，而不要在西昌平白犧牲，本函則係民國三十六年胡上將攻佔延安後，自延安所撰。

2 鄧公係鄧寶珊，戍守陝北重鎮榆林，由胡主任派精銳部隊（徐保率領之二十八旅）協助防守，屢次擊敗優勢共軍之圍攻而屹立不搖。

文論

民國三十六年一月十日

胡長官在洛陽檢閱青年軍二〇六師後講話[1]

青年軍二〇六師是中國最優秀青年集合，是中國青年有思想有抱負的主義戰士的集合，是中國青年能打能拼能幹的無名英雄的集合，是中國青年能夠流血流汗成仁取義的孤臣孽子的集合，這個集合：

只見道義，看不到利害；

只見光榮，看不到恥辱；

只見成功，看不到失敗；

只見轟轟烈烈，看不到黑暗沒落。

這個集合應該實現我們的理想，擔負起這一時代的使命。

---

1 此篇載記於胡宗南將軍民國三十六年一月十日日記。

消滅割據，求中國之統一；實行主義，求中國之獨立、自由、平等、建設。這是領袖交代我們的任務，時代所要求我們的使命，而四萬萬老百姓所希望我們的工作，希望各位努力奮鬥完成這一個時代的使命，祝各位成功。

民國三十七、三十八年間
西安綏靖公署胡主任對部隊長之講話稿

一

1. 以攻勢手段達到防衛為目的，如陝北攻擊沒吃虧，吃虧在防禦也。當師長要用人用鈔，在此時期就是要用鈔。
2. 百里內老百姓皆為之作情報，一排一班駐地安如泰山，而五〇里外圍情況明白。師長要勤勞，一連一班防守地區，必須親到。住在家中必然失敗。

二

1. 匪如來攻，必有較優於我之兵力，我不必試探後再撤，應毅然決然撤去。

2. 以一部兵力與匪大部決戰，在戰略上已失敗了。不可存僥倖之想。
3. 對匪，我須學日人對我辦法，駐某地至多一團，隨時移動，使捉摸不到我的地點。
4. 固守一點，頗不容易，不可如太原錦州辦法。

三

1. 集中許多部隊來守一城一地，再蠢沒有，找來歷史上批評。
2. 戰略上，情報上王錯等主宰戰場之事，長官部應負責。

四

1. 不願幹者，不必幹。
2. 賞罰迅速。
3. 指揮官不好應變更。
4. 部署方面檢討誰對誰不對。

五

1. 精練山地戰、夜間戰。注重伏擊、襲擊、脫離戰鬥。
2. 山地戰注意最初部署，戰鬥間指揮官尤須有適時合乎上級企圖之獨斷行動。

3.特別講求通信聯絡及代號使用。

六

戰術：戰鬥要在節短勢險戰況下堅決求勝。

山地戰：在補充良好、通訊靈活、火力強大，各地指揮官靈活運用。

夜間戰：雙方條件同，準備周到、取主動者勝。

匪有今日，即以夜戰起家。夜間誰取主動誰就勝利，尤其小部隊搜索偵查，施行擾亂、襲擊混亂，最為有利。如能獲得正確情報，周密部署，堅強使用大部隊，於地方團隊掩護下，準操勝算。

追擊：慎追，忍受一切疲勞狠追、死追。

七

運動戰配合游擊戰。

民兵配合野戰軍。

變，看地為游擊。

變，規律性，變被動為主動，變挨打為打敵。

變，個別性，鑽隙流竄。

持久消耗戰。運動戰。游擊戰。主動戰。

八

戰鬥手段要猛——

第一要使火力在最近距離發揚最大威力

第二部隊要在火力掩護下猛進

第三要極力使用近戰武器。

但是——

我火力固然很猛，部隊不去利用火力瞬間的效力前進，火力與部隊脫節

九

堅決的意志是指揮官打勝仗的首要條件。打匪要打死仗，短促襲擊，猛烈戰鬥。致勝因素：巧、快、短、猛、狠，在此時期，非堅決不可。戰鬥本領必須堅決才能發揮，不堅決，好兵好械全無用。

十

㈠處處防備，處處擺兵，處處薄弱，兵力分散，不能在重點方面集中優勢兵力打擊敵之一部，兵力雖多、而敵所受的壓迫則小。

㈡各級預備隊多作消極的保駕作用，勝了不敢用於擴張戰果，敗了不敢用於迎擊敵人，坐待敵之攻擊。

㈢依賴空軍及砲兵，不能借飛機及砲火之威力一舉突入，坐待機去砲止，而無動作。

㈣搜索不力，僅有搜索而無一定之警戒，因之我來敵避，我回敵來，乘此以打擊我。144b部陽臨阜之失，48b寺前之敗，20D石羊橋頭陣地應戰不及，12b永豐突然被圍，皆作此失。今後1.搜索部隊必須與警戒部隊相輔而用。2.搜索正面須廣大。3.搜索部隊必須更翻輪迴，不斷搜索。4.經常備戰。

㈤警戒無方

警戒部隊兵力過大則疲勞，兵力過小則不能遲滯敵之行動，而妨礙主力之自由，過遠則易與主力脫節，過近則波及主力之行動。點式警戒本身易被包圍殲滅，對主力不能發生掩護作用，因此警戒必須以面的配備較宜。

目前一般部隊往往陷於過度集結而不講求警戒，而有之亦只能稱之為外衛兵、或瞭解哨、或無式警戒而已，應即行糾正者，1.所謂集結，乃主力集結，並非完全集結之意。2.小部隊必須為大部隊犧牲，寧可全大失小，不可因小失大。3.無警戒，則部隊無彈性，受少數敵牽制，兵力即不能轉移運用，受攻擊之時，不能判定敵之主力所在，萬一發現敵之弱點，亦不能自由調動兵力而殲滅之。

㈥指揮官無決心

1.危險時躲在一邊，不和上級聯絡。2.屢說自己部隊不行，怕有任務。故指揮官位置必須：⑴在危險方面、重點方面。⑵能看全般形勢。⑶不許在窯洞內房屋內指揮。⑷在屋內指揮者幻想多，膽子小，不能打勝仗。

㈦不能協同

打這部分，那部分不動，打那部分，這部分不動，沒有整體觀念。

㈧苟安苟全心理：在一個地方不願意動，沒有命令不肯主動把握機會去打仗。

㈨規律性

什麼時候行軍、宿營、吃飯，布置前衛後衛，形成一定規律，在規律中敵人可以找見機會。

民國三十八年一月二十二日

韋曲黨政班第三期學生宣誓成立「鋤奸救國會」胡主任致訓詞[2]

我們今天在總裁被迫下野，全黨悲憤的一天，宣誓加入鋤奸救國同志會，永遠為反共而努力，為革新本黨而努力，永不脫離同志，永不背叛主義、總理和總裁，永遠在我們的心中。我們永遠不忘記，我們是主義的信士，總理的戰士，領袖的死士。我在興奮之餘，為各位提出三點希望：㈠我們是革新本黨的先鋒隊，每一個人要特別剷共特別努力，為一班同志的模範；㈡我們是革命青年的大團結，絕對要排除過去黨團派系的觀念；㈢我們是共匪的死敵，要堅決信仰：共產黨必然消滅，國民黨必然復興！我個人絕對和各位同志共同甘苦、共同生死。謹祝各位奮鬥成功。

---

2 民國三十八年一月二十二日，此會在西安成立，胡上將為會長，趙龍文為書記長（來臺後曾任海軍政治部主任，中央警官學校校長），周士冕任組織處處長（三十九年在西康被俘不屈而遇害）。

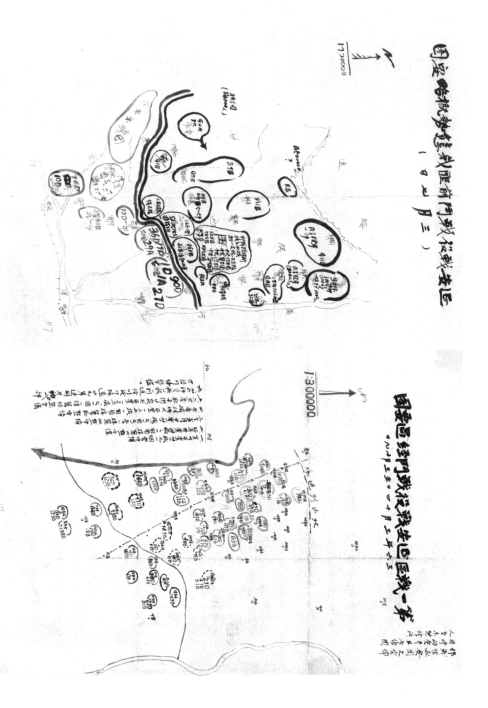

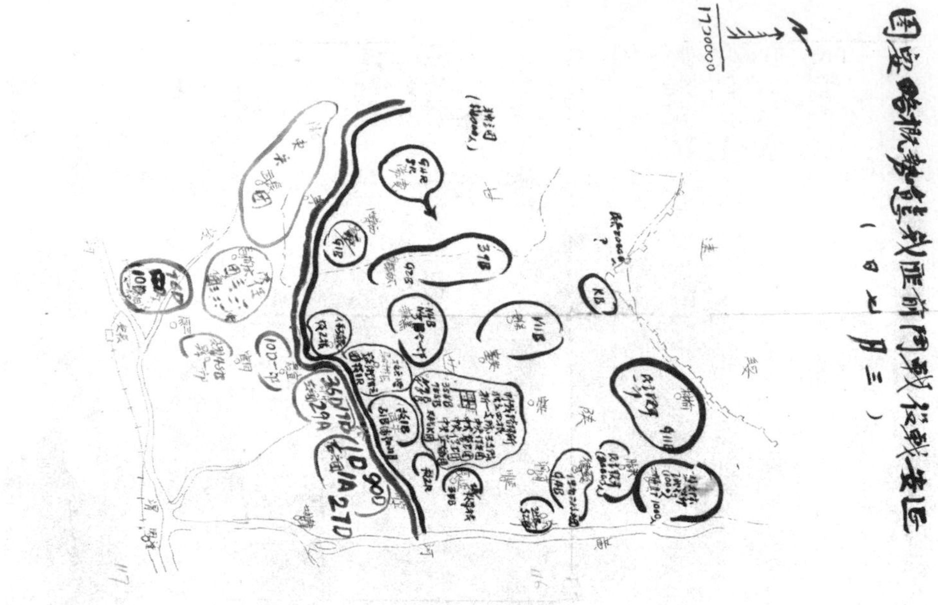

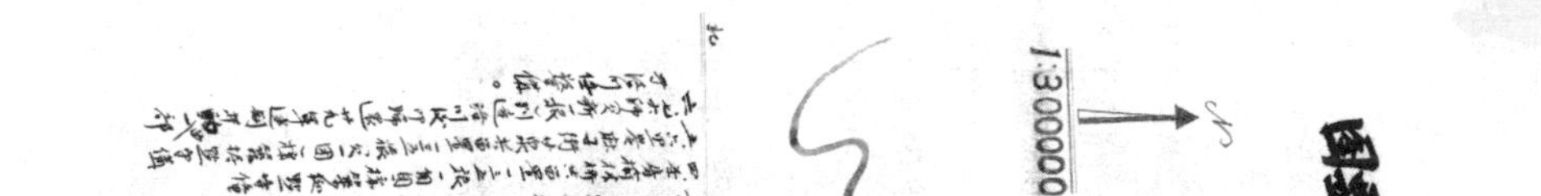
1:300000

國共內戰（戡亂）時期——漢中（南鄭）

民國 38 年 5 月至民國 38 年 11 月

駐守漢中，經營甘肅

宗南先生於民國三十八年五月十八日離開西安赴寶雞部署軍事，五月三十日至漢中南鄭設立指揮部，至十一月二十九日赴成都。

南鄭屬於陝西南部的漢中，鄰接四川。三十八年一月，宗南先生已經在此設立漢中指揮所，經營大巴山、秦嶺一帶的防務。西安撤守後，宗南先生一面經營甘肅南部，一面經營漢中。他希望立即派軍進入四川，以鞏固國民政府在四川的中堅力量，並協助穩定西南局勢，其精銳第一師已在陝南的寶雞候令，惜為廣州李宗仁政府所阻，數月不得前行。

八月八日，宗南先生兼任川陝甘邊區綏靖主任，仍在南鄭指揮防務。此時，蔣公已在臺北草山（陽明山）成立國民黨總裁辦公室，進行在大陸西南地區對抗共軍的最後努力。

九月三十日，宗南先生乃以第三十軍、七十六軍殘部完成裝備，部署於大巴山，而以六十九軍控制綿陽，另以一個軍出入關中平原打游擊。此時忽然接到國防部命令，駐守秦嶺的軍隊，必須等到大雪封山才能撤離。當時天暖並無冰雪，守軍調度受到限制，只得重新部署。

十月十一日，政府宣佈將於十月十五日由廣州遷重慶，中共則在重慶採取有計畫的縱火，造成市民損失慘重。此時，武漢重鎮已棄守，湖南亦已叛降，西安綏署部隊在陝南安康擊破共軍劉伯承部時，劉部之主力正迫逐我南撤各軍，進窺廣州。九月初，綏署擊退陝甘共軍之攻擊，全線穩定，其後在陝南、秦嶺續對共軍攻擊，以爭取時間入川。九月下旬，新疆陶峙岳決定繼綏遠、寧夏之後投共，故二十六日蔣公致電宗南先生，認為「西北整個淪陷，局勢嚴重」，希望宗南先生積極整補，詳訂部署，以期「死中求生，旋轉大局」。

十一月二十九日，西安綏靖公署人員自漢中移住四川綿陽，參加四川保衛戰。

電函

民國三十八年七月六日

胡主任致電蔣經國先生，建議領導組織順應民意，願予支持。

背景說明：胡主任於民國卅七年十二月底奉召赴南京晉謁蔣總統，並與蔣經國先生晤談。惟數週後，蔣總統於卅八年元月廿日引退，由李宗仁代行總統職。

「蔣經國弟午東電敬悉〇七五四密（表）。溪口一別，遽爾天涯大變，之後吾人自不得不痛切檢討。竊以為今日苦撐待變者，約有四事：第一，吾人本身作法應變；第二，共黨治後民心必變；第三，國際局勢最近有變之可能；第四，共黨之內部權利衝突，必不可免。然，後三者皆意圖，唯首項乃主體也。廿世紀全世界已無個人之自由，所爭者乃組織之成敗而臤成功——㈠必須順民意；㈡必須重視幹部之意見；㈢必須納領袖於組織之中。吾弟過去在贛州、在上海，皆能卓然有所樹立。倘能推陳出新，領導組織，以從事於苦撐之役；兄必率眾景從，以為復興之助。海枯石爛，此志不渝。唯祈遠察輿情，近承庭訓，速定方針為幸。胡宗南午微印。」（國史館檔案典藏號 002-080200-00661-010。另參考臺灣商務印書館《胡宗南上將年譜》增修版，頁二三七－二三八。）

民國三十八年七月三十日

胡主任為鞏固川隴防務，呈請蔣中正總裁將西安綏署改稱「川陝甘邊區綏署」

「本署轉移陝南後，一切補給均有賴川北接濟，後方基地已先後移置川北，益以大巴山、摩天嶺、劍門關等地區，均為本署最後必守之預備戰略要地；而隴南毘連川北，為秦嶺側背，關係尤深，亟應先事經營，部署準備，始克有濟。擬請將川北綿竹、德陽、中江、遂寧、南充、蓬安、巴中及其以北各縣，與隴南兩當、徽縣、成縣、武都、禮縣、西固及其以南各縣，劃歸本署轄境，俾便及早籌劃準備。為正名核實計，並請將本署改稱川陝甘邊區綏署，以利推行，是否有當。謹報　請核奪示遵　謹呈　總裁蔣。」（國發會檔案管理局檔案BS018230601-0038-543.64-10602A）

附一：蔣總裁批示：「此可作腹案帶到重慶研究決定可也」。

附二：蔣總裁當時在臺北，於八月初訪問南韓一週，八月十六日約胡主任飛臺北見面，蔣總裁於當日日記載：「約宗南來朝餐，……彼甚有決心，且毫無頹唐之色，此乃幹部中之麟角也」。八月廿日續稱「宗南……精神志節始終如一，而勇氣與見解亦超乎常人，此為逆境中最自慰者」。按，八月五日美國發表白皮書，嚴責我國民政府，而湖南程潛、陳明仁亦在此時降共，共軍長驅南下。蔣總裁嗣於八月廿三日飛廣州，廿四日飛重慶。

（參考國史館「蔣中正先生年譜長編」第九冊，頁三三五—三四九。）

附三：民國三十八年八月十九日，國防部第一視察組組長戴展呈蔣中正總裁，以胡宗南部有責任卻缺資源，建議速予其川康軍政權力，並對西北剿匪情形暨我軍應行改革事項提出建議：

一、自戡亂以來，我軍戰略常患保守、持重之弊，自處被動地位，使匪有充裕時間，集中優勢兵力，指向一點求決戰；而我軍失利，即向後轉移，等待來攻，不求出擊主動之策。若不迅圖改善，將來必至無地可退，無處能守，遭袋中捕鼠之命運而後已，故採取主動戰略，向匪後開闢第二戰場，實屬亟需；宜在短期見諸事實，以振奮人心，挽回軍事之頹勢。

二、剿匪兵員，應注意質量問題。關中目前第一線，匪在五十萬以上；而我西安綏署與隴寧兵力第一線總合不及三十萬，且無統一指揮機構，易遭匪各個擊破；砲兵方面，匪在我十倍以上，步兵武器亦較我為優，兼之我官兵因待遇菲薄、生活過份艱苦，一經戰陣，即行潰散；或攜武器馬匹，成群向四川逃散者；中下級幹部，均無責任心，對此不加過問。綜計實雞戰役後，約有數萬人逃回四川；倘不速求良策，戰事前途，實深堪慮。

三、軍事力量盈虛消長，為戰爭勝敗之關鍵。每於戰役損耗後，我軍之補充，仍固守成規，經徵兵手續入營訓練，至少在一年以上；而接來之壯丁，係繩索綑綁或老兵販子。據聞此種兵中，尚有被匪俘經訓練後放回原籍，以備下次徵兵，循環販賣，甚或領導新兵擊殺官長，集體逃跑。以此漫長時間，始得補充之兵員，尚不可靠，而匪除強徵壯丁，短期中即可充實戰力外；并對人力充分利用，老幼婦孺，有完密之組織，使服擔架運輸等與戰爭有關工作，相形之下，我宜痛自反省，即行改善。

四、裁減後方文職機關，提高官兵待遇。按志願兵招募辦法，在四川成立新軍，更改徵兵手續，實為當前之要務。七月份文武待遇調整後，文武職待遇懸殊，際此將士用命之時，前線各軍煩言嘖嘖，亟宜重新調整提高待遇，以維軍心。

五、戡亂軍事惡化以來，四川雖屬安定，而為匪所朝夕覬覦，四川人民亦感朝難保夕，驚惶萬狀。有志之士，咸悟死守家鄉，不若拒匪於境外，故有退役優秀軍官萬餘人，領導地方有志青年數十萬，常思從軍剿匪，苦無機會。擬請照志願兵召募辦法，以軍番號畀職前往召集入營，成立新軍衛川，俾遂其志。

六、西安綏署胡主任夙具忠勇，既將西北戡亂大任與之，即應有相當根據地以支援，始能配合反攻計劃，施行作戰。現在陝南漢中，無兵無糧，自天水陷匪後，汽油來路斷絕，運輸復為困難，糧彈之補給，均為嚴重問題，軍事行動欲有所為，均係心勞力拙，上次六月份配合隴寧兵團反攻關中之損失即其明例。擬請將川康軍政大權與之，使以政治支援軍事策劃反攻。

七、以上數端係職親身察攷而切要者，關係戡亂前途甚鉅。現關中匪正集主力向蘭州，其先頭已至蘭州外圍數十公里，將來南竄四川，則我防禦力量，恐遠遜於隴寧，保衛西南前途深堪憂慮，懇請迅予挽救，俾利戡亂，國家幸甚，民族幸甚！（國發會檔案管理局檔號 BS018230601-0038-543.64-10602A）

民國三十八年八月二十八日

胡主任呈請蔣中正總裁為川陝甘綏署專設人員

「一、奉兼部長閻未江展貳及未銑制磅永兩電節開「茲為鞏固四川門戶，聯繫西北作戰，設立川陝甘邊區綏靖公署，派胡宗南兼主任，直隸國防部；又該邊區綏署不另列編制，其所需人員由西安綏署調兼」各等因。

二、自應遵照。惟查目前匪軍竄陷蘭州，似將大舉轉犯隴南，該邊區如無健全機構，統一軍政指揮，稍有差失，足危害川康，影響全局。復查西安綏署近又奉令縮編，業務人員已感不敷，且**目前處於三面作戰**，戰機日迫，業務益繁，所屬人員實無法大量抽調兼顧，而邊署勢必及早成立，副主任、高級政務人員，及其他必要業務人員、勤務警衛部隊，必需專設。懇俯察實情迅　賜核頒該邊區編制為禱。」（國發會檔案管理局檔號 BS018230601-0038-543.64-10602A）

民國三十八年八月二十八日

胡主任電呈張群長官，國軍在陝南、隴南攻擊奏功。

「限卅分鐘到長官張，并轉重慶總裁辦公室俞組長濟時兄。密戰報：㈠我一二三師未寢（八月二十六日）拂曉擊潰匪一八三師一部，攻克天臺山（寶雞正南約卅公里），俘匪廿二名，斃傷匪百餘名，鹵獲輕機槍一挺、步槍一三枝。㈡感（八月二十七日）日我一二三師繼續攻擊，擊破匪之抗力，進佔楊家山，近逼益門鎮，我卅八軍五五師由觀音堂沿公路兩側北攻，進佔二里關。一七七師攻佔馬頭鎮後向右旋迴，沿渭河南北岸東進中，據益門鎮匪一八三師、一七八師陷入我包圍。㈢左翼我一八七師附突擊總隊，本日由成縣攻擊前進，迄晚抵紙房鎮石頭關，西和團隊在國軍支撐下，已進入西和城。㈣向天水攻擊之第一軍，刻推進至崖橋麻沿河之線，九十軍經成縣向黃緒關推進中，第廿七軍先頭師全部抵雙石舖，明續向兩當、徽縣前進，謹聞。胡宗南未感紅徑。純印」（國發會檔案管理局檔號 BS01823060l-0038-543.64-10602A）

按，當日蔣總裁於重慶召見胡主任，談話後在日記中記載：「宗南實為將領中之麟角，可愛。」

民國三十八年九月七日

胡主任自南鄭電呈蔣總裁、張群長官，國軍在秦嶺附近攻擊順利。

「限三小時到。密。長官公署轉呈總統蔣、長官張，并請譯轉兼主任徐，戰報：㈠申虞（九月七日）拂曉，我三六軍向當面之匪六一軍攻擊，我二八師午刻將匪左翼一八一師殘部再度擊潰，推進至高橋子（王家楞北）以北地區，斃傷匪五百餘，現仍與匪對峙中。㈡本虞（七）日晨，我二七軍全部出擊，擊退匪六十軍之一八〇師。佔領河口洞、塔兒坪及各北側高地，準備明齊（八）日拂曉再續攻擊。㈢我第一軍有力部隊，自申魚（九月六日）向當面匪一七九師攻擊，本虞日下午將據中山之匪擊殲，并續攻克五道梁迄羅漢寺一帶高地，戰果正清查中。職胡宗南。申虞戌騰伯印」（國發會檔案管理局檔號 BS018230601-0038-543.64-10602A）

民國三十八年九月十日

胡主任自南鄭電呈張群長官轉蔣總裁，國軍在陝南附近攻擊奏功。

「限三十分鐘到長官張，並轉呈總統蔣密。戰報：本齊（九月八日）我軍冒雨繼續向當面之匪猛攻，雖山洪暴漲、運動艱難，然我將士，士氣盛，力克萬難，利用天候，予匪奇襲。我右翼卅六軍，擊潰當面之匪，進克鐵爐埧（寶雞南四十五公里）；第二七軍（附十二師）續克沖口洞東北、西北各重要點，進攻山廟梁（鳳縣東卅公里），斃傷匪千餘人；第一軍攻佔西坡白家店（鳳縣東北十五公里），匪望風後撤，戰果俟清查續報。胡宗南申有潼純印」（國發會檔案管理局檔號 BS018230601-0038-543.64-10602A）

民國三十八年九月十一日

胡主任自南鄭電呈張群長官轉蔣總裁，國軍在北秦嶺攻擊順利。

「限一小時到長官張，并轉呈總裁蔣密戰報：㈠本佳日我秦嶺各部隊仍冒雨繼續全面攻擊。㈡右翼卅六軍經激戰後，攻抵上白雲進口關東西之線。㈢廿七軍一三五師本晨於河口洞西北高地遇匪一七九師猛烈反撲激戰，迄午被我奮勇擊退，該軍並乘勝攻克山廟梁，匪遺屍百餘具，我鹵獲輕機槍三挺、步槍十五枝。㈣第一軍有力一部攻抵草涼驛、唐藏各附近。胡宗南申佳潼純印」（國發會檔案管理局檔號 BS018230601-0038-543.64-10602A）

民國三十八年九月十四日

胡主任自南鄭電呈蔣中正總裁（時在成都）。國軍秦嶺部隊正全面對反撲之共軍攻擊，擬俟放晴後再攻向天水、寶雞。

「俞局長濟時兄，轉呈總裁蔣一七五四。密（表）。極機密。中真午渝電奉悉，自當遵辦。㈠惟以本署前以主力向天水及其以西地區出擊，匪得藉機進犯秦嶺，威脅我雙石舖後方，自調整部署，決先擊殲由東河橋突入之匪後，連日匪六〇軍及六一軍經我秦嶺部隊反擊，傷亡慘重。灰日起，其一八三師回竄咀頭鎮附近，六〇軍主力及六一軍一八一師退據東河橋、觀音堂間，及其東西外圍，一部尚在黃牛舖、紅花舖附近築工，企圖頑抗，另匪第七軍盤據馬龍泉、娘娘垻、西禮間地區。㈡我秦嶺部隊連日冒雨繼續全面攻擊。迄本元日止，第卅六軍（欠一六五師附一三九團）推進上下白雲，進至關核桃垻之線，廿七軍（欠四七師附十二師）推進河口洞東北高地亙山廟東北之線，第一軍（欠第一師）推進草涼驛亙唐藏之線，仍續攻中。㈢我十八兵團（指揮九〇軍、六五軍，一七七師，第一師，二二四師）以第一及二二四師主力控置兩當西北附近，有力一部守備利橋、高橋東西各高地要隘；九〇軍（欠三三八師）（武都）突擊總隊主力控置徽成、江洛鎮間，有力一部暫守備麻沿河大小山垻、黃渚關、二郎垻之線，并向西禮方向搜索游擊，掩護右側背之安全。㈣擬俟秦嶺反攻奏功後，再以主力轉向天水。㈤江日起，秦嶺山區霪雨連綿，山洪暴發，近日前後方交通中斷、補給不繼，攻擊進展頗受阻礙，一俟放晴遵即以全力向寶雞、天水方面之匪繼續攻擊。謹復鑒核。職胡宗南申元午騰純印」（國發會檔案管理局檔號 BS018230601-0038-543.64-10602A）

民國三十八年九月二十一日

西南長官公署張群長官就指揮系統事電呈蔣總裁

「竊查羅廣文部進出隴南，以支援胡宗南部作戰一案，經奉鈞座面諭：『羅部應以三個師堅守任家山、碧口、摩天嶺之線，以兩個師進出文武、成康地區，組訓民眾，阻匪南犯，羅廣文并受胡主任之指揮』等因：自應遵辦，查此項戰略之決定，對於掩護胡部左側背及鞏固四川、確保西南，關係重大；但因胡主任不屬本署指揮，而羅廣文既歸胡主任指揮，本署又不便對羅直接下令，擬懇鈞座將上項決定直接電告胡主任，是否有當。恭乞　鑒核[1]謹呈總裁蔣。張群謹呈。」

附：蔣總裁復電漢中胡主任宗南：「（密）貴部自即日起改歸西南軍政張長官指揮，除另電國防部張長官外，希即遵照。」（國發會檔案管理局檔號 BS018230601-0038-543.64-10602A）

民國三十八年九月二十五日

胡主任呈報蔣總裁國軍在秦嶺山區作戰情形

「限卅分鐘到總長辦公室譯呈總裁蔣。八六八七密。戰報『十萬分一地圖』秦嶺山區：㈠申

1 其後於十二月，羅廣文在四川率部叛變。

馬第一軍各部隊冒雨攻擊，一六七師主力攻佔羌家溝、臺子匕以北高地，及石門關、花梨灣、十八盤山之線，七八師一部攻佔潘家窯亙代帽山之線，二一四師馬午后控制張家莊、太渠鎮附近，刻草涼驛、唐藏附近，均已為我控制，踞匪不支，均向東河橋東西之線逃竄。㈡申馬廿七軍卅一師一部冒雨向橋子匪兩連包圍攻擊，經我軍奮勇激戰，於八時攻佔峽几趙家山朱陽梁之線；先頭越過陳家岔，主力佔領土橋子東西之線，是役斃傷匪百餘、俘匪十餘、獲步槍三枝，我傷官兵十餘名。一三五師主力，申馬六時，將土橋子以西之匪驅逐，佔領寨子山、徐家山二〇七〇高地。該師主力控置娘娘廟、陽山廟之附近地區。㈢俘供，匪十八兵團部皇門鎮，一七九師黃牛舖，六〇軍部觀音堂，匪五三九團於陳家岔老廠、新廠一帶。謹聞。胡宗南騰伯申養廿四印」（國發會檔案管理局檔號 BS018230601-0038-543.64-10602A）

民國三十八年九月二十五日

蔣總裁電勉胡主任死中求生

「西北整個淪陷，局勢嚴重，吾弟環境格外艱困，只有積極整補所部，切實研究方略，詳定部署，以期死中求生，旋轉大局也。如何盼覆。中正手啟，申宥」[2]（國發會檔案管理局檔號 BS018230601-0038-543.64-10602A）

---

2 綏遠、寧夏、新疆先後於數日內降共，而李宗仁代總統等桂系與蔣之矛盾尤為嚴重。當時胡主任所部孤懸陝南。請參考蔣中正總統相關日記。

民國三十八年十月三日

胡主任鑒於局勢嚴重，建議蔣總裁籌編新軍。

「總裁辦公室0754密（表）總裁蔣申霸十三時平啟電事悉，除作戰指導等意見，另電呈核外。甲、我軍已轉進到山地地區，如仍屬以前之平凡編組及裝訓，難能達到特種地形作戰致勝之目的，擬即另予編組山地盆地、平原之特種裝備一個軍㈠擬以本部完整野砲卅六門，換取在臺灣之美式山砲卅六門。㈡擬請發美式57式或仿造35式口徑火箭砲五四門，預備裝備一個團。㈢擬請發美式湯姆生衝鋒槍二一六挺，擬以每連十磐？制編成一個團。㈣擬請發中型戰車卅輛，編成兩個連，配合現有四十輛，合成一個營，如此編成堅強特種裝備之一個軍。乙、擬以成都軍校彈械，迅即著手編組十個軍，計卅萬人。為第二線兵團，並予以最新式之編組訓練，及黨化教育，而創造未來之新生命，並盼匯集補充兵二十萬人，以為戰耗補充之備。丙、擬以全國空軍三分之一力量，經常配屬西北戰場使用，運用我空軍優點，配合新裝備之軍，而挽回戰局。事急矣，敬盼當機立斷，重整山河，不勝迫切待命之至，職胡宗南西酉江戌親印。」[3]（國發會檔案管理局檔號 BS0182306 01-0038-543.64-10602A）

附：總裁前電已請胡主任「研究方略，詳定部署，以期死中求生，旋轉大局」。本電，蔣總裁十月十一日批示「此時只有在已有之物力與兵力設法加強運用，此為自救自強唯一之道。」

3 此時中共已在北平建政，共軍南下勢如破竹，蔣總裁在臺灣，而李宗仁代總統之政府則仍在廣州。

民國三十八年十一月十九日

胡主任在南鄭奉命移師四川救援政府，就軍隊調度事與蔣中正總裁意見衝突，力主精銳第一軍必須運成都而非重慶之理由。

背景說明：民國卅八年十一月，共軍已進入四川，威脅當時政府所在地之重慶，而代總統李宗仁稱病，不願赴重慶主持大局，而赴南寧轉香港，蔣中正總裁乃於十一月十四日自臺灣飛抵重慶，撐持危局，並於十九日令胡主任派「第一軍車運重慶，第三軍開新津（即成都）。」斯時胡主任一面抵禦共軍在陝甘地區之進擊；一面將其部隊逐漸轉移到川北，由於四川內部主要地方軍如劉文輝、鄧錫侯等均不穩，故正將其戰力最強之第一軍輸往成都途中，冀穩定川局，而派第三軍赴重慶支援，但蔣總裁命令其將部署改變。

「總裁蔣〇七五四密（表）。極機密。戌嘯章電奉悉。本部在川北，無兵、無糧、無衣，川局之關係可知。故急須第一軍趕到新津鎮壓，才有立腳點可守，才有保障川北部隊轉進安全之可言。此著如錯，全局皆敗，決無挽回之機會。除飭第三軍遵令在廿七日前車運到渝外，謹復。職胡宗南戌皓（十一月十九日）參列印」[4]（國發會檔案管理局檔號 BS018230601-0038-543.64-10602A）

4 民國三十八年十月一日中共成立政權，其後衡陽、韶關、廈門、廣州及東南各省失陷；十一月十四日，蔣總裁飛重慶。軍事上蔣總裁原希望川北防衛由胡主任負責；川東靠宋希濂，川南交羅廣文；但胡部主力尚未能轉移到四川時，宋希廉部於十一月十二日即已潰敗。此時第一軍正在往成都途中。

民國三十八年十一月十九日

蔣中正總裁再令胡主任改派第一軍至重慶。

「胡主任：聞弟對於第一軍調渝，甚為不願，是或愛惜兵力，以備決定成敗最後之使用，余甚了解。惟中以為，此次渝東作戰，實為黨國成敗最後之一戰。若惜此而不願聽命調用，恐再無使用之時。實革命成敗，黨國存亡，歷史榮辱皆在此一舉。望仍遵令調用，勿誤為要。中正手啟。戌皓機渝」（全文另見國史館「蔣中正事略稿本」民國三十八年十一月十九日及國發會檔案管理局檔號 BS018230601-0038-543.64-10602A）[5]

民國三十八年十一月二十日

蔣總裁侍衛長俞濟時再電胡主任催促派第一軍改援重慶。

「漢中胡主任宗南兄。密。此次川東之戰總裁已有詳密策劃。宋羅等部士氣亦盛，頗有勝利把握；兄部第一軍東調，各方期望甚殷。唯聞兄有改調第三軍之議，恐時間上趕不及主力決戰，且主力決戰應有強有力部隊，否則如影響全局之成敗，不但兄無以對校長，即輿論之責難

5 蔣總裁是日之日記稱「今日為宗南只肯調第三軍來渝，而不願調其有力之第一軍，不勝感慨之至。」見國史館「蔣中正先生年譜長編」第九冊，頁三九二—三九三。

亦不可免。想兄素忠實服從，此項關係重大，務盼以校長之意旨為重，勿再請求更換第一軍為幸，弟俞」[6]（國發會檔案管理局檔案 BS01823061-0038-5403.64-10602A）

民國三十八年十一月二十日

胡主任在南鄭電復蔣中正總裁仍反對其指示，惟勉強遵從，並請求增派運兵之車輛。[1]

「總裁蔣〇七五四密（表）。極機密。戌皓手啟機渝電奉悉。職以第一軍為黨國歷史命脈之所寄，全軍數十萬官兵精神維繫之培基，使用效果如何？當予審慎考慮。若以此等精銳有用部隊，毫無計劃，分散割裂置於無用之途，如此用兵，實為戰略之大忌。職以全軍安危所繫，故未敢緘默。鈞座既固執己見，除飭該軍遵於明卯（十一月二十日）日自廣元趕運來渝外，務請再飭增派汽車八百輛趕運第三軍，以便協力第一軍作戰。并請轉飭新津第一師緩運西昌，鞏固成都。謹復。職胡宗南叩　戌皓十一時卅分參列印」（以上所請八百輛車其後無一至者）。

（國發會檔案管理局檔號 BS018230601-0038-543.64-10602A）

附：本電發出之前，胡主任連夜召集軍事會議，與會者皆痛切陳辭，最後在極痛苦中，以「千里勤王，寧犧牲部隊」之決心，流淚遵命。其後重慶外圍之戰，因友軍潰散太快，第

---

6 俞濟時局長，黃埔一期畢業。當夜，俞局長直接對在四川廣元之綏署副主任裴昌會通話，轉達總裁命令，指揮第一軍轉開重慶。

一軍果然因不得不倉促上陣，割裂使用，而全軍犧牲；惟至少保衛總裁未被劫持，而政府亦得遷成都，繼遷臺北。另據江浙反共救國軍副總指揮鍾松中將於民國七十五年四月十三日在美國華府面告，三十八年十一月下旬第一軍自漢中趕往重慶外圍時，由於車輛不足，不得不在冰天雪地下步行趕路，以致到達時沒有一個連是完整的，但仍能奮勇犧牲，擋住共軍，掩護政府及蔣總裁撤離而完成任務。至於請增派汽車八百輛輸運部隊，竟無一輛派出，原有汽車亦因汽油不繼，部隊不得不徒步行軍趕路，腳底皆血跡斑斑。參考臺灣商務印書館《胡宗南先生年譜》頁二五二——二五七及《令人懷念的胡宗南將軍》中各相關文字，如一五六——一六六頁。

民國三十八年十一月二十二日

胡主任自南鄭電呈重慶蔣總裁，援渝之第三軍兩師亦歸第十八兵團副司令官兼第一軍軍長陳鞠旅指揮。

「渝總裁蔣○七五四密（表）。此次車運重慶部隊，第一軍僅 167D、78D 兩師，第三軍僅 17D、254D 兩師，總數不過四個師；如果兩個軍部一同前來，必至減少第一線作戰兵力，有名無實，反為不妥。擬請將第三軍之十七師，及二五四師兩師，撥歸第一軍陳（陳鞠旅）兼軍長節制指揮；而將第三軍部（軍長盛文）及直屬部隊，開成都附近訓練新兵，較為便利，是否有當，即請鈞核。職胡宗南戍養（十一月二十二日）參列印」（國發會檔案管理局檔號

BS018230601-0038-543.64-10602A）

附：蔣總裁批示：「復照辦，可也」。

民國三十八年十一月二十四日

蔣中正總裁侍衛長俞濟時電催南鄭胡主任，令第三軍千里應援，宜先徒步行進，勿等車輛。

「南鄭胡主任宗南兄。密奉諭：㈠第三軍在汽車未到達以前。即先徒步南下到梓潼或綿陽上車，以爭取時間，不可在廣元等候宿營地。㈡每日宿營地開出車數、人數，到達之車數，均須詳報等因，請遵照。弟俞濟時。戌敬辛渝」[7]（國發會檔案管理局檔號 BS018230601-0038-543.64-10602A）

民國三十八年十一月二十四日

胡主任自南鄭電復蔣總裁，自己及李文均無法分身，重慶戰場之高級指揮官仍以第十八兵團副司令官陳鞠旅為宜。

---

7 西安綏署部隊奉命於三十八年冬季，自陝南入四川防衛重慶及成都，惟既缺交通工具，又缺汽油。

「渝總裁蔣〇七五四密（表）。戌漾（十一月二十三日）手啟機渝電奉悉。㈠關於第一、第三兩軍指揮問題，經職再三考慮，以第十八兵團副司令官兼軍長陳鞠旅，戰場指揮天才與經驗較為優秀。而第三軍所屬各師團長受陳指揮，人事關係亦甚良好，且減少高級指揮機構，可以增進部隊戰場機動，加強第一線作戰兵力，故仍以陳鞠旅統一指揮第一軍及第三軍之兩個師為最妥善。㈡第三軍所屬之 **335D** 現正在樂山接兵，近尚未裝備，無法使用。㈢李文現正指揮第一線部隊作戰，職亦以大軍轉進，諸待籌劃指揮，無專人來渝。謹復。職胡宗南戌敬（十一月二十四日）參列印」（國發會檔案管理局檔號 BS018230601-0038-543.64-10602A）

附：蔣總裁前電全文為：「胡主任。戌養電悉。此間缺乏高級指揮官，此次重慶會戰，最好吾弟能親來指揮，否則第一、第三兩軍必須有人統一指揮。望派李文或袁樸飛渝指揮為要。第三軍三個師，望能全部開渝，盛[8]之軍部，亦須同來。此間決戰尚在豔日左右，各部隊務於感日以前集中完畢也。中正手啟。戌謙機渝」（國發會檔案管理局檔號 BS018230601-0038-543.64-10602A）

民國三十八年十二月七日

成都防衛副司令余錦源[9]中將呈報蔣總裁，決心在家鄉金堂縣發展游擊武力。

---

8 盛乃盛文，當時係第三軍軍長，十二月五日起兼任成都防衛司令。

9 余錦源，黃埔二期，四川金堂人，後於民國四十年游擊作戰中被俘遇害。

「校長鈞鑒：

一、生（即余錦源）決心在家鄉游擊以振黨國。

二、川西北袍哥領袖們均擁護生領導，生亦早有準備，相信一、二月內即可控制川西北一部。

三、希望酌：

1. 有多餘槍械、彈藥、衛生材藥等，即發給生運金堂使用。

2. 發電臺一部、密本，以便連絡。

3. 如能賜給若干活動券，以利工作開展，為感。（國發會檔案管理局檔號 BS018230 601-0038-543.64-10602A）

民國三十八年十二月十一日

西康省主席賀國光呈蔣總裁，報告西康不穩情勢。

「限即到總裁蔣。㈠昆明廣播盧漢灰（十二月十日）領導駐滇部隊長余程萬、李彌、李楚藩等叛變，并宣稱即將進兵西昌，解放西康部隊。㈡川、滇西路昆明至金沙江段已修通。㈢此間駐軍廿四軍一三六師師長伍培英，灰（十二月十日）日接得劉自乾（即劉文輝）、鄧晉康（即鄧錫侯）等電，知佳（十二月九日）已通電擁護人民政府，服從朱、毛等語，伍當飭所部對我方作戰爭壓迫狀態，彼此對峙，形勢極為嚴重。㈤甯屬會昌國大代表參議員等，惑於和平解放危辭，今日兩度到職處力求和平，雖因職態度嚴正，未敢明確順應，而詞句卻含有是意。㈥現昌可靠兵力，僅本部警備部隊兩營，及新到警衛團之一營又二連；兼其和平煽惑，人民動搖，未便妄以軍事解決，故虛與週旋，一面誘緩易幟，以待援軍。務懇鈞座立即空運大軍到昌，不僅挽救此間危機，且可保持我大陸反攻基地。情急事迫，不勝待命之至。」（國發會檔案管理局檔號 BS018230601-0038-543.64-10602A）

日記

民國三十八年十一月十九日

緊急調派部隊遠援成都及重慶與蔣總裁意見相左，力爭無效之經過完整記錄。

清晨俞局長濟時來電話，奉諭：「第一軍東運重慶，第三軍轉開新津。」當答以「此不可能，萬難辦到。」嗣奉嘯章電，令第三軍開新津，第一軍開渝，當即復電如次：

重慶總裁蔣嘯章電奉悉，本部在川北，無兵、無糧、無衣，川局之內部可知，故急須第一軍趕到新津鎮壓，才有立腳點可言，才能保障川北部隊轉進安全之可言，此著如錯，全局皆敗，決無挽回之機會，除飭第三軍遵令在廿七日前東運到渝外，謹復。職胡〇〇戌皓。參列。」

夜間得總裁戌皓機渝電：「聞弟對於第一軍調渝，甚為不願，是或愛惜兵力以備決定成敗最後之使用，余甚了解，惟中以為，此次渝東作戰，實為黨國成敗最後之一戰，若惜此而不願聽命調用，恐無再使用之時，實革命成敗、黨國存亡、歷史榮辱皆在此一舉。望仍遵令調用，勿誤為要。中正手諭。」

嗣又得俞局長濟時戌效章電：「此次川東之戰，總裁已有詳密策劃。宋、羅等部士氣亦盛，頗有勝利把握，兄部第一軍東調，各方期望甚殷，惟聞兄有改調第三軍之議，恐時間上形成不及主力決戰，且主力決戰應有強有力部隊，否則如影響全局之成敗，不但兄無以對校長，即輿論之責難亦不可免，想兄素忠實服從，此次關係重大，務盼以校長之意旨為重，勿再請求更換，即飭行動，為幸。」

當夜，俞局長直接對廣元裴昌會通話，轉總裁意旨：「第一軍東運重慶」。當與羅參謀長沈策詳加研究討論至午夜二時半，決於明（廿日）車運第一軍至重慶，另請加派卡車八百輛運第三軍到重慶協助第一軍之作戰，并請空運新津至西昌之第一師暫停空運，控制於成都附近，當即發電如下：

「重慶總裁蔣戌皓手啟機瑜電奉悉，職以第一軍為黨國歷史命運之所寄，全軍數十萬官兵精神維繫之重心，其使用效果如何，當予審慎考慮，若以此等精銳有用部隊，毫無計劃，分散割裂，投置於無用毀滅之途，如此用兵實為戰略上之大忌，職以全軍安危所繫未緘默，鈞座既固執己見，除飭第一軍遵於明哿日自廣元趕運來渝外，務請再飭加派汽車八百輛，趕運第三軍以便協力第一軍作戰，并請轉飭新津第一師緩運西昌，鞏固成都。謹復。戌皓十一時卅分　參列」（以上請見國史館《胡宗南先生日記》下冊，民國一〇四年七月七日出版，頁一六六—一六七。）

信函

民國三十八年六月

胡主任致湯總司令恩伯電函（其一）

「廈門湯總司令恩伯兄：別後苦念之，至此後努力途徑方向盼告，或專函派人寄送。弟胡宗南已敬親」。

民國三十八年九月

胡主任致湯總司令恩伯電函（其二）

「廈門湯總司令恩伯兄：兄處情況如何？部隊力量如何？有何感想？有何作風？兄之興趣如何？又，對此間指導如何？盼詳告弟。宗南親申巧皓重發。」

民國三十八年十一月二十日

胡主任致劉國運將軍電函

「臺北空軍劉副參謀長國運兄，十一月十日手教奉悉。弟雖有堅強之決心，不如兄有卓越之智略，瑜亮之間，稍遜一籌；致數月以來，侷促於巴山、秦嶺之間，頗有臨別依依之感，吾儕多情種子，對私情尚可自遣，對山河民眾，實無法交代耳，胡宗南哿亥親（三十八年十一月）。」

民國三十八年十一月二十一日

胡主任致周至柔將軍電函

「臺北空軍周總司令至柔兄（密）十一月十四日手教，等於空谷佳音，至深感慰，鳶飛姿態，已有驚人之成就；然未必完全，承關注至感，午夜擬電，不勝依依之私，弟胡宗南哿亥印。」

民國三十八年十月七日

在陝西漢中致函臺北胡夫人（家書）

三八年中秋對月想妻有作，並借明月光輝，遙祝平安。

漢臺初度中秋節，千里懷人同對月，
月自團圓人不圓，夫人稍待我來接。
兒女相思各一方，卿雲爛縵想華妝，
遙知漢上光輝月，照到臺灣妻子房。

民國三十八年十月十九日

過石門見河上波浪，車上有感。[10]

石門亦有浪，風雨不聞雷，
曾絕太華險，而生離別哀，
長安瘴癘滿，漢上旌旗開，
偈促巴山下，幾番鼓角催。

10按，此詩作於三十八年十月十九日赴秦嶺視察部隊回程車中。

國共內戰（戡亂）時期——四川

民國 38 年 11 月至民國 38 年 12 月

孤軍千里應援，護衛政府遷臺

宗南先生於三十八年十一月二十九日離開漢中至四川綿陽，三十日赴成都，至十二月二十三日飛海南。

十一月三日，宗南先生從漢中飛到臺北晉見蔣公，蔣公告知即將復職，並吩咐他盡速空運一個師到西昌佈防。宗南先生回到漢中後，立即派遣第一師袁書田部隊運往西昌。但只運出七百人，其餘都來不及運出。

當時，共軍已經於十一月六日攻陷秀山等地，政府已遷到重慶，蔣公於十一月十四日自臺北飛到重慶，電邀李代總統共商國是，但是，李宗仁稱病，並於十一月二十日由南寧飛往香港。

十一月十九日，宗南先生接到總統府俞濟時局長電話，要求將第一軍車運重慶，第三軍開往新津。此與宗南先生的佈署不合，他致電蔣公，認為戰力最強的第一軍應該趕到新津鎮壓，穩住成都附近的局勢，而由第三軍運往重慶，擋住共軍，才能保障川北部隊安然轉進成都，此局一錯，全盤皆敗。

蔣公卻認為第一軍是有力的部隊，堅決要求其參加川東「主力決戰」。宗南先生乃揮淚遵令，將第一軍自廣元運往重慶。原定使用一百輛車日夜趕運，但實際上只找到大小雜車六十輛，半數車輛卻在途中損壞停駛，部分官兵不得不徒步急行軍，後續原訂八百輛車運第三軍，竟無一輛報到，顯見情勢已經失控，以致各部隊完全無法集中使用。

十一月二十七日，由於其他國軍都已潰散，雙方部隊已經在重慶南溫泉附近激戰，第一軍先鋒部隊五〇一團奮力擊退共軍，暫時守住白市驛機場，掩護政府人員及物資搬遷。二十九日俞濟時局長傳令南岸部隊撤回。三十日江津以西共軍已大部分渡江，向重慶集中，趁勢急進，蔣中正總裁於三十日飛成都。第一軍奉令向璧山轉進。第三軍缺乏車輛，於十一月二十六日才能從陝南趕到綿陽，三十日聞重慶撤守，乃開往成都。

西安綏靖公署人員，亦於十一月二十九日自漢中前往綿陽，三十日宗南先生抵達成都，隨侍蔣公安排成都保衛戰部署計畫。十二月十日，雲南盧漢叛變，蔣公乃在宗南先生及其他部屬力勸下，於當日自成都飛往臺北。

宗南先生原擬遵照蔣公指示設法經營雲南，並反對在成都決戰，而蔣公尤對雲南省主席盧漢寄予厚望，卻被他的假忠貞所欺騙，而當地忠貞的中央軍亦未能再規復昆明。宗南先生率部奮戰至二十二日深夜，安排突圍至西昌，卻聯繫不到蔣公，此時部屬以不願讓無戰鬥力的署部成為突圍部隊的負擔，一致要求宗南先生先搭機轉往西昌部署一切後勤設施，而又由於成都機場隨時可能失陷，宗南先生乃在空軍徐煥昇司令的催促下，於十二月二十三日搭機飛往海南，準備轉往西昌。

參加成都突圍戰的三個兵團，番號雖多，但真正到達當地的實際兵力僅六萬人，而且無兵源補充，無糧彈冬衣接濟，缺車輛無汽油，中央兵團李文部隊，自新津突破共軍的七層包圍，於十二月二十六日抵達邛崍，官兵死傷殆盡，所剩無幾。左兵團盛文部隊苦戰至十二月二十九日，兵敗四散，盛文與幾位部屬躲在古廟中，得以脫逃。右兵團李振在新津參加作戰會議後投共，其所指揮的九十軍及三十六軍四十八師，卻均隨李文西進。

西昌成為最後的決戰點。

電函

民國三十八年十二月十一日

蔣總裁離成都後致胡副長官函[1]

背景說明：蔣中正總裁於十二月十日雲南省主席盧漢宣佈叛變並請成都地方軍頭劉文輝、鄧錫侯亦採對蔣公不利行動時，在胡副長官等人力勸下，飛離成都赴臺北，第二日即致函予胡副長官，有所指示，期望能再規復雲南，保有西南，全文如下：

「昨午作別，情緒悲戚，依依不盡欲言。革命變幻至此，實愧對忠實之幹部與愛戴之軍民，更無以對總理與先烈，惟忠黨救國肫肫不息之赤忱，俯仰天地毫無愧怍，深信革命必成，共匪必滅，最後勝利，必歸吾忠貞不貳，成敗不計之革命信徒。惟望吾弟能繼其後也。此次昆明叛變，早有許多徵候；無殊一般同志，太不警覺，皆為叛徒虛偽辭色所欺矇，而不加預防。此實中平生疏粗，鈍拙，終以君子之心，度小人之腹，焉得而不挫敗耶。惟默察匪勢綜觀大局，尤其共匪不惜收容叛徒，利用一時，足見其無力統制全國，不能不作此飲鴆止渴之舉；此使我軍得一喘息之轉機，亦未始非塞翁失馬之福。故，祇要我軍尤其弟部，能在西南與西北之間作長期奮鬥之計，未有不能轉敗為勝也。預計匪在川黔者不過六個至七個正規軍，並傳匪盧相約匪軍不入雲南為條件，只派政工人員改造其軍隊；其對四川鄧、劉，是否亦有匪不入成都為條件，則不得而知。但觀成渝路方面匪之行動，其不願派遣主力與我決戰，重受犧牲，是在意中；吾人應在其此一弱點上研究策劃為要，中意龍泉驛陣地最好，在簡陽以東地區增強若干兵力，予以作十日以上之周旋，以待我綿陽附近後續主力部隊之轉進，是為上策。故成都非萬不得已，不宜放棄。至於後續部隊經棉竹灌縣附近，再轉進至岷江以西地區，是萬不得已之舉耳。今後弟部行動與方針約有下列數項方案：

第一，在成都平原作戰，以期確保成都。

第二，轉進岷江西岸，以期雅安、康定為基地，並望能先控制西昌不失。故中意西昌仍須繼續空運，運如一個加強團先解決該處之劉部編併之，然後扼要對雲南各山口與各江口，切實防守之。但須派要員主持，并尊重賀兄，請受其指揮。

第三，第二方案實行完成後，仍須向雲南發展，而以攻佔昆明為今後作戰惟一目標；必須始終不懈，積極準備，務期達成此一重大任務。是亦弟部今後生存與成功惟一之出處也。

第四，如第三方案不成，則可佔領滇康青藏之中間地區，而以昌都為臨時基地，相機向滇，向青，向川發展，亦無不可；但此為萬不得已之舉，然亦不可不作此著想。惟該區氣候寒冷，糧食缺乏，人口稀少，只可分地就食。然中深信中國與世界局勢，當不使吾人艱窘至此。即使有此，亦為暫時之計耳。所慮者，為此一冬季，如能在岷江西岸及雅安、西昌以東度過冬季，則一至明年四月，自可南北東西，縱橫自如矣。此乃中蘊藏於心者已久，往時，不忍道亦不願道，而今不得不為吾弟詳道矣。餘不一一　中正手啟。」（另參考臺灣商務印書館《胡宗南上將年譜》增修版，頁二六〇—二六一，國史館「蔣中正先生年譜長編」第九冊，頁四〇七—四一三。）

民國三十八年十二月十二日

顧參謀總長祝同在成都電呈臺北蔣總裁集中部隊作戰[1]

「草山總裁蔣一三三二四密。職慶（十二月十日）晚召集德操（孫震）、子惠（楊森）、宗南等，商定此後作戰方案。德操、子惠今晨回綿陽前方督戰，行前均懇切表示，德操願將部隊交孫司令官元良指揮，子惠願將部隊交二十軍景軍長嘉謨指揮，撥歸孫元良序列，孫受宗南之指揮。職當勉以三臺會戰關係重大，仍囑督率所部積極行動，俟此次會戰告一段落，再作決定。職意為便利宗南爾後指揮起見，如德操、子惠果將部隊交出，對統一作戰指揮上，似較有利。謹電奉聞。職顧祝同亥文（十二月十二日）午親印」[2]（國發會檔案管理局檔號：B5018230601-0038-543.634-10602A）

1 蔣中正總裁於十二月七日會報決定，顧總長兼任西南軍政長官公署長官，胡主任為副長官兼參謀長，西昌設大本營，成都設防衛司令部。

2 蔣總裁十二月八日之日記載：「胡部……此次由秦嶺轉進至成都平原，以六百公里與敵對峙之正面，轉進至一千餘公里之目的地，在一個半月時間，而主力毫無損失，此為中外戰史所罕有之奇蹟也。」

民國三十八年十二月

胡主任致湯恩伯將軍電函（其三）

「臺北湯總司令恩伯兄密：午夜不寐，思念吾友，不勝依依之忱，能否來成都一遊，盼詳教誨作此後韋弦之佩也，胡宗南亥親。」

民國三十八年十二月十三日

胡副長官致湯總司令恩伯電函（其四）

「臺北湯總司令恩伯兄。魚電奉悉，承念至為感動。
一、彭匪已過甯羌，向廣元進迫。
二、林匪已向遂甯、三臺前進。
三、劉匪由內江，資陽，榮縣，樂山前進。
四、劉鄧叛變，擁兵於成都灌縣附近，伺我側背。
五、友軍皆潰敗不能收拾。
六、我兵力分散在六百里以外，成一字長蛇陣，兄意如何？何以指教。」

民國三十八年十二月十三日

顧參謀總長祝同在成都電呈臺北蔣總裁，胡部朱團長擊潰據西昌之劉文輝叛部。

「總裁蔣三六二八（表）。卅八展利亥（十二月十二日）文電計呈。甲、據西南長官公署副參謀長羅列亥（十二月十二日）文來部報稱，據一軍空運西昌一師之三團團長朱光祖電報請示對劉部等之行動來署，業經飭令，斷然向西昌之劉部攻擊。本十二日，又據該團長電稱，昨真（十二月十一日），伍逆培英[3]，先於一小時前，以書面通知本團，限一小時內解除武裝，該團立即準備，旋該叛部即向我攻擊，一經接觸，叛部即行潰逃，并遺棄迫砲重武器多件，刻正追擊掃蕩中等語。乙、轉電處置如下：㈠已電賀國光即指揮西昌所有部隊，迅速澈底解決一三六師，務擒獲伍逆培英；俟伍逆事件平息後，即迅轉用兵力，擊滅滇、康邊境之朱家璧匪股。㈡并由胡副長官將上記處置，逕令該團長遵照辦理。丙、謹電鑒核。」（國發會檔案管理局檔號：B5018230601-0038-543.634-10602A）

民國三十八年十二月十五日

胡副長官自成都電呈臺北蔣中正總裁，關於國軍在樂山、泯江、簡陽等地阻擊共軍之戰報。

---

3 伍培英為劉文輝之女婿，久據西昌，無惡不作。

「總裁蔣〇七五四密〈表〉戰報。㈠亥寒（十二月十四日），匪由羅成鋪（樂山東南）向我三三五師金山寺戈五通橋南北一帶陣地猛犯，激戰一晝夜，匪我傷亡均重，迄十五日，因匪兵力優勢，我遂向篾子街大石橋轉進，並在樂山以東沿河佈防固守，阻擊犯匪。㈡由榮縣西竄之匪，與我卅一師竹園舖激戰後，匪我傷亡均重，迄目前止，我卅一師已撤返泯江西岸，匪進逼江岸，正與我守軍隔河對戰中。㈢匪約一師於寒（十四）日竄陷簡陽，刻，我第四七師之一三九團主力，在賈家場附近阻擊該匪。據報，匪尚有後續部隊，樂至附近之匪一〇四、一〇五、一〇六三個團，正續向西急進；又十二日晚，資陽竄到土共一部（係內江叛變團隊），約五千餘，另有砲兵一團。㈣匪十四日竄陷廣元，刻，我卅八軍主力在保寧院附近，隔河與匪對戰中。㈤為確鞏成都以南防務，已飭第一師主力，由新津南開，集結於青神、樂山間地區，第一軍主力集結於眉山以南附近地區。」（國發會檔案管理局檔號：BS018230601-0038-543.634-10602A）

民國三十八年十二月十九日

西南長官公署顧祝同長官、胡宗南副長官電呈臺北蔣總裁，肅清西昌叛軍事。

「〇七五四密（表）。總裁蔣兼部長閻（錫山）駐西昌之廿四軍一三六師伍培英部，勾通共匪，密圖叛變，本署奉命戡平逆亂。經以第一師第二團之一部，附西昌警備團一個營於亥文（十二月十二日）黃昏對該叛軍攻擊，元（十二月十三日）晨，將其包圍於杏園附近痛擊，大部就殲。伍逆率餘部逃竄，我跟蹤追擊，刪（十二月十五日）晨，復將其包圍於樟木青附近，經七小時激戰，將其叛軍澈底擊潰。據初步戰果，計斃傷其參謀長、團長以下三百廿餘，俘高參副團長以下三百九十餘，鹵獲迫砲九門，輕重機槍卅四挺，步槍三百九十六枝、衝鋒槍十二挺，馬五十六匹，及彈藥、軍品甚多，我僅傷亡官兵廿五員。查是役，伍逆僅以身免，其潰兵到處為夷兵截擊，殘存無幾，紛向瀘沽（西昌北一百廿華里）方向逃散，我正捕殲中。顧祝同　胡宗南亥皓（十二月十九日）是乾印

附：蔣中正總裁回電嘉勉討忤逆有功：「成都顧總長、胡副長官△密。亥皓是乾電悉。董督有方，將士用命，戰果輝煌，良深嘉許。希傳令嘉獎有功人員，並盼再接再勵，續殲殘匪，特電嘉勉。蔣中正亥箇生」（國發會檔案管理局檔號 BS018230601-0038-543.64-10602A）

民國三十八年十二月十九日

臺北蔣總裁電成都胡副長官，指示兩機場應同時並用。

「鳳凰山機場太小，恐不能容納大量飛機，最好雙流與鳳凰山兩機場，同時並用，若有五日時間，當有一百架次飛機可以空運西昌與昆明或蒙自二機場也能有五日以上之時間否？盼復」

（國史館「蔣中正總統事略稿本」三十八年十二月十九日。）

民國三十八年十二月十九日

蔣總裁電胡副長官指示成都作戰之佈署

「㈠匪將先一部由樂山犯雅安，企圖包圍我軍於成都平原。㈡應以有力之一部守備成都，最好派孫元良部任之；另一部固守新津，牽制匪軍，並掩護後方。㈢速即集注主力，向南攻擊，消滅岷江西岸之匪，打通至西昌之進路。㈣爾後應以昆明為後方。㈤昆明機場與金殿據點，我軍已於今日拂曉佔領，盧漢已逃滇西[4]。除電顧總長外，希遵照部署具報。」（國史館，「蔣中正總統事略稿本」三十八年十二月十九日）

民國三十八年十二月十九日

胡副長官電蔣總裁以共軍合圍，必須脫離成都，並請派機運署部赴西昌。

「〇七五四密（表）總裁蔣㈠當面匪六個軍，已逼近成都、新津、廣元；碧口匪三個軍，亦已越過劍閣，合圍勢成。川軍自孫、楊、飛臺後，所部軍心動搖，曾有叛離，難期協力，川境情形複雜，險象環生，成都平原決戰企圖，無法實現。㈡為確保大陸反攻之僅有戰力，決即以主力經邛徠以西山地，繞道雅安，各留一部於通南巴及松理茂地區，分建根據地，待機反攻。

---

4 本情事後證明不確，惟影響成都國軍突圍之佈署甚鉅。

㈢為謀大陸作戰，指揮中樞安全，連絡容易及維繫國際視聽外，本署必要人員及警衛部隊，應剋日飛運西昌，預為佈置。惟時機緊迫，機場安全以後難以確保，務懇從速派機廿架，攜油來蓉，以便趕運；否則分股脫離後，必致無法指揮，貽誤大局，如何乞速示。」（國發會檔案管理局檔號 BS018230601-0038-543.64-10602A 電文中之孫、楊為孫震、楊森。）

民國三十八年十二月十九日

胡副長官電蔣總裁呈報成都附近反擊奏捷，暫阻共軍攻勢戰報。

「總裁蔣〇七五四密（表），戰報：㈠匪十二軍於本日上午十時，向我第一軍枕土橋、獅子山、商隆場『津南』陣地繼續攻擊；我即予猛烈還擊，戰況慘烈，肉搏經時，匪傷亡慘重，陣地一度被匪突破，經我空軍協力反擊，匪攻勢頓挫，并被迫後撤，我斬獲頗多，正清查中，㈡本日晨四時，我十七師依一六五師之協力，開始向西口錦江（簡陽西北向）之匪反擊，當於李家店普迴菴唐官壩，與匪第十、第十一軍展開激戰，戰況慘烈空前，後經我二五四師南下協力反擊，迄下午四時，匪軍不支，即向南敗竄。是役，匪遺屍五百餘具，傷亡千餘，俘匪百餘人，獲步槍六十餘枝，謹聞。」（國發會檔案管理局檔號 BS018230601-0038-543.64-10602A）

民國三十八年十二月二十日

蔣總裁電示胡副長官成都作戰二策。

「錦陽新到之匪不知其兵力大小如何，預料長途急進之匪其力必疲也。惟無論如何，我軍應集中現有兵力，先將新津成都附近之匪先予以擊滅，不可待綿陽之匪逼進成都，雙方受敵夾攻也，如新津成都之匪果能先行擊破，我軍尚有餘力，則再回擊北來之匪，否則即循岷江東岸急進，繞攻樂山宜賓或瀘州，是亦不失為中策也，以樂山以南地區，現在必無大匪也，惟成都必須留少數兵力固守以牽制匪軍，非萬不可得，切勿撤空為要何如？請即研究速決。」（參考國史館「蔣中正總統事略稿本」三十八年十二月二十日，亦見同日蔣中正總裁日記，以及「胡宗南上將年譜」增修版，二六三—二六四頁，蔣總裁另亦電胡副長官稱「昨晧日截獲重慶致北平匪電，請求迅速增加大軍，足見匪軍已力竭求援，希詧（察）照，望從容應戰，積極掃蕩為要。」均參國史館「蔣中正先生年譜長編」第九冊，頁四一四—四一五。）

民國三十八年十二月二十一日

胡副長官電蔣總裁呈報成都附近戰況

「○七五四密（表）總裁蔣。亥哿（十二月二十日）機電奉悉。兩日來，新津東正面匪軍，已遭反擊頓挫，西南匪攻新津未逞，主力續向西北竄；已飭孫元良兵團，並指揮本署集結閬中、南部之七十六軍、九十八軍江油附近之兩個師，先會殲出梓潼南下綿陽之匪，再策後圖，必要時主力再依原定計劃，積極掃蕩，南下康黔，鞏固昆明[5]」。（國發會檔案管理局檔號 BS018230601-0038-543.64-10602A）

5 此時不知昆明並未被國軍光復。

國共內戰（戡亂）時期——海南

民國 38 年 12 月

海南待命，再飛西昌

宗南先生的座機於十二月二十三日自成都起飛後，下午抵達海南島的海口，因濃霧不能降落，改飛三亞。因連日電訊不通，無法與成都各軍隊聯絡。

十二月二十六日，宗南先生請參謀長羅列及空軍王叔銘副總司令前往臺北向蔣公報告成都撤離情形，蔣公對宗南先生離開成都一事，不甚諒解，聽取王、羅二人報告後，才告釋懷。儘管參謀總長顧祝同於前一日已自海南電呈蔣總裁，建議西昌應即撤離（因雲南已叛離，西南基地已失憑藉），但蔣公仍希保有西昌作為反攻基地，雖然四川叛將劉文輝已在當地經營多年，仍於二十八日致函宗南先生，希望他「單刀赴會」，坐鎮西昌，挽回局勢。

宗南先生原即已派少量部隊至西昌，至是不顧署部所有同仁之反對，立即於二十九日飛西昌以「赴義盡職」，但因飛機漏油中途折返，三十日再飛西昌，準備作最後的決戰。

電函

民國三十八年十二月二十五日

胡副長官呈報蔣總裁，以氣候因素於飛西昌途中降落海南。

「總裁蔣一七五四密（表）。亥皓機亥效機電奉悉。㈠連日來，匪連續猛攻新津未逞，即向西北，並先後向邛崍、大邑、崇慶、樂山，匪後續部隊，續向洪雅、蒲江西北進，繞道雅安，勢不可能，而北路匪已過德陽，合圍勢成。孫元良兵團無法指揮，乃改遵鈞座亥酉機電指示，以一二三師及二四師，配屬戰車重砲，分別固守成都、新津外，主力散循岷江東岸，迄涪江以西地區，乘虛繞攻樂山、宜賓、瀘州，南渡長江，先向大關、昭通、威甯、畢節間地區進出，於梗廿二時開始行動。本署指揮機構，乘機廿架，原定飛西昌，准空軍徐司令轉王副總司令叔銘，電示西昌機場限制，只能容納六架，餘囑先歸海口接轉，乃令九十四軍人員，由於達率領於養先飛海口，再轉西昌。職率必要指揮人員及通訊，警衛部隊六架，梗午逕飛西昌，以氣候惡劣，徐司令囑空軍臨時改飛海口，職機抵海口時，又以氣候無法降落，始於梗酉改降三亞機場，餘仍降海口。㈡前方各部隊，與海口已取得連絡，正按計劃行動中。謹電核備。職胡宗南

亥迴建印。」（國發會檔案管理局，檔號 BS018230601-0038-543.64-10602A）

民國三十八年十二月二十五日

胡副長官自海南海口電呈蔣總裁成都附近戰況

「臺北總裁蔣〇七五四（表）。馬日，匪第一〇軍、第十二軍向我吳店子、唐朝子、文式垻、蒙平場。我四七師、二一四師、第一師陣地猛犯；經我守軍猛烈反擊，並主動出擊，斃傷匪甚眾。當將匪擊退，潰匪似有繞竄崇慶模樣。本日計斃傷匪千餘、俘匪卅五、卅四師百五十一名，擄獲匪步槍六十七枝、輕機槍七挺、衝鋒槍廿枝及軍品。正清查中。謹聞。職胡宗南亥梗巳亥宥重發印」（國發會檔案管理局，檔號 BS018230601-0038-543.64-10602A）

民國三十八年十二月二十五日

胡副長官自海南榆林電呈臺北蔣總裁。不知昆明惡化，如向西昌轉進將屬絕地。

「限即到即復總裁蔣〇七五四密（表）極機密。亥迴建電計呈，本午顧總長、蕭次長[1]飛三

1 顧總長為顧祝同，蕭次長為蕭毅肅。

亞，面示昆明近況，業已完全惡化，黃杰部進越北，被法軍解除武裝，大軍向昆明、西昌轉進，已屬絕地[2]。本署所部，爾後動向，實應重加研究等諭。昆明情況變化，職事先並無所知。查匪之主力方由成都東西地區南下，果如顧總長所示情況，西南基地既失憑藉，亟宜重策他圖。如須先回巴山，暫集結川、鄂邊區，稍事休整，再赴長江，分向浙、贛、粵、閩邊區，進出粵、閩、浙東南海岸，襲擊陳毅海防軍側背，我海口及沿海空軍基地與臺灣、定海謀取連絡，海陸密相呼應，較為有利。如此，立即下令改圖，尚不失時機，本署爾後動向，究應如何，拙見是否可行，立候鈞奪電示遵辦。職胡宗南　亥敬戍建印」（國發會檔案管理局，檔號 BS018230601-0038-543.64-10602A）

民國三十八年十二月二十五日

顧參謀總長祝同自海南海口建議臺北蔣總裁西昌應予撤離

「總裁蔣一三二四密（表）。關於對西昌方針及將來賀元靖[3]接運安全問題，經分析研究如次：㈠西昌已非大陸根據地，我繼續保持，不但無補於大陸戰局，且終必被敵消滅，甚至有使賀元靖不得全其始終之虞。㈡夷兵雖仍向我，但匪迫近時，夷兵必叛而攻我。一經正式反臉，

2 當此時成都突圍行動業已開始，部隊正處苦戰中。而戰略上如早準備在西南保有基地，則雲南極重要，應在夏季即放棄西北，由胡部進入雲南，撤除盧漢，由中央嫡系控制，則胡部亦不致在川康陷入絕境，參考郝柏村先生摘註蔣公日記，民國卅八年十二月十八日。

3 元靖即西康賀國光主席。

爾後無運用餘地。㈢西昌雖無汽油，但有對空連絡電臺。由海口或三亞空機帶油，往西昌載運官兵來海南，尚無問題，如海南不保，則爾後空運即不可能。㈣目前正是西昌撤退之良好時機，似宜立下決心，將寧屬軍政，一併交由靖邊司令部孫仿、鄧德亮負責，而將我官兵空運來瓊。其寧屬軍政交付辦法，似可於西昌設「西康省府行署」，以孫仿為主任，以鄧德亮為副主任兼靖邊司令，但人事究否如此安排為妥，仍由賀元靖定之。㈤空運辦法分三案：甲案、將西昌警備總部必要人員及其警備團暨一師之七百人，均連武裝空運海南，估計需四十架次。乙案、如飛機不夠，則將武器贈與孫、鄧兩人，以示好感，只運徒手兵，因將來臺灣需要兵員故也。丙案、將警備總部之警備團，整個交與孫、鄧，只運賀元靖少數人及一師之一千七百人（連武裝）。但不論採取何案，加警備總部非戰鬥人員，以盡量留於當地，加入孫、鄧或埋伏地下工作為宜。㈥以上是否可行，及空運以何案為宜？懇即電示。俾便轉令賀元靖準備，並請逕飭空軍照運為禱。海口　職顧祝同亥有酉親印」（國發會檔案管理局，檔號 BS018230601-0038-543-64-10602A）

附：蔣總裁廿七日電復，不同意放棄西昌之議。「決令宗南先回西昌，指揮川康滇各軍，則元靖駐昌，此時當可無虞也。特復。蔣中正亥感」（國發會檔案管理局，檔號 BS018230601-0038-543.64-10602A）

民國三十八年十二月二十六日

胡副長官自海口呈報蔣總裁，李文率軍自成都轉進時，因同僚李振、魯崇義等叛變，突圍計劃因而被摧毀。

「總裁蔣〇七五四（表）。據李文[4]亥宏廿一時電稱職于梗日率兵團當日由新津移駐成都，原定計劃于是夜依鈞部指示，到達成都接見魯軍長、參謀長蕭健，該員竟公開提議叛離意見，李振甚表同意，並已抽調大軍集結成都、仁壽、榮縣等處，有截擊我軍企圖，故連夜返回新津，召集各軍長會議，決定以全力攻佔雅安。為確保西昌，除以二四師守新津掩護主力，並于敬（廿四）日拂曉開始行動，分沿新津，蒲江道及成康公路兩側向雅安前進，十八兵團由雙流向邛崍攻擊。在各部隊開始行動時，李振率一八七師突赴成都，致企圖暴露，各部隊沿途均遭匪襲擊，傷亡甚大。有（廿五）日職隨第一軍軍部，並率兵一團進抵邛崍，到達板橋舖附近，遭匪圍擊，除九十軍外，其餘各軍均失連絡。現仍苦戰中等情。查魯、李二逆乘危行叛，全部計劃被摧毀，成都早已為該逆操縱，連絡已不可靠，除督勉所部拼力奮戰到底，向既定目標邁進，為黨國保留正氣外，謹聞。職胡宗南亥感十二時」（國發會檔案管理局，檔號BS018230601-0038-543.64-10602A及參考國史館「蔣中正先生年譜長編」第九冊，頁二三三—二三四，頁二四二。）

附：民國卅八年十二月廿九日，蔣中正總裁電請胡副長官慰勉李文中將：「海口胡副長官宗南△密。亥感十二時電悉。李文忠勇堅忍，殊堪嘉慰，望先代電慰勉。蔣中正亥艷辛潭」

4 李文中將，黃埔一期畢業。追隨胡副長官參加剿共抗日諸戰役，抗戰勝利後奉命率三十四集團軍赴華北參加戡亂各戰役，三十八年初傅作義與中共妥協時李文任北平警備司令，不願附逆，偕同袁樸、石覺等將領脫離南下，李袁等奉蔣總裁命再赴西安協助胡主任，石覺中將則去協助湯恩伯總司令。李振出身於粵軍、桂軍。魯崇義出身於北洋陸軍。李振及魯崇義之部隊均係國防部於戡亂期間劃歸西安綏署指揮，另將綏署若干忠貞精銳部隊，如卅四集團軍等，調往華北等地。

民國三十八年十二月二十七日

胡副長官自海口電請臺北蔣總裁，派機二十架送公署指揮機構至西昌。

「總裁蔣○七五四（表）。亥迴建電計呈，請即飭空軍立派機廿架，專送本署指揮機構，仍赴西昌指揮，除分電顧總長外，敬電核示。職胡宗南亥宥戌建印」（國發會檔案管理局，檔號BS018230601-0038-543.64-10602A）

附：蔣經國先生代批：「奉諭：照辦併復」

民國三十八年十二月二十七日

胡副長官自海口電呈臺北蔣總裁，九十軍三十六軍突圍苦戰。

「總裁蔣○七五四（表）。㈠據我九十軍周軍長[5]亥寢（十二月廿六日）電稱，已攻抵距邛崍東北約五公里之童橋，迄目前止，仍在該區激戰中，是役計鹵獲輕機槍廿餘挺，步槍卡品槍五十餘枝，匪傷亡甚重。㈡據卅六軍朱軍長亥宥（十二月廿五日）電稱，刻進抵雙流、彭家場附近，與匪激戰，陷入包圍，決拼戰突圍。㈢現第一線各部到處被匪截擊割裂，處境態勢均頗不

---

5 周軍長係周士瀛，朱軍長係朱仙墀。

利，除飭盡力避免膠著，排除萬難，盡一切手段，向預定雅安及其西北有利地區突進外，謹聞。職胡宗南亥感亥（十二月二十七日）是伯印。（國發會檔案管理局，檔號 BS018230601-0038-543.64-10602A）

民國三十八年十二月二十七日

西康省賀國光主席電臺北蔣總裁請派軍增援西昌

「三二二一密（表）總裁蔣三二二一（表）。四川戰事逆轉，寧屬已成大陸最後基地，西昌乃寧屬核心，現有兵力不足四營，即控制已感吃力，捍衛外匪，更所難能。就地形言，北有大渡河，東南有金沙江，中通一線，東西均屬山地，素為夷人盤據，最易防守，如政府具有確保決心，則請儘先由海口即日空運有力一師鞏固西昌，續運兩軍向南北擴展，部署金沙江、大渡河防務，匪即來犯，必可確保。將來再在大渡河增強兵力，出擊川、滇、黔各省，策動大陸反攻，擬懇趁機決策，迅予施行，遲則恐有不及，迫切待命。職賀國光亥感辰印。」（國發會檔案管理局，檔號 BS018230601-0038-543.64-10602A）

附：蔣總裁同日復電如次，西昌賀副長官元靖兄：胡參謀長宗南即日來昌並空運兵力同來，餉彈自可運濟，務望靜□慎守，奠定反共基業，是盼。蔣中正亥感 1800 潭。

民國三十八年十二月二十八日

蔣總裁函示胡副長官，即赴西昌單刀坐鎮。

「王副總司令、羅參謀長來臺面報軍情，日來憂患，為之盡息，此時大陸局勢繫於西昌一點，而此僅存之點，其得失安危，全在吾弟一人之身，能否不顧一切，單刀前往，坐鎮其間，挽回頹勢，速行必成，徘徊則革命為之絕望矣。務望發揚革命精神，完成最大任務，不愧為吾黨之信徒，是所切盼，餘囑羅參謀長面達不贅，中正手啟」[6]（參考國史館《胡宗南先生日記》十二月三十日及《胡宗南上將年譜》增修版，頁二六八）

附：蔣總裁復於十二月廿九日電示海口顧祝同總長，以「宗南決飛西昌指揮，以川康各部收拾殘局，重整旗鼓」，令顧總長亦飛蒙自號召滇黔各部，樹立西南重心。[7]（國史館「蔣中正總統事略稿本」民國三十八年十二月廿九日。）

---

6 王副總司令係王叔銘，羅參謀長係羅列。昆明既已失陷，胡副長官不顧署部同仁全部反對，仍率少數人於卅日飛抵西昌。

7 蔣中正總統日記卅八年十二月反省錄「……宗南仍能從命獨飛西昌，收拾殘部再起奮鬥，猶得聊以自慰……（成都之役）當時被閻伯川一語之誤，即集中兵力，孤守成都，正予共軍包圍殲滅之良機……因之，余與宗南皆放棄集中於蓉之主張……不必為孤守成都而集中也。無如環境複雜……精神不專，卒致決心動搖，竟因之而大陸不保，痛懺莫及矣！」

民國三十八年十二月二十八日

胡副長官自海口呈報蔣總裁，王團長效忠電。

「臺北總裁蔣○七五四密。據三三五師一○○四團團長王伯驊亥皓（十二月十九日）電稱，職團現與川省立區專員陳榮配合游擊，刻在樂山、葫蘆榆集中，並收容本師不甘附逆官兵，因無通訊器材，暫借國防部保密局通訊，今後如何行動，乞示，等情，除復勉並飭向西昌轉進集中外，謹聞。職胡宗南亥儉（十二月二十八日）是動印」（國發會檔案管理局，檔號 BS018230601-0038-543.64-10602A）

民國三十八年十二月三十日

胡副長官自海口呈報蔣總裁，即赴西昌[8]。

「總裁蔣○七五四（表）。艷（十二月廿九日）廿一時電奉悉，職本於豔十三時半已起飛，因油箱故障，臨時降落，王副總司令以為時過遲，改明晨起飛西昌，赴義盡職，決無他顧，萬請釋念。職胡宗南亥陷（十二月卅日）子建印」（國發會檔案管理局，檔號 BS018230601-0038-543.64-10602A）

---

8 胡將軍自海口飛西昌，詳情參考侍從參謀張政達先生之回憶，載於臺灣商務印書館《令人懷念的胡宗南將軍》。

附：前電略開，「無論情況如何，吾弟均應即回西昌，否則各方之責難必紛起，以後無法繼續革命矣　蔣中正」

民國三十八年十二月三十一日

空軍王副總司令叔銘自海南電蔣經國先生為胡副長官說明

「蔣教育長經國兄。一三五三密表。㈠弟前豔日返瓊，晤宗南兄談後，彼毫不猶豫，旋即起飛，途中因機件發生故障，乃返回。㈡昨卅日，宗南兄及其主要幕僚，通信設備，衛士一百〇一人，分乘機十架，安全到達。㈢今羅參謀長率幕僚及銀元，乘機一架飛往（該機控制西昌備急用），明東日再派機十架，運通信設備及衛兵等。㈣胡部二七軍，已向西昌前進，距西昌尚有五日行程。㈥伍逆培英部，雖經解決，但仍有潛伏力，但因新敗不敢動。㈦經各方調查，且有事實證明，總裁想愛護宗南兄深切，此次似有誤會之處，弟當時因總裁震怒，未敢多解，而宗南兄已行，前雖遵指示之計劃行事，但未先報告之咎，坦白承認弟與宗南兄非親非戚，只站在同學立場而言，**彼實唯一之忠心耿耿聽命於總裁之人也**。弟魯莽直言，諸請鑒原。弟叔銘亥世瓊子東發印」（國發會檔案管理局，檔號 BS018230601-0038-543.64-10602A）

附：蔣中正總裁於三十九年一月三日電復王副總司令本電稱：「致經國子冬電，閱之欣慰，吾徒皆如吾弟與宗南者，革命絕不挫失至此；然尚有百折不回，為革命效忠始終不貳，如弟等者，則革命不患不成也，每引以自慰。望嚴督所部，擊滅雷島（雷州半島）之敵，並對宗南方面空運工作，特別努力為要。」（見「蔣中正先生年譜長編」第九冊，頁四二八。）

信函

民國三十八年十二月二十五日
胡副長官致陳初如（良）先生函[1]

「初如兄：

昨承枉顧，并承以肺腑之談，作南針之示。回憶成都兩次深談，相期深遠，非有心人，非道義交，不能道此，謝謝！弟自成都轉移指揮部於西昌，因匪之十，十一，十二及劉文輝、鄧錫候等叛軍，已在洪雅，雅安，蒲江，邛崍，大邑，崇慶之綫；匪之第十六，十七，十八各軍，已在仁壽、簡陽之綫；林彪所部兩軍亦已到達某某一帶；而彭德懷所部，已向廣藻進迫。內綫作戰，乘敵分進合擊之時，而先擊滅其一股，事實上已不可能，集中所有力量，固守成都，作背城借一之舉，而結果必致全軍消滅，如項羽、如拿破崙、如洪秀全，皆欲在戰場上成個人顯赫之名，而使全軍陷於消滅燬敗之命運；所謂既不知己，又不知彼，妄言決戰，此種舊戰術、舊思想在剿匪以來，不知陷滅了多少部隊，犧牲了多少將士，而白流了多少英雄之血。可嘆之事，無過於此。

弟有鑒於此，反對在成都附近決戰，反對在現態勢下作背城借一之舉。在利害轉變、環境未定之前，在我軍力量還沒有十分損失之前，脫離內綫，轉移外翼，有計劃，有目標，分數縱隊；放棄了成都，脫離了包圍；變不利態勢為有利態勢，變被動而為主動；預算不久將來，此力量將全部到達某一地區，而重整軍容，造成奇局，決非決戰以遂逃跑潰敗者所可比擬者也。但謀事在人，成事在天，在此一切變動之時，是否另有問題，則又非今日所敢斷定者也。

故在今日，弟還不認輸，此種決策，非有大膽大勇者不敢為；非有如失敗寧受軍法審判的胸襟者不肯為；非有受千萬人的唾罵，歷史上的斥責而未嘗動心的氣慨不能為；成敗利鈍，是非罪惡，只好付諸未來的戰局。因兄期許之厚，相愛之深，故敢以內心之言，作他山友聲之報。夜深人靜，細雨在飛，海風在嘯，俯仰今古戰場，看看江山時代，真不知感慨之何從也。敬以所見，專塵清聽，並祝健康

弟胡宗南上」

1 陳良先生係宗南先生自黃埔軍校時期即相識之老友，曾任上海市長，此時身份為國防部參謀次長，主管後勤，隨參謀總長顧祝同在海南三亞，至於前一日（十二月二十四日）與宗南先生談話時坦白表示，此後兄可不必管事，隱遁於海外，自己承認輸了矣。見國史館《胡宗南先生日記》下冊，頁一七九—一八一。陳良來臺後曾任交通部長。

國共內戰（戡亂）時期——西昌

民國 38 年 12 月至民國 39 年 3 月

最後奮鬥，犧牲殆盡

十二月三十日，宗南先生飛抵西昌，當時在西昌的，只有第一師朱光祖團隊的七百多人。三十九年一月二日，參謀長羅列率領部分幕僚人員自海南飛抵西昌，開始幕僚工作。從成都撤離的部隊，沿途遭遇襲擊，至一月初，始有部分團隊突圍陸續抵達，一兩個月內抵達西昌的部隊，已有二萬餘人。

一月下旬，經國先生來到西昌視察，轉達蔣中正總裁的意旨，希望宗南先生以西昌為延安，作為扭轉局勢的根據地。宗南先生則力陳在二月十五日前必須獲得一個師的武裝和彈藥補給，才有可能準備南下打昆明，也才有與西昌共存亡之可言，雖然經國先生返臺後親自催運，在三月二十三日之前只能從臺北空運四十架次的彈藥和裝備，不及所需的三分之一，而共軍不會給我軍機會，於三月下旬便開始猛攻西昌地區了。

三月中旬開始，共軍號稱十萬大軍，分路大舉來襲，西昌守軍奮力還擊，雖然還能獲致若干勝利，無奈敵我兵力懸殊，而無任何後援，宗南先生乃囑咐部分軍隊進入四川及雲南從事游擊，等候時機再圖發展。

西昌保衛戰開始後，蔣公深知我軍新造兵力不足以對抗共軍，乃派遣運輸機兩架，前來西昌，接宗南先生、西康省主席賀國光及部分人員回臺。宗南先生不願離去，其部屬趙龍文、蔡棨、羅列等人一再勸說，最後參謀長羅列自願代替宗南先生留在西昌指揮，宗南先生始在深夜與西康省主席賀國光撤離西昌。

宗南先生於三月二十七日飛抵海口，準備建立指揮所，但海口已遭當地共軍襲擊，不得已乃於四月四日離開海南，飛到臺南，轉飛臺北。

參謀長羅列留在西昌，率軍向雲南瀘沽挺進，沿途受到共軍襲擊，受傷後獲得忠義人士掩護，留在川西鄉間養傷，並與當地游擊隊連絡，一直到民國四十年三月才逃離大陸，輾轉回到臺灣。

西昌陷落後，大陸全部淪陷，只剩少數游擊部隊，在四川和滇緬邊區繼續活動，對抗共軍的主力遂轉移到臺灣。

電函

民國三十八年十二月三十一日

西南長官公署羅列副參謀長，自西昌呈報蔣總裁，成都突圍部隊情況及西昌情形複雜。

「總裁蔣〇七五四（表）。謹將抵西昌後所得情況彙報如次：

㈠李文率 1A、3A、36A、90A 及 69A 主力，因李振、魯崇義附匪，後路受阻，臨時變更本署原定乘虛散由泯江東岸南下計劃，強行西攻，期圖突破新津當面匪主力之包圍，攻佔雅安，連繫西昌，自敬（十二月二十四日）晨開始，苦戰三日夜，進展六十餘里，迄宥（十二月二十六日）晚攻抵邛崍南北重橋、石板舖，及其西南地區，九十軍以糧彈不繼，傷亡慘重，共匪增援部隊源源到達，四面截擊，陷入個別包圍狀態，浴血拼戰，慘烈空前。感未（十二月二十七日），五兵團九十軍，話報電告本署西昌話臺連絡稱，官兵傷亡大半，糧彈俱絕，無法再戰等語，感夜迄今，李兵團及所屬各軍，均失連絡，查李文兵團在樂山、成都、新津外圍，激戰逾旬，迄未稍息，此次斷然反攻，寧為玉碎，孤注一擲，寔為不得已臨時措置，孤軍拼戰，歷時過久，彈盡糧絕，可能全部損失。

㈡裴昌會兵團，電臺雖有連絡，惟對本署電令，迄未據報，故真相不明。

㈢自南部向三臺西進之 76A，據聞報，連日苦戰，豔（十二月二十九日）抵三臺，復與匪苦鬥終日，決即選有利據點脫離戰鬥云，現尚未取得連絡，98A、17A 行動位置，五日來未連絡，情況不明。

㈣第一二七軍劉孟廉率殘部不足一營，陷（十二月三十日）抵越嶲，一二四軍顧葆裕殘部（實力不詳）亦抵越嶲附近。

㈤西昌附近情形複雜，政治仍為劉文輝勢力控制，夷人武力係騎牆，若無實力控制，均屬可慮。

㈥朱家璧匪部水昆支隊，亥陷竄擾寧南、會理附近，地方團隊一部已叛變，兩縣相繼告急，富林以北情況，正飭偵中，謹聞。職羅列亥世（十二月三十一日）印」（國發會檔案管理局，檔號 BS018230601-0038-543、64-10602A）

民國三十九年一月一日

胡副長官在西昌電呈臺北蔣總裁，以開國紀念，遙佈赤忱。

「總裁蔣：鴻鈞運轉，大地春回，顧匪焰之猖獗，凜責任之艱鉅，當督勵所部，堅持大陸作戰，誓與共匪週旋到底，捍衛西南，待機反攻，共竟復興大業，拯萬民於水火，用副鈞座革命建國之殷望，值茲開國紀念，遙佈赤忱，敬叩新禧，職胡宗南子東機印」（國史館檔案典藏號

002-020400-00032-173）

附：蔣總裁於臺灣日月潭批示：復：「胡副長官（宗南）：東電欣悉，去年失敗之年已經過去，所有渣滓污穢皆隨年歲而滌除盡淨，今年必為勝利之年，望統率西南軍民努力奮鬥，以接受新的勝利之到來，成功必屬於最後堅忍者，上帝必不辜負我忠勇之將士及信徒。中正手啟。羅參謀長均此不另。」（見「蔣中正先生年譜長編」第九冊，頁四二八。）

民國三十九年一月二日

蔣總裁電胡副長官肅清內部，確保西昌防務

「此時西昌防務，只要內部統一，凡與劉文輝有關係諸人，必須澈底肅清，以期內部團結堅強，方可持久確保西南唯一之基地。並望與元靖（賀國光）主席妥切密商，速決速行，切勿遺留奸細在內作怪為要。」（「蔣中正先生年譜長編」第九冊，頁四二七。）

民國三十九年一月六日

胡副長官於西昌補呈臺北蔣總裁，原定於三十八年十二月二十二日自成都突圍之計劃。[1]

「即刻草山總裁蔣〇七五四（表）。本署為避免成都附近不利決戰，經策定主力轉移計劃，並於亥馬（三十八年十二月廿二日）下達命令二時實施。除已由本署羅參謀長面報，並已呈顧總長外，謹將轉移計劃大綱擇報如次：

㈠方針：本署以避免不利決戰、保有主力鞏固西昌、昆明之目的，即以有力一部分於川東北『通南巴區』、川西北『松理茂區』建立游擊根據地，展開匪後游擊，主力迅密脫離戰場，乘虛向康滇邊境，重策爾後大陸之反攻。

㈡部署：

A. 第十六兵團『附十七軍』（欠十二師），七六軍，九八軍，陳子仞部，應組有力部隊，正面阻匪，各以有力兵團分由東西側擊匪後，先擊破南犯之匪，爾後即經三臺于涪江以東地區連繫第十八兵團，乘虛南下銅梁、合川。依狀況一部襲取重慶，主力經壁山，於江津以西地區渡過長江，向畢節西南地區進出。

B. 第十八兵團『指揮九〇軍、六五軍、三十軍，工三團（欠第二營），工十九團第一營、砲十一團第一營、通四團之一營』以一部留置原地，擔任掩護外，主力分向成都以北地區，迅密經趙家渡南北地地區渡過沱江，爾後沿涪江西岸經永川東西地區，於合江附近南渡長江，爾後進出威寧。

C. 第五兵團『指揮三六軍、三四軍、三軍、六九軍（欠一四四師），九四師，工三團第二營、二十九團（欠第一營），砲十一團（欠第一營）、通四團（欠一營）、戰東營留置一部固守成都、新津，及在原地擔任掩護，主力迅密向後集結，經成都及其以南地區東渡沱江，及其以東地區集結，乘虛南下，經隆昌於瀘州附近南渡長江，爾後向大關『昭通北』附近進出，并另以戰車騎兵為主，編成突擊縱隊，沿成渝路突破當面之匪，向南挺進，沿途奇襲，并掩護主力之側背。

D.第十五兵團附『廿兵團』，於我第五第十八兵團後跟進。

E.各兵團之作戰地境及統制線：

(1)第五兵團與十八兵團為廖家場、復興場、廣福鎮、欄江鎮、永清場、郵亭舖、松溉之線，線上屬左。

(2)第十八兵團與十六兵團，為沿涪江、銅梁、大安場、兩河口之線，線上屬右。

(3)第一統制線，長江南岸附近之線。

(4)第二統制線，大關、畢節之線。

(三)各兵團行動注意事項：

A.各兵團依情況許可，以師為單位，集結行動，利用多數便捷小路分進。行進間，對於劣勢匪之阻撓，應以突擊夜襲手段突破之，迅速向指定目標南進，不得膠著決戰。對優勢匪之阻擊，應避開正面，以團為單位，利用夜暗繞道鑽隙突破，仍向原目標前進，不得猶豫。但十八、第五兩兵團，于萬不得已得向大巴山區轉進，避免單獨不利決戰。

B.各留置部隊應先依積極行動阻止匪軍，掩護主力之行動，應于限定時間內不得擅自後撤。

---

1 本電內容為三十八年十二月廿二日新津會議之結論，討論之根據為蔣總裁十九日及廿日之電報指示及十一日之密函，當時尚以為雲南昆明仍復為我方所控制，故三個兵團之突圍目標為西康西昌、雲南昭通及貴州威甯。會議中各將領一致籲請胡副長官率署部人員先飛西昌，以籌謀當地防務佈置及糧秣彈藥，並避免無戰鬥力之署部人員隨軍行動，反增部隊負擔。當晚聯絡不到臺北蔣總裁，無法請示。次日，空軍徐煥昇司令以機場治安關係，催促必須速行，乃偕署部先飛海南，不料，因氣候關係降三亞而電訊不通，致臺北蔣總裁十分誤會，見蔣中正先生相關日記及國史館《胡宗南先生日記》下冊，頁一七八—一八一。

但告知兵團首次轉進目標，于任務完成後，按指定目標路線自行跟進歸達。
C.各部隊力求輕裝。對笨重物品應先祕密破壞，各兵團後衛部隊，對通訊交通破壞，須分別規劃官兵負責。
D.各兵團轉進間，于渡過沱河後，應區分各軍師團經路目標，最小以團為單位，集結行動，不求增大正面，縮短縱深，同時迅密行動。各團均須攜帶一月足夠主副食代金，就地補給。
㈣各兵團行動開始時間，預定為十二月廿三日九時。
㈤連絡信號從略，謹電備查。職胡宗南子微禺印」（國發會檔案管理局，檔號BS018230601-0038-543.64-10602A）

民國三十九年一月六日

胡代長官自西昌電呈蔣中正總裁，雲康川附近共軍圍攻我孤軍之戰報。

「臺北總裁蔣○七五四（表）戰報。
㈠滇匪朱家璧部，承昆支隊約三個團，連日竄犯寧南，守軍僅周部兩個營，戰力薄弱，高縣長通匪附逆，子支（一月四日）宣佈解放，寧南陷匪，守軍被迫北撤松樹坪附近，已飭賀總司令抽派警衛團一營，兼程南開馳援，阻匪北竄。
㈡原駐會理之劉逆文輝部李廣爻營，勾結會理近地方武力，共千餘人北渡金沙江，進犯會理，子江（一月三日）竄抵黎溪附近，會理守軍蘇紹章部主力，正於縣東與西犯匪戰鬥中，臨時抽調五百人守縣城，該縣長乘機附匪，會理縣城於子微（一月五日）三時情況不明。

㈢滇北朱匪家璧部主力約萬餘人，子東（一月一日）起由華坪北竄，有犯鹽邊、鹽源模樣，該地守軍諸葛士懷部態度灰色，與匪密有勾結，未來情況演變堪慮。

㈣龍逆繩曾部萬餘人，子微據巧家巷續西北犯模樣。

㈤據孫仿轉報確息，各該匪部奉劉匪伯誠指示，先控制寧南、會理、鹽邊各要地，協助匪野戰軍，剋日解放西昌。

㈥由川入康之三三五師一〇〇四團王伯驊部，子江（一月三日）進抵馬磐，受匪劉文輝部狙擊，經激戰後，匪扼守富林、東白、羊翰一帶有利地形，阻其西進，該團當即展開攻擊，自四日至五日激戰兩晝夜，敵攻勢頓挫，來匪續有增加，兵力不下一師，另南竄大渡河南岸，阿蘭站海棠一帶之匪益趨活躍，王團傷亡均重，糧彈俱缺，除飭該團繼續奮勇攻擊外，本署以相距八日行程，控置兵力微弱，實難為助。

㈦劉孟廉、顧葆裕殘部尚須數日整理，目前暫難使用。謹聞。職胡宗南子魚未禺印。」（國發會檔案管理局，檔號 BS018230601-0038-543.64-10602A）

民國三十九年一月六日

胡代長官自西昌電呈蔣總裁。羅、李、魯部最後突然叛變，變生肘腋，以致忠實部隊覆沒，個人五中俱裂，願負責候懲。

背景說明：民國三十七年至三十八年，國軍精銳在東北、徐蚌及平津三大戰役中均慘敗，蔣中正總統引退，此時經濟崩潰，國人士氣跌至谷底，而胡上將仍在陝西與共軍相持。五月，奉國防部命自西安退至漢中，當時主張立即派軍入四川穩定後方，但為李宗仁代總統所阻，而耽誤了近半年。等到十一月間，奉蔣中正總裁命移兵入四川後，孤軍南下，為了護衛總裁和政府，不得不在友軍或叛或潰、共軍急速進迫的緊急情勢下，分散割裂的使用部隊，與裝備，人數均極佔優勢之共軍及各地叛軍決戰，雖爭取到時間讓蔣總裁脫險，我政府各部門亦得以安全遷至臺灣，但獨木難支大廈，未能達成擋住共軍的任務，反犧牲了絕大部分數十年來追隨他一路為國爭戰的袍澤，現時又處在自然條件極差、四面受敵之西昌；故去電總裁及友人，略述經過，自責甚深。按，郝柏村先生論國共內戰時即指出「所有非嫡系部隊，都無剿共戰鬥意志，自一九三五年追剿時即如此。」[3]

「即到臺北總裁蔣〇七五四（表）。此次成都戰役，孤軍苦鬥逾旬，原期各個擊破匪軍，用定川局，挽回頹勢，雖迭挫凶鋒，迄未竟全功。而北面扼守寧羌、五丁關之魯崇義軍廿七師，擅棄守地，引狼入室，廣元、劍門相繼陷落；孫元良所部又無法指揮，東北洞開，迨劉、彭兩匪合圍勢成；適昆明事件，職為避免不利決戰，保全大陸最後戰力，待機反攻計，乃於廿二日赴新津前線，召集軍長以上將領決議，遵鈞座電示中策，遂分令所部乘虛即循岷江東岸，分由瀘州、宜賓越長江，轉康、滇邊區集結，以鞏固西昌、昆明基地；職蒙電准派機廿架，率必要指揮機構飛西昌，便利連絡指揮；詎遭時不暢，意外迭乘，職既限於氣候，改道瓊

3見郝柏村解讀蔣公日記 1945-1949，頁四四四。

島，遲誤時日，我李文主力兵團，又因孫元良、羅廣文、李振、魯崇義等叛變，阻撓原計劃實施，被迫獨斷對西南匪主力反攻，為無準備之決戰，出諸孤注一擲之下策；血戰四日，彈盡援絕，陷入重圍，終遭覆沒；卅年先烈創業，毀於一戰，雖遄返西昌，收容殘部，不滿二千，報命無由，既無以對部屬，更無以對鈞座與總理在天之靈，言念及此，五中俱裂。現大陸戰力全失，已無指揮可言，成都之戰，職統御失道，指揮無方，致肇斯變，責任攸歸，罪無可恕，懇即明令撤職交軍法審判，以彰法紀，並撤銷長官公署而節國帑，除飭屬趕辦結束外，待罪西昌，伏候鈞奪，臨電不勝屏營待命之至，職胡宗南子微建印。（國發會檔案管理局，檔號 BS018230601-0038-543.64-10602A）

民國三十九年一月六日

胡代長官電覆湯恩伯、毛人鳳電慰，陳述成都失敗西昌受敵之極度痛苦心境。[4]

「毛局長人鳳兄，并轉湯副長官恩伯兄，子冬電敬悉。自川東告急，弟部奉命，萬里日夜馳

---

4 當時胡上將之職位為西南軍政長官公署代理長官。電文中提及「政略戰略大錯，一再演進」，按自民國卅五年起，胡上將對政局及戡亂戰略均有不同的建議，但多未蒙採納。又，「川軍」乃劉文輝、鄧錫侯四川地方部隊，而昆明自盧漢地方叛變後，並未為國軍規復。

毛人鳳局長當時是國防部保密局局長，而湯恩伯上將為胡上將最知心之摯友之一，時任東南軍政長官公署副長官，他在收到本電後，於二月二日曾回電安慰，勸胡上將勿灰心。

援，兵力分散會理之戰（註：應係成渝之戰），雖逐次加入戰場，迭挫凶鋒，歷樹戰績，而彭匪南下合圍勢成，毅然遵總裁馬亥電令，避免不利決戰，以主力散循岷江東岸，南向康滇邊境集結，鞏固昆明基地，終以川軍附匪，魯逆崇義、李逆振、裴逆昌薈乘危背叛，變生肘腋，致我李文主力兵團轉進計劃橫被阻撓，被迫為獨力之反攻，惹意外之決戰，但求突破匪主力，經雅安以下西昌，孤軍苦鬥，血戰四日，進出邛崍南北，終以彈盡援絕，陷入重圍，終遭覆滅，弟雖奉總裁電准派機二十架，率指揮機構先運西昌便利連絡，詎事與願違，以氣候惡劣改道海口，遲誤時日，現雖返西昌，而邛崍戰事已成尾聲，收容殘部不足三千，言念及此，五中俱裂。政略戰略大錯，一再演進，殊無法逃茲厄運，現西昌四夷環伺，強敵夾擊；內部仍為劉逆舊部所控制，南向不得，西去不能；誠如兄等所云：使英雄無用武之地！過蒙關懷，惶感靡已，國運如此，夫復何言。現已電懇　總裁撤職法辦，撤銷西南長官公署，聽候處分。待罪期間，惟有重整殘部，惕勵奮發於大陸最後據點，拚最後一顆彈、最後一滴血，寫大陸歷史最後之一頁。上報領袖，藉答知遇耳。兄等明達，其有教我否耶？知注敬復，胡宗南子微辦」（本電引自國家發展委員會檔案管理局檔號 B5018-230601-0038-543.64，另參考臺灣商務印書館《胡宗南上將年譜》增修版，頁二六二—二七〇。）

民國三十九年一月七日

胡代長官致臺北蔣經國先生，表達對成都之戰之痛苦心境與自責。

「臺北總裁辦公室〇七五四密　蔣經國兄　子冬電敬悉：弟來西昌，為原定計劃赴義盡職，分所當然，前本奉准派機廿架運送弟指揮機構至西昌，以氣候限制轉道，空軍意外耽擱，遲誤大局，報命無由，愧對領袖，負疚莫白。此次成都戰役希率以數千里日夜兼程轉進，兵力分散，逐次加入戰場，獲能惕勵所屬，迭挫凶鋒，總期各個擊破劉匪，挽回頹勢，扭轉川局。目前以裴昌會縱容卅軍廿七師拉攏，放棄川北五丁關廣元劍門重要地，引狼入室。孫元良所部無力指揮，勾通康劉開門揖盜，順至南北合圍勢成。復以魯逆崇義、李逆振、羅逆廣文等，在成都附近互為內應。以致本署主力避免巷戰，乘虛主動散循岷江、沱江、涪江間地區，南下康滇邊境，鞏固西昌昆明之原定計劃，橫被阻撓。致李文主力兵團，臨時被迫獨力西向反攻，轉據雅安；出諸孤注一擲之下策，造成無準備之決戰。血戰四日，彈盡援絕，陷入重圍，終歸覆沒。先烈卅年創業，毀於一戰，言念及此，五中俱裂。今者西昌，四夷環伺，畏威不懷德，內部政治仍為劉逆文輝舊部所把持，情形複雜，強敵跟縱，南北夾道——大渡河、金沙江，天險盡失，東西各部臨不毛雪山。弟收容殘部尚不及三千，戰力不及一團，守既無力，機動游擊又為人地所不許，環境如斯，遑言創造。除已電請總裁對弟統禦失道、指揮無方，即撤職交軍法審判，以彰法紀，並撤銷西南長官公署而節國帑外，在待罪期中，弟唯有力整殘部，集結西昌，於大陸最後據點，拚最後一顆彈，流最後一點血，以報總裁及總理在天之靈，用達知遇。瞻臺北春回，氣象萬千。敬祝新年快樂，國運無疆。濟時兄同此勿另。弟胡宗南子虞建印」[5]

[6]（國史館檔案典藏號 002-080200-00662-021）

附：蔣經國先生三十九年一月十日回電（發電地點：草山。發往地點：西昌）

「副長官胡鈞鑒：（密）子虞電敬悉：讀之再三，感慨殊深。此時此地，務望兄能以忍耐之苦心，而克服目前之困難。小弟擬於最近遠訪老兄於西昌，並面商一切，家父日前曾親至府上賀年，見令郎活潑可愛，無任快樂。敬祝安康。小弟經國敬叩 子蒸」（國史館檔案典藏號 002-080200-00640-065）

民國三十九年一月九日

胡代長官自西昌電請蔣總裁支援空降傘俾送富林

「總裁蔣○八三九密（表）。由樂山突圍 335D 王團抵富林，主力與劉文輝部激戰甚烈，彈藥消耗殆盡，經費醫藥實著亟待補充，為救急計，懇即轉飭國防部撥發空投傘五十頂，空運西

---

5 本電若干詞彙應係電碼錯誤所致。

6 裴昌會，保定軍校八期，抗戰勝利後國防部將之派至第一戰區任副司令長官。魯崇義，北洋陸軍出身，任西北軍改編之卅軍軍長，抗戰勝利後編入第一戰區，數次任裴昌會副手。李振，桂軍出身，戡亂期間國防部將其六十五軍編入西安綏署，大荔會戰後升任兵團司令。羅廣文，黃埔四期，國軍十八軍出身，卅八年重慶保衛戰失敗後在成都投共。

昌應用，立候示復。職胡宗南。子佳濤印。（國發會檔案管理局，檔號 BS018230601-0038-543.64-10602A）

民國三十九年一月十一日

顧參謀總長祝同在臺北呈報蔣總裁胡副長官率部作戰之經過

「謹將胡部所呈作戰經過概要及西昌狀況彙呈如次：

第一、成都會戰概要

一、川北方面：

1.76A 裴昌薈率 30A 及 69A 一部，卅八年十二月廿六日在綿竹附近附匪，惟其 76A（轄兩師）於十二月廿九日，在三臺與匪激戰後突圍南進中。

2.17A（屬李文序列轄三師）在閬中西進時與匪激戰後，除 12D、84D 外，損失重大。

3.98A（原屬裴昌薈序列）在南部附近，情況不明。

二、成都附近：

1.李振、羅廣文、孫元良各部附匪。[7]

2.5CA李文率1A、3A、36A、90A及69A主力，與27A之一部；原擬乘虛向沱江、岷江間地區南進，因受李振等叛變之影響，乃改變計劃，於十二月廿四日開始向新津反攻，企圖進入雅安，與西昌連繫，激戰三晝夜，匪我傷亡均重，進展七十里，廿六日攻抵邛崍南北地區，因彈盡援絕，全部陷入重圍，十二月廿七日連絡中斷。

三、川南方面：

1.124A軍長顧葆裕率二千餘人，及胡部27A軍長劉孟廉，率一千二百餘人，由樂山經富林西進，已於本月三日到達西昌附近。已整編為三個團（但有槍者祗一營另兩連）。

2.李文所部335D之1004R，與四川第五區專員公署保警部隊，共約五千餘人，由樂山西進，元月四日到達富林附近，正與劉逆叛軍戰鬥中。

第二、西昌狀況

一、匪情：

---

7 孫元良將軍並未附匪，其後輾轉來臺。

1.大渡河方面，劉文輝叛部約一團，於十二月底進據富林，已渡過大渡河，進至海棠附近。

2.金沙江方面，滇匪朱家璧部主力約萬餘人，在滇北地區有北竄模樣，另一部（永昆支隊約三團）卅八年十二月卅日已渡過金沙江，先頭已到寧南西南之新店子。又龍雲之第三子龍純曾，率萬餘人抵巧家，渡河向寧南竄擾。

二、我軍兵力位置：

1.西昌附近兵力共約六千餘人：

(1) 124A、27A 共約官一千餘人，兵三千餘人，編成三個團，（有槍者共一營另兩連），1D 空運西昌之七百餘人。

(2)胡主任自帶衛兵百五十人。

(3)西昌原有之警衛團（兩營七百人，內有一營不可靠）。

(4)靖邊團（九連約九百人，號稱夷務團十餘團，均屬雜散夷民，集合困難，該司令隨風轉舵，并不可靠。）

2.寧南、會理無國軍，僅有地方部隊共約五六千人，戰力低弱，且不可靠。

三、地方情形

1.劉文輝統治西康廿餘年，潛伏勢力密佈，均伺機蠢動中。

2. 一般人民深中劉逆和平解放之毒，大多悲觀厭戰，充滿投降心理，漢人多吸鴉片，難供兵役。
3. 東西山地盡屬夷人，重利忘義，對我已懷覬覦之念。
4. 大渡河、金沙江兩面均陷匪手，越嶲、會理感受威脅，兵力不足，難言部署，除整理殘部以待驅使外，今後任務如何，乞示等情。（國發會檔案管理局，檔號 BS018230601-0038-543.64-10602A）

民國三十九年一月二十六至二十九日

胡代長官接待蔣經國先生自臺灣赴訪西昌相關日記

背景說明：當時中國大陸西南只剩西康之西昌仍在國軍控制下，尤其雲南叛離政府後，使西昌國軍退路斷絕，如在孤島。惟蔣中正總裁當時仍有意經營西昌，期望建之為軍事上反攻之大本營，甚至自己亦願前往西昌主持，而將臺灣交予陳誠主席，乃派經國先生前往與胡上將等研究後，咸以為當地對外交通極不方便，糧食供應亦成問題，（應係一月廿八日晚之談話內容），無經營之條件。經國先生獲此結論，返臺報告總裁後，總裁乃打消此念，隨即決定將舟山、山東之兵力集中，以保衛臺灣。（參考蔣經國著《十年風木》頁九十，及《胡宗南上將年譜》增修版，頁二七八。日記全文請參考國史館《胡宗南先生日記》下冊，一九二—一九三頁。）

一月二十六　晴

下午二時，蔣經國先生、王叔銘先生到達西昌上空，匆匆驅車往返，剛過西昌城附近途中接著，握手言歡，欣幸之至，乃上車赴新村。

夜飯後，蔣經國先生以頭痛先睡。余與王叔銘先生暢談至十二時。

一月二十七　晴

清晨與蔣經國先生一同下山，湖光山色，景象新鮮，即海傍瀘山之下，公路之上；行行復行行，且行且談。蔣經國先生轉述　總裁指示如下：

「雲南情況變化之後，西昌當更艱難，然最近匪似不至大部入康，故最近如將臺北軍火改運西昌，為可能之事；如將西昌軍隊空運入臺，為不經濟、亦為不可能之事。故總裁希望以西昌為延安。又總裁最後鄭重說：『匪如攻臺灣，余必與臺灣共存亡而決不出國。』此意即希望匪攻西昌，宗南與西昌共存亡而不來臺灣之昭示。

余當即（謂）如最近運輸二個師武器到西昌，假如兩個月內無事，則第三個月可向雲南打昆明，如不空運武器，則一切無希望。至與西昌共存亡，須待武器到後，庶有共存亡之價值可言也。

十二時，省主席賀國光，歡宴蔣經國先生，一飯三小時。

一月二十八 晴

下午二時，蔣經國先生與鄧老太太及孫仿談話。

下午六時在長官部宴會。

下午八時，蔣經國先生與長官部幕僚談話，雙方皆真誠並不掩飾及客氣，散會已午夜矣。

一月二十九 晴

清晨，奉 總裁一函：

「經國同志來西昌，并奉一月廿五日手諭敬悉，此間情況至為艱危，但如能在二月十五日以前空運一個師武器彈藥到達西昌，則大陸據點西南局勢仍可有為，然必須鈞座親自督促，則空運才有希望，如何？即請鈞核，餘由經國同志面呈。」

午前九時，蔣經國先生、王叔銘先生，飛離西昌。

民國三十九年二月五日

蔣經國先生自西昌返臺後致電胡代長官

「臺灣草山

胡代長官宗南兄：邛濱晤教並荷款待至感，弟於（31）日返臺，當將兄意轉呈，第一批武器定丑冬起飛，謹電奉聞。弟蔣經國叩丑東。」

民國三十九年二月二十一日

胡代長官自西昌電蔣總裁呈轉胡長青軍長率部自川西突圍之經過

「總裁蔣 0839（表）。㈠第六九軍軍長胡長青（69A 軍長）率部五六百人丑魚（二月六日）突圍抵漢源，已飭暫駐富林整頓。㈡據丑真電報，川西及突圍戰鬥經過如次：⑴軍指揮 24D、214D、47D 任新津及新津機場守備，匪 12A 於亥巧先攻新津機場東南側，皓迄養轉攻新津南鄧功場，梗迄敬移攻新津以西玄陽觀、太平場、文昌宮等地；均賴將士用命及戰車重砲之協助，將進犯之匪擊退，並反攻多次，斃傷匪甚重，俘獲亦多，匪不得逞，乃北犯大邑、溫縣等地。⑵亥有奉命以 24D 留守新津，掩護主力西攻，職率 214D、47D 向邛崍進出，本日進展極速，沿途排除匪之抵抗，迄晚，抵高山鎮、固驛鎮，遭匪兵力約一師之阻擊，當即展開攻擊，激戰至拂曉，將匪擊潰後，續向邛西山地進出，先後於西來場、新均各地遭優勢之匪襲擊，苦戰終日，匪我傷亡均極慘重，宥晚與兩師均失連絡，旋24D於宥辰離新津，迄晚進及軍部，但其實力因屢受損失，不及半數，職於感辰率餘部，擬經平落壩西北進，但沿○○遭匪阻擊伏擊，掌握困難之際，軍部被匪突擊，當與兩師及直屬部隊，均失連絡。(3)感午率少數人員突圍，儉辰至平落壩後與214D之曾團會合，受其掩護西渡油榨沱深入山地，曾團受匪強大壓迫，無法脫離，旋收容167D一部及48D之144R，繼續西進。(4)亥豔迄子微（輾轉）於邛崍、天全窮山間，子魚進入蘆山北郊程家壩、青龍場等地，糾合民兵領袖程志武會攻蘆山北城，經激戰後一度佔領，因無彈，自動撤出，計殲劉匪一個營，我僅傷亡官兵數十名，乃掀起天蘆榮藍各地民兵，奮起自衛反共，子儉復會攻雅安西側飛仙閣，計圍攻兩日，以彈藥不濟，自動撤圍，刻除留主力支持民兵作戰外，職率一部遵命到達漢源。(5)經驗教訓：A.我軍五兵團改變方針決定攻擊時，應先以主力攻取邛來，則轉進西康容易。B.邛來及名山以南，應指定部隊迎戰，藉以利主力之西攻。C.上級統制方法及爾後集結地點失卻連繫，即無法再行掌握。D.到康境後，前有劉逆阻擊，後有追匪，地形複雜，部隊分散，無法生存，且袍哥勢大，小部隊遭其殲滅。E.我軍不長於游擊，無彈藥糧食接濟，即自行散離。職胡宗南丑號未禺印」（國發會檔案管理局，檔號BS018230601-0038-543.64-10602A。）

（按，胡長青烈士之個人文件由林景淵教授整理後於民國一○四年由遠景公司在台出版，書名為《胡長青將軍：日記，家書……追念》）

民國三十九年二月二十三日

胡代長官自西昌再請蔣經國先生催運武器[8]

「總裁辦公室〇八三九（密）。蔣教育長經國兄：空運武器彈藥到西昌之事，至今並未實施，未悉何故，盼即轉報見復。弟胡宗南丑梗親印」（國史館檔案典藏號 002-080200-00662-030）

民國三十九年三月十四日

胡代長官電呈蔣總統，國軍擊退共軍圍攻西昌附近據點之戰報。

「總統蔣〇八三九密（表）戰報。㈠本月上旬，滇匪龍繩鏵集結兵力萬人『內含夷匪三四千人』，另配合張桐森叛部三千人，分犯寧南、會理，同時策動永善各屬夷支，分擾昭覺，進窺雷波，馬英股（率 37R、38R），進犯會理南區永和，偽解放軍和萬寶（保邦）股約五千人，進犯鹽邊，企圖由東南西三面會犯西昌，摧毀我大陸基地；同時，滇匪陳賡部三個團，於寅齊（三月八日）由昆明經元謀向我前進，並囑貴陽匪偽司令侯某『番號不明』，率部萬人，經昭通西犯。㈡寧南城自寅虞未（三月七日）起，被匪包圍，激戰至晚，鄧海泉、李幼軒等部奮力固守，苦戰六晝夜，匪我傷亡均重，我第一師朱師長，于寅佳（三月八日）由西昌率部兼程馳援，寅文（三月十二日）到達戰場，元（三月十三日）拂曉以全力攻擊圍攻寧南之匪，激戰至十五時，擊破當面之匪，與守軍會師，寧南之圍遂解，匪傷亡慘重，紛向城南及東南地區逃竄，我正乘勝追擊中。㈢張桐森叛部，配合夷匪龍繼偉、沙建中等部，於寅真（三月十一日）進抵

8 蔣經國先生當時為中央幹部學校教育長。

參魚附近，幾經策反，迄未表明態度，我顧葆裕軍及蘇紹章部共四個團，已於參魚附近集結，如張仍不就範，即予解決。㈣會理南區匪一再企圖強渡金江，均被擊退。㈤鹽邊土司諸葛士已率兵力十二個大隊，將犯匪拒止，正計劃出擊中。㈥雷波、昭覺方面，叛軍正設法宣撫，復於寅真（三月十一日）十一時，陳超部四五支隊，力克馬邊，該區 30D 之 90R 第三營，傷亡甚重，殘部向榮丁、利店潰竄，我正進擊中。謹聞。職胡宗南寅寒申禺印」參見頁三七一附圖

（本電引自國家發展委員會檔案管理局，檔號 B5018230601-0038-543.64-10602A）

民國三十九年三月十五日

胡代長官電呈蔣總統川北國軍殘部突圍南下，克服康定，肅清附近共軍情形。

「總統蔣○八三九（表）寅真禾禺電計呈，謹將各該部遵照本署行動經過彙報如次：㈠自成都會戰失利後，本署川北部隊第三八軍第一三五師、第二○軍各部，即以北川茂縣一帶為上游游擊，旋以大巴山區陷匪，一二七軍軍長趙子立附匪，該軍三一○師師長田中田力予反對，並率其殘部向西突圍，于子迴與我一三五師樊師長廷璜會合，本署當即令該師隨樊師行動，于月底，匪攻茂縣、北川，我三十八軍損失慘重，與本署連絡中斷，但該軍五五師一六三團團長張天翔率部突圍成功，復與樊師會合，向松潘方面轉進，此時，第二○軍兩師被迫先後投匪，迄丑月上旬，樊師長率田師及張團到達松潘，本署當令暫駐松潘待補，後經岷江以西外圍，向康定、瀘定繞道轉進，與本署主力靠攏，但因連日天候不良，空投無法寔施，旋丑佳（二月九日）

西昌戰鬥前我匪態勢要圖

（三十九年三月十九日）

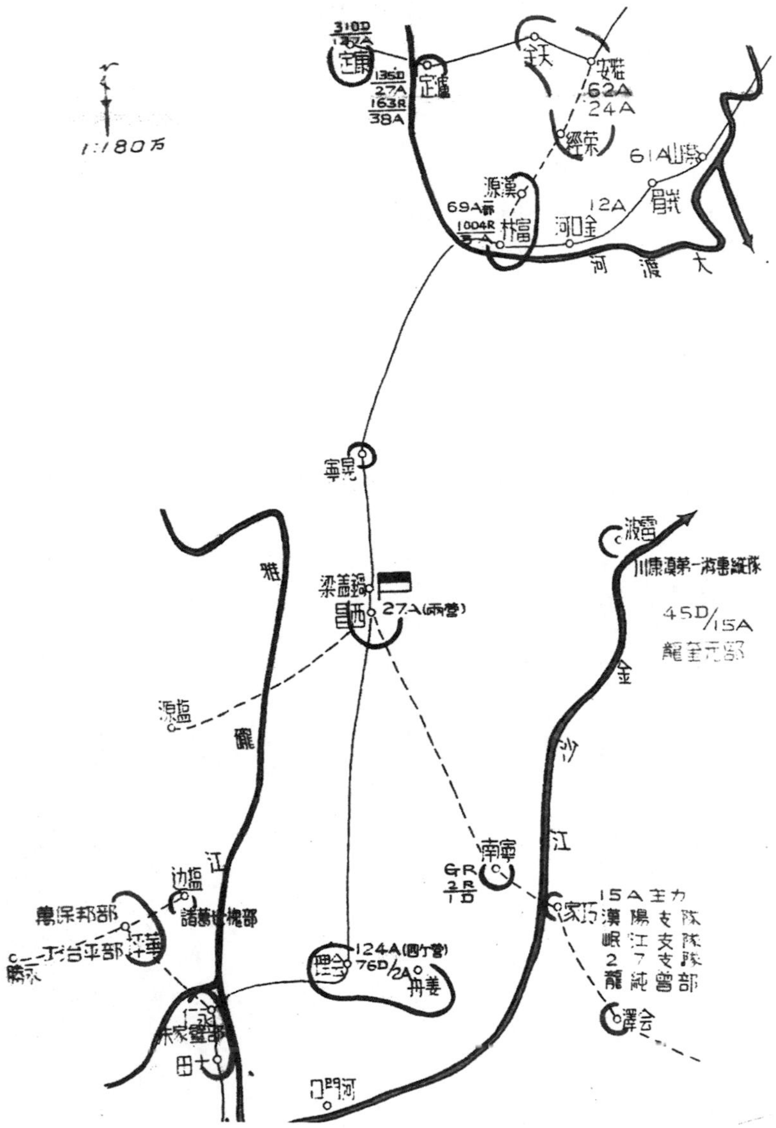

國防部第三廳調製（解密）

據樊師長電報，因情況緊張，不克待補，決排除萬難，遵令行動，以後即連絡中斷，寅微（三月五日）康定克復，始恢復連絡，查該師於丑佳（二月九日）由松潘向指定目標轉移，經草地南進，沿途迭次遭匪截擊，損失頗重，樊師長率一部失卻連絡，部隊由陶慶林、任仙峰率領，會同張團田師繼續南下，寅養克靖化感克丹巴，寅微克復康定，各該地殘匪均被肅清。於康定克復後，本署即飭田師（約一千七八百人）留守康定，以張團及陶任兩部進攻瀘定，屏蔽康屬，並與本署主力連繫，寅佳克復瀘定，張陶任三部實力共約二千七百餘人，謹聞。職胡宗南寅寒未禺印」

（本電引自國家發展委員會檔案管理局，檔號 B5018230601/0038/543.64）

民國三十九年三月二十二日

胡代長官電呈蔣總統西昌外圍國軍粉碎共軍圍攻之綜合戰報

「限卅分鐘到。密於副主任譯。呈總裁蔣，總長周，綜合戰報：謹將粉碎共匪第一次進犯大陸基地戰鬥經過彙報如次：

㈠會戰前，匪我態勢：自本年子月，本署進駐西昌之始，滇共乘虛進竄寧南會理，被擊受挫後，即分別退踞金江？東岸南岸整補，歷時兩月，無顯著動態；迄三月初，龍匪繩錚部，紛向巧家集結，張桐森叛部（但與本署密有連絡）亦由大寨向巧家方面移動，西犯寧南會理企圖，龍匪奎元策動永善各屬夷支，分往昭覺，進竄雷波，滇共第七支隊馬英股（率 **37R**，**93R**）及盧漢保安十二軍，余建勛之一部，據迫會理南區，金沙江南岸，以作渡河準備。永

西昌戰鬥經過要圖

（卅九年三月六日至廿七日）

附圖一一

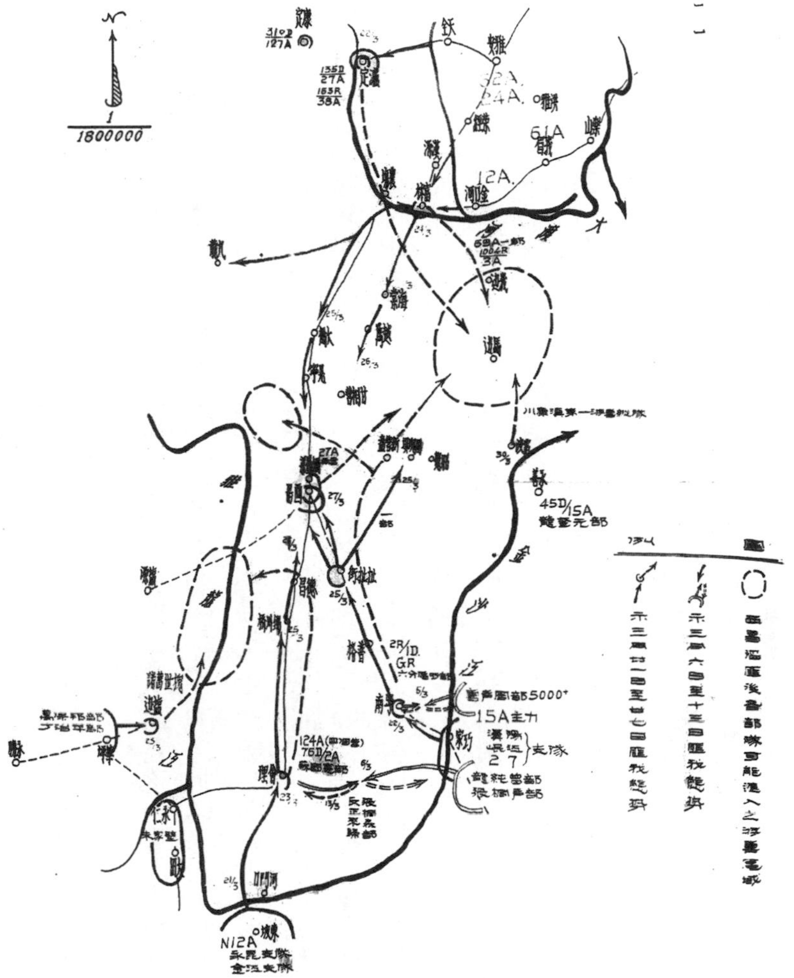

國防部第三廳調製（解密）

和偽解放軍和萬寶股約萬餘人，集結華坪附近，有犯鹽邊模樣；另於永寧左翼方面，發現匪大批幹諜滲透活動，滇匪駐昆明之陳賡部一一四師，揚言北上，貴陽、匪偽司令官侯某，率部萬餘人，兼程西進，竄據昭通，企圖由寧屬東南西三面會犯西昌，摧毀我大陸基地。本署部隊經兩月之整理擴編，雖粗具規模，但成立伊始，裝備未全，多難使用，各地方部隊，及特殊封建力量，亦正在整編中，使用尚無把握。

(二)寧南會理之戰鬥，寧南守軍我朱師長統一指揮鄧海泉、李幼軒各部，奮力追擊，匪雖頑強抵抗，均被我猛勇分別圍殲，迄晚追抵新場附近，龍匪一部，配合張桐森部，及龍繼偉、沙建中等，於渡過金江後即猛向會理城進犯，寅真先頭竄抵太平洋姜舟各附近，與我張桐森部忠貞不二者？當即來歸與我顧（葆裕）軍，協力反擊，擊破當面之匪，策應寧南作戰，寅刪由一二四軍副軍長高超統率顧軍一團、張師一團及蘇部兩團，向窪烏方面進擊，企圖先截斷匪之後路，會同朱師會殲犯匪。迄寅篠、高朱兩部於金沙江西岸會師，犯匪大部被殲，一部逃回東岸。會理南正面匪一萬，圖強渡金江，均被擊退。

(三)鹽邊戰鬥：鹽邊土司諸葛士部，經土著整編為西南人民反共自衛軍第四縱隊（暫轄三團），擔任鹽邊方面之守備，寅齊起，與和萬寶股三路，攻擊先頭，共計三千餘人，我諸葛司令親率五千餘人槍，分途截擊，當於新庄棉花地、華榮庄各附近，展開激戰，尤其主力華榮庄方面，失而復得者再，迄本巧仍激戰中。

(四)雷波昭覺方面：叛夷宣撫已收成效，益以馬邊收復，形勢已穩，正飭收復峨邊中。

(五)戰果統計：自寅虞起迄本巧止，除鹽邊正在激戰外，其餘戰鬥均已勝利結束，共戰鬥十二日，計，傷斃匪二千二百餘名，俘匪一百卅八名，鹵獲八二迫擊砲一門，小迫擊砲十二門，輕機槍二三挺，步槍二五三枝，謹聞。職胡宗南寅馬午禺印。」（國發會檔案管理局，檔號

（BS018230601-0038-543.64-10602A）

民國三十九年三月二十五日

胡代長官電呈蔣總統，關於強大共軍圍攻我最後根據地之各整補未完、裝備未全部隊之戰況。

「總統蔣三五二六（表）。自寧南獲捷後，近日來因情況發生顯著變化，謹彙呈如次：㈠寧南方面：進犯寧南匪唐升周部，為我守軍及我第一師擊潰後，龍匪繩鋅親率所部，傾巢於寅巧夜在滏烏附近西渡，當與我一二四軍副軍長高超部（兩個團），於滏烏彈冠驛一帶發生激戰，匪眾我寡，高部兩團分別陷入包圍，幸我將士用命，拼死抵抗，迭挫匪鋒，本署為聚殲西渡匪之目的，遂令第一師以全力向滏烏進出，策應高部作戰，迄寅哿第一師先頭部隊攻抵葫蘆口（距滏烏十五里），圍攻我高部之匪，因側背受敵，遂被迫向滏烏撤退，本署當令高、朱兩部續向滏烏附近潰匪追擊，我朱師主力於馬晚到達葫蘆口附近，因地形限制，同時遭受增援到達優良裝備之匪數百人，據堅頑抗，進展困難，朱師長決心乘夜由葫蘆口以西地區，向黑水河攻佔以南高地後，再向滏烏進出；寅養拂曉前，朱師行動頗為順利，並將黑水河以南高地攻佔，旋以高部配合不良，行動遲緩，拂曉後，我朱師長突受數倍優勢匪之反擊，且滏烏附近匪正規部隊五二軍之四四師及四三師之一七二團，陸續西渡，參入戰鬥，我朱師損失重大，無法再戰，遂令撤回寧南附近整理，優勢之匪跟踪猛進，迄寅養晚於新場（寧南東南）附近復發生激戰，本署為避免不利決戰，已飭朱師即退守白水河「普格南」，另以地方武力於寧南附近擔任掩護，惟匪兵力強大，追勢極猛，普格以南之線能否穩定，尚難逆料。㈡會理方面：匪永昆支隊、主江支隊共千餘人，寅哿竄至人橋附近，續西進中；匪盧漢新編第十二軍余達生部，先頭三個團，於寅皓由魚鮓強渡金江，成功後，續行北犯，刻與我顧葆裕、張桐森部，於鳳山營（會理南）馬鞍山一帶激戰，匪後續部隊續有增加，且由大橋西犯，匪進展甚速，形勢頗為緊張，已飭顧部於萬不得已時先退守白果灣（會理北）東西之線，阻匪西竄。㈢鹽邊方面：我諸葛士懷部仍固守鹽邊城，受優勢之匪猛攻中。㈣天全共先頭約一營，向瀘定進犯，我守軍一三五師，因彈藥尚未送到，被迫向漢源方面我六十九軍靠近，瀘定於寅養晨陷匪，匪後續部隊陸續西進，有犯康定企圖，金河口匪先頭二三千人，寅皓西犯黃木廠，馬列我守軍先後被迫後撤，刻以三三五師主力于富林東十五里之白羊崗一帶佈防，另匪約兩個團，寅養南犯有窺漢源會犯富林模樣，據報峨嵋方面有匪大部隊西進，並有大批糧彈屯集，本署為避免大渡河以北不利決戰，明令胡長青部適時退守大渡河南岸，阻匪南竄。㈤永善匪五二軍之四三師兩個團，配合龍奎元部已迫進雷波，有摧毀我雷波根據地企圖。㈥查此次匪分由東北南三面會犯寧屬我大陸最後根據地，使用兵力計雅安樂山方面為匪第六二軍、第十二軍之各一部，雷波巧家方面為匪五二軍（四三師、四四師、四五師），會理南區為匪盧漢新編十二軍，計第一線正規軍三，配合龍繩錚之永武支隊，朱家璧之永昆支隊、金江支隊、偽永華解放軍等土共二萬餘人；會犯西昌，志在必得。本署兵單防廣，且多整補未完，裝備未充，僅有控制主力第一師，復于寧南戰鬥中重受損失，西昌已無控置兵力，除積極部署各部隊分區游擊外。謹聞。職胡宗南寅梗禺印。」（國發會檔案管理局，檔號 BS018230601-0038-543.64-10602A）

民國三十九年三月二十五日

胡代長官電呈蔣總統國軍餘部主力第一師、第三三五師損失甚重，但署部無兵力增援。

「總統蔣三五四一（表）戰報。㈠普格附近，我第一師殘部本寅有拂曉，分受數倍優勢之匪猛攻，激戰迄午，已陷入三面包圍，該師被迫向扯扯街轉進中，匪除繼續猛追朱師外，並分股向普格以北竄犯，有截斷西昌 昭覺道企圖。㈡南渡大渡河匪，向我 335D 猛追，我 335D 損失極大。已無戰鬥能力，本有午已竄抵海棠附近，刻仍急進中。㈢本署因無控置兵力，各路均無法增援阻擊。謹聞。職胡宗南寅有申禺印」（國發會檔案管理局，檔號 BS018230601-0038-543.64-10662A）

民國三十九年三月二十五日

胡代長官電蔣總統，呈報優勢共軍進犯西昌，已無法守備。

「總統蔣三五二六（表）戰報。㈠第一師殘部由寧南轉進後，寧南梗晚（三月廿三日）陷匪，迥午（三月廿四日）抵普格南白沙河之線佈防，迄十七時，匪先頭約一團跟蹤進迫，當與我守軍展開激戰，我朱師連日轉戰僅餘六百餘人，其兩側夷支侯世清、郁什勍等均有蠢動助匪模樣。據俘匪稱，此次由巧家西渡進犯匪，為陳賡部之 43D、44D 及漢陽岷江第廿七等三支隊，共約五萬人。㈡會理縣匪新十二軍於渡過金沙江後，養晚（三月廿二日）於鳳山營附近與我守軍顧葆裕、張桐森部激戰，匪眾我寡態勢不利，迄梗十團作戰，均慘遭損失，大敵分股會犯西昌，已無法守備，謹聞，職胡宗南寅有己禺印」（國發會檔案管理局，檔號 BS018230601-0038-543.64-10602A）

民國三十九年三月二十五日夜

西康省主席賀國光電呈蔣總統，請飭胡長官離昌返臺，而非留下游擊徒然犧牲。

「總統蔣三五四一（表）。此次四面進攻西昌之匪，均係正規部隊，裝備既佳，兵力亦五倍於我，自寧南、會理兩地失守，我軍主力傷亡極大，西會道上，現已無兵拒敵，刻聞已至錦川橋 西寧道上。白水河防線，一部刻已為匪突破，西昌危在日內。寧屬全係山地，多為夷區，此後游擊兵力只能以連為單位，否則給養困難，無法生存，且夷夷性內半，隨時有反側之虞，因此高級司令部實難存留，蓋少則無衛力，多則難生活，且招致目標。胡宗南長官固願遵從鈞座，從事游擊，但游擊結果不死於匪，即死於夷之手。不僅無益黨國，適足以增匪熾，三軍易得，一將難求，萬懇立電胡長官乘機離昌，以備將來之用，實所幸甚，臨電迫切，伏乞示遵！職賀國光寅有申印」（國發會檔案管理局，檔號 BS018230601-0038-543.64-10602A）

民國三十九年三月二十六日

胡代長官於西昌戰至最後，經部屬苦勸及羅列參謀長自願領導殘部游擊後，遵示返臺電。

「即到草山總統蔣０８３９寅有戌機電奉悉，職為減小目標，簡化機構，以便機動游擊起見，遵於此間留置簡單指揮機構，由參謀長羅列負責領導，職率非戰鬥人員，擬於本寢（三月二十六日）飛瓊轉臺。謹復。職胡宗南寅寢丑禺印。」（檔案管理局檔號BS018230601-0038-543.64-10602A）

附一：本電蔣總統批示「復照准。」

附二：蔣總統前電：「胡代長官，如果西昌不能不放棄時，吾弟是否仍將領導各部隊與匪作游擊戰。繼續鬥爭，否則弟離部來臺則由何人可代為領導與匪周旋到底也。盼復。中正。手啟寅有戌機」

按：據當時擔任情報通信指揮部指揮官的羅中揚中將（空軍）於民國七十年代在臺北告稱，蔣總統曾自臺北草山總裁辦公室要求東南長官公署發電報轉經海口至西昌（因電臺電力不夠），要胡代長官即回臺灣，但胡回電欲留在大陸（游擊）俾「戴罪立功」，二日後蔣再度電西昌，十萬火急，令胡返臺，胡代長官才遵從回臺。

文論

民國三十九年一月一日

三十九年元旦告川西官兵書

親愛的官兵同志們：

在去年十二月中旬，你們與匪軍血戰於成都平原的忠勇表現，本來給予匪軍有很大的打擊；不幸魯崇義的仝師[1]在樂山叛變，劉文輝、鄧錫侯、潘文華等逆賊，為保全其個人生命財產，又不惜背叛黨國，變節降匪，使我大軍陷於重圍，我在這個時候，奉最高當局指示，先來西昌指揮，大軍分路突圍，不料因西昌氣候惡劣，改飛海口，聯絡中斷，致我三軍將士，為匪所乘，誠使我繞室徘徊，椎心飲血，萬死莫贖。

這兩個月以來，聽說你們始終保持忠黨愛國，不投降，不變節的傳統精神；在山巔，在水

1 仝師係魯崇義之部屬仝敫曾，三三五師師長，亦係西北軍馮玉祥之舊部，在四川樂山降共。見《胡宗南上將年譜》增修版，頁二七四。

邊，在平原，在城鎮，不斷的和匪苦鬥，和匪死爭；你們的辛勞，非但為世人所敬佩，更為我時刻深念於心。

我老早已經由海口來到西昌，有許多袍澤，如像劉孟廉、顧葆裕、胡長青等都先後突圍來歸，這裏有豐富的資源，優越的地理環境，和強大英勇的國軍，可以做反攻基地。

英勇的將士們！親愛的同胞們！我們新生的力量，正一日千里的成長，國際環境，也有積極的好轉，我們已經看到了光明，我們快走到成功的大道。

親愛的將士們，你們是模範革命軍人，你們是優秀中華兒女，你們保持著民族氣節，你們代表著國格尊嚴，誰也不能屈辱你們的意志，誰也不能毀損你們的靈魂，誰也不能剝奪你們自由，誰也不能阻礙你們的前途，我們在這裏歡迎你們的歸來。倘因一時環境困難，也要設法首先向我取得連繫，你們需要的一切，只要我能做到，我一定替你們做，萬一陸路走不通，也會要派飛機來接濟你們，至於其他一切友軍，和地方民間武力，都要切取聯絡，切實團結，他們有什麼需要，你們也可以代他們轉達。我在這裏祝你們健康，祝你們成功，並祝你們新年勝利！

胡宗南　農曆三十九年元旦[2]

2 胡副長官此舉乃奉蔣總裁之命而為：

蔣總裁於三十八年十二月二十九日電空軍副總司令王叔銘轉胡副長官稱：「弟到西昌後，在元旦開國紀念日應發表對西南軍民告書，誓在西南大陸與我忠勇軍民共生死，同患難，百折不回，再接再厲，只要有一兵一卒，一槍一彈，決與共匪奮鬥到底，必使中華民國領土完全恢復，剿共復國大業克底於成，務期我全體官兵克盡我軍人天職，不愧為國父革命信徒也。文詞愈簡愈好，並交中央社發稿登報為要。」

參見「蔣中正先生年譜長編」第九冊，四一九—四二〇頁。

大陳時期

民國 40 年 10 月至民國 42 年 7 月

成立反共救國軍，突擊大陸，支援敵後

宗南先生於民國三十九年三月底自西昌奉令回臺後，竟被監察委員李夢彪等根據不正確的資訊提出彈劾（詳見附錄四）。他不但不辯解，也不允憤憤不平的部屬辯解。當然國防部查證後還了宗南先生清白，而他的反共之志仍一如往昔，包括派遣來臺部屬前往香港，設法與留在大陸的忠貞之士聯絡，予以接濟。他認為，中共政權基礎尚未穩固，此時應該成立挺進部隊，展開大陸游擊工作，作為日後重返大陸的武裝力量。於是，他在四十年五月擬出報告，呈給行政院長陳誠。

三十九年六月二十五日，北韓共軍越過北緯三十八度線進攻南韓，韓戰爆發，十月，中共參戰。臺灣的戰略地位獲得重視，美國在六月二十七日宣布第七艦隊前往臺灣海峽，隨著戰局發展，美國決定派員協助臺灣在大陸沿海所成立的游擊部隊，並提供裝備以牽制中共。

四十年三月十七日，蔣公任命宗南先生為江浙反共救國軍總指揮，宗南先生乃與軍方有關部門研商整理沿海游擊部隊方案，但因國防部參謀本部對大陳的戰略地位認知不同，一直未能貫徹蔣總統的意志，但宗南先生到九月九日仍率領部屬前往大陳，聯繫江浙各地撤退的各路游擊隊，成立江浙反共救國軍，對外化名為秦東昌。

四十一年一月，中共調集四團共軍，攻打溫州灣的洞頭島。該島距離大陸最近，退潮時可以涉水登陸，當時只有少數游擊隊駐守，宗南先生予以加強野戰工事，準備作為進入雁蕩山區的根據地，因此共軍於一月十二日大舉進攻，激戰三日夜，寡眾不敵，只得撤守。

但宗南先生經過五個月的努力，卻已將江浙一帶各地游擊隊五十多個縱隊，整編為七個野戰大隊，一個海上突擊總隊。六月間，宗南先生率領第一隊、第三隊突擊溫嶺，突入海中的黃礁、北江，佔領灘頭與高地，因得知颱風即將來襲，乃自動撤退，此戰已測知游擊隊的戰力與正規軍不相上下，信心大增，乃開始經常對大陸沿海島嶼突襲，以極劣勢的裝備，卻每次都能成功，牽制了中共在江浙沿海大量的軍事部署，在那臺灣最脆弱的關鍵時刻，維護了臺灣的安全。宗南先生並曾於民國四十一年十月在臺北國民黨七全大會上報告江浙游擊隊突擊大陸情形，強調共軍士氣低落，人民開始反共，我反攻大陸有希望。雖然如此，由於國防部對大陳地區不願投注更多陸、海軍及防禦工事所需之材料，以致反共救國軍之攻擊防禦能力均屬有限。四十二年四月，韓戰結束，六月，共軍大舉進攻大陳各陣地，積穀山等地因防禦工事都沒有材料完成，遂告陷落。國防部看美方將西方公司人員撤退，遂在四十二年七月裁撤江浙反共救國軍總指揮部，改為大陳防衛司令部，宗南先生在蔣經國先生的陪伴下，調回臺北擔任戰略顧問。至於一江山戰役及後來的大陳軍民遷台，則是宗南先生回到臺灣一年半以後的事情，但大陳人迄今都認為胡先生是大陳恩人之一。

在大陳近兩年的奮鬥，可以當時的一幅對聯表達：

我們一無所有，有的是赤膽忠心；

我們一無所求，求的是反共復國。

電函

民國四十年三月十日

蔣中正總統籌筆[1]，交待國防部重視胡上將之意見。

「周總長：此為胡司令官之意見書，甚有見（地），應即交國防部切實研究，另抄一份由彭教育長轉白總教官，對於本書意見予以評論，並望能制定戰術、編制、裝備、後勤、學制與訓練方法等整個一套具體法規之草案為要。」[2]（國史館檔案典藏號 002-010400-00016-046）

1 籌筆，即手令之意。

2 胡上將當時正式職銜為陸軍二級上將戰略顧問。七日後（三月十七日）始奉派為江浙反共救國軍總指揮，準備前往大陳整理江浙沿海各路反共義民及游擊隊。白總教官為日本將領富田直亮，中文名為白鴻亮，應邀率日本軍官團來臺協助我國軍增強戰力，並研究反攻大陸具體方案。

民國四十一年二月十日

胡總指揮在大陳電參謀總長周至柔，請派軍駐大陳。

「總長周：㈠據報並綜合匪情，匪已集結兩個軍以上兵力及各種艦艇三〇〇餘艘，並有強大飛機，大舉進犯我大陳之企圖。㈡為應付目前狀況，僅具申意見如次：⑴請派海空軍對舟山一帶匪軍襲擊，以摧毀其企圖。⑵請即增派步兵兩師，砲兵一團及水陸戰車一營，確保大陳。如何乞電示遵。職秦東昌。丑灰 11.10」

附：國防部蔣主任經國先生於二月八日以丑虞電告警，全文如後：

「據報，匪圖犯大陳之佈置如次：㈠三野已派副參謀長周駿鳴負責指揮，將以兩個步兵師及兩個陸戰師為攻擊主力。㈡以裝備機帆船二五〇艘，艦艇十餘艘，俄造登陸艇五十一艘為登陸之用。㈢將以轟炸機及噴射機協助進攻。㈣進攻時間，預定二月上旬，並可能同時對金門發動攻擊等情，奉請注意，弟蔣經國。」（以上分別引自民國四十一年二月八日及十日之國史館《胡宗南先生日記》，一〇四年出版。）

民國四十一年二月十九日

胡總指揮函復蔣經國主任，請勸阻蔣中正總統勿冒險來大陳。

「銑電奉悉，陳善州已晤談。悉一切，惟聞：㈠戰鬥及游擊擊部隊份子複雜。㈡防空設備及碼頭在計劃之中，至於㈢匪共方面寧波、溫州兩機場聞已完成。吾兄明達，不致使國家命運維繫的領袖而或出於冒險，懇勸阻。切盼。」（以上引自《胡宗南先生日記》民國四十一年二月十九日）

附：蔣經國先生寅銑電：「陳副主任於刪午乘衷，請派員上接洽並與面商務」。

民國四十一年二月二十二日

胡總指揮自大陳電呈臺北蔣中正總統，請調海軍艇隊至大陳。

「總統：㈠查匪軍沿海船艇組織，日益坐大。我駐大陳海軍艦艇因吃水關係，不能深入大陸灣港捕捉殲滅，且艦艇有限，力量甚微，甚為遺憾。㈡查海軍現駐淡水之機動艇隊，計驅潛一號一艘，防一至防七共八艘，現有各艇輕快靈活，火力與速力均強，甚適合於淺水港灣之突擊，如該艇隊使用於大陳區，對匪所有船隊可在最短期間掃蕩無遺，大陳防務，立可改觀，如以之防衛臺灣，則其噸位及性能均不相宜，且目前擱置不用，殊為可惜。㈢為求主動徹底打擊匪海防組織，摧毀其攻我大陳企圖，並協力游擊部隊發展壯大起見，擬懇親飭海軍總部即派該艇隊全部開駐大陳，歸溫臺巡防處招處長德培指揮運用，以利作戰，並乞核示。職秦東昌丑養」（以上引自國史館《胡宗南先生日記》民國四十一年二月二十二日，一〇四年出版。）

民國四十一年二月二十六日

胡總指揮函請臺北國防部蔣經國主任公祭忠烈

「經國吾兄勳鑒：久睽教範，時以賢勞為念，弟部前於西北及川康歷年戡亂戰役中，殉國將領自師長以上總司令以下，不下數十餘人：如前第三十七集團軍總司令、整編二十九軍軍長劉麟書、整編第九十師師長嚴明、三十一旅旅長周由之、四十七旅旅長李達，同於民國三十七年陝北宜川瓦子街之役殉國成仁。又歷年在陝北各次戰役中陣亡殉職者如：七十六軍軍長徐保、四十八師師長何奇、十七師師長王作棟、整三十六師副師長朱俠、八二軍二四八師長馬得勝等，其英勇壯烈均足以光昭史冊、表率群倫。再如民國三十八年杪渝蓉之戰，所部遠道赴援，於四面合圍中拚死力戰，死傷枕藉，各該戰役中忠勇成仁者，有第一軍一六七師師長趙仁、譚文緯，代師長高宗珊、三十六軍一六五師師長汪承釗、五十七軍二一四師師長王菱舟、六十九軍參謀長陳壽人等；迨至三十九年三月三十一日西昌被陷，第六十五軍軍長代第五兵團司令官胡長青、二十七軍軍長劉孟廉、參謀長劉逢會、前西南長官公署少將高參黃維一等，同以身殉。以上均係事蹟確實，經報呈卹典有案者。其餘忠貞殉國未悉詳情之士，尚不知凡幾。茲劉麟書烈士殉國四週年之期，忽焉將屆，而胡長青司令官成仁迄今又二易寒暑矣！值茲大局開朗反攻在望之際，為告慰忠烈激勵來茲，計擬在臺北舉行公祭。弟因羈於前方軍務，不克分身辦理，除已分呈總統賜予褒揚題辭外，敬請吾兄交由總政治部發起至劉麟書（附陝北各戰役殉國將領，本書此處不置）、胡長青（附成都重慶西昌各戰役殉國將領，本書此處不置。）[3]等應予分別公祭，抑合併舉行，亦懇卓裁定奪。茲由羅冷梅、程開椿持函來洽。諸祈亮詧並賜教益為禱。

專此　敬頌勳綏　弟胡宗南啟　二月二十六日」。[4]（國史館檔案典藏號 005-010100-00054-008）

民國四十一年三月十八日

胡總指揮函請蔣經國主任安排沈之岳先生晉見總統

「經國弟：歲月匆匆，一別又半年矣，遠聞勤奮〇美，不勝忻慰之至，茲因此間工作情形，特請沈之岳同志前向總統報告一切。敬乞　稟報引見，不勝企盼，專此　敬請勛安。

秦東昌[5]　三月十八日」

「弟處如有特工機，是否可以借援五部，並請交沈同志帶回如何？」

---

3 胡宗南將軍所部於民國三十五年至三十八年在陝北與共軍激烈戰鬥多次，劉戡中將（字麟書）等將領為國捐軀，嗣部隊奉命南下四川，護衛政府及蔣中正總裁平安遷臺，胡長青中將等數十位將領分別於三十八年十一月至三十九年四月間在重慶、成都及西昌等地與共軍奮戰中陣亡或自裁。

4 胡上將當時在浙江外海之大陳列島擔任「江浙反共救國軍總指揮兼浙江省政府主席」。

5 胡總指揮在大陳服務期間，係以秦東昌為化名。沈之岳先生係大陳指揮部之政治部主任，當時以工明之化名對外。

日記

民國四十一年五月十七日

胡總指揮返臺參加總統府軍事會談的報告[1]

「今天在總統面前，報告游擊部隊情形，非常光榮。我們在去年九月，奉命到大陳，經過三個月的視察、考核、研究，知道游擊部隊的情形，非常危險，他們吃老百姓、用老百姓、穿老百姓、壓迫老百姓，而且自由火拼，自由殘殺，不以為怪，因此海島人民表示不滿，而大陸匪軍則拍手叫好，認為你愈這樣做，對共產黨愈有利。

其次，我們統計游擊部隊縱隊以上的番號有五十多個，支隊以上的番號有一百多個，有十餘人為一支隊，有數十人為一縱隊；番號多於官，官多於兵，組織分散，系統不分，門戶對立，戰鬥力互相抵銷，中間雖有許多忠貞之士，有能有為之士，有智有謀之士，但是風氣如此，無法挽回。

我們自從去年十一月召集各游擊部隊首領會議，通過整理方案，經過五個月的工作，將五十多個縱隊，百餘個支隊，整理編併成為七個野戰大隊，每個大隊有四個步兵中隊，一個本部中隊，官兵約一千餘人，火力旺盛，裝備優良，訓練良好。這是由游擊部隊進而為野戰大隊的一個階段，而使這野戰大隊，能夠建立起來，鞏固起來的主要原因，則為第五軍、第十八軍戰鬥團員，能為野戰大隊之班、排、連、營長及教官，他們事前經過一度的訓練，以服務的精神，無名英雄的目的，毅然自報為游擊部隊之幹部，生活和士兵一起，工作和士兵一起，睡眠與士兵一起，影響他、成全他、教育他、訓練他，這野戰大隊已經建立了良好的基礎，可說是中國老百姓的力量，反共的力量，國家的力量了。

其次在海面，屬於游擊部隊的各色各樣的船隻，過去是搶劫老百姓財物的工具，現在已經全部集中，全部編組：在消極方面，可以防止非法的行為；在積極方面，可作島嶼海上交通警戒，並可作艦隊外圍的力量，因此編成一個海上突擊總隊，下轄六個艇隊，官兵約一千餘人，船舶約三四十艘，一月以來，很有成效。

至於整編後之補給，野戰大隊每官兵主食二十七兩、副食十元、燃煤四十斤、食鹽一斤、薪餉二元，大隊公費三百元，中隊一百五十元。

海上總隊每官兵主食、副食、燃煤、食鹽，與陸上部隊相同。薪餉五元，海上加給，輪機長五十元、航海長五十元，輪機員、航海員各三十元，水手各十元。公費方面每一船艇一白二十元，艇隊司令部二百元，突擊總隊司令部一千元。

這樣待遇雖然太少了，但是這個二元錢的薪餉，表示國家需要你，你需要國家，意義重大，關係重大。

上述工作，在整個反共抗俄的戰爭立場上說，是屬於消極的一面，因為這僅僅是防守基地、防守海島的做法。但是游擊必須要有基地，今天大陳的游擊基地，已經建立了，我們的大陸工作，如突擊、情報、策反、爆破、心理作戰等，正在開始中。[2]

其次希望政府解決幾點事項：

一、九千人的補給，按照國軍待遇，蚊帳、草蓆、服裝皆盼發給。

二、海島離不開海軍，大陳以海軍為骨幹，艦隊司令駐此，軍區司令駐此。如此，匪如從定海犯大陳，我艦隊即可迎擊於漁山附近而殲滅之。如艦隊司令駐基隆，基隆離大陳二四〇海里，須十八小時方能到大陳，那時匪已從容作登陸之戰、灘頭之戰、或作陣地之戰，使陸軍過早作戰，而海軍之長，不能發揮。此為最不幸之策略也。

三、希望有正規軍一個師接替上下大陳、漁山、披山之任務，而將游擊隊八千餘人專作突擊之任務。吾人必須時時突擊，即有損失，亦必須突擊，如此方能使敵人處處設防，處處作工，而處處被動，我在任何時期不能被動，何況此無訓練、裝備、補給之游擊部隊，如果被動，必至消滅也。」

---

1 以上引自國史館《胡宗南先生日記》下冊，民國四十一年五月十七日，頁二四三—二四四。當日上午之軍事會談於十一時在總統府舉行，由蔣總統主持，參加人員包括陳誠院長，參謀總長，副總長，陸海空勤各總司令，袁次長，郭寄嶠上將，顧祝同上將等。

2 據四十一年四月國防部參謀本部大陸工作處上呈蔣中正總統表冊，謂大陸地區反共游擊隊尚有一百三十九萬餘人，搶五十七萬餘枝，火炮一六一門，惟與臺北電臺聯繫者僅九萬餘人，而江浙各部達二萬餘人。是以大陳工作重點之一即為支援敵後工作。參考「蔣中正先生年譜長編」第十冊，頁五十五。

信函

民國四十一年間致羅冷梅先生函電八件

秦東昌（即胡宗南）致羅列電[1]

民國四十年九月，胡宗南上將率僚屬進駐大陳，化名秦東昌，擔任江浙反共救國軍總指揮。初到大陳整理各沿海游擊隊，篳路藍縷，百廢待興，此電僅其一端也。

「特急

密。羅冷梅兄並轉鍾常青兄。鍾君篠電悉。㈠總部是否成立及何時成立？即由冷梅兄決定。㈡銀元能否領到？如不能領到，則對游擊隊威信無法建立，一切作罷。㈢船隻盼再交涉，如能

1. 羅列字冷梅，鍾松化名鍾常青；均為反共救國軍副總指揮。羅在臺，鍾於九月赴大陳後再回臺，協助羅一同籌辦總部之成立。本書所列各函均係羅上將之公子羅大楨博士提供。

有砲艇數艘（日美漁船）、帆船若干更佳。望兄研究進行。秦東昌酉巧印（鍾先生已另抄呈）。

四十一年一月九日」

秦東昌（即胡宗南）致羅列函一

「冷梅兄：

此間情形甚佳，防地已鞏固，游擊隊整編情形良好，日在發展中。

東南訓練團六日已行介紹式，十日正式開課，官兵九百餘人，武器已發，美方甚努力。第二期約三月底四月初召集，人員已準備，第二期望兄前來主持，包兄滿意愉快而不想臺北也。

清白艦事至為重要，許承功未知肯兼任否？兄與會面否？盼速即接收。修理費後付，或設法借支，一切事宜盼全權辦理。並盼與希平兄隨時洽商。專此　敬祝健康

秦東昌　一月九日」

秦東昌（即胡宗南）**致羅列函二**　（日期不明）

「最近海戰，捕獲鴨綠江號及閩光號。其鴨綠江號 266 噸，很為新很固，為溫州駛上海有名船只，刻已批准援為經濟處臺陳運輸船只，不日開臺北。

該船宜加裝引擎一部以增加速力。並宜裝備武器，如能裝 25 米或四〇米。則往來海上可以保險。未知空軍、聯勤有此武器否？盼秘密核辦，如何？

修理費如為壹百萬元亦須接收修理。兄能與希平兄商討設法給款墊付。今年五月即可歸還。」

秦東昌（即胡宗南）**致羅列函三**

「冷梅兄：

函悉。關於青白艦事，估價結果，未悉如何？弟意無論某公說法如何？我們的接收為宜，而且修理費亦可設法另清。或另借，到了前方，我們自然容易控制，海上有一兵艦，關係不小，望兄斟酌行之。此間形勢並不嚴重，外圍據點，已逐漸增強中。大陳決無問題，專此敬叩春禱！

東昌　一月十四日」

秦東昌（即胡宗南）致羅列函四

「冷梅兄：

入春後想一切順利，老母親福祉安祥為祝！

關於青白艦事之發展如何？甚念，弟最近將回臺北開會望兄以副總指揮名義一同出席。除準備敵我態勢圖表外，另有何提案，盼代準備如盼，專此敬叩春禱！

秦東昌　二月七日」

秦東昌（即胡宗南）致羅列函五

「冷梅兄：

二月十一日函敬悉，

一、省府成立日期及啟用印信，所見甚當，明日即可電達。（本晚開會）

二、鉛鋅鑛業局及漁管處即成立。人事如何？盼即告。

三、今年工作開展。後方如何組織，以推動之。盼為主持，專此敬祝春禧！並祝令堂大人百福。

秦東昌　二月十七日」

秦東昌（即胡宗南）致羅列函六

「冷梅兄：

許久不見面，甚為想念，前奉海味數種，可代獻令堂大人佐餐。

香港工作擬即開始，第一使陳瑞河密組省府，囑其提出名單考慮，第二如何與魯、皖聯絡？可秘密選派代表來此主持，並可選派人員，由此動身交通；第三在絕端秘密之下，任何工作路線皆可保證並無妨礙，但須實在。

第二使徐達工作，作一詳細報告，及如何發展中。第三，與香港附近游擊隊人員聯繫，是否可整批開大陳裝備，其經費及人數若干等名，擬派一可靠人員前往，兄意以何人為宜？請即派遣為盼！專此　祝你健康！

東昌　三月二日」

秦東昌（即胡宗南）致羅列函七

「冷梅兄：

范誦堯兄代兄來此，相見甚歡！此間明年工作重心移在大陸。㈠香港調景嶺舊西北同志，其年事較輕而期別較低可靠之朋友，前以名單奉告（十七名），未知已核辦否？[2] ㈡此次校閱全

2 從民國四十一年三月二日及十二月二十一日，胡上將在大陳致臺北羅列將軍二函中，顯示其雖然身在大陳，心在大陸之敵後工作。

軍，兄之觀感如何？專此　敬祝健康！

秦東昌　十二月廿一日」

民國四十一年四月二十日

致陳建中同志函

「建中同志：

頃讀四月三日來書，藉悉西安本黨志士千餘人慘遭殺害，至深痛悼，尚祈努力工作，以冀雪恥報仇，並希為國珍重。專復　順頌勛祺

弟秦東昌敬啟　四月二十日」

民國四十二年

秦東昌致陳和貴先生函[3]

「和貴弟鑒：

三月廿八日手書，欣悉，吾弟為雨兄學生，即為余之學生，不可自外，更不可妄自菲薄，因吾人為有志氣，有思想，有熱忱，有忠誠之同志，團結在黨的周圍，為　領袖馬前之張保，之王橫，之文天祥，之史可法，之無名英雄，之無名戰士，而執行打回大陸之任務，只要不自成

系統，派別，組織，以自外於國家，沒有山大王觀念，流寇思想，個人英雄主義，以自外於人民，即為今日第一流人物，第一等戰士。

吾弟青年純潔，有守有品，應力爭上游，恪遵囑咐，以報效黨國，披山謠傳之事，顯有政治作用，必為陰謀所發無疑，應即秘密查復，以憑究辦，以後如有事故，可隨時電告，此敬祝勳安！

秦東昌　三月卅一日」

---

3 胡上將在大陳時期以秦東昌為名致函陳和貴先生，返臺後營商，創辦實業有成。

文論

建議成立大陸挺進部隊以為爾後革命武力發展之中心[1]

民國四十年五月三十日

事由：為建議在江浙游擊總指揮部成立三個野戰縱隊，兵力共約三萬人，以為挺進大陸、展開游擊發展革命武力，以策應國軍之反攻大陸。

在臺國軍之反攻大陸必須在國內外情勢演進至成熟階段，即一面能得國際友軍實際行動之配合，一面能獲大陸民眾武力廣泛之響應，然後行之，始稱萬全；而尤以後者為更重要，故吾人對大陸工作之主要任務亦即在此。

就大陸工作中之重心工作，即軍事準備而言，吾人為挺進江浙大陸展開全面游擊，壯大革命武力，並掀起民眾反共怒潮，以策應國軍之反攻敵陸計，必須組訓完成三個野戰縱隊，（每縱隊約一萬人），以為武力運用與發展之基幹。

此三個野戰縱隊之編成，擬以現在臺灣及香港之江蘇、浙江、山東、安徽等省之義民約三萬人為基礎，而以來自大陸各方具有反共復讎決心，富有帶兵作戰經驗之各級忠貞幹部統率之，務期於二個月內召集編組完竣，五個月內完成裝備與訓練。

對此等野戰縱隊之訓練，除使一般官兵具有必要之軍事常識戰鬥技術及實施游擊戰所需之各項技能而外，關於民眾之組訓運用，黨務之推行，及地方行政與經濟諸業務之設施等，均應予以必要之訓練，期使一般官兵均能成為優秀之各級幹部，以為爾後革命武力發展之核心。

此等野戰縱隊組訓完成後，即於有利時機，由海空軍之支援，依以大吃小的、奇襲的、滲透的、及迂回鑽隙的等等游擊戰法，以破釜沉舟有進無退之精神，突破匪軍之海岸防線，深入浙江閩贛等省邊境山地，分區建立基地，展開全面游擊活動，如滾雪球，如縱野火，逐漸壯大革命武力，普遍掀起反共怒潮，以響應迎接我在臺國軍之反攻大陸而為其先鋒，是固吾人所熱切寄望於此三個野戰縱隊編練之成果也。

以上所陳是否有當？敬乞

核示　謹呈

院長陳

職胡宗南　呈

1 宗南先生於三十九年自西昌返臺後，鑒於中共介入韓戰，國際局勢轉趨對我有利，乃於民國四十年五月三十日於臺北市錦州街四巷一號作此報告呈當時之行政院長陳誠。

民國四十年九月

大陳列島之軍事裝備筆記

背景說明：胡宗南上將奉派於民國四十年九月前往浙江外海之大陳列島擔任「反共救國軍」總指揮，以「秦東昌」為化名，指揮救國軍游擊隊於不到兩年時間內，突擊大陸多次，嗣於四十二年七月底調返臺灣，入國防大學深造。

本項筆記係胡上將抵大陳不久後所撰，可看出當時游擊隊裝備甚為落伍有限，幾無重武器，但是在我海軍支援下，戰鬥意志及決心均甚堅強。

不沉舟之重視——遠洋搜索

游擊根據地：大陳。

甲、積谷山

兵力：一連。

工事：半永久工事。

重武器：三七砲一。

船只（隻）：帆船二條與大陸聯繫。

通信：特工機一。

乙、一江

兵力：三連。

工事：半永久。

重武器。

通信：無線電一。

船工。

丙、屏風山

兵力：一連。

工事：半永久。

重武器。

通信：有線電。

船只：帆船一。

丁、竹嶼

兵力：二連。

工事：半永久。
重武器。
通信：無線電。
船只：帆船一。

戊、上羊岐

兵力：一區隊。
重武器。
工事：半永久。
通信：無線電。
船只：帆船一。

己、下羊岐

兵力：一區隊。
重武器。
工事：半永久。
通信：無線電。
船只：帆船。

上列各島通信，力求簡單，迅速，配合作戰；如積谷山電臺，報匪機帆船通過用一字，匪船進攻，用二字，求援用三字，匪船撤退用四字。

㈠大陳設專臺，接收外圍據點情報，每小時一次。

㈡港內後勤艦專任對本部各外圍據點情報聯絡，每小時一次，用燈號通報本部并負責轉達命令。

㈢兵艦出發命令，用專船專人專送比較密碼發電以及燈號快。

㈣三堆火政策，表示匪攻擊。

游擊根據地：披山

甲、大鹿山：匪從銅頭。

兵力：一隊。

重武器：四五戰防砲一門。

控制寨頭。

工事：半永久。

通信：特工機。

船只：帆船。

乙、

大銅針：土匪從松門。

兵力：一班。

重武器：無。

通信：無線電。

捕捉匪船之研究：

㈠以蔣兒墩為偵察站，監視三門灣匪船。

由三門灣—海門約十五海里

兵艦待機於蔣兒墩，相機於一江。

得電後出發到頭門山附近。

㈡由海門至三門灣之匪船，我情報電臺在頭門。艦在一江。

可在白沙以南全部捕捉

㈢以積谷山為偵察站，監視海門松門匪船

由海門到松門或由松門到海門

情報電臺在積谷山

兵艦：藏在大陳。

短程突擊蔣兒墩，積谷山；長程突擊南韮山，東福山。

以小兵力在敵人內海內作

1. 奇襲的毀滅戰

2. 俘獲戰

殲敵於外海為上策。

殲敵於中海為中策，

殲敵於灘頭為下策。

殲敵於陣地，是為下策又下策。

如匪從臺州灣出來，則殲匪於一江附近海面；如匪從定海出來，則殲匪於漁山附近海面，如匪由松門石塘進犯大陳，則殲匪於積谷山附近；如匪由洞頭北犯大陳，則殲匪於披山附近。因此我派兵艦二艘，前往漁山迎擊，信陽留守大陳為預備。如匪艦有長治，則以信陽與永安級艦前往迎擊。

艇隊以不參加遠洋戰鬥為原則。必要時整隊參加尾擊、側擊。

海上突擊注意點：

(一)竹筏

與其用舢舨拖往登陸點，不如用竹筏載運到登陸點，可使行軍不受影響，登陸不受水深淺潮汐之限制。可使用圓鍬划行。但須演習。

(二)偽裝

1. 便衣偽裝為老百姓，作驚惶逃跑，向匪之司令部報信，即攻其司令部而狙擊其指揮官，佔據其砲位。
2. 偽裝為匪軍，動作同上。
3. 因此登陸點必分主攻、助攻兩路以上。

㈢海戰以火力、航速力，本身訓練之戰鬥力為主。並不以船只多少，兵力多少為主。匪以十砲艇來。我以一兵艦，足以對付矣。

㈣信陽不宜使用於三門，因其吃水深，轉動不便；三門水淺多島及暗礁，故不宜。如使用在三門灣以外深海，則可。信陽打他軍艦很理想。

民國四十一年九月九日

東南幹部學校開學之致詞[2]

今天是東南幹部學校開的一天，我們為什麼要有這個學校呢？為要有革命的幹部來擔負打回大陸的任務。革命軍幹部的條件如何呢？良好的戰鬥技術，堅強的戰鬥意志，旺盛的犧牲精神，而以信仰主義為中心、為基礎，如此幹部才能轉游擊部隊，進而為野戰軍，進而為革命軍，和老百姓結成一體，而為人民的武裝，才能百戰百勝打回大陸。這是這一時期我們東南幹部學校的使命，也是各位同學的任務，祝你們努力。

2本文引自《胡宗南先生日記》民國四十一年九月九日：「上午十時東南幹部學校開學，到戰鬥團長或副團長代各縱隊司令等，友方到 Mr. Varnson、Mr. Ramsey，余致詞：……」

民國四十一年十月於臺北

在中國國民黨七全大會上報告江浙游擊部隊突擊大陸情形，顯示反攻大陸有希望。

今天能夠在本黨七全大會報告江浙游擊部隊情形，非常光榮。

一、江浙游擊隊在最近時期，打開大陸鐵幕之門已經三次了：第一次在平陽縣之金鎮衛附近，使用兵力為第二大隊之兩個隊，約四〇〇餘人，由第三隊長林秉勛統率。因事前有很好的部署，臨時又有人民的內應，所以一經登陸，即有老百姓半路指示匪軍的位置，很快就把鄉政府的一個民兵中隊解決了，並且擊潰匪警備旅一個中隊，非常順利，當時俘獲匪幹十六名，女匪幹七名，民兵一百四十一名，得38式步槍五支，匪旗兩面，文件多種，我傷士兵一名。

第二次為福鼎縣之沙埕港，使用兵力亦為第二大隊之二個隊，歸第三隊長林秉勛指揮，事前亦有很好的部署，臨時亦得人民的內應，所以一經登陸，即得到人民半路指示匪軍的位置，突擊邊防第七三團之第七連，很快地就殲滅匪軍指導員以下六〇餘人，尚有碉堡數座，我們沒有攻，當時老百姓報告匪援兵已到某地，離此不過十餘里，當即撤離，並由當地人民抬送傷兵，安全撤離，從容登舟而去。

此次俘匪正規軍四名，民兵七名，步槍六支。我陣亡教官一員，士兵五名，受傷士兵三名。

第三次在溫嶺縣之寨頭附近登陸，由第五大隊選擇精壯一二〇人，由黎大隊長克強，王總教官景唐親自統率，夜十二時登陸，與我內應人員聯繫後，當由自衛隊某某召集附近最反動最頑固的民兵二三人開會，適我游擊隊到場，即在會場中全部俘獲，從容登舟，安全撤退，此役俘獲步槍十一支，我未傷亡一人。

二、雞冠山殲滅戰

在九月下旬綜合各方情報，以及匪軍在溫州樂清各處集結，判斷匪有攻佔披山企圖，十月六日匪在玉環，溫州樂清等處封船，判斷匪在十月十日之前有攻佔披山企圖，如攻佔披山，必先佔領雞冠山、洋嶼，以為集中兵力之掩護。我們為粉碎匪之企圖，乃於八日夜以一部在溫嶺縣之寨頭附近登陸，以為牽制。另以第一大隊之兩個中隊約四〇〇餘人，配屬機帆船六艘，歸披山地區司令李奇英率領，向雞冠山、洋嶼前進，於九日四時，分別在雞冠山洋嶼登陸完成。

當時雞冠山已為匪公安十七師五〇團第八連所佔領，雞山西部茶山、火義山等已為匪軍五〇團第一營長所率領之第二連全部、及第三連一部，機砲一排所佔領，洋嶼亦為第七連所佔領，我軍繼續登陸，當時匪軍以夜間到達之我軍誤認為該部開來之後續部隊，未加阻絕，反爾歡迎，故我軍在登陸一段並無戰鬥，更無傷亡。登陸完成，我軍於五時開始攻擊，以裝備優良火力旺盛，故兵力雖較劣勢，而勝利早有信心，自九月晨五時開始接觸，激戰至十六時，洋嶼匪軍第七連，茶山火山之匪軍第二連以及雞冠山匪軍之第八連，完全殲滅，戰鬥於焉結束。此一戰鬥使我們注意者㈠洋嶼匪軍有九人集體投降。㈡茶山匪軍有代表二人投降，為我擊殺，雞冠山匪軍有十人投降，亦為我擊殺，因之匪軍全部拼戰，遺屍滿山。[3]

十六時戰鬥結束，不及清掃戰場，匆匆撤退，十八時撤退完畢，此役擊斃匪營長王達才一員，擊斃連長、連指導員三員（第二連長未到）以下二百餘，俘獲六〇迫擊砲七門，輕機槍二十一挺，衝鋒槍二十一支，步槍六十九支，俘擄三十三人。

我陣亡教官三員，隊長一員，士兵十四人，受傷三十九人。當戰爭進行，除雞冠山人民煮茶煮飯，分送戰士，直到戰事結束，老百姓全部出來，喜形於色，並為我運輸傷亡，徵集舢板五〇餘艘為我運送，並且說，三五也有今天，天報應，天報應。

報告到此，我們有幾點感想：

㈠一般人以為突擊大陸，為最危險、最消耗兵力的一事，而不知實為最平常、最安全的工作。因為：

1. 匪正規軍多數為北方人，聽說游擊隊來了，都躲在陣地上，碉堡內，等待我們去攻他。很少下山。

2. 鄉村老百姓以及民兵，多數仰望臺灣，天天禱祝　蔣總統回去，所以有形無形，間接直接皆同情游擊隊，同情就是支持，支持就是幫助。

因此，不到前線，不知前線的平靜，到了大陸，更了解我們領袖的偉大。

㈡突擊是一種訓練，游擊部隊必須在戰鬥中訓練，戰鬥中生長，方能反攻大陸。

㈢今天匪的正規軍，居然集體投降，並且向游擊隊投降，雖然人數不多，但這一行為並不簡單，實可顯示匪軍內部之矛盾，苦悶，與轉變，如本黨能把握這矛盾，與弱點，而充分予以利用，則反攻大陸必將變成為大陸反攻，大陸反攻來配合國軍之光臨，而歡迎我們的偉大領袖重回大陸。

3 游擊隊槍殺投降共軍一事，胡總指揮甚不認同，曾在慶功會中明白提出檢討。參考國史館，《胡宗南先生日記》下冊，二七九頁。

民國四十二年

胡總指揮結束江浙反共救國軍職務時之移交報告稿

在大陳江浙總部將近兩年，計以四個戰鬥團的兵力，陸軍一萬餘的游擊隊，五千噸之海軍，不僅牽制匪正規軍十八萬以上，民兵二十五萬有餘，海軍艦艇五萬餘噸，始終屹立前哨，屏障臺灣。而且不斷向大陸突擊，打開鐵幕之門，鼓舞大陸民心，如洞頭之役，白沙之役，黃焦之役，金鎮衛沙涅港之役，雞冠山、大鹿山、小鹿山羊芋之役，以及官山洋面、南麂洋面、漁山洋面、石塘洋面、白沙洋面、飛雲江口、填下關附近等等，皆能得到勝利。如鹿羊之役俘獲陳毅二〇A之五七無後座砲，戰衛砲、迫擊砲等十三門，生俘官兵六十四名，擊斃七百餘人。雞冠山之役將匪公安十七師五〇團二八兩連全部、及三七兩連主力殲滅，俘獲輕機槍二十一挺、六〇砲七門、步槍六十九支，俘匪九十餘名等等，而且每次戰役皆有特殊的光彩。

(1)游擊部隊以這樣的生活條件，二元鈔的待遇，而能每戰必勝，造成輝煌紀錄，此特色一。

(2)每次戰役，以十五世紀的戰鬥工具，如舢板帆船等登陸工具，而竟登陸成功，沒一次失敗，此特色二。

(3)每次戰役，軍官戰鬥團團員以教官的身份、無作戰的責任而能自動的、自發的、搶先的參加戰鬥，領導戰士多立功勛，此特色三。

(4)每次戰役在撤退一個階段，戰友們冒了很大的危險，將負傷的戰士一一搶回，陣亡的烈士亦一一抬回。此種精神道義足為戰場生色，此為特色四。

(5)以一游擊部隊居然能擔負攻堅的任務，且能擊敗匪共最堅強在朝鮮立有功勛之陳毅二〇A

部隊，此為特色五。

大陸人民禁不起鬥爭，清算，三反，五反，參軍，反美援朝，捐獻這些，捐獻那些，在種種剝削壓迫之下，所掙脫的人民組合的武力，這是反共抗俄的一群；爭取自由光明的一群，不願做奴隸牛馬的一群。

我們中國人的前途，終竟要我們中國人自己來決定的。自由是要求我們生命做代價的，復國是要我們的血淚來換取的。天下決沒有廉價的獨立和自由，也沒有儻來的勝利和成功。須知反攻的機會是要我們全心全力來開拓的，復國的事業是要我們共同一致來爭取的。

・江浙總部補給人數

總部及直屬砲工連	1,347 人
整編部隊	6,996 人
發展部隊	418 人
地方部隊	370 人
其他單位及眷糧救濟糧	929 人份
總計	10,060 人
國防部核定補給人數	9,865 人
超過	195 人

• 結束移交前後撤銷單位

總指揮部	400 人
警衛中隊	120
第七大隊	469
獨立步兵中隊	202
地方部隊	
漁山南麂，溫嶺常備隊	370
其他單位及停發眷糧	589 人份
東南劇團，大陳中學，婦聯分會，《江浙日報》	
共約	2,150 份
除去撤銷人數約為	7,910 人份

民國四十三年

胡總指揮結束大陳任務後呼籲國內支援大陳前線之講話稿

一

今日的游擊隊，是共產黨政治的產物，大陸人民，禁不起鬥爭，清算，三反，五反，參軍，反美援朝，捐獻這些，捐獻那些，在種種剝削壓迫之下，所掙脫的人民組合的武力。這個武力的發展，壯大，也是國民黨政治的產物，這是反共抗俄的一群，爭取自由光明的一群，不願做奴隸牛馬的一群，抗捐，抗兵，抗糧運動的首先實行的一群。這一群到什麼地方，就是我們的政治光輝映照到什麼地方，所以游擊隊的發展，也是我們的政治的產物。

二

組成游擊隊分子，都是有思想，有抱負，又能夠掙扎奮鬥的人物，你說他是有志之士吧，不僅是有志，而且有膽，有識。你說他是忠貞之士吧，豈只是忠貞而已，他還能戰鬥。你說他是孤臣孽子吧！也不相像，因為他不承認大陸鐵幕是不能打開的，他更不承認中華民族是以此完了的。他們一心一意地在努力打回大陸的工作。

他們在民國三十九年到海島以後，沒有飯吃沒有衣穿，沒有房屋住，飢餓寒冷，產生了疾病，在疾病中既沒有醫生，更沒有藥物，聽天由命的貧病交迫的下去，而且不斷地受大陸匪軍的攻擊，而必須應付戰爭。這是說明了游擊隊在飢餓線上掙扎，在疾病死亡線上，在生存線上掙扎奮鬥已經三年。

在這東海之上，他們過著流血流汗流淚的生活，一年二年三年，你看這樣地窮山荒島，這樣遠的海，這樣高的天，誰又能來此洒一滴同情之淚，誰又能伸出一雙同情之手，而誰又能講幾句同情的話嗎？

三、游擊隊與補給

游擊隊是一群有志，有熱，有力的活人所組成，因為是活人，所以每天必得吃飯，必得穿衣，必得睡覺，又因為游擊隊是政治的產物，所有補給不能取之於老百姓，一草一木，亦不能騷擾老百姓，如果老百姓需要糧食，游擊隊還應該運糧給他們。因此我們的政府必須補給他們糧食，醫藥和被服。

游擊隊的志士，交給國家的是鮮紅的血液、聖潔的靈魂，和寶貴的生命，而政府對游擊隊的補給，應該盡其所有，盡其所能，關於船舶，糧食，武器，洋彈藥，通材，以及階級，各位必須毫不吝惜地交給他們，所以安志士之心，而鼓勵其奮發作戰，因此，游擊隊的戰力，紀律，名譽等等，就是補給問題，補給問題解決，任何問題，皆可解決。故所有政治資本，軍事資本，政治裝備與軍事裝備，都要傾全力向這方面下注，正規戰之收穫是一比一，而游擊戰的收穫是一比十、甚至一比五〇、一比一〇〇。

四、游擊隊與根據地

游擊隊之於根據地，為生存之憑藉，發展的核心，生死存亡之所繫，必須固守。

沿海的游擊根據地，在現階段中其分量甚為沉重。務必盡海陸空軍的全力保護之，在現階段不僅海陸空軍應盡保護沿海游擊根據地之責任，並且應列入游擊戰的戰鬥序列才好。甚至在臺灣的海陸空軍，其任務與性質，都應該是游擊隊。

五、現階段之突擊

戰鬥形式

㈠放棄強襲，執行奇襲。打便宜仗、打有把握的仗。不失機會，不失民心。

㈡放棄攻堅，避免攻堅。

㈢放棄會戰、決戰，執行消耗戰。

㈣放棄大殲滅戰，執行許多小殲滅戰，即一組一班，也是好的。

㈤集小勝為大勝。

戰鬥目標

㈠避免正規軍。
㈡避免海島攻擊。
㈢在大陸不設防之處。
港灣之內一部分。
設防之最薄弱部分。
㈣保安部隊。
警備部隊。
自衛團隊。
監警。

澎湖時期

民國 44 年至民國 48 年

提升居民福利，協助地方建設

宗南先生於四十二年七月三十一日返臺，八月即奉命進入國防大學聯合作戰系就讀，四十三年二月以優等成績畢業。七月間再以旁聽名義參加實踐學社聯合作戰研究班（即白團）受訓，與同班師生共同研究戰略戰術，至四十四年三月結訓。

四十四年八月，蔣公多次召見宗南先生詢問軍事意見與個人近況，隨後即派任宗南先生擔任澎湖防衛司令，這雖然只是一個軍長級的職位，他仍於九月九日欣然赴任。

澎湖位處臺灣與福建之間的海域，對於防衛臺灣本島具有決定性地戰略關鍵位置，因此，宗南先生在澎湖各島加強防禦工事，構築核心陣地，改善官兵營房、眷村與生活環境，擴建機場，並加強進修英文，與美軍顧問團密切連繫合作。同時在改進澎湖居民生活環境，大量植樹，協助地方建設，增進漁民福利方面，尤有建樹。澎湖的跨海大橋，也在他任內開始規劃。

四十七年七月間，對岸共軍調動頻繁，八月間中共軍機進駐福建龍潭等地，臺海安全可能掀起波瀾，金馬臺澎加強戒備，進入備戰狀態。

強化防禦能力，支援金門戰役

八月二十三日，共軍突然對金門發動對「八二三炮戰」，炮火猛烈，雙方戰機戰艦也多次交火，不論海戰或空戰，我方多獲勝利。

「八二三炮戰」期間，澎湖一面加強備戰，一面成為支援金門前線的基地，也負擔醫治傷患、撫卹陣亡將士的第一線任務。蔣公於九月數度巡視澎湖，確定將二〇三榴砲經澎湖運到金門，展開反擊，有效地壓制了共軍，獲得砲戰之勝利，也逼得中共提出單打雙停的作法。

四十八年三月，宗南先生在澎湖任職四年屆滿兩任，奉令調回臺北，回任戰略顧問，四月再進國防研究院第一期受訓，被選為學員長，至十二月結訓。

信函

民國四十四年十月二十七日

致行政院退輔會副主委蔣經國先生函[1]

「經國兄：別後甚念，弟擬在澎湖地區建一新屋，以為領袖臨幸休息之所，預計建築費約三十五萬元，弟已籌足拾五萬元，不知嚴主席家淦先生對此事能否同意，能洽助若干，望兄親問一言，如何？賜復。此事對外秘密，專托。敬祝侍安！

胡宗南上」

1 國史館《胡宗南先生日記》民國四十四年十月二十七日。

民國四十四年十一月二十九日

致臺灣省主席嚴家淦先生函

「靜波主席吾兄勛鑒：川途間阻，恆企光儀。茲有一事拜懇，基於目前國際情勢，及外島部署，澎湖前哨地區顯有其特殊重要性。因而極峰及高級官員與國際人士，經常蒞澎巡視，居息場所深感困難，因馬公僅有賓館一所，可容四個床位，實感不敷支配，為配合需要計，擬增建一處，其建築設備費共計四十萬元，本部及縣政府勉籌半數，如吾兄能惠予支持，撥助二十萬元，則甚為盼禱。然如有不便之處，亦請明示。又此件現在祕密。茲就李縣長晉省之便，面陳臺端如何，請面予指示，為感。專此。敬頌政祺。

弟胡〇〇十一月二十九日」

附：嚴主席復函（肆肆府財三字第一二六四五七號）

「宗南司令吾兄勛鑒：十一月二十九日華函敬悉，澎湖擬增建賓館一處，所需建築費四十萬元，囑由省撥助半數，計新臺幣貳拾萬元一節，自當照辦，該款請即逕向澎湖縣政府洽領，除另通知澎湖縣李縣長外，特此奉復。敬頌勛綏。

弟嚴家淦　拜啟　十二月八日」[2]

2《胡宗南先生日記》民國四十四年十一月二十九日及十二月十一日。

民國四十四年十二月二十一日

致行政院退輔會蔣經國先生函[3]

「久違為念：關於嚴主席協款一事，已由澎湖縣長李玉林君前往協商完妥。（某某）建屋之事，擬於明年元月三日開工，預計四月底完成。為保密起見，擬於聯合作戰中心為掩護。兄對此事如有何指示，或認為地點有考慮時，盼即示知為盼！專此奉聞，敬頌侍安。

胡〇〇十二月十七日」

民國四十四年末

致陳大慶先生函

「養浩兄：

此行匆匆，未能與兄一敘，甚為歉仄！木柵湯公[4]之墓，弟日前前往拜訪，新栽草樹，頗為整齊，環境清新，較前優美，甚為忻慰！此可見兄之調度與機智也。弟頃回此度歲，二月底當

3《胡宗南先生日記》民國四十四年十二月二十一日。

4 湯公乃湯恩伯上將，民國四十三年病逝日本，葬於臺北近郊之木柵。陳大慶（養浩）上將乃湯上將之老部屬，由於其優秀之才具，宗南先生曾於民國三十三年七月五日在重慶於蔣中正委員長面前特予稱道。此時在台北擔任國家安全局副局長。

回臺北一行，相見匪遙，不盡繫馳！專此。敬祝春安。

弟胡宗南上」

民國四十四年十二月

致嚴慶齡先生[5]函

「慶齡先生：

一九五五年將去，新風雲，新氣象，將隨新時代而光臨；無疑明年將為戰鬥之年，無疑先生的事業、工作將配合這一戰鬥而發揚，昌大，而更光明。賀賀！弟到澎已三月矣，一切平平。專此　敬祝新禧，並叩嫂夫人健康

弟胡宗南敬啟」

民國四十四年十二月二十九日

致趙龍文[6]先生函

5 嚴慶齡先生，我國企業家，來台後成立臺元紡織公司，繼於民國四十二年成立裕隆汽車公司。

「龍文先生：

今天為十二月二十九日，歲迴年終，光陰草草，遙挹光輝，不盡依依之忱！憶當臨行之晨，曾勞遠送，叔度風光，懷人欲醉，想必進德益猛，修業益專，而更趨光明矣。賀賀！此間一切平平，但亦順利，專此。敬祝新禧。

弟胡宗南敬啟　十二月二十九日」

民國四十五年一月二十四日

致郭外川（驥）[7]先生函

「外川先生：

上月二十日手示欣悉，自兄駕蒞澎湖，得聆高論，不僅英風倜儻；抑且有俠氣，有肝膽。嘉言賓紛，滿座傾倒，甚盛甚盛。此間現正北風，甚為寒冷，四、五月間當有極佳天氣，如能再度光臨，謹當掃榻以待，專此。敬祝健康！並頌春祺。

弟胡宗南上一月二十四日」

6 趙龍文先生為宗南先生自民國十七年開始之老友及老部屬，亦為三十九年三月二十五日在西昌連夜力勸宗南先生搭乘蔣公所派專機離大陸返台主要人士之一。此時擔任海軍總部政治部主任。

7 郭外川先生，我國國大代表，曾任陳誠先生秘書，此時在中國國民黨中央黨部服務。

民國四十五年二月十九日

致李壽雍[8]先生函

「壽雍先生：

新春得奉手示，音韻鏗鏘，情意稠疊，欣喜無量。茲奉上銅硯一方，以其堅強而忠貞，藉宣令德，藉佐才筆，而申慶賀之忱！專此。敬祝春祺。

弟胡宗南上」

民國四十六年七月十二日

致胡伯玉（璉）將軍函

「伯玉吾兄：

手教敬悉，吾兄先有殲匪之豐功，繼有建設之偉績，再主金防，實全國人士所仰望；而當砲火再起，兇焰披張，奉命遄征，劍及履及，尤具有忠勇慷慨之雄風，欽佩欽佩！金澎防務，關係密切，祈　佳音常賜，時慰懸念，敬候勛安。

弟胡宗南上」

---

8 李壽雍先生，名學者，曾任中國國民黨江蘇省黨部指導委員。

民國四十六年九月

致蔣經國先生函

「經國兄：

頃奉手函並薩克林丸一瓶，自反自勉錄一件，雲情高厚，拜領拜領，在自反錄三十一條中，大都恕人責己悔過憂時之作，亦即己飢己溺、聞過克己之作，亦即謙虛光明坦白之作，是非有大根柢，大胸襟大作為者不辦，研讀之餘，心嚮往之，此祝健康

胡宗南拜上九月〇日」

民國四十七年十一月九日

致彭孟緝總長函

「明熙總長吾兄：

報載金門七七位上士，晉升准尉，此真明智的決策，勝利的保證，欣賀的決策，專此敬祝崇安！

胡宗南敬上」

民國四十七年十一月二十七日

致劉安祺司令官函

「壽如兄：

上月初得悉榮膺重寄，正念賢勞，頃讀手書，藉悉視察防務，近已畢事，盡瘁劈劃，夙夜勤勞，至為佩慰！

弟近就各種跡象研判，匪於年底或明春可能再圖嘗試，而冒險進犯，現必須利用這些時間急起直追，一分一秒亦不可放鬆而加強工事，排水溝，掩蔽部，彈葯倉庫，碼頭，通信設備等等，充分準備，而求粉碎其次一行動，獲取更輝煌豐碩的戰果，尤其大二擔外圍島嶼更須加強戰備。至於步砲戰空聯合攻擊，實為島嶼戰殲滅戰之最妙方法，亦盼假設情況，多多演習。

金門戰事已為世人矚目。我兄英武能謀，篤實下士，夙所欽佩！行見勳名偉績，捷報頻傳，上輝領袖之懸念，下慰國人之喁望，區區微意，附作參考，並祝勝利！[9]

弟胡宗南啟　十一月廿七日」

9 本函係劉安祺上將（四十七年十一月任金門防衛司令官）於民國五十四年十二月十一日親訪胡宅請胡上將夫人葉霞翟教授參閱，而由胡為真抄存。

文論

民國四十四年十一月一日

歡迎香港影劇界勞軍茶會講話

我們聽說你們要到澎湖勞軍，大家都非常興奮，因為久仰得很，而且各位皆是有思想，有學問，有光榮的作品，有偉大的成就的，中國著名之士，這幾年來為伸張正義、為爭取自由、為維護民族文化、為配合國家政策，海外孤軍獨自奮鬥，這中間包含著許多可歌可泣的心情，與不可一世的氣概，真是千里以外令人想見丰采，我們大家都非常欽佩，所以今天雖各有要事，而一定要在此集合來歡迎各位，皆是出於這一點的至誠。

澎湖是風沙列島，第一次歡迎各位的光臨，而惟一可以告慰各位的：一、此間千萬軍民皆以孤臣孽子的心情，都準備打回大陸；二、此間千萬民（名）鬥士，都希望能以自己的工作，來配合各位先生的奮鬥。

民國四十四年十一月十二日

在澎湖各界紀念國父誕辰大會上之講辭

「今天澎湖各界代表三千餘人集結在一起，以無比的信仰，無比地崇拜的心情，來紀念國父孫中山先生九〇歲的誕辰。

有了國父才有中國國民黨；有建國方略、建國大綱、三民主義及第一次全國代表宣言，才有校長蔣公誓師廣州統一全國，才有國民政府南京的建立，不平等條約的取消，才有擊敗日本帝國主義、收復臺灣、澎湖，維持中華民族的曙光，直到今天；所以孫中山先生是中華民族的救星，是國民革命的導師，是中華民國的締造者，是五千年道統文化的繼承者。沒有一人再比他神聖，沒有一人再比他偉大。

我們今天在此地紀念國父誕辰，我們必須要繼承國父遺志。國父遺志是什麼？打回大陸，消滅朱毛，實行三民主義，完成國民革命，這是每一個黨員的職責，也是每一個中國人民的任務，希望我們大眾矢勤矢勇，必信必忠，擁護總裁，來完成這一光榮的使命。」

民國四十五年

告充員戰士

在這個待機反攻、穩定前線的階段，我們革命軍人，要樂觀愉快，有中心思想；不可怕難苟安，牢騷批評。

一、樂觀愉快

《三國志》寫王允與名公巨卿，憤恨董卓弄權、相對而哭。座中一人大笑曰，滿朝公卿，夜哭到明，明哭到夜，還能哭死董卓否？眾視之乃曹操也，可見曹操乃為樂觀愉快的人物。樂觀愉快的心情，會得到天助人助，可以帶走憂愁帶走失敗，可以帶來健康帶來勝利。憂愁失敗的心理，會得到天怒、人怒。會帶來一切疾病禍害，和不幸。這種人在革命陣營中毫無用處。

所以要想自殺的人，實為自己看不起自己，自己不相信自己，自己毀滅自己，最無理、最卑鄙、最無志氣的荒唐男子。

二、中心思想

思想要有中心，信仰要有中心，無論何種力量，失去了中心，力量就隨之消失。

《三國志》載呂布英雄，劉關張三人戰呂布，僅僅一個平手。可見當時呂布真不可一世，但為什麼呂布一生毫無成就呢？呂布為丁建陽部下，董卓送他黃金一千兩、明珠數十顆、玉帶一條、赤兔馬一匹。呂布遂殺丁建陽，投降董卓。以後王允以貂蟬送他，他又殺董卓。

呂布是愛黃金、愛珠寶、愛名馬、愛美人、貪財好色，見利忘義的人物，談不上中心思想，更談不上中心信仰。所以他一事無成。空負了好身手，好本事，辜負了名馬美人。

三、不牢騷批評

滿肚子牢騷，滿肚子批評，這些不能表現他的有才能和學識，正表現他的愚蠢無能。會捕老鼠的貓牠不叫的，老鷹捕小雞，牠是不叫的。老母雞得到信號咯咯一叫，張開翅膀保護小雞，來不及躲避的小雞一下子便為鷹捉去。

四、不怕難苟安

勝利和成功是困難克服的結果。大事有大難，小事有小難，天下事無一不難。但天下事無一不可以克服，只看我們的決心和毅力如何。

我知道各位有能力，有功勞、有苦勞、有鋼筋鐵骨的身體，有生龍活虎的氣概，有救國救民的宏願，有奮鬥犧牲的精神。

但如果能夠加上樂觀愉快，加上中心思想，加上不發牢騷批評，加上不畏難苟安，則各位即為最英雄，最忠實，最前進的戰士，而為此階段最需要的人物。

民國四十五年八月

對青年戰鬥營講「澎湖——學習戰鬥最理想的地方」

今天我們以無比愉快的心情，來歡迎最優秀、最前進的青年來參加我們的陣列，學習戰鬥。

澎湖是學習戰鬥最理想的地方，此地沒有二〇〇尺以上的山脈，也沒有河流，出產僅為花生蕃薯之類，經濟上沒有憑藉，這樣澎湖不是完了嗎？但老百姓學會了打漁本領，結網本領，並且學會了乘風破浪的本領，能夠冒險犯難，出海下海去捕魚，所以天天有很多的收入，而維持一家的生活，這是戰鬥條件打破環境壓迫的一個例子；此間的樹木，受氣候的影響，暴風的壓迫，本來活不成了，但不能向上高舉，只好向平面延伸，雖然高度不能超過屋頂，但盤根錯節，彎曲結實，大的樹幹、粗的樹枝都具有鋼筋鐵骨的堅強，以及高貴品質，所以能站得住、挺得起，而戰勝自然，這是戰鬥條件打破環境壓迫的一個例子。

這樣的好例子，好榜樣，擺在我們的眼前，我們必得承認。

今天是戰鬥的時代，因為是戰鬥的時代，所以我們必須有戰鬥的訓練。戰鬥訓練的真正意義，乃為建立革命的人生觀；生活即是戰鬥，與強暴戰鬥；與黑暗戰鬥；與腐敗惡劣戰鬥；不能戰鬥便將失去生存，永遠為牛馬奴隸，而不能自拔。

讀萬卷書行萬里路，窮十年功而不能瞭解眼前之事，這是錯誤的；你的所想所做所估計，不能針對現實，面對問題，而切合於實際，這是錯誤的。各位以無比的勇氣，到此接受訓練，學習戰鬥，以充實自己的生命，增進自己的智能，接受革命的光輝，這些英雄動作，英雄氣概意志，本人非常欽佩，今天特地來歡迎各位，敬祝各位學習成功，謝謝各位。

民國四十五年八月

四十五年度三民主義講習班開學典禮講「三民主義的戰鬥革命的人生觀」

外國人看到中國人辦三民主義講習班，感覺到非常奇怪，難道中國人就靠三民主義打仗嗎？我們可以坦白地告訴他們，中國人今天打仗，就是靠了三民主義，靠了傳統的文化。過去如此，現在如此，將來還是如此。

當年北伐由長沙，出瀏陽，在瀏陽僱了很多伕子，第二天上午出發，下午四時就到了離銅鼓四十里的某地，部署攻擊前進，將挑伕一〇〇餘人全部遣回，那知這些伕子不願回去，一定要參加我們的部隊，打下銅鼓；並且說你們有三民主義，是救國救民的部隊，我們為什麼不幫助你們擔呢？

那時銅鼓守將為孫傳芳混成旅長楊震東，兵力相當雄厚。

我們下午六時攻擊前進，楊旅長看到我們兵力不多，將三團兵力調來包圍，衝鋒數十次，苦戰一夜，卒將其擊潰。

第三天，瀏陽挑伕才歡歡喜喜離去。

南昌打下以後，第一師由上饒進入浙江。在游埠、楊埠附近，與孫傳芳主力孟昭月軍大戰。那時，第三團為主攻，第二團為右翼。第三團攻擊開始，沒有一小時，連長傷亡九位，第一團傷亡亦重。我們當時決使用夜襲方法出其不意，突入敵之後方，卒將孫軍擊破。

其後俘虜告訴我們，我們並非不能打，我們不肯打，因為你們有三民主義，為救國救民而戰。

在上海作戰時，在楊行、劉行受日軍海軍空軍陸軍聯合轟擊，傷亡甚重。以後接守大場。又從大場撤退，日人用飛機轟擊，在低空九架，中空三六架，自晨至午至晚轟炸不絕，士兵說你們有大砲飛機，我們有三民主義，我們不怕。

當陝北洛川瓦子街作戰，當時劉戡為軍長，嚴明為九十師師長，為爭奪一高地，匪我距離甚近，突然一手榴彈飛來，落在嚴明之後數步，當時隊伍密集，無法避開，有中尉軍官劉炳者，看到情形惡劣，挺身而起，飛躍而前，覆于手榴彈之上，頓時轟然爆炸，劉炳粉骨碎身，而嚴明與其他官兵無恙。此所謂為主義而生，為主義而死的一個好例子。

我們革命軍奉行三民主義，信仰三民主義，為主義而戰，為主義而死，所以我們靠三民主義打仗。

十六寸口徑大砲射程四五、〇〇〇碼，它能擊破六寸裝甲，但它不能擊破革命鬥士的信心。四〇〇〇磅炸彈，可以炸毀五英畝地方，能炸毀七公尺厚的水泥鋼筋工事，但它不能炸毀革命鬥士的精神。

山有時崩頹，川有時乾涸，而革命鬥士的精神與思想是永遠存在，世界上再沒有比革命思想精神為可寶貴。比鬥士的頭顱，鮮血，赤膽，忠心，豪情，俠氣，還要崇高，還要寶貴，還要有價值的。

亦可說世界上沒有一種東西可以毀滅革命鬥士的精神，思想與尊嚴。

亦可說世界上沒有一種力量可以消滅三民主義。

因為今天的戰爭，是延續五〇〇〇年歷史文化的戰爭，是以三民主義為思想中心的戰爭。也是我們必須爭取勝利的革命戰爭。是人類最前進的中心思想，我們一定要在思想上立定腳跟，才能不動搖，才能擊敗敵人。

如何在思想上立定腳跟？

一、赤膽忠心思想。我們一無所有，一無所求，所有者為赤膽忠心，所求者為打回大陸。

二、勝利成功思想。

三、思想奮鬥到底。

吾人處存亡絕續之秋，消極悲觀，自取滅亡，徘徊觀望，等待何時，牢騷批評，徒增敵人分化，腐化墮落，並增社會萎靡。青年同志們，不生於前，不生於後，而生於今日危難之中國。莫等待，莫徘徊，下決心，立宏願，為生存，只有戰鬥，要戰鬥，才能生存。

反攻復國，正如一具機器，在這大機器中間，動力源泉的馬達，推進工作的齒輪，自然都要機構健全，才能產生力量。可是除了這些之外，許多附屬配件，還是有它不能缺少的作用的；即少至一根螺絲釘，如果機器沒有了它，或雖有而安置不得其法，這部機器還會弄出毛病，失去原來的效能，我們此刻所談的問題，也許都像是螺絲釘之類，但與反攻復國的一部大機器，要密切配合的道理，都是一樣。

有許多應做可做的事情，都做得不好與做得不夠。

總理曾經說過，凡是一種光的發出，必有一部份的物在毀滅。譬如蠟燭燃點發亮，最後它的本體卻毀滅了，卻有非常深長的意義。一顆穀子埋在土壤裏，亦由先毀滅其本身，然後發芽滋長，而至結成稻，發生種子的作用，由此充分證明任何光明的來臨，必先有一部分人在黑暗中犧牲，所以革命的人生觀，就是自我犧牲。合乎佛家的我不入地獄，誰入地獄，因此我們革命者應發揮犧牲奮鬥的精神，以求實現總理遺教，爭取國家民族的自由平等。

現代生活的要點為合群，凡是與眾不利，損人利己者，絕不可做；集體生活中應知分寸，識分量；凡是逾矩，過份超量過度，都不妥當，就是生活小節也處處留心。

今天是戰鬥時代，戰鬥生活的要領，就是組織，組織生活就是服從團體的紀律。為了成全團體的利益，不惜犧牲自己；能合群過組織生活的青年，才是今天最需要的時代青年。

今天看到金門畫報有關公讀春秋圖畫。

關公自從徐州失敗以後，投降了曹操，武器裝備都損失了，部隊被改編了，劉備以為他已經死了，一般人心，以為關公再起不來了。

曹操待他很好，常常請他吃飯，送他房子，送他錢，送他衣服，而且送他十位美女，封為漢壽亭侯，而且送他最名貴的赤兔馬。這馬在今天的作用等於飛機。

等到他得知劉備在河北袁紹軍中，他馬上拜辭曹操，將所有金帛封在一起，將漢壽亭侯印掛在梁上，將十名美女安置一室，匹馬單刀過五關斬六將而去。這是充分說明這位將軍是不要錢，不要升官，不要太太，不怕死的動作，為追求光明，實現理想的英雄動作，這個動作，振奮了全國人心，顛倒了一時豪傑。

今天是民國四十五年。是講組織戰，是講黨政軍聯合作戰，是講氫彈戰爭、原子戰爭，不是個人英雄可能解決問題，亦不是講春秋，就可能解決思想。

今天的英雄、今天的鬥士——

第一，有中心思想，有中心信仰，信仰主義領袖。

第二，為主義而戰，為主義而生，為主義而死的認識和勇氣。

第三，服務心理，消除官僚腐敗、架子髒氣、以及階級距離、官兵距離。

第四，自信。

第五，榮譽心責任感。

第六，合作精神。

因為今天戰爭是以三民主義為中心的思想戰爭，是延續五千年歷史文化的戰爭，也是我們必須爭取勝利的革命戰爭，是人類最前進的中心思想，我們必得在思想上立定腳跟，才能不動搖，才能擊敗敵人。

如何能在思想上立定腳跟：㈠前進思想，㈡勝利成功思想，㈢奮鬥到底思想。

我們為什麼要追隨領袖，並為領袖而死。因為他是民族固有文化與理論的保障者，因為他是民族正氣傳統德性的發揚者，因為他是中華民族偉大歷史的光榮旗幟，像這樣的領袖，我們還能不為他的偉大革命事業與歷史事業而奮勇起義，而犧牲自己嗎。

談到準備反攻的問題。不錯，大家都在準備，然而我們應當準備些什麼？我以為反攻有兩個條件，第一是絕對性的信仰領袖，第二要不保留的自我犧牲。這是精神上的力量。精神可以毀滅一切，可以創造一切，可是一切無法毀滅精神。

我們要走新路，需要具備驚天動地的氣魄，埋頭苦幹的毅力，及革命實踐的精神。

一、驚天動地的氣魄：要有大抱負，敢擔當，即使天翻地覆，也要撐持下去，抱著有我們在，中國一定強的信心，立大志，做大事，走大路。

二、埋頭苦幹的毅力：革命需要、壹步、壹步前進，為了適應環境，有時需要主動進攻，有時需要耐心苦鬥。

三、革命實踐的精神：必須忠于主義，忠于領袖，忠于國家，不然決難完成中興大業。

要實施革命戰術，我們的幹部，在思想上精神上必須有了不得的修養。

講組織、講思想、講技術、講生活、而歸結於戰鬥，而歸結於勝利，勝利是屬於黨性堅強、意志堅強、犧牲個人打到底的人，技術熟練打得勝的人，衝鋒肉搏打不死的人。

民國四十六年元旦

在澎湖各界開國紀念慶祝會之致詞[1]

今天是中華民國四十六年的開國紀念，也是臺灣海峽浪潮和世界風雲變幻之中，又進入了一個新的年代。

我們每一個人的智慧、體能都已增長了一年，我們反攻復國的準備力量，又更跨進了一步，在這裡，兄弟以極愉快、極興奮的心情向各位拜年，向各位祝賀新年快樂。同時亦希望大家從今天開始，對自己能有更大的成就，對國家能有更大的貢獻。

在過去，四十五年的一年，我們打破了蘇俄帝國主義對臺灣、澎湖的軍事冒險，粉碎了朱毛匪幫對金門、馬祖的攻佔迷夢。而在國際動蕩險惡的逆流之中，受得住磨鍊，站穩了腳跟，同時穩定了前線，完成了戰備。這可以說：反攻復國的基礎可以說是確立了；這可以說：反攻復國的戰爭勝利條件，可以說是具有決定性了，亦可以說是萬事皆備，只等命令了。

從今天起，自由中國反攻復國的中興大業，又進入了一個新的時代。

今天是勝利光榮時代的開始，也是一個艱鉅險惡時代的開始，這是不平凡的一年。也是最艱苦的一年。換句話說：四十六年給我們帶來了新希望，也給我們帶來了新任務。願我們全體軍民堅定必勝信念，發揚克難精神，在我們英明偉大的領袖蔣總統領導之下，來迎接此勝利之年，光明之年，成功之年。

1 本文取自國史館《胡宗南先生日記》民國四十六年元旦。

民國四十六年一月

對青年戰鬥營講話

澎湖是學習戰鬥精神、英雄氣概的最好地方，你看這地方沒有山脈，沒有河流；沒有山脈就沒有依靠，沒有河流，就沒有出產。沒有經濟價值，但老百姓居然在此成家立業，生長繁榮，這是人定的條件打破天定的因素，如男子出海捕魚，冒險犯難，女性主持門戶生產養家，彼此勞力合作、熱汗交流而維持一家的生命，這是戰鬥條件打破環境束縛的一個好例子，又看到此間的樹木受氣候的影響、受暴風的壓迫，受著雨的摧殘，本來活不成了，但它不能向上高舉只好向平面延伸！每顆樹皆具有盤根錯節的堅強身體，所以能夠成為鋼筋鐵骨的堅強本領，所以能夠站得住，挺得起，而戰勝自然，而永遠存在。這是戰鬥條件打破環境壓迫的又一個好例子。

這樣好例子、好榜樣，擺在我們的面前，我們從今天起，不論在身體上，思想上，學業上，工作上，技術上，戰鬥上我們更要學習，更要鍛鍊，更要堅強，而做一個英雄，做一個鬥士，而對黨國有偉大的貢獻，今天敬以此點作為賀年的禮物，並先向各位拜年祝你們成功。

民國四十六年六月十六日

對國防部所派演習校閱組致歡迎辭

蕭冀勉將軍，各位校閱官：

貴組這次光臨澎湖，校閱本部及要塞各單位，得能有機會與各位見面。感覺榮幸與愉快。聽說各位出門已經好幾個月，夏天作客，辛苦可想，又聽說各位不受招待，積極工作，這真是新時代、新人物、新作風，本人更為欽佩與愉快。至於本部同志，雖然能恪守崗位，在精神上，思想上，學習上，技術上都能兢兢業業力求進步，但因為僻處海上，孤陋寡聞，所謂進步實在有限得很，希望各位不吝賜教，多加指導，使各單位有所遵循，有所取法，而有所改正，是所厚望，本人謹代表防區全體官兵致歡迎之忱。並祝各位身體健康，精神愉快。

民國四十六年七月十九日

四十六年度三民主義講習班第一期開學典禮講「立定腳跟」

我們忍受著時代的煎熬，來盡心力，流血汗，埋首於工作之中，而我們心裡也只有一個希望，那就是雪恥復國：一個極明顯的事實已經擺在我們的面前，六十年來國民革命的成敗重任已經落在我們的肩上。

我們有完美的主義，有偉大賢明的領袖，有足夠的革命經驗和精神，我們的國家必然是會否極泰來的，倘若是由於我們努力程度不夠，而使國家一蹶不振，那我們非但對不起開拓中華民族疆土的列祖列宗，更無顏以對用鮮血和艱巨締造中國的國父和先烈。

由於國軍力量日益強大，戰爭準備日漸充實，與夫當前國際形勢的日趨好轉，大陸抗暴運動的日趨劇烈，這種種跡象足以證明，國軍反攻大陸的時機已為期不遠了。

講組織、講思想、講領導、講信仰，一切為了戰鬥；講學習、講修養、講技術、講本領，一切為了戰鬥；講禮義、講廉恥、講責任、講紀律，一切為了戰鬥；講道德、講學問、講品格、講才能，一切為了戰鬥；戰鬥是為了勝利，勝利屬於德性堅強、意志堅強、願意犧牲的人，堅苦卓絕的打到底的人、打不死的人。

事業以下層為大；英雄以無名為大；精神以犧牲為大。

我們面臨新的局面，新的環境，新的問題，認為必須再辦一次講習，以溝通大家觀念和認識；尤其在穩定前線，加強戰備，準備反攻的現階段，我們更需要辦「三民主義講習班」，以加強思想戰備和精神武裝；思想戰備與精神武裝比軍事戰備更為重要，只有思想堅定信仰堅強的部隊，才是衝不破、打不散的革命勁旅，絕對的信仰三民主義，無條件的服從領袖，這兩個精神是連在一起的，缺少任何一個就不能發生力量，而且我們服從領袖是主動的、自動的，絕沒有絲毫勉強，也不是盲目的、被動的。

今天的反共抗俄戰爭是延續五千年歷史文化的戰爭，是最重要的思想戰爭，也是我們必須爭取勝利的革命戰爭，是人類最前進的中心思想，我們一定要在思想上立定腳跟才能不動搖，才能擊敗敵人。

民國四十六年八月十五日

在中國國民黨黨部代表大會上講「建立正確的思想」

一、要提倡革命的利他主義，一切為黨，一切為革命；不講待遇，不計較地位，埋頭苦幹，越是苦的事越要搶著做，越是危險的事越要勇敢的來承當。黨的利益超過了個人的利益，遇到個人的利益與黨的利益發生衝突的時候，毫不遲疑地犧牲個人的利益，且一點也不勉強，充分的表現出了一個革命者的態度。

二、要勉勵人做無名英雄，不要出風頭、逞能幹，好教訓別人，好指揮別人；尤其不要驕傲，自己有三分才力，不要逞能說有四分，並要向群眾虛心學習，接受人家的檢討與批評；自己對人的態度，始終是謙虛和藹，絲毫找不出有點勉強的樣子，樂於與人接近，而人家亦很樂意的接近你。

三、要建立民族自尊心理，自己要認識自己偉大民族的歷史，要確立革命奮鬥的人生觀，認定反共必勝復國必成，一切求其在我；外援固然重要，但不能依賴外援，處處要做自力更生的打算。對于國際局勢的順逆，更不可有悲喜存于其心，自己對反共抗俄有充分的自信，並要有民族自尊心，而且相信自己的奮鬥一定可以自救，並且可以救人。

四、提倡氣節，不能有絲毫投機取巧的心理，自己既然為國民黨黨員，就要生為國民黨黨員，死為國民黨黨魂，生死都要在國民黨黨內，要是中途變節，那就是自毀歷史，況且人家亦看不起你，自己精神上的痛苦，更難以言語形容。

五、要剷除官僚主義，提倡一種新的革命的作風，一切重改革，不尚因襲，尚進步，不尚保守。處理業務，單刀直入的解決問題，不兜圈子，不說廢話，不講情面，不論對人對事，是則是，非則非，沒有一點保留，沒有一點涵蓄，堅持地積極地奮鬥下去，不達目的，誓不中止。

六、要提高對黨的觀念。黨員應該無限忠心地為黨服務，認定黨的利益高於一切。個人的工作職位，隨時有變動可能，但黨員的身份，永遠是不變的；個人的生命是有限的，但黨的生命是無限的。你除了使黨有希望以外，你個人還有什麼前途呢？凡是黨的命令和指示，應該無條件的服從。否則儘可脫黨，不必在黨內鬼混；堅決保持革命者的政治道德和立場。

七、要有時間、數量的觀念。對於時間數量絲毫不加注意，每件事都是「差不多」三個字，或者以大約大概大略大致來作他一切業務的標準，他整天是大模大樣的來過日子，一切不求甚解；什麼工作預定，什麼時候完成，到期就要兌現；又如開會，到時一定要趕到會場，任何人不到，皆不等候。至於數量，不能含混籠統，一定要計算精確，以養成重視時間、數量的習慣。

民國四十六年八月二十九日

在三民主義講習班第六期開學典禮講「組織領導」

今天是三民主義講習班第六期開學典禮，也是本班最後一期的講習，這期調訓的對象是組織幹部與基層政工同志，也可說是部隊中負責思想領導的幹部，所以這一期特別重要，諸位都是本黨最忠貞的幹部，我相信各位對主義、對領袖、對組織一定有深刻的認識和堅強的信仰；因此，我來主持這個典禮感覺到非常愉快和興奮。

什麼叫做組織領導，組織領導即

1.以黨的思想統一部隊思想

2.以黨的組織鞏固部隊組織

3.以黨的權威代替個人權威

4.以黨的領導代替個人領導

換句話說：就是組織能夠保證部隊貫徹黨的決策，貫徹統帥部命令、貫徹上級單位命令。因此我們知道，組織領導這個政策，黨就成為軍中團結的核心；促進軍中團結，鞏固軍中團結的任務，只有黨才能負担起來，所以一切要從黨員本身做起

但是黨員中有些錯誤思想，間接直接而危害組織領導很多，所以特提出幾點希望各位注意改正：

1.個人主義的傾向　這些人一切以升官發財，自私自利為前提，怕做工，怕吃苦，怕打仗，見小利而拚命，他的心目中只有個人利益，沒有黨的利益，他的人生哲學人不為己天誅地滅，人不為己男盜女娼，他的思想如此，他的人生就可想而知了。

2.個人英雄主義　這些人心理充滿了領袖慾，支配慾，佔有慾，他自己具有強烈的優越感。處處唯我獨尊，事事非我不可。他驕傲，好居功，好逞能幹，好表現自己，好教訓別人，好指揮別人，而不受別人指揮，不向別人學習，尤其不向群眾虛心學習，不接受別人批評。

3.民族自卑的心理　這些人對於中華民族蓽路襤褸開天闢地的史實沒有透澈的瞭解，他自己也沒有冒險犯難自立奮鬥的人生觀，他羨慕外國的文物制度，內心中總以為外國一切都是好的，中國一切都是不行，所以國際局勢好時，他會狂喜，國際局勢不利，他會灰心，他的思

想，永遠在動搖悲觀，幻想等待中。

4.官僚主義　這些人重地位，講面子，出風頭，所以他的階級觀念特別濃厚，名利思想特別豐富，而不願親切地去接近群眾。更不願深入群眾，去為群眾服務，爭功勞，推責任，說空話，擺架子，什麼事到他手上，他是不會腳踏實地去把他做好的。

上述四項思想必須糾正，必須改造，否則必至危害組織而影響領導。

四、促進同志的關係

今天我們最親近的人是什麼？朋友嗎？兄弟嗎？親戚嗎？否否。

今天我們最親近的沒有過於同志，同志是各人將自己的能力學問生命貢獻給黨，而不計較待遇，不計較地位，為黨服務，所以某一個同志入黨以後，大家的關係比任何人的關係要神聖要親切，選擇了同一道路，懷抱著同一目標，執行同一政策，而打倒同一敵人！起碼是志同道合的關係，因這個關係，彼此間在學術上，工作上，生活上，精神上，物質上做到有無相通，患難相扶，膽肝相照，休戚相關；一到戰時，而做到患難的結合，戰鬥的結合，思想的結合，靈魂的結合，而做到事業共同，生命一致，你看世界上再還有比這同志關係還要親切神聖而有價值嗎？但同志之間雖然志同道合，但不見得性格相同、興趣相同，有些同志可共患難，而不能共安樂，有些同志可共安樂，而不能同患難，故同志之間實行互助以外，還需要互諒，還需要互容，還需要互信，還需要親愛精誠，因此國軍當前唯一急務便是加強團結。以黨的力量來建立牢不可破的人與人之間的革命關係。

五、促進老兵的關係

此外又有一事，有些老兵，老官，雖然頭髮禿了、臉色黃了，身上舊傷多處，身體壞了，但他一身行伍，一無所有，他有奮鬥的歷史，有血汗的經驗，有堅強的黨性，有高尚的品德，行萬里路不如打一仗，讀萬卷書不如打一仗，這些老官老兵在部隊中實為最堅強最寶貴的人物，應該愛護他、教育他、照顧他。

六、促進與黨員的關係

各級黨部要切實掌握黨員、策動黨員，於其服務的單位中盡量與非黨員接觸，妥善分配各同志擔任聯繫，協助他們工作、進修，並協助他們解決一切困難問題。每一黨員要從生活上，風格上，工作上用事實使非黨員擁護黨、相信黨，而敬佩你的工作。

七、增進官兵關係

1. 團長、師長、政工幹部定期親到最下層排班與士兵共同生活，同時多與士兵舉行個別談話。
2. 改善醫葯，注意傷患慰問，及注意環境衛生，廚房廁所。
3. 對精神苦悶、情緒不安的士兵，要特別注意解除他的痛苦。
4. 對士兵要多鼓勵，多教育，少責難，少處罰。

八、增進軍政幹部關係

1. 政工幹部應運用各種方式去鞏固部隊長威信。
2. 政工幹部應隨時供給部隊長情報及判斷。
3. 政工幹部應隨時向部隊長陳述意見，但在背後不能有批評。

組織領導千頭萬緒，黨工幹部責任重大，希望各位以無比勇氣和熱誠來接受這一期的講習，追求三民主義的真理，作為今天講話的結論。希望各位在未來的歲月中有光輝燦爛的成就。

民國四十七年一月十八日

對九十二師幹部講「一切光榮屬於勝利的部隊」

在92D離開馬公前，防衛部同人能表示一點敬意，與各位同吃一頓飯、同喝一口酒，實在是非常難得的機會。人稱以能打仗為第一，部隊以能打勝仗為第一，一切光榮、名譽，事功皆屬於打勝仗的部隊，那麼92D打勝仗嗎？92D的戰力估計如何？這是我常常注意到的。

一、自張師長到師以來，對班長的訓練很能注意，自辦士官隊，八週一期，到今年四、五月，全師班長就能訓練完成。增加本身的學識技能，增加信心，而加強戰力，這是戰力估計的第一基礎。

二、自辦連以下戰術講習，自排長到營長集中研究，已辦六期，使官長想法一致，看法一致，戰術思想一致，增加信心加強戰力，這是戰力估計第二基礎。

三、各種演習必須有思想有計劃部署，92D對情報演習相當精彩，對最近的反空降演習亦相當漂亮，執行高湯演習，督導有方，成績斐然，獲全國第一，而在四十五年度年終校閱成績，為全國陸軍師第一，這個表示上下一心，努力奮鬥的精神，這是戰力估計的第三基礎。

四、執行馬公機場的擴建工程督導有方，第一階段工程提前二十天完成，這顯示上下一心不肯落後的精神，這為戰力估計的第四基礎。

五、關於裝備保養，車輛管理等，亦相當嚴格，上次我們參觀砲兵營作業，甚為整齊嚴格，此為戰力估計的第五基礎。

六、92D禮節周到，軍紀優良，此為戰力估計的第六個基礎。

七、92 D對於愛民動作推行不遺餘力，常常看到為民服務的工作，不愧為主義的軍隊，黨的軍隊，此為戰力估計的第七個基礎。

由這些估計證明，92 D士氣旺盛，信心堅強，是能打勝仗的部隊，而且是百分之百能打勝仗的部隊，尤其對防衛防部命令執行的貫徹，都能令人滿意。

這些良好的事實都是各位刻苦努力的結晶，以及張師長領導有方，因此，兄弟在這裏表示對各位的謝意，同時表示惜別之意。

民國四十七年二月

返臺參加「光華會議」部分筆記[2]

光華會議開幕，總統訓詞

「今年工作目標發展方向及目的千萬不可有些掩飾。

訓練方面：基本教育不夠。下級官領導方法不夠，特別部下生活心理，不能予士兵以家庭手

2 胡上將於擔任澎湖防衛司令期間，曾多次返臺參加軍事會議，此為其民國四十七年二月十一日參加臺北「光華會議」之部分筆記。由於是年八月即發生金門戰役，本次會議對凝聚軍心，提升士氣及三軍協同作戰當有裨益。

足之感情，要特別了解士兵心理。

軍官團組織及教育需加強；現在軍官團組織有名無實。

敵人教育及進步如何？一般對心理戰、政治戰如不懂，此武力戰無用。

去年一年最大缺點：協調合作程度精神不夠。去年演習協調兵種方面：步砲及火力協同無合作協調精神。

團結一致是空口號，如能真正了解協調互助，則不合作亦合作。

其次小動作

生活疏忽，紀律、禮節、儀容態度條件不夠，外人態度容止安詳，因此生活教育要加強。（大陸來臺士兵 342,037 人。已晉升士官：249,471 人，故現有大陸士兵僅 92,566 人）

王參謀總長叔銘致詞

鞏固前線，確保臺澎，加強戰備，待機反攻為國防方針。

尤其目前科學技術的發展一日千里，保持現狀就是落伍，我們今天的準備說不定到了明天已嫌陳舊，除非直至登陸作戰，擊敗敵人為止。

就戰爭構想而言，海上登陸與空降著陸，或者這兩者同時并用的戰爭型態，是我們反攻大陸行動基本的作戰方式。

進步愈迅速，工作愈深入，則自然會產生許多新的缺點，祇要我們能坦率檢討出這些缺點的癥結所在，進而勇於謀求改進，相信我們的工作一定可以不斷進步，日新又新，而完成我們所負的使命。

基於反攻作戰的要求，一方須確實樹立澈底殲滅及攻擊第一之戰術思想，作為今後指導作戰之根本精神。

發掘問題、解決問題；問題考驗幹部，幹部解決問題。

臨時動議

王總長（叔銘）：

㈠總統四七年元旦文告中說：「我屢次明告大家，我們始終抱定自立更生、獨立擔當、反攻復國的任務，決不寄托在任何世界戰爭之上，這是說：『我們惟有用自己的血汗救自己的國家，任何倚賴等待的想法，都是墮落的空想』；接著又說：『我不能不提醒大家，一致注視這最近國際瞬息萬變的局勢，須知，如我們精神鬆弛，警覺不夠，準備不足的話，那末（麼）國際局勢一旦突然發生變化，我們不但不能適應局勢的發展，達到我們中興復國的神聖使命，反而要成為這一突變國際局勢的犧牲品，而陷於萬劫不復的境界』。」

㈡各級主官應運用各種人事資料，多方聽取下級的反映意見，俾對部屬心理隨時明瞭，發現其中有苦悶者予以開導，有疑慮者予以解答，有不滿現狀者予以說服，有偏差錯誤者予以糾正，藉以促進官兵對部隊的向心力，杜絕社會上不正當言論的誘惑性。

㈢制裁反動思想：嚴禁反動書刊流入軍中；嚴禁反動電影、戲劇在軍中演唱；嚴禁反動份子在軍中演講，至於言論超越範圍，破壞政府威信，製造社會糾紛的人物和書刊，應該建議依法制裁懲處，決不放縱妥協。

㈣考察敵人思想的影響：應隨時設法檢討發掘，加以估計、鑑定，俾對敵人思想滲透程序有全盤清晰的了解，以便揭破其陰謀所在，擬出清除的辦法。

㈤ a.我們應以三民主義的思想，強化精神的武裝，決心為實行三民主義而奮鬥，更從個人工作崗位上負責盡職守紀，作為實行三民主義的起點。

b.我們應確認領袖為反共抗俄的先知先覺，是革命力量領導的中心，祇有忠誠的服從領袖，永遠跟著領袖前進，才能擊敗敵人贏得勝利。

c.我們應鞏固政府領導的威信，貫澈政府的施政決策，體諒政府處境的困難，祇有使政府堅強有力，才能提高國家地位，確保國家尊嚴。

㈥我們應負責整建三軍，充實戰備，由強化三軍陣容進而影響社會風氣，在軍中部門確實替領袖分勞分憂，使國軍成為打不破、衝不散、滲不透、搖不動的堅強戰鬥體。

㈦我們認為個人與團體之間，是同榮辱共成敗；軍隊與國家之間，是同命運共存亡，祇有爭取整個軍人的榮譽，個人才有榮譽可言；祇有提高整個國家地位，軍人才有地位可言，這是我們革命軍人的基本立場，也是我們在任何狀況下永不變更的精神防線。

民國四十七年二月六日

聽取四十九師簡報後之講話

「效忠總統之前。要求各官長與總統共患難。共患難不單是對朋友，對同志，尤其是對領袖，尤其是在今天這樣一個時代。大陸未得，偏促臺灣，風雲變幻，波濤險惡的今天，凡我同志必須先與領袖共患難，然後才能講到效忠領袖。共患難最起碼條件：㈠不發牢騷；㈡不計較待遇職位；㈢不悲觀不消極不洩氣；㈣在學術上在工作上在思想上，對自己有成就，對團體有貢獻。」（國史館《胡宗南先生日記》民國四十七年二月六日）

民國四十七年四月二十二日

部隊演習後之講話稿

一、就作戰構想與作戰計劃而言

本部的作戰構想是根據陸總部集成作戰計劃第九號作戰構想。

臺灣的防禦作戰，應實施廣正面機動防禦，對來犯之匪乘其立足未穩定，先求各個擊滅於水際，爾後對匪主力所在迅速集中兵力，實施內陸作戰而殲滅，演繹而成機動防禦之作戰構想，為現代作戰最正確之戰術思想。

二、預備隊使用而言

根據美軍統帥綱領九十三條，預備隊乃部份、一部暫不參加戰鬥而待決戰之時機，以決戰態勢用於決戰之地點，若使用過早或使用過遲均不為當，但以使用於決戰時機、決戰地點，贏得決定性勝利為主。

三、就防匪兵力而言

匪若以兩個師對本防區，攻擊兵力以三比一；火力以三十七比……，我僅以一個一師守備澎湖各座，□個控制有預備隊，師控制有預備隊，則在前方作戰部隊有幾。

四、就反空降與戰車連使用而言

匪於D日上午七時廿分使用傘兵一營，於石泉附近降落；戰車連出動，很迅速掃蕩，很敏捷，頗值嘉許；但無步戰砲之協調攻擊，僅有砲兵一連支援，甚為可惜。基於當初狀況，拱北山當有步兵一四六團，石泉附近有工兵一營，應予參加一部，以求配合而資迅速。

民國四十七年七月二十五日
對美軍顧問團致歡迎辭

鮑嘉德將軍，各位顧問：今天承各位蒞臨本區視察。本人謹代表全區官兵向各位致誠摯歡迎之意，希望不吝指教與協助，使本區防務得以改進鞏固，確切負擔中美協防臺澎任務之一部分。謝謝各位參加。

民國四十七年八月一日
在四十七年度三民主義講習班第二期開學典禮講「效忠不如共患難」

「三民主義講習班」是一個革命訓練的洪爐。思想陶冶的中心，是最重要的學習。過去第一、二、三、四期成績優良，尤其是對堅定反攻復國信念，鞏固革命領導中心的目前任務，大家都能瞭解、能服從、能實行。收效遠大，成績卓著，本人非常欽佩。今天是第五期開學，本人能有機會，向各位有思想，有朝氣，有能力，有抱負，有赤膽忠心的中心幹部談幾句話，我實在感覺到非常愉快。

本班有效忠領袖的標語，我覺得這標語很好，但在效忠行動之前，必須先有與領袖共患難的意志來配合這一行動，才能相得益彰，相輔而成。

什麼叫做共患難？

我們不光是朋友要共患難，同志需要共患難，對國家、對領袖尤其要共患難。要瞭解現在的局勢，要瞭解現在的環境，而要分憂、分勞、分過、分責，同時更要貢獻其赤膽忠心，而與之共患難；平時有這意志，戰時才能講到效忠領袖。

共患難最起碼的條件是什麼？

一、在此最困難時期，我們更應該擁護領袖，信仰領袖，我們必須幹到底。

二、在此最困難時期，我們寧可窮死餓死氣死苦死，而必須幹到底。

三、八年歲月千里關山，有功勞，有苦勞，流了汗，流了血，我們與國家、與黨已結成不可分離的關係，我們必須幹到底。

四、瞭解自己缺點，改造自己，充實自己，竭力搶先，趕上時代，我們必須幹到底。

五、研究總統訓詞，誠意地照總統訓詞力行實踐，我們必須幹到底。

六、把兵帶好，把仗打好，把身體搞好，把責任盡到。我們必須幹到底。

因為你要和領袖共患難，你是有思想、有道義的同志。而決不致：

一、發牢騷：發牢騷是個人主義，如何能共患難呢？

二、計較待遇職位：計較待遇職位是升官發財思想，如何能共患難呢？

三、悲觀消極洩氣：悲觀消極洩氣是失敗主義，如何能共患難呢？

四、受人分化鼓動：受人分化鼓動，而不能明是非、別利害，如何能共患難呢？

五、成家思想：退伍思想，行年二十五，衣破無人補，你欲娶新娘，再過二十五，蘇格蘭威廉馬歇爾業銅匠結婚十七次，一二〇歲。

如你這樣想，這樣做，不僅不能共患難，而且妨害了團體，妨害了自己；這太可惜了，這樣想這樣做的結果如何？

如某單位下士向金和，因為悲觀關係而自殺，這一自殺，連累了連長排長同事。如某單位指導員楊芳炳因消極而自殺，連累了團體的名譽。

自殺為軟弱的動作，是最沒出息的行為。

拿破崙滑鐵鑪之戰禁衛軍六〇〇〇人，由夸將軍騎白馬前導，軍旗飄揚，如林而進，英軍用排槍向之射擊，死亡枕籍，夸將軍坐騎倒斃五匹，跨上第六騎前進到英軍陣前時部隊已死亡一半，旅長坎白龍軍部在英軍放大砲三十門轟射前進，在血肉糢糊之中但聞呼萬歲之聲。為什麼夸將軍、坎白龍及禁衛軍要如此做法。在國破家亡的時候不顧生存亦不願自殺，教敵人武器殺死自己。

在中國歷史上有越王勾踐在會稽失敗以後投降吳國，為吳王養馬吃盡苦頭，受盡侮辱，連吃糞之事也做了。照情理講越王句踐應該自殺了，但他為報仇雪恥而絕不自殺，大家想：在一千年前有沒有楊芳炳，沒有的，在一千年以後有沒有楊芳炳，也不會的；楊芳炳之所以為楊芳炳，就是在今天在現在這幾十年頭，這是多麼不容易的事多不尋常的事，應該愛惜你身體，寶貴你的一生，做些為國、為人類而努力的奮鬥，為什麼自己折磨自己而自殺呢？古人說人死留名豹死留皮，惟有這些無目的、無理由、無價值的自殺，真是團體朋友以及黨國的大罪人，亦為最無理、最卑鄙、最無出息、最無志氣的荒唐行為。

今天我們面臨著新的局面，新的環境，新的發展。我們今天需要有思想，有抱負的主義戰士集合起來，需要能拚、能打、能幹的無名英雄集合起來，更需要能夠流血流汗、奮鬥犧牲的孤臣孽子集合起來，這三種人集合有無比偉大的力量。為什麼呢？這個集合只見道義，而不見利害；只見犧牲，而不見報酬；只見光榮，而不見恥辱；只見轟轟烈烈，而不見黑暗沒落，然後才能與領袖國家共患難到底；無疑的，這是代表這一時代的思潮，這一時代的精神，而更為今年「三民主義講習班」的最大的使命。

民國四十七年八月十七日

四十七年度三民主義講習班第四期開學典禮講「英國海軍英雄納爾遜」

「我願意做英雄信賴上帝，不惜冒任何危險」：英國海軍英雄納爾遜的故事[3]

一　在西班牙聖文森角海面

英國以十五艘戰艦組成之艦隊，西班牙以二十七艘戰艦組成之龐大艦隊遭遇。當時風向對西班牙艦隊是有利的。納爾遜旗艦有砲位七十四門，位於英艦隊倒數第三艘。西班牙旗艦有砲位一百三十門，當時稱為世界最大的戰艦，時一七九二年二月十四日。納爾遜看到西班牙旗艦，為把握時機，不及等待艦隊司令命令，即單獨脫離隊形，衝越五戰艦直向西班牙旗艦，展開激烈砲戰。

西班牙艦隊遭此突擊隊形，立刻混亂，而其他英艦不及待命亦各加入戰鬥。

---

3 納爾遜（Horatio Nelson）英國海軍英雄，一七五八年生於英格蘭，一八〇五年在直布羅陀海峽西北的特拉法加角與法國海軍作戰中陣亡，惟英軍獲大勝，法皇拿破崙因而未能進軍英國。

此役俘獲西班牙戰艦四艘，聲威大振，而西班牙海軍經此一擊，日趨沒落。

二　尼羅河之役

一七九八年九月，法國艦隊停泊於尼羅河口亞歷山大港之河保克灣。其艦隊有七十四門大砲戰艦九艘，八十門大砲戰艦三艘，一百二十門大砲戰艦一艘，又巡洋砲艦四艘，為一龐大艦隊。

一七九八年八月一日，英艦隊向法國艦隊攻擊前進，納爾遜當時分英艦為兩隊，兩面夾攻。法艦在不意中受到兩面攻擊，一時不及起錨，無法策應，損失慘重。

此役擊毀法國主力艦十一艘。

三　特拉法加之役

法西聯合艦隊有戰艦三十三艘，力量龐大。一八〇五年十月二十一日，英艦隊與法西聯合艦隊遭遇。納爾遜令旗官升起著名信號：「英格蘭期望人人盡其義務。」英艦一致追隨旗艦，直向法西聯合艦隊進撲，立將法西聯合艦隊形腰斬截為兩段。

戰鬥進行中，英旗艦「勝利號」由兩敵艦之間穿過，納爾遜正在甲板上往來督戰，忽遭敵艦槍手射擊彈中胸部脊骨折斷，轉至艙下，猶忍痛聽取戰況報告歷數小時。最後說：「我今滿足了，感謝上帝，我已經盡了我的義務。」言畢而逝。

一七九四年：在地中海攻擊科西嘉島時右眼受傷失明，成獨眼將軍。
一七九七年：與西班牙艦隊作戰，彈折右臂，成斷臂將軍。
一七九八年：於尼羅河戰役中創傷頭額，又成破額將軍。
一八〇五年：於特拉法加之役中，彈穿胸部，脊骨折斷。

民國四十四至四十八年間　對部隊講「論攻防動作」

一、可失之地，不重要之地，失之不妨。為攻擊，為打仗，為集結兵力而放棄一村落一碉堡甚至一城鎮，並非失算，戰而勝，已失之地，仍為我有。戰而不勝，雖欲保而不可得，故攻擊決不用小兵力，無論如何，調集必勝兵力，一戰成功。

二、攻擊不能成功之部隊，無論營、連、排、必須增加其部隊，鼓勵其再戰，必使之勝利，必使之成功。然後才能養成旺盛士氣，培植官兵勝利心、榮譽心。

三、工事非為地域而防禦，而為保證部隊本身不吃虧。工事要小，要堅，如以一個營守一個地區，僅做一連工事，其餘為預備隊，三個連做一個連所需要的工事。程度就堅強了，而時間亦迅速了。

四、夜間防禦，不專靠射擊，射擊設備為第二，第一需要障礙物，為外壕鐵絲網鹿柴障礙物重于射擊設備，手榴彈重於射擊，地雷重於射擊。

五、司令部人員愈少愈好，到前方易于佔用碉堡，官長服裝須與兵同。官長皆用步槍不用手槍，以避免傷亡。

六、什麼小動作，皆須演習，很平常之事，亦須要演習才能切實。

七、打碉堡以戰防砲打最為容易。費六七個砲彈即可打垮洋灰工事。

八、攻入一城一村，開牆挖洞，成一進路，而不走街道，以躲避巷戰，減少傷亡。

九、攻擊時必須匍伏前進，衝鋒時不全憑刺刀。

民國四十四至四十八年間　對部隊講「海空軍關係」

近代海戰如不把海空軍凝結在一起此為不可能之事

海空軍海上作戰，有效的公算如何？看海軍有無空軍協助而定，美日海戰七〇次上下，僅僅幾次沒有空軍參加，此外皆有空軍參加，海戰推演以空中兵力如何？而判定雙方勝敗。

一方以絕對劣勢空軍，而受到慘重之失敗，一九四一、十二、一〇、馬來亞登陸戰（新加坡）當時英艦隊無航空隊配屬威爾斯親王號，卻敵號瞬而沉沒；一九四四、十月二十三日、雷伊泰海戰日本海上空軍缺乏，被聯軍飛機擊潰，一蹶不振；一九四五、四、七、沖繩島附近海戰，日本以七萬噸大和艦為中心之艦隊。因無空軍掩護，一瞬間為美航空隊炸沉而至擊滅。

日美登陸戰一〇〇次至一二〇次，中間成功失敗，完全看誰能掌握空權而定。如一九四二年日本威克島登陸戰，如一九四二年日本所羅門群島爭奪戰等。登陸戰如果沒有空軍配合，不能成功。一九四二年美日中途島之戰，六月五日七時開始戰鬥，下午十一時退卻，航空母艦四艘沉沒，巡洋艦二一八〇〇〇噸沉沒，飛機二六一架銷毀，其原因為考慮不周，警戒不妥，密本洩漏。

第二次世界大戰第一個特點為三軍聯合作戰，需要高度的統一指揮，與作戰管制，並講究同時計劃作為，需要高度的協調才能準確可行。同時計劃作為人員由數十人到數百人，時間由六十日到一二〇日，其精神所在厥為防諜保密，假情報偽想定，一切為掩護這一登陸地點，使敵方不疑，由戰略上欺騙成功，而達到戰術上奇襲目的。

第二個特點是突破與奇襲。突破可說是破壞敵人的指揮組織和連絡，在大戰開始，德軍即拿四萬五千輛戰車和裝甲車，突破一般國家認為不能通過的阿爾登森林，形成一大勝利的態勢，由于這個突破成功，當時德國就決定了支配歐洲戰場的局面。以後北非戰場、諾曼第登陸，以及越過萊因河追擊德軍等。處處都是發揮裝甲兵與空軍聯合作戰的威力。

第三個特點是物量的威力，自美軍參戰以後，在戰場上可以看到的，處處都是物質的量。拿物量來制壓一切就是拿空軍的輸送量，這個是一天天增加，拿 B36 來說，一架的載搭量就有二十噸。假定一百架 B36 搭載空軍飛到一個地方同時落下來，這種力量是不得了的。我們這樣多的鐵量，則一切戰力都會消滅；用之于戰略性的轟炸，對敵後方軍需工業設施也可以在瞬息間化為一片焦土。

第四個特點為徹底的消耗戰，拿消耗戰來做戰爭指導的要領，如蘇軍對德軍引導深入到蘇聯境內去，這就是一個代表的消耗戰。如中國對日本的一個戰場，更為全面消耗戰，消滅敵人的意志和戰力，而使對方感覺到沒法再打勝仗，而使之灰心短氣。

第五個特點無前方後方戰爭，由於大裝甲兵用之奇襲、急襲，又由于空降部隊之巧妙運用。與敵會戰不僅在橫方向，及縱方向亦能同時發生幾個會戰。如一九三九德波戰爭等，由縱深攻勢、產生縱深防禦，所謂縱深戰略是也。土匪現在組織戰線、文化戰線、經濟戰線皆有嚴重問題發生，但他面對現實，暴露現實，決不粉飾太平肯敷衍塞責，極力研究多方探討來解決問題。

美軍砲兵（編制）

美軍通常以三個步兵師，一個裝甲師編成一個 CORPS，以三個 CORPS 編成一個軍。故一個軍共有步兵師九、裝甲師三。

支援一個軍團之二十個營砲兵，三三八門。

支援三個軍團之六十個營砲兵，一〇一四門。

一個步兵師共四個砲兵營，砲七二門。

一個軍之十二個砲兵營共有砲九一二門。

一個軍共有砲兵一〇八個營，砲一九二六門。

汽車

一步兵師汽車二五九〇輛。

一裝甲師汽車二三三〇輛，另有戰車三七三輛，裝步用汽車五九六輛，共有車三二九九輛。

一個軍團有四八直屬汽車運輸隊，二個橋車連，共五〇個連，共二五〇〇輛。

一個軍統計汽車數三五七〇七輛。

飛機

步兵師每師十九架，步兵師九，共一七一架。

裝甲師每師二〇架，裝甲師三，共六〇架。

一個軍團三架，軍團三，共九架。

一個軍共有飛機二四〇架。

民國四十四至四十八年間　對部隊講「海島作戰指導」

海島作戰千頭萬緒，然歸納起來，為防空、補給、地面戰鬥三部份。然在地面戰鬥中最安全時期，為半渡階段、水際階段、灘頭階段，這個階段，敵須換乘，搶灘登陸，前途茫茫，心旌搖搖，實為敵人最薄弱最痛苦時期，而此時敵之隨伴砲兵，不能登陸，即七五及迫擊砲亦距離甚遠，而我們在這時打他為最有效，最安全，而沒有危險。

上海戰爭海軍艦砲與陸軍重砲，在劉行楊行每分鐘二〇六發，有人說，初期作戰，就將預備隊使用，將來無法作戰。其實不然，因為預備隊使用時期當然重要，然預備隊在未使用之前，必須安全完整而避免消耗，更為重要，應注意預備隊之位置，必須適應於地形，必須適應於爾後之行動，必須適應於預想之道路而予以隱蔽，此皆為在平時早為準備而可免於消耗。等到預備隊一經接近敵人，敵艦敵機皆不敢射擊矣。

而況敵海軍為最劣者乎，六寸砲艦僅兩艘，而我相信六寸砲艦不會到澎湖，我們看到日本人遺留下來的工事：本島僅有工事，知其為殲敵於水際而著眼，和以最少兵力最隱蔽工事，以拘束敵人於灘頭而打擊之，而沒有縱深變為有縱深，如此作為，如此著眼，灘頭便成為一好戰場，而每一官兵皆成為英雄好漢矣，蓋不致於被包圍也。

本島僅有工事實在無用者應破壞，以免敵人登陸後加以利用，而妨我軍出擊行動，甚或加以阻塞，使敵人不能利用，而吸引敵之海空火力。

在作戰指導上，可以利用者應加以整理。

民國四十四至四十八年　對部隊講「作戰要領」

如何成為打不散、打不破、打不垮、無攻不克、無堅不摧的鐵團？如何成為光榮名譽長勝之鐵師？其在裝備補給交通通信以外：

在認識方面，因何而戰，為誰而戰。

在精神方面，以一對十，以十對百的真正革命軍。

愛國家、愛百姓、不怕死、不貪財的真正革命軍。

明禮義、知廉恥、負責任、守紀律的真正革命軍。

為主義生、為主義死的真正革命軍。

在行動方面，不需要個人智識，而需要部隊知識。

一、人自為戰：

希望陸空軍配合而並不依賴空軍。

希望步砲協同而並不依賴砲兵。

希望友軍協力，沒有友軍我自己亦能打仗。

希望上級援助，沒有上級我自己亦能打。

二、被圍不驚：

匪來攻我是匪來送死，我必須予以殲滅，四面被圍而空中圍不了，我仍是有接濟。被圍而突圍是自取滅亡，被圍而撤退是自取滅亡。

三、作工可以保證勝利：

爭取三小時的工作，不吃水，不進屋，不解子彈帶。爭取三小時工作，一個連完成一排的工事。

一個營完成一個連的工事。

三層配備四線障礙交通控制。

工事設施以兵力決定地形，不能以地形來決定兵力。

作工為保障部隊不吃虧，而並非保障土地。

四、不需要個人英雄而需要部隊英雄。

一個人英雄，其成就有限，其貢獻有限，如能部隊成為英雄，則貢獻造就那就大了。

五、不需要個人的主義信徒，而需要部隊的主義信徒。

不怕死，不投降，受傷不退，被俘不屈。

不需要個人享受，而需要部隊享受；吃小廚房，租一休息室，買房子、打卜（樸）克等等個人享受，必須打倒。不如士兵有鞋子，有襪子，睡覺有禾草，晚上放哨有皮大衣，每星期有肉吃等等。

如此部隊，才能以一敵十、以十敵百，才能造成鐵團鐵師。

民國四十六年至四十七年（撰）

劉戡烈士、嚴明烈士傳略

劉戡烈士傳[4]

一、家庭身世

劉戡烈士，字麟書，民國紀元前五年十月十三日生於湖南桃園縣之朝陽鄉，世代務農，其祖景範公力修儒業，自是耕讀傳家，仁厚譽於里閭，乃翁運燾先生畢生致力法學，與本黨先進宋教仁先烈同里同窗，友誼至篤，辛亥前，湘境革命運動在宋氏之啟導下，襄贊工作，建樹頗多，烈士髫齡深受家風浸潤，救國救民之革命意志於焉滋萌矣。

4 本文為民國四十六年胡上將在澎湖防衛司令任內，在蔣中正總統鼓勵下，親自為「劉戡」與「嚴明」二烈士作傳，期間曾多次分別於澎湖及臺北與各相關同仁討論修飾，於四十七年三月完成，恰為劉，嚴等烈士殉國十週年。按，胡上將當年對劉戡，嚴明等將領在民國三十七年二月底三月初之壯烈殉國極為痛心與敬佩，當時除發二人及李達旅長，周由之旅長各遺族特恤外，並特別於三十七年六月九日為四人及同年四月涇渭河谷戰役時在寶雞殉國的徐保師長，共同舉行盛大追悼會，葬各烈士於西安城南七十里之翠華山麓；次年再舉行儀式，奉劉，嚴，徐三位將領入忠烈祠；其後並囑部屬照料各遺族。參考國史館《胡宗南先生日記》各相關部分，民國一〇四年出版。

二、少年教養

烈士年十一喪父，翌歲母游太夫人又棄養，烈士旁系親屬能相依教養者，厥為居孀之姑母穆淑女士，姑氏固一古道人，深明詩禮，愛侄有逾愛子，烈士曾有日記云：「無父何怙，無母何恃，吾有吾姑父母何異。」足徵烈士孝姑思深，亦證姑氏撫侄恩篤，教養有方也。

烈士十三歲入小學，十六歲入湖南省立第二中學，時正外侮日亟，內政蜩螗，工商蕭條，民生凋弊，烈士蒿目時艱，爰立工業救國物質建設之志，於當年轉學湖南省立高等工業學校，該校校址位於長沙嶽麓山，執教師資，多為一時俊彥，此時 國父手創之三民主義已瀰漫全湘深入該校，烈士就讀之年，學業既有進步，思想尤獲發展，民國十三年六月，領袖創辦軍官學校於廣州黃埔，烈士聞而赴試，遂被錄取，入第一期受訓，畢業後分發教導團，參加東征，及鋒初試，頗能稱職。

三、生平事功

十四年四至八月間，烈士任教導第二團第六連少尉排長，適政府出師討伐劉、楊，烈士與焉，敘功升該團第六連上尉連長，十五年八月，復晉升該團第二營上尉副營長，隨軍北伐，鏖戰於江西之樂化車站，首次負傷，十一月以原職晉升少校。

十六年一月，晉升教導團第二營營長，繼續北進，軍次龍游、上海、龍潭、和縣、臨沂、蚌埠、徐州諸縣鎮，長驅克敵，連續兩次負傷，九月原職晉升中校。政府以奠定中原為期在邇，對兵力部署、人員調度，務使精壯者能盡其才，傷患者有所調護，時烈士駐屯徐州，除日常對所屬嚴勤操課外，間常每就上述原則作為文章，層陳中央，大多血性盎然，所見頗中肯綮，是年十一月，遵其姑母命與曾玉潔女士結婚，十二月原級升教導第二團團附。

十七年八月，以原級調任第九師第二十六旅第五十一團團附，參加沙河溝討逆作戰有功，當年十二月升任該團上校團長，轉戰豫西、鄂北，於襄陽、確山等處圍攻殘逆，斬獲極多。十九年隴海路野雞岡討逆一戰，立功顯著，喉、肺、目同時受重傷，二十年一月，升任第九師第二十六旅少將旅長，率師赴江西興國，兜剿南竄共匪，鏖戰達宵，殲匪甚眾。

二十年八月，轉任第十師第二十八旅旅長，進剿黃安棗陽等地奸匪，斬獲萬餘，並於匪巢搜出被匪挾持民眾數千人安遣回籍，民心歸向，頗利於爾後之進剿，十一月因功升任第八十三師中將師長。

二十二年冬，長城抗日戰起，烈士率部調赴前線作戰，二十三年一月在外交斡旋下戰事暫告停息，烈士所部調赴江西參加剿匪，方於進軍間，突以閩變聞，烈士奉命率部改調福建從事敉平，時不經年，兩廣變起，烈士一面揮軍南進，威力鎮壓，一面宣達政府德意，策動投誠，未幾削平叛亂，烈士以功於二十五年四月奉頒四等寶鼎勳章。

全面抗戰軍興，二十七年中條山之役，西北戰局極度不利，時烈士乃遵命運用游擊戰術，助使國軍三個軍兵力深入晉南十三縣，此等縣份，言之我軍是戰略要地，言之敵軍為致命要害，言之共匪乃心臟地帶，得失關鍵關係於當時戰局者至鉅，烈士終能以軍事推動政治，以政治發展經濟，鼓舞僅有之數萬軍民開墾闢荒，與當面之日寇，側後之共匪兩面作戰，撐持危局，閱三年，安定當日第一戰區方面之戰局。當年三月升第九十三軍軍長，並於七月十七日榮獲青天白日勳章。

二十八年間，河川一役，烈士運用機謀殲滅日軍一聯隊，二十九年八月，升第十四集團軍副總司令仍兼第九十三軍軍長。

三十年夏，日寇出動兩聯隊，大舉進犯晉東南，時我太行山山區兵力甚為單薄，烈十乃實施反掃蕩，予敵以嚴重打擊，因得保持該軍戰力之完整，同時復使友軍獲得安全，時政府認為烈士用兵頗多機謀，雖未能盡符兵法，克制勝機，但其精心思考，勇於研究，忠誠奮發，達成任務，且每於戰後，不衿功，不諉過，虛懷若谷，實堪範式。同年，烈士任第七軍分校第十三總隊總隊長，作育茲才，頗多規劃，至三十一年以積功奉頒陸海空甲種一等獎章，三十三年中原會戰，龍門之役，一舉殲敵萬餘，此次戰果對當時國際視聽深具影響。同年二月間，美軍登陸馬紹群島，擊潰日軍之海上長城，六月美軍又在諾曼第登陸，開闢第二戰場，十月美軍又在菲律賓登陸成功，因之烈士所創龍門戰役之戰果，實足與是年美軍之連續戰績同具光彩，對於當時全面抗戰之必勝信念，尤提供一次顯著之有力保證。是歲擢升為第三十六集團軍總司令。

旋敵軍又於西南方面對我發動大規模侵襲，兇燄直指貴州獨山，重慶外圍防務極須加強，十二月烈士調任重慶衛戍副總司令，襄贊翊劃，頗多成就。三十四年七月，獲三等雲麾勳章。

三十四年八月十五日，日軍宣佈無條件投降，八年抗戰之勝果方收，而共匪之禍亂復熾，烈士乃受命為整編第二十九軍軍長，駐防陝北歸西安綏靖公署直接指揮。

三十六年春，延安匪窟喧囂其「西北春季攻勢」，當時西安綏靖公署，於三月十四日以第一軍為右翼兵團，自宜川開始向平陸堡匪陣地進攻，以烈士所部第二十九軍為左翼兵團，由洛川向孺子村前進，經七晝夜之攻擊，被匪盤踞十三年之延安遂一舉而告光復，搗毀匪巢，馳譽中外，是年冬，烈士所部第七十六師駐守清澗，第二十九軍主力於延安以北諸地帶掃蕩殘匪，正追擊得手之際，突然清澗告急，烈士乃自陝北兼程解圍，竟以道遠時促，馳援未及，獲撤職留任處分，當其奉到命令時，曾於　國父遺像前恭謹默念，以示精誠受過，達數分鐘之久，如此忠誠，勇於受過，殊足衿式。旋奉命率部駐延安負責整訓，朝乾夕惕，曾自誓務必贖罪立功，鞠躬盡瘁，死而後已。

四、壯烈成仁

三十七年一月上旬，烈士所部整編第二十九軍之整編第十七師駐守延安，師屬整編第二十四旅守備宜川，其餘之整編第三十六、第七十六兩師，隨軍部駐洛川附近，適時策應整編第一軍陝北方面之清剿，是月下旬豫東股匪流竄，勢燄堪虞，二月六日，整編第二十九軍之第三十六、第七十六師及整編第一軍之第一師，由第一軍董軍長指揮開豫東。

二月中旬，西安綏署獲悉綏德、米脂方面之匪，糾集五個縱隊約八萬眾之兵力，急竄南下，至二十二、二十三兩日，該匪已竄抵宜川成郊向我守軍整編第二十四旅猛烈圍攻，西安綏署以烈士指揮第一軍屬之第二十七、第九十兩個整編師，由洛川、鄜縣一帶兼程馳援，此時匪第一縱隊已越金盆灣、臨真鎮、麻池溝，設伏於龍泉鎮、蓮蓬村一帶，此處地形山崖陡險，谷道縱橫，烈士所率部隊，進抵此處，當即以整編第二十七師之第四十七旅就地展開，對匪攻擊，匪第四縱隊亦趕來參加戰鬥，旋匪悉退據瓦子街，烈士乃率第二十九軍軍部，整編第二十七、第九十兩師直向瓦子街推進，激戰遂起、伏匪蜂湧四出，並以一部向我側後竄擾猛襲，戰鬥賡續至二十八日晨，匪突然退卻，烈士疑匪有詐，作新部署，當日十四時，軍部進抵王家灣，（瓦子街以東約十五華里之公路左側）各部隊均遭伏匪猛擊，戰鬥慘烈，十五時雖全面反擊，但未奏功，瓦子街旋告失守，我後方交通線被匪切斷，二十九日王家灣附近之各處制高點已大半被匪攻佔，我整編第二十七師之第四十七旅李達旅長，第三十一旅周由之旅長及整編第九十師嚴明師長，均壯烈殉職，戰至三月一日，匪已佔領所有制高點，逼近軍部，午後一時左右，烈士召集僅存之官兵於一小土堡前訓話曰：「吾人自二月二十四日，奉命出發解救宜川之圍，至今天為止，正是一週，可否能達成任務，須視吾人之決心如何，兵書有云：置之死地而後生，此日正可適用此語矣，吾人之任務為馳解宜川之圍，但真正意義不僅於此而已，其至上主旨乃在於解救整個國家之圍以及全世界人類之圍，共產匪黨今之犯宜川，其目的在叛亂全中國，從而竊據全世界，嚴師長、周旅長、李旅長均已經各盡天職，達其任務，完成其革命人格，茲應效法先烈，毋須稍待者，則唯後死之吾人，領袖曾昭示生命之意義，在創造宇宙繼起之生命，吾人此日即必須為此繼起之生命表現其創造作為。」語畢態度從容，慷慨嚴肅，旋又發問曰：「諸同志對余所語有補充意見否，可盡情報告。」聞者同聲一詞，吾人須打到底殺盡共匪，吾人絕對隨軍長殲滅共匪，至死不渝，此時烈士所立之處—小土堡之南正面，接近軍直屬部隊陣地，殺聲震天，飛彈如雨，烈士當即提一卡柄槍腰繫手榴彈兩枚，率聆訓官兵，就土堡四週散開，親立陣前，首先發槍參加戰鬥，隨即槍聲齊作，匪軍直向小土堡當面仰攻，頓遭擊斃數十，但匪軍攻勢愈來愈劇，我守堡官兵憑居高之勢以手榴彈刺刀對仰攻之敵殺傷極多，烈士此時即令殘部盡一切可能，對匪逆襲，但以電話不通，傳令無路，乃往堡後之小坪坐於小石上，出懷中日記，急草家書云：「玉潔妻覽洛川出發前，請將日製指揮刀及雲南白藥寄我備用，均已承寄收到，愧我粗心，出發時摒擋倉卒，忘記攜帶，白藥於我已永無用處，惟刀未及身，殊以為憾，盛容、盛公兩兒，甚望能繼我遺志，報效領袖，盛禮、盛明兩女，可導之志習醫護，服務人群，伯父姑母顧復之恩，此世已無由報答，此愆此罪，但願兒女代贖之，永訣矣，生能碎骨心方苾，死不逢親血也香，務望節哀，奉老撫幼為是」，書畢將日記及卡柄槍交一衛士，隨取出軍人手牒，及領袖肖像，撮雪一團，立其間，置於一石塊之上，然後整衣肅立，虔誠三鞠躬，默念移時，忽命衛士曰：「去請參謀長。」衛士轉身去未數步，烈士已拉開手榴彈自戕成仁，時三十七年三月一日下午三時也。

夫人之生也有死，死固人之所惜，死得其所，雖死猶生矣。

嚴明烈士傳

嚴烈士明[5]，字果行，湖南祈陽人，中央軍校四期畢業。民國十五年，北伐之役，以見習官隸第二十二師，參加南昌爭奪戰，及浙江、上海、龍潭諸戰鬥，以功擢連長。十九年調升第一師營長。討逆之役，烈士率一營之眾，馳騁隴海線上，負傷勇進，不眠不休，亙數十日，夜和衣睡，未嘗脫鞋襪，戰事略定，覺足底奇癢，脫而視之，則鞋底已洞穿，代之者足掌耳，部屬為之驚歎，其堅苦卓絕類如此。二十一年在河南上蔡剿匪，鹵獲特多，擢中校團附。二十三年積功升任團長。二十四年冬窮追共匪入松潘草原，軍糧不繼，以青稞果腹，軍行海拔萬呎高原上，空氣稀薄，天又酷寒，死亡枕藉，烈士亦病，依然進出陰平道，越摩天嶺，出敵不意，追及匪徐向前部於廣元平武間，殲其眾過半，以功擢副旅長。二十六年抗日之役，第一師禦敵於上海之劉行、楊行間，當面敵第三師團附大小火砲數百門，在戰車飛機支援下，猛撲劉行，日

---

5 本文為胡上將於澎湖防衛司令任內所撰，於民國四十七年三月二十一日完成。嚴明師長於自盡前發最後一電予胡上將稱：「局勢甚急，自團長以上決心成仁，以報鈞座、報總裁，敬祝，職嚴明……鄧宏義、楊」。此電發至楊字即失聯絡。詳見臺灣商務印書館，《胡宗南上將年譜》增修版，民國一〇三年出版。

艦雲集吳淞口內外，以艦砲猛轟，我陣地低窪，掘地一尺即見水，官兵暴露敵砲火下，以血肉作長城，烈士督戰甚力，卒負重傷。二十八年升任預備第七師師長，伊犁事變，奉命入新疆，嚴冬行軍四千里，沙漠中入夜酷寒，烈士嚴整紀律，沿途秋毫無犯，協同友軍，風馳電掣，進迫精河，一舉而下伊犁。三十四年，任第九十軍軍長，集中雒南，策應豫西作戰，時日本華北方面軍方佔領運域、洛陽，有席捲豫西，進窺西安之勢，其第十三軍進佔陝州，一部向長水鎮、坎縣，直趨盧氏，與鎮平西峽口之第一一〇師團呼應，揚言到西安過端陽；伏牛山區共匪韓英部二萬餘人，配合日軍行動，對我豫西警備總部採取攻勢，我第九十軍（附第七師），奉令以第二十八師策應西峽口方面第七十八軍之對日作戰；以第五十三師策應伏牛山區豫西警備總部之對匪作戰；軍主力歸第三十八集團軍指揮，對由陝州南進之日軍採取攻勢。四月中旬敵進至官道口附近，烈士率部由雒南景村東進，攻其右側，激戰三晝夜，奪取敵側背諸要點，敵遂倉惶北撤，烈士乘勝截擊，斬獲極眾，遂入伏牛山圍剿韓英匪部，旬日間，全部肅清。而所部第二十八師亦由軍馬河方面攻擊日軍第一一〇師團之側背，克復豆腐店及1180、1140等高地，完成殲滅戰。豆腐店、丁家河一帶點查敵屍一千三百四十七具，俘獲騾馬六百二十九匹，輕重武器甚夥，敵勢大挫，豫西遂告穩定。奉命鎮西峽口，迄日軍投降，烈士率部馳赴洛陽，接受日軍第一一零師團之繳械。三十五年第九十軍整編為師，烈士任師長。奸匪全面叛亂，湖北大洪山匪李先念、王震部二萬人，由豫西竄陝南，烈士迭在漫川關、兩岔口、黃柏樓、竹林關、太平、妖魔洞、罩川街各處截擊，匪酋僅餘二十餘騎逃竄陝北。秋，烈士率部入山西，打通同蒲路，三十六年，匪大部竄呂梁山區圍蒲縣，烈士所部與匪軍主力約十個旅遭遇，在上下龍花、上下莊、高家莊、午城各地激戰，擊滅匪之主力，卒於元月中旬，相繼克復大寧、馬鬥關，臨汾馬鬥關之交通因以暢通。是年三月，由臨汾渡河，赴宜川集結，待命進攻延安，行至鄉寧西側，覆車受重傷，冬，傷癒回師。三十七年匪攻宜川，軍長劉戡率烈士及王應尊師馳援，至瓦子街中伏，烈士所部第六十一旅突破匪眾，乘勝東進，東距宜川僅十五里，適北部王師受匪主力壓迫不能支，軍長召烈士回師，集結固守，匪軍遂四面合圍，賀龍部復自山西來犯，集注砲火猛轟，烈士率部沈著應戰，旅團長傷亡殆盡，烈士遂電西安綏署曰：「戰局已急，決一死報國，領袖萬歲」。陣地破，烈士卒以手榴彈自殺成仁。烈士用兵，善奇襲，能分層授權，以寡擊眾，治兵嚴而有恩，至今猶存遺愛焉。

臺灣時期

民國 42 年至民國 51 年

壯志未酬，令人追思

宗南先生於四十八年回到臺北後，每天研究學問，加強鍛鍊身體，維護健康。此期間，蔣公三度有意重用，盼給予要職，但宗南先生都以心臟有問題而婉謝。

宗南先生於四十六年在澎湖防衛司令任內，已經發現心臟有異常症狀，當時只有注意運動，保持身體健康。回臺後，擔任總統府戰略顧問，四十九年並被選為國防研究院同學會會長，經常要出席各種會議，研究軍事方案，聯繫各方，認真研讀英文，生活簡單規律；而雖然收入有限，仍盡力協助有困難的部屬，以致身後家人反而還需要政府濟助。

五十一年二月七日，宗南先生身體極度不適，經送醫急救，至十四日凌晨去世，享年六十七。

宗南先生去世之前，仍以國家為念，期待有朝一日能在大陸戰場上發揮，戰死沙場，死得其所，甚至在病危時還對來探訪之二三十位部屬勉勵要協助總統反攻大陸。去世當日蔣公在國軍幹部會議特別宣佈此事，並讚其為革命軍人的模範。他的去世，壯志未酬，實在令人追思。但他所培育的幹部，在臺灣的重整軍備，加強建設各方面，都作出了極多的貢獻；而他的部屬學生，在他去世五十多年後，仍然堅持每年集會紀念，更顯示他為軍人武德之典範，以及他的人格對人感召之深，鮮有其匹。

日記

民國四十九年　胡上將婉謝總統調參軍長職

二月九日　陰冷

「……十一時，蔣經國兄來傳達總統意圖，擬調余代參軍長職，余甚感激，然以心臟病關係，不能服此重（務），囑代為感謝，並代為婉辭。」

民國五〇年　日記六則

一月二十八日　晴　本日起牛乳停止

「上午十時，戰委會小組會議拜賀陳副總統壽誕，投刺而去。

在辦事處接見曹維漢。報告滇緬游擊隊事。

接見李用章同志。渠在臺十年以送報為業，每月可得一千四百餘元，以出為入，非常艱苦，大兒入海軍官校明年可畢業，二兒入臺大電機系，大女女中高三皆優秀。惟其妻一病兩年，因此債臺高築矣云云。……」

二月二日　雨　嚴寒。夜間攝氏五度。晨七度。

「上午接見胡維藩兄，暢談一切，並接見劉超寰同志，近來潦倒殊甚，一個勇敢將軍如此折磨，甚為同情，擬設法給一些小幫助，但並未說明。並接見汪震同志。……」

二月五日

「天氣好轉。九時，參加公祭李中毅同志。羅列、袁樸、蔣堅忍、石敬亭、趙龍文、李文、張硯田夫婦，皆參加。

上午十時，第一二期合組之國防研究院同學會開學，余承推為會長，再四辭去不得，并推定趙聚鈺同志為總幹事，到李樹正、羅機、張寶樹、蔣堅忍、趙聚鈺、羅奇及余七人。

下午三時半，與妻及小廣、小德，參觀將運美展覽之古物；珍貴之至，美不勝收，人山人海，摩肩放踵。

上午十一時，開椿來見研究。」

二月六日　陰晴

「……上午拜客外，十時接見闊別多年老友潘元，一談一小時，並贈旅費五百元。……」

三月九日

「上午八時半羅總司令（列）來訪，談論甚快。
一、黃議長事，囑其說服之。
二、徐汝誠事，保舉之。
三、救濟劉超寰、李用章、史銘事。
四、李樹正著《國防與戰爭》購買事。
談一小時半而去。」

九月八日　晴

「上午八時接見陳迪光，助其旅費二百元而去。……」

附：居住於新北市之某君（隱其名）於民國九十九年致函胡宗南先生之長子胡為真，當時任職國安會秘書長，全文如下：

「胡秘書長：您好

我姓○，○○省○○人士，民國三十八年隨父母來臺，對小時候的事情記憶非常模糊，但記得曾住過臺中豐原，那時我應該有五、六歲，印象深刻的是每當米缸沒米，肚子餓時，我與姊姊會蹲在門口等郵差，有人會寄錢來，帶來一段時間的溫飽，然後是下一次的等待。

及長，我知道那時家父因遭免職離開軍中，寄錢的是令尊胡宗南上將，家父常說那時如果沒有令尊長期接濟，他走頭無路，只有用他離開軍中私下保留的左輪自殺了，那我們也都不可能活命。

十幾年前家父生命垂危，在病危時對我弟弟說，他一生未虧欠任何人，只欠胡將軍一條人命。豐原等郵差是我內心最深的記憶，我無法親向令尊表達內心感激之情，但希望能讓您知道我對令尊的感恩之意。敬祝安好。

二○一○年四月十三日」

宗南先生逝世，蔣中正總統相關日記：

民國五十一年二月十四日

蔣中正總統讚其為革命軍人的模範

「宣讀剿匪成敗與國家存亡小冊之緒言及剿匪手本之前言，并宣布（胡）宗南病逝，回憶其不得死所之前函，以激發會員之志節。」

按：蔣中正總統當時是在主持二月十二至十四日的「三民主義講習會」，即「雪恥復國會議」上，並主講「反共復國的形勢檢討及實踐行動的準備」。在宣佈胡上將逝世時，其相關內容如下：

「胡宗南同志已經在今天去世了！他是一個本黨忠貞自勵，尚氣節，負責任，打硬仗，不避勞苦，不計毀譽，革命軍人的模範。大陸淪陷前後，他曾經屢次寫信給我，說至今還沒有能夠求得一個死所，其意若不勝遺憾者。後來當他在大陳調職的時候，他又給我寫信說：『今後我恐無死所了！』宗南同志現在竟未能如其所願，使他自己的生命得到一個轟轟烈烈光榮戰死的死所，實在令人追思不置。他死已附於正氣之列，自不失為正命，亦可以瞑目於地下了！」

（參考臺灣商務印書館，《胡宗南上將年譜》增修版，頁三二七—三二八。）

民國五十一年六月九日：

蔣中正總統對胡宗南將軍之惋惜哀慟。

「黃埔第一、第二期學生皆忠貞之士，即共黨籍之蔣先雲等，亦效忠於本黨者為多，而胡宗南與鄭介民二子乃為忠貞之尤者也，今皆在臺先我而逝去為慟。」

附：「年譜長編」六月九日另載：

參加胡宗南葬禮，並對黃埔一二期忠貞學生記感。

二月七日，陸軍二級上將胡宗南因心臟病惡化住院。十日，先生（即蔣中正總統）親自探望。十四日病逝。十八日，先生親臨弔祭，慰問遺族，並輓以「功著旂常」。本日，親赴陽明山，參加葬禮。記曰：「黃埔第一、第二期學生皆忠貞之士，即共黨籍之蔣先雲等，亦效忠於本黨者為多，而胡宗南與鄭介民二子乃為忠貞之尤者也，今皆在臺先我而逝去為慟。」（國史館「蔣中正先生年譜長編」，第十一冊，頁五六六。）

宗南先生逝世，陳誠副總統（當時任行政院長）相關日記：

民國五十一年二月十四日　星期三

「提要：胡宗南今日去世，年六十四歲。余聞此噩信，不勝感慨！當即與內人致電胡夫人弔唁。」

二月十五日　星期四

「提要：劉總司令來訪談。」

「胡宗南之死殊為可惜，胡在西北貢獻極大，在四川救出中央各院會重要人員，真所謂功在黨國。而一般攻擊胡者，胡一言不發，尤為難能可貴。」

二月二十六日 星期一

「五時三十分，袁守謙來談陽明山第三次會談籌備情形，及胡宗南去世後其家屬生活無法維持。」

六月九日 星期六

「提要：主持三七九次常會。」

「胡宗南今日下葬陽明山，前往致祭，並送其家屬子女教育費二萬元。」（以上引自國史館「陳誠日記」第三冊，民國一〇四年七月出版）

信函

民國五十年二月十九日

致劉安祺上將函[1]

「壽如兄：

元旦手函欣悉，盛意拳拳至為心感，今年五月間匪如人舉來犯而兄認為外圍島嶼有顧慮時，弟願參加大擔島之作戰，屆時朝電夕來，同襄盛業。至在現時不想來金門叨擾也，專復

敬叩　年禧！

弟胡宗南　二月十九日」

1 本函亦係劉安祺上將任金門防衛司令官時所收到之胡上將函件。民國五十四年十二月十一日劉上將特將其攜至胡府請胡夫人葉霞翟教授參閱，並由胡為真抄存。

文論

民國四十二年八月

胡上將進入國防大學肄業時所撰之自傳[1]

系期別：聯合作戰系第二期

學號：二〇九八

一、家庭狀況

余家居浙江省孝豐縣之鶴溪村，離城十里，務農為業，父際清公勤儉治家，為鄉里善人，薄田數畝，差能自給，二十六年十二月先父病歿時，正日冠憑陵，京滬陷落，余適隨第一軍轉進於安徽之壽州，未能奔喪，遺憾迄今。

三十六年，余在西安，與葉霞翟女士結婚，生二子一女[2]，皆幼小。

二、學歷

民國十三年入黃埔軍校第一期，同年畢業。

三、經歷

曾任排連營團師軍長、軍團長、集團軍總司令，綏請主任、戰區司令長官，戰區參謀長。

四、作戰及任事之經驗與感想

北伐戰役，南昌之戰，俘獲方本仁部九千餘人；浙江洋埠之戰，擊破孟昭月主力，挽回全般局勢。上海之戰，佔領兵工廠，俘獲無算。抗日戰役，盧氏及西峽口之戰，擊破日寇西進政策，確保潼關。剿匪戰役，涇渭河谷之戰，榆林之戰，大荔之戰，延安之戰，予匪以嚴重打擊。[3]

嘗念任師團長時，尚能有所樹立；但至綏靖主任，司令長官階段，階級愈高，錯誤愈大，因

1 本項資料係國防大學提供。
2 胡上將之次女為明生於民國四十三年，此時尚未出生。
3 詳見徐枕著《一代名將胡宗南》，臺灣商務印書館，一〇三年出版。

學問智能，不足以支持此一任務之成功，故益知學問之重要。

五、對反共抗俄前途之認識

歷觀世界民主發展史與民族自覺史，凡侵略強權必敗，賣國漢奸必滅，專制暴君必亡；今暴俄與奸匪朱毛，集人類歷史上侵略強權賣國奸賊與專制暴君之大成，他們既不能毀滅我中華民族，就必定要在中華民族自覺的偉大潮流中毀滅；故我們反共抗俄戰爭必勝，救國建國事業必成，我們惟有追隨總統、努力奮鬥，以達到必勝必成之目的。

六、最影響我之人與事

黃埔軍校教官方面：嚴立三先生，狷介不苟，創立獨立特行之風格。沈應時先生，戰場指揮之卓越，獨步一時，其從容機警之英姿，對吾人之啟發甚大。

朋友方面：嚴明、劉戡之戰術思想，及其在瓦子街殉難之壯烈，求之近代，少有其儔。至羅列同志，在西昌臨危臨難之際，特顯其攘利不先，赴義恐後之精神，煜煜志節，自躋於聖賢英哲之上，實為時代之光輝。

七、自我批評

余以智能學問之短淺，工作常在邊僻之區，而又無機會受訓上學，智識益減，錯誤益多，以致蹉跎歲月，無補時艱，內疚神明，不能自己，今後惟有虛心力學，以圖補過於未來。

八、志願

在反攻大陸之日，願為第一線之一兵一卒，以爭取黨國最後之成功。

民國四十八年初撰

胡司令官宗南在進入國防研究院第一期進修前所撰之自傳

摘要：

浙江孝豐人，世業農，民十三入黃埔軍校，同年畢業，廁身軍伍凡三十餘年。十五年北伐，自粵湘而浙滬，克服蚌埠，升任廿二師長，隨後擊敗張宗昌於棗莊、韓莊、六十子、臨城而會師濟南，北伐成功。廿二年至廿四年，追擊共匪於皖、鄂、川、康、等省，廿五年匪竄陝北，遂提師入同心堡，預旺堡，韋州。總統臨潼蒙難，全軍揮淚撤兵。抗戰時期，初增援淞滬，繼捍衛河防及陝北邊境。勝利後共匪叛變，卅六年三月攻克延安，續予匪以嚴重挫敗。居陝十年，由七分校吸收青年四萬餘人，戰幹四團約三萬餘人，但未能運用得宜，不無遺憾。

本文：

一、家世及學歷經歷

余家居浙江省孝豐縣之鶴溪村，離城十里許，世務農為業，少失恃，父際清公勤儉持家，為鄉里善人。薄田數畝，差能自給，二十六年十二月病歿，時正日寇憑陵，京滬陷落，餘適隨第一軍轉進安徽之壽州，未能奔喪，遺憾迄今。三十六年余在西安，與葉霞翟女士結婚，生二子二女，皆幼小。

余於民國十三年，入黃埔軍校第一期，同年畢業。厥後廁身軍伍，三十年中，未得進修之機，迨四十二年九月，始獲准入國防大學第二期，四十三年二月畢業。憶自黃埔軍校畢業，即編入教導第一團為見習官，出發東征，參加棉湖之戰，以見習官代理重機槍班長，掩護二營主力，獲得成功，晉升上尉，十五年北伐，軍次湖南郴州升任第一師第二團團長，進軍銅鼓，擊破孫傳芳混成旅長楊震東，參加南昌之戰，俘獲方本仁部九千餘人，在上饒殲滅謝文炳全部。第一師入浙，加入東路軍序列，洋埠之戰，敵孟昭月憑既設陣地，挫我友軍，余率第二團擊破其主力，挽回全般局勢，我軍遂得迅速進入杭州，參加上海之戰，在閔行渡錢塘江襲擊畢庶澄部，佔領莘莊龍華及南市兵工廠，俘獲無算，京滬底定，隨即北征，以克復蚌埠之功，奉命任第二十二師師長，隨後擊敗張宗昌於棗莊韓莊六十子臨城而會師濟南。北伐成功，部隊縮編為第一師第二旅任旅長，集中徐州九里山營房訓練，十八年，胡陶據武漢叛變，第二旅西征，遂佔漢口。十九年唐生智據河南叛變，第一師由漢北上，亂平後，適馮閻叛變，即參加中原之戰，馮變敉平，晉第一師師長。時第一師駐鄭州開封，鎮撫中原，剿滅土匪，二十一年一二八事變，奉命南下駐無錫為後繼，和議成，入皖剿共匪，二十二年沿大別桐柏由老河口入陝，追擊徐向前於川陝鄂邊境，三越秦嶺，激戰於漫川關鳳凰嘴甯羌之間，匪敗竄入蜀，遂在甘肅天水，建立訓練基地，二十四年擊毛匪主力於摩天嶺平武青川遂入松潘，初時余建議成都行營，擬在章獵西北百里之上下包座駐紮重兵，以阻匪北竄，行營以補給困難，未允所請，後乃派四九師伍誠仁部前往包座，伍師失利，毛匪遂由包座北竄，駐軍魯大昌以天險之拉子口拱手奉敵，毛匪遂竄岷縣矣。然匪過西康時，尚有眾四五萬人，松潘之役，遂爾澌滅，餘眾竄陝北，纔五六千人耳。二十五年夏，兩廣事變，移師衡陽，事平後回師咸陽。二十五年冬，匪竄陝北，遂提師入同心堡預旺堡韋州。總統臨潼蒙難，全軍揮淚撤兵，師又由預旺同心堡固原平涼隴州而下興平。（固原平涼皆駐東北軍王以哲軍）。抗日聖戰起，奉命率第一師七十八師十六個團約四萬餘人，增援淞滬，守楊行劉行之綫，地處平蕪，無工事，挖地一尺，水深一尺，毫無掩蔽，敵集重砲艦砲轟擊，彈落如雨，每分鐘達二〇六發，死守六週，屢挫敵之步礮戰空聯合攻擊，迨奉命後調時，僅餘二千人耳。然陸續補充之數，已多次矣。

二十七年三月，以第十七軍團長兼中央軍校西北訓練班主任，駐西安，奉命訓練幹部，整編華北各戰場退陝部隊，翌年八月，奉命為三十四集團軍總司令，捍衛河防及陝北邊境。三十三年中原會戰，洛陽淪陷，敵軍北自盧氏鎮，南自西峽口，窺陝、關中大震，余命各軍出擊，先後在閿鄉、盧氏、西峽口、淅川擊破日寇，敵攻勢頓挫，潼關確保，西北遂以安定。

三十四年一月，受命為第一戰區司令長官。勝利後戰區撤銷，共匪稱兵，三十六年三月奉命為西安綏靖主任。是月攻克延安，厥後榆林之戰，大荔之戰，陝西涇渭河谷之戰，運城之戰，中條之戰，臨汾之戰，予匪以嚴重挫敗。三十八年一月總統下野，四月共匪渡江，南京淪陷，華北匪入南陽，由白河窺漢中，西安側背受威脅，遂於五月八日放棄西安，退保漢中；十一月奉命急援重慶，掩護國民政府遷蓉，余亦奉調西南長官公署副長官兼參謀長，部署未竟，集中為難，而劉文輝、鄧錫侯、潘文華、向傳義等叛變，王陵基自由行動，北路廣元、劍閣、緜陽相繼淪失，南路匪由東山迂迴至邛郲、大邑，四面合圍，奉命撤至西昌。

三十九年一月余在西昌，時第二軍師長張桐生，二七軍軍長劉孟廉以及顧葆裕、胡長青、田中田、陶慶林、張天祥等來歸，並第二軍軍長陳革非亦已聯絡，軍心復振，正在集中整頓之際，三月杪匪七路攻西昌，顧葆裕、張桐生覆沒，劉孟廉陣亡，胡長青自殺，西昌遂以不守。四十年登大陳島，整頓海上游擊部隊，迭次出擊，頗有斬獲，四十二年奉調回台灣本島，入國防大學，四十四年九月，奉命任澎湖防衛司令官，進駐馬公，以至於今。

二、實踐心得

(1)嘗念生平，任軍師團長時，尚能有所樹立，爾後階級愈高，錯誤愈大，而負咎亦愈深，蓋緣學養不足，而資性有所未逮耳。

(2)溯自民十三年，束髮從軍，受我總理及領袖之薰陶，頗知平時與士卒共甘苦，戰時身先士卒之義，在第一師自任見習官以至於師長，將士親如手足。民十九年創立第一師傷兵年會，退伍傷兵，均來與會，除來回旅費外，另有餽贈，烈士家屬及子弟生活，均由師供給，凡此皆所以團結軍心，頗有成效。二十八年以後，通貨逐漸膨漲，官兵家屬，無法生活，三十六、七年間，士兵有呈獻薪餉，不願領取者，士氣低落，作戰倍覺困難矣。

二十七年起余注意淪陷區青年，曾派員深入敵後山西、河北、山東、安徽各地，招收愛國青年，計在陝十年中，由七分校吸收之青年約四萬餘人，戰幹四團吸收之青年約三萬餘人，此七萬青年中苟能運用得宜，對反共建國，不難發生力量，惜乎處理之未能適當也。

⑶抗戰時間，奉命在陝整編之隊伍，有高桂滋、高雙城、孫殿英、馬占山、鄧寶珊、上官雲相、魯大昌、楊虎城、郭希鵬等舊部，爾後援新，援晉，援太原，援冀，援黔凡二十萬人，咸得其力。他如范漢傑之處太原，嚴明之處伏牛，軍政幹部，同心戮力，皆七分校、幹四團訓練之效。

動員工作，有關整個政治，在陝以大荔，耀縣為中心之動員工作，能從社會根本著想，發生效果，勝利以後，配合為難，不無婉惜。有以知辦大事者非精心果力之為難，而仁恕存心相忍為國之不易也。

⑷居陝十年，河南、山東之難民，相率入關，未能使身受匪患之人，現身說法，編成匪區真相一書，以喚醒國人，致大後方民眾惑於宣傳，對匪猶存萬一之幻想，大陸之土崩瓦解，實由於此，反躬自省，能勿慚悚。

民國四十八年十一月

「論人才與建國建軍之關係」[4]

緒論

建國建軍雖離不了物力財力，然而最重要的因素，還是人才，尤其在這經緯萬端大時代之今日，要建國建軍同時並進，不但對領導群倫擔當方面的人才，需要培養和選用；就是對一般工作的幹部，也需要普遍的精練和造就，特別是無數的科學技術專才之尋求，孕育，和輔導。

總裁在國民革命軍第三期任務之說明中曾說：「說到這裏，使我深有感於古人的兩句話，就是『以天下與人易，為天下得人難』，我十幾年來，雖然時刻留心這件大事，對於人才的選拔培植，自覺已盡其最大的職責，但終不能得到一個李鴻章練成一支新生的軍力，來剿滅共匪。至於可以託天下之重的人才，那是更不容易了」，所以時會艱難自古有才難之嘆，於此可見得才的不易，和造就人才的困難。

造就人才的根本，主要在於培育；發揮才力的要訣，著眼在於運用；所謂知人善任，選賢與能，要能確實做到人盡其才，才盡其用來建國建軍，才能完成這一艱鉅的任務。如果說建國建軍成就之大小，與人才培養之多寡成正比例，恐怕不算是不正確的結論吧。

以美國參加第二次世界大戰為例，從珍珠港事變到對日抗戰勝利之日止，參與武裝部隊的男

4 此篇為胡宗南先生國防研究院第一期之畢業論文。

女，約為一千五百十四萬餘人，其中陸空軍約一千零四十萬人；海軍約三百九十萬人；海軍陸戰隊約六十萬人；海岸防衛軍約二十五萬人，這支龐大的三軍，得有營房，糧秣、訓練、衛生與裝備，並須運至離國數千英里之外，保持著高度的實力、健康、效率與士氣，這是由人才為之支持的，而且發展海上威力握有七洋制海權的海軍，發展空中威力具有向敵境進行空戰，永遠維持戰勝的空軍，這也是靠人才為之支持的，自一九四〇年七月至一九四五年八月擊敗日本為止，美國的工廠與船塢，製造了幾近三十萬架軍用飛機，八萬六千輛坦克，三千五百噸商船；所產鋼、鐵、鋁、鎂、石油、木材、人造樹膠等，均超過有史以來的記錄；他們製造的飛機、坦克、吉普車、卡車、軍用電話、車輪、雷達器、低空爆炸信管、磁性水雷、原子彈以及千百種其他用具，不但足供本身作戰需要，還可以供應中國、英國、俄國等各同盟國之用，這種輝煌的成就，完全由於人才為之主持的，因為人才鼎盛，才能造成今日的美國和美國的強大軍隊。

《中國之命運》論建國工作之重心在於人才，其原文是：「試看那一種建設不需要有能力和信心的人才，試問我們中國現在所有的人才，是不是足夠擔當各項建設的責任」。我們說五項建設，自當同時並進，不可缺一，而其重點則不能不置於經濟；至於經濟建設，必須以實業計劃為準則，我們要完成實業計劃所規定的經建偉業，首先要有實行實業計劃的人才，和完成實業計劃所必需的物資。

根據原書所列之實業計劃，最初十年內所需的人才數目，僅是大學畢業的技術人員，就需要二百四十六萬餘員，每年約需培養二十四萬人；這個數字和現在蘇俄每年所培養的大專畢業科學技術人才約為二十一萬五千人相近，這可顯示人才對建國的重要，更可證明。

總裁在這三十年間栖栖皇皇，席不暇暖，為的是人才的培植選拔與運用，為建國建軍的第一件大事。

人才的培養

第一節　如何發掘人才

任何時代，都有人才，而且此一時代需要什麼類型的人物，便會產生這一類型的人才，因為，「人才」是「培養」出來的。曾文正謂天下無現成之人才，亦無生知之卓識，大抵藉勉強磨練而出，又謂「人才以陶冶」而成，不可眼界過高，動輒謂無人才可用。在一個動亂的時代，是需要文武兼資的創業人才，以期能戡平大亂，安定民生；更需要科學建設人才，以期能裝備三軍，重建國家，改善人民的生活，增進人民的幸福，這些人才的產生，要從多方面去發掘培養，本天下為公之旨，外舉不避仇，內舉不避親；如祁大夫之舉解狐祁午，謝太傅之舉謝玄謝石，惟才是舉，不避嫌疑。善於培養人才者，都是從社會各階層的廣大群眾中去發掘，良以一念之公，則四方人才畢至，皆樂於效命；一念之私，則舟中之人，形成吳越，儼如敵國；歷史上善於發掘人才者，首推唐太宗，其文武將相，皆為一時人傑，故能撥亂反正，開貞觀之治；近世則推曾文正，其求才也，舉塔齊布於戎行，識羅澤南於儒生，拔楊戴福於卒伍，延彭玉麟於筦庫，保胡林翼，左宗棠，李鴻章以大用，其幕府中，人才濟濟，故能擊敗太平軍，成中興之業。我們今日，雖然處境艱難，也當效法前賢往事，為國求才。

第二節　如何教育人才

總理有云：「教養有道，則天無枉生之才」。

總裁亦謂：「造就人才要靠三方面之努力和互助」。

㈠教育的陶冶：家庭教育為學校與社會教育的基礎。

㈡自我的修養：自教自學，自反自修，為造就人才的最大根基。

㈢同志間的規勸：規過勸善，互助合作，為造就人才的憑藉。

十年樹木，百年樹人，教育實在是立國的根本。今日教育，德智體群四育，固須齊頭並進，而四育之中，德育尤為重要，家庭教育，學校教育，社會教育，均須相互關聯；歷史上優秀之人才，多出自良好家庭，因為家庭是人生受教育的開始，也是生活教育的「起點」；繼此以後，接受學校教育，受良師益友之薰陶，以期進德修業；一旦進入社會，則隨時隨地，都是受教育的環境，無論順境逆境，德業都可以長進；所謂做到老學到老，社會便是一個大學校，讓每個人都能充實自己，發展自己，多少偉大的人物，並未曾受到良好的學校教育，但他們卻能從人群社會中，領悟做人做事的道理，刻苦自修，自強不息，林肯（Abraham Lincoln, 1809-1865）總統，便是一個好榜樣。

第三節　如何任用人才

用人惟才，此為千古不磨的原則；知人善任，更是事業成功的條件，孔子示人以舉賢才，司馬光亦謂蕞爾之國，必有正直忠信之士焉；正直忠信之謂賢，聰明勇敢之謂能，彼賢能者，眾民之所服從也。大道之行，天下為公，選賢與能，講信修睦。

總理經常以此示人。誠以本此天下為公之心，則天下之賢能，皆可為用，更進而講求用人之道，「所謂采之欲博，辨之欲精，使之欲適，任之欲專。采之博者，無求備於一人也，取其所長，棄其所短，則天下無不可用之人矣。辨之欲精者，勿使名眩實，勇者使斷。任之專者，勿使邪惡之人敗之也，苟知其賢，雖愚者日非之而不顧，苟知其正，雖邪者日毀之而不聽，則大功無不成矣」。左宗棠亦謂：「非知人不能善其任，非善任不能謂之知人；非開誠心布公道，不能盡人之心，非獎其長護其短，不能盡人之力；非用人之朝氣，不能盡其才；非令其優劣得所，不能盡其用」。這些話都可以作為用人的準則，曾文正的功業，彪炳一時，其得力便在「知人善任」四字。

中興復國人才的條件

第一節　哲學的修養

人才高下，視其志趣，有志則努力上進，不甘下流；少年時能立大志，長大後方能建功立業，未有志趣卑下而能剛健自強者。晚近社會風氣敗壞，習尚侈靡，既不講操守，又不講氣節；平日遇事模稜兩可，不黑不白，一旦臨危，則中心無主，隨風轉舵；得志則驕矜自肆，失意則怨天尤人，此皆由於無堅苦卓絕之精神，見危授命之勇氣，以至於此。要想挽救這種頹風，當由哲學修養入手，藉此樹立其人生觀。

總裁昭示吾人，哲學是窮理明德之學，其效則見之於誠意正心修齊治平，惟具有完整人格、優良品德的人，才是真人才；亦惟有此等真人才，方能深謀遠慮，居安思危；臨大節而不可奪，志行皎潔，朗若月星，得志則澤加於民，不得志則修身見於世，孟子所謂：「富貴不能淫，貧賤不能移，威武不能屈」。在任何艱苦困難的環境中，都能卓然有所樹立。撥亂反正，復國建國的人才，需要有這一種的哲學修養。

第二節　科學的修養

現代是科學時代，惟具有科學智識的人才，始能充份發揮其德慧術智，適應此一時代的環境。科學是重視系統條理，講求分工合作的學問，我們要想提高工作效率，就先要建立一種精密確實，有步驟、有次序、有方法的科學精神，凡事實事求是，精益求精，由近及遠，自卑而高，為大於微，圖難於易，腳踏實地，步步前進，而後始可計日成功。我們古往聖哲在《大學》裏，首先講「明德親民至善」之後，接著便講「定靜安慮」的基本修養，以下再講「格物致知，誠意正心，修身齊家，治國平天下」。精微開展，循序漸進，這可以說是最有系統最有條理的科學修養功夫，也是講求人生一切事業的基本順序，《中庸》教人至誠無息，不息則久，久則徵，徵則悠遠，悠遠則博厚，博厚則高明。這也是富有科學意義的修養。至於近代各種科學智識，更當深入研究，日新又新，以擴大智識的領域，充實修養的功夫。

第三節　兵學的修養

在人類歷史上，戰爭是不能避免的，因此人類為求生存，兵學也不能不講求，兵學原是自衛的學問，不僅軍人應當鑽研修習，即一般國民，也應該具備軍事智識。我們當前的敵人，擁有龐大的軍事力量，加上共產集團的國際背景，要打敗這樣頑強的敵人，勢必要團結舉國的力量，發揮多數人的聰明才智，始能制勝。因此全國聰明才智之士，縱然不是軍人，也應該有兵學的修養，最低限度也得有軍事常識，負有國家責任的領導人才，更覺有此需要。兵學並不是什麼奧妙的學問，人人皆可修習而得，顏習齋鑒於明末亡國之禍，主張以六字強天下，「人皆兵，官皆將」，這不失為一個遠大的理想；中國古代六藝教育，原是文武不分，體用兼備，聖如孔子，在夾谷之會前夕，也說過有文事者必有武備，其門弟子中，不乏善於作戰的人才，冉求，子路可作代表。兵學家吳起，就是曾子的門徒，也是孔子的再傳弟子。漢唐盛世，多產生出將入相的人才，所以文治武功，為其他朝代所不及，國史如此，西洋史亦如此，遠如亞歷山大，凱撒、克倫威爾；近如華盛頓、拿破崙、毛奇，也都是允文允武的傑出人才，我們處在生存競爭最劇烈的時代，豈可束手無策，自居於兵學門外。

第四節　品德的修養

衡量一個人才的客觀標準，第一是品德，因為品德是立身行事之根本，有高尚的品德，方能領導群倫，為大眾所景仰。

總裁昭示選擇高級人才，應注意下列三項因素，第一是「德」，包括先天的性情和後天的學養；第二是「才」，包括一切治事的能力；第三是「勞」，包括過去服務的勞績。曾文正選擇人才有兩個標準，就是「有操守而無官氣」，「多條理而無大言」；他所謂操守就是德，條理就是才。我們取人，如果他是才德並茂，當然是最理想的人才，否則寧願拔擢德高於才，剛毅木納的人選，因為有品德的人，才有氣節，才有風骨，才有良心，才有血性，才有正氣，才有操守，守正不阿，臨難不苟，見利不虧其義，見死不更其守，一個具有良好品德的人才，先天的本性固很重要，而後天的學養，更不可少，必須敦品勤學，才可以養成完滿的人格。唐太宗批評魏武帝，臨危制變，制敵設奇，一將之智有餘，萬乘之才不足，雖能乘時興起，挾天子以令諸侯，但始終不能造成統一的局面，便是其智有餘，其德不足的明證。曹魏朝代之不能長久，也是「重才廢德」政策的結果。

反共戰爭將才的選擇

第一節　風度

戰爭本是關係國家存亡的大事，而主宰戰場的將領，更是關係成敗的重要因素，將領須有將領的風格和氣度，才能負荷國家重任；必須具有崇高的品德，偉大的器識，不矜不伐，有為有守；同時具有大公無我的精神，公忠體國，識大體，顧大局，本諸忠誠純樸的氣質，發為勇毅果敢的行為，正直無私，耿介自處；具有堅定的意志，和忍辱負重，刻苦耐勞的修養；更要以歷史上名將的典型，作為立身的規範；為西漢之趙充國、東漢之馮異、晉之羊祜、陶侃，唐之李靖、郭子儀，宋之曹彬、岳飛，明之徐達、俞大猷、戚繼光，清之曾國藩、左宗棠、胡林翼、彭玉麟；或為開國元勳，或為一代名將，在國史上都建立了不可磨滅的功績，建立起將帥的風範，足為後人取法。

第二節　武德

智信仁勇嚴，為中華民族傳統之武德，五者兼備，各適其用，始為將才之上選。「智」足以料敵，洞察是非，明辨義利，如張良之運籌帷幄，決勝千里。「信」足以待人，誠實不欺，始終如一，如郭子儀之於回紇。「仁」則愛人惘物，衛國保民，捨生取義，如吳起之愛護士卒。「勇」則能制敵，乘勢決勝，從容鎮定，如岳飛之大破金兵。「嚴」則能備敵，信賞必罰，開誠佈公，如諸葛武候之整肅軍令。武德與將帥的天才，彼此關係密切，各方面須互相配合，政府選擇將帥，必須選擇器量寬宏，才識卓越的人物。戰爭是一種特殊事業，與人生的其它各種活動截然不同，惟有將此種事業，深刻銘記於心中，由內心砥礪其志節，磨練其情操，培養其正氣，傾注全智全能於此事業，以養成確實敏捷的處事習慣；尤須公爾忘私，國爾忘家，專心一意，全力以赴，庶幾能克盡軍人本份；唯具備此種武德的將帥，始克負荷安危的重任。

第三節　才能

將之所謹者五，一曰理，二曰備，三曰果，四曰戒，五曰約。理者治眾如治寡，備者出門如見敵，果者臨敵不懷生，戒者雖克如始戰，約者法令省而不煩；用兵之事，要能臨事而懼，好謀而成，謹此五者，始可為將。蓋不理則亂，何以治眾；不備則怠，何以待敵；不果則怯，何以殺敵；不戒則驕，何以守勝；不約則煩，何以率下。理則治眾如治寡，如韓信之將兵，多多益善。備則出門如見敵，如馮道根之遠斥候，有如敵將至者。果則臨敵不懷生，如田單之在即墨，將軍有必死之心，士卒無生還之望。戒則雖克如始戰，如晉文城濮戰勝之後，懼楚之報復，猶面有憂色。約則法令省而不煩，如李光弼之代郭子儀，一無所更。能夠如此，才算具備為將的才能。當戰爭時，吾人能託以子弟之生命，及國家的安全。其性格則須體察多於創造，其能力不偏頗於一面，而能概括全體，其頭腦冷靜而不過於熱烈的人物，最合理想，周易所謂「知進退存亡而不失其正者」，庶幾近之。

結論

一、我們建國建軍的工作，當從臺灣基地做起。湯以七十里，文王以百里，都是先固王業所基的根本，再圖發展；臺灣是反攻復國的基地，也是建國建軍的聖地，為我們大陸億萬同胞朝夕仰望之燈塔，我們必須做到人盡其才，才盡其用，盡量培養人才，善用人才。效法總理當年倡導革命，推翻滿清統治的精神，號召海內外仁人志士，從事復國的神聖事業。

二、我們當前所處的時代，是需要有品德，有才能，有學問，有經驗，而且具有責任心的領導人才，及科學技術人才。不管國際局勢如何變化，我們一定要盡最大的努力，奮鬥到底，為國家為人民服務。一切操之在我，靠我們領導的智慧，運用教育的方法，使人民都有道德心，愛國心和責任感，來擔當復國建國的重任，向光明的前途邁進。

三、我們今日，遭遇到中國二千年來未有之大變局，蘇俄帝國主義，挾其共產邪說，利用朱毛傀儡，竊據大陸，控制著廣大的土地；和眾多的人民，面對著這樣的頑敵，經過三十年的長期鬥爭，深知這個敵人，是有思想背景的國際組織，非單純軍事所能戰勝；唯有團結海內外的人才，在總裁領導之下，充份發揮每一個人的智慧和才能；在臺灣，在大陸，在世界各地，分工合作，齊頭並進，迎接新的任務，開創新的機運，以達到我們共同的目的；而解救大陸同胞，摧毀俄帝附庸朱毛偽政權，建設民有民治民享之三民主義新中國，以保障世界和平。

民國四十九年四月十四日

國防研究院同學會成立時之講辭[5]

「各位來賓，各位學長：

今天是我們國防研究院同學會正式成立的一天，兄弟忝為籌備人的一份子，願趁這個機會向各位貢獻一點感想，我們第一期畢業的五十六位同學，大家有崇高的品德，高深的學問，堅強無比的信念，共同一致的理想，而且有犧牲奮鬥的精神，達成時代使命的宏願，我們為了要聯絡感情、砥勵學行，奉行院長訓示，貫徹院長主張，一致認為有成立同學會之必要。經過短時期的籌備到今天，我們國防研究院同學會是正式成立了，這是值得很高興的一件事。同學會成立以後，我們希望將以同學會做聯繫中心，進一步加強彼此間的聯繫，對於在國外擔任工作的同學須要聯繫，對於母院師友亦需要聯繫，務使我們同學會的精神光芒四射，團結奮鬥。

第二，同學會成立以後，我們希望加強服務工作，不但希望同學與同學彼此間相互服務，也

5 胡上將於民國四十八年十二月於國防研究院第一期畢業，於四十九年四月十四日同學會成立後即被公推為會長，蔣中正總統並請張寶樹先生、趙聚鈺先生協助胡上將辦理會務。

希望為母院服務，更希望發揮我們最大的服務精神來為院長服務。

第三，同學會成立以後，我們希望更要加強革命理論的研究工作，努力研究，隨時研究，以期徹底奉行院長訓示和主張。

今天很高興慶祝同學會的成立，同時更高興的是慶祝我們院長連任總統，繼續領導我們，希望各位同學密切聯繫，精誠合作，努力工作，效忠領袖，以期早日完成反攻復國的中興大業。

大家非常感激今天承張主任曉峰先生，親臨致訓，又承市政府各位先生光臨，使大會增加無限光彩，謹此謝謝。」

民國四十九年五月二十八日

在國防研究院同學會所舉辦蔣總統連任慶祝會上致辭

「主任，各位講座，第二期各位學長各位夫人：

今天是我們國防研究院畢業同學，為了慶祝院長連任第三屆總統而舉行的一個慶祝會，同時也是為了歡迎我們第二期同學而舉行的一個聯誼會，相信我們每位同學一定都感覺興奮、高興和愉快！

院長的連任第三屆總統，在中國革命史上及反攻復國的現階段中，實在是一件歡天喜地的大事，尤其在今天我們正與奸匪從事生死存亡的決鬥，更不可一日無院長的領導，此次院長連任第三屆總統，不僅鞏固了我們革命領導中心，也是反攻必勝，建國必成，獲得了最大的保證。

我們國防研究院畢業的同學，為了要聯絡感情，砥勵學行，奉行院長訓示，貫澈院長主張，特發起成立國防研究院畢業同學會，經於本年四月十四日奉准正式成立，并經通過本會會章規定，凡國防研究院畢業同學均為本會會員。對第二期同學在不久的將來即成為本會會員一事，本人及我們第一期畢業同學一致預致最熱烈、最誠意的歡迎，并希望我們全體同學匯集革命情感，結合同學意志，以同學會作為我們友誼聯繫中心，親愛精誠，互助合作，共同在我們院長領導之下，竭智盡忠，努力工作，以期早日完成反攻復國的中興大業。

今天承張主任曉峰先生親臨致訓，同學非常感激，尤承教育長、副教育長，各位講座光臨，使大會增加非常光彩，謹此謝謝。」

附錄

附錄一　胡宗南將軍對韓國抗日獨立運動暨建軍、建國貢獻史蹟

胡將軍所屬三十四集團軍「戰幹團」訓練「韓國戰地青年工作隊」

㈠「韓國戰地青年工作隊」集訓經過：

一八九四年六月中日甲午之戰滿清戰敗，日本佔領朝鮮，一八九六年一月日本復以改革朝鮮政、軍、警組織為名，接管朝鮮中央及地方各級軍警部隊，引起朝鮮朝野上下激憤，各地部隊紛紛起義自組「義軍」，抗拒日軍接管。朝鮮各黨派首領則起事領導「義軍」展開抗日奮戰，惟因「義軍」裝備老舊訓練不足，被迫且戰且退、轉進中韓邊界，對日展開長期騷擾性游擊作戰。惟「義軍」組成份子複雜，概分「君主立憲保皇」、「共產社會主義革命」、「自由民主立憲」、「無政府主義」等派別，對外則統稱「抗日獨立軍」以民族主義抗日復國為最高準則，實則勾心鬥角各自為政，對敵作戰時呼應合作，平時則爭鬥不休。

一九三一年「九一八事變」後「抗日獨立軍」遭日、滿聯軍圍攻，朝鮮「義軍」，各自突圍。共黨游擊隊撤往蘇聯、其他黨派則輾轉撤往中國關內。其中無政府主義游擊隊經三十

四集團軍所屬將領葉淨秀等建議，獲胡將軍同意於西安「戰幹團」第四團設「韓國青年班」，接受正規軍事訓練。

當時胡將軍指派三十四集團軍幹部周天僇擔任班主任、劉大軍副主任、宋壽昌[1]為主任教官、蔡承德擔任政治指導員、許富昌任助理指導員、李何有任副指導員，原「戰地青年工作隊」韓藉隊長青煥[2]仍任班隊長。以上幹部除羅月煥外，均為三十四集團軍中國將領。

---

1 宋壽昌：字東山，本名宋虎，日本投後改名為宋虎聲。在抗日期間為便於從事抗日地下工作，曾使用宋弘萬、宋弘福、宋憲及韓憲等化名。一八八九年九月十九日，誕生於朝鮮半島北部咸興南道 咸州郡松興里。一九一三年六月，當時就讀漢城「高麗大學」前身「普成理工專科學校」，因目睹國家慘遭日本吞併，憤而投筆從戎遠赴中國參加「大韓獨立團」從事抗日復國游擊作戰。一九二一年日、滿聯軍包圍攻擊中、韓邊界朝鮮游擊隊，宋虎與部分突圍部隊撤往山西，投奔中國第二戰區司令閻錫山，並以宋壽昌為名取得中國國籍，同時進「保定軍校」深造。一九二二年再進河南「邯鄲軍事演習所」，隨後又入黃埔軍校軍官班接受國民政府軍正式軍事教育。曾任八十八師副師長、「戰幹團」「韓青班」主任教官、七分校教官、三十四集團軍第一騎兵師副師長。一九四五年八月十五日日本無條件投降，宋虎聲隨「韓國光復軍」返南韓，以中國少將階級五十八高齡，重進「士官學校」（官校）受訓一個月，派任第三聯隊少校聯隊長（團長），後晉升准將並出任「國防警備隊」第一位韓籍總司令（總司令一向由美國上校軍官擔任）。一九四八年南韓建立大韓民國政府，「國防警備隊」改為陸軍，宋虎聲出任第一任總司令，不久即因李承晚與金九政爭而遭罷黜賦閒，一九五〇年六月韓戰爆發被俘，一九五九年三月二十四日遭北韓以國際間諜罪名槍殺。

2 羅月煥：一九一二年十月生於韓國全羅南道羅州，中國黃埔軍校第八期畢業，曾服務中國憲兵部隊，一九三〇年十一月建立「戰地青年工作隊」自任隊長，一九四二年三月一日遭部下暗殺。

「戰地青年工作隊」結訓後仍隸屬三十四集團軍，從事敵後情報蒐集、游擊作戰以及招募敵後韓國青年參加抗戰聖戰工作。

(二)「韓國光復軍」總司令部成立後，「戰地青年工作隊」的狀況：

一九一九年三月一日朝鮮國內抗日志士公開發動「獨立宣言運動」，日本軍警大力掃蕩，抗日領袖紛紛逃亡國外並在中國國民政府協助之下，於上海法租界成立「韓國臨時政府」。後日軍全面發動對華侵略戰爭，金九[3]先生所領導的「韓國臨時政府」亦隨國民政府遷往重慶，並於一九四〇年九月在接近戰地之西安成立「韓國光復軍」總司令部。後經韓方請求，「韓國戰地青年工作隊」改隸「光復軍」第五支隊，羅月煥仍任隊長，該工作隊乃成為「光復軍」之首要主力作戰部隊。

惟因羅月煥隊長領導風格強悍，引起部下朴東雲等抗拒憤恨，而於一九四二年三月一日「獨立宣言運動」紀念日晚會酒後，遭刺殺，胡將軍聞後震怒，指派宋壽昌接任第五支隊長，徹查真相懲處兇手、整頓軍紀，完成任務後，宋壽昌重返三十四集團軍任職。

3 金九：號白凡，一八七六年八月二十九日生於南韓黃海道海州，韓國抗日獨立運動領袖，一九四四年出任設在中國的韓國臨時政府主席，一九四五年日本投降返韓，主張民族統一，反對李承晚遵從美國指示，片面宣佈南韓單獨建立政府，因而被指為親共份子，並於一九四九年六月二十六日遭陸軍少尉安斗熙刺殺。金九先生一向被韓人尊為實質上的國父，其子金信曾於民國五十年代任韓國駐中華民國大使。

黃埔七分校培訓「韓國光復軍」軍事人才

韓國臨時政府為培養軍中領導幹部，特請黃埔軍校七分校主任胡宗南將軍，准允代訓「光復軍」幹部。胡將軍應韓國臨時政府主席金九先生之請，特將「光復軍」幹部編入七分校第二總隊第四大隊第十六、十七分隊，學員結業後以少尉任用，培養無數「光復軍」領導幹部，其中以抗日革命元老崔東午子崔德新[4]為代表，成為日本投降一九四八年韓國建政後之國軍主幹。韓國政府文獻稱頌胡宗南將軍對韓國抗日獨立運動及建軍、建國貢獻宏偉，並於一九九九年正式追贈「建國勳章」。（本文根據韓文韓國光復軍文獻編成）

4 崔德新：韓國抗日獨立運動元老崔東午先生之子，一九四三年八月入七分校第二總隊第四大隊十七隊受訓，畢業後擔任韓國光復軍總司令部宣傳科科長，一九四五年日本投降後返韓進韓國警備隊（南韓陸軍前身）士官學校（官校）受訓，畢業後逐步升任第三旅旅長、第一軍軍長，朴正熙總統時代曾任外交部長。

附錄二　典型在夙昔[1]

王成聖

韓國光復軍大家長胡宗南

民國八十八年（一九九九）八月十五日是南韓第五十四周年光復節（Liberation Day），也是大韓民國的國慶日。

這一天傳統上每年都要舉行盛大的慶祝活動，以紀念獨立建國成功的偉大日子，全國百姓莫不歡欣鼓舞，緬懷脫離日本殖民統治，開國的艱辛歷程，追思先烈前賢奮鬥犧牲的事蹟，激勵全民為開創國家未來更輝煌燦爛的前途而努力，是民族精神教育中最重要的課程，故每年南韓政府都特別重視此一具有崇高意義的國家慶典。

韓政府頒榮譽員章

今年韓國的光復節舉行這項莊嚴隆重的儀式，感謝國際友人對韓國獨立建國運動的特別貢獻，贈授「建國勛章獨立章」（Order of National Foundation Merit）。

接受此項榮譽勛章的人士共四人，三位是愛爾蘭天主教神父，另一位就是戰功彪炳，赫赫有名的胡宗南上將。

「建國勛章」是韓國位階最高的勛章，相當於我國的青天白日勛章。勛章簿內記錄受勛者對韓國自由獨立與國家發展的偉大貢獻，不朽的生平事功，列為國家檔案文獻，是國史館中最珍貴的資料。

「建國勛章獨立章」審核委員會由二十多名韓國學術地位崇高的教授與學者組成，經過長期的查證、考核過程後，再鄭重投票決定受勛名單，報呈授勛部與外交部同意後再報呈總理府，最後送青瓦臺（總統府）批准，勛章的證書上有總理與總統的簽字，由此可見韓國政府對此項榮譽的重視。

贈勛儀式於一九九九年八月二十四日上午在首府漢城舉行。

因為胡宗南將軍已於一九六二年二月十四日在臺北病逝，乃由胡將軍哲嗣、現任中華民國國家安全會議副秘書長胡為真博士與胡將軍之孫胡斯廣代表接受，韓國政府高級首長代表總統金大中及總理金鍾泌頒授，韓國重要官員與我駐韓代表林尊賢均應邀觀禮。

聖戰基地復國搖籃

根據韓國政府宣稱，此項勛章之所以頒贈給胡宗南將軍，是為了答謝他在一九三九年至一九四五年期間，擔任中央軍校第七分校主任，組成「戰幹團」，對韓國獨立運動的卓著貢獻。軍分校戰幹團的任務在教育愛國青年，訓練抗日志士，培養軍中幹部，為抗戰補充新血，造就無數優秀的人才，為爾後戰爭的勝利奠下良好的基礎。

當時留在中國大陸有不少韓裔青年痛恨日本侵略的暴行，基於中、韓兩大民族的歷史情誼，與命運共同體的感情，響應此一偉大的號召，紛紛加入抗日聖戰的行列，投身「中央軍校第七分校」與「戰幹團」，並成立了「韓國光復軍」，他們追隨胡宗南將軍，不但受到生活上無微不至的照顧，同時接受嚴格的軍事訓練，養成允文允武的美德，具備革命軍人的優良品行，尤其受到胡宗南將軍偉大人格的薰陶，懷有忠貞愛國的思想。

這些光復軍的成員，在接受良好的軍事訓練之後，返韓參加獨立建國運動，組成抗日愛國軍隊，擔任重要職務，領導對日抗戰，對日本皇軍造成極大的打擊，留下許多可歌可泣的豐功偉績。他們崇高的理想與偉大的號召受到全國韓國人民的熱烈擁護，獨立建國運動於是在朝鮮半島各地如火如荼展開。

第二次世界大戰結束後，這個年輕的現代化民主國家，在光復軍前赴後繼，不屈不撓的奮鬥下，終於誕生。今天成為東北亞不可缺少的一環。它在經濟上的成就，政治上的各項革新，取得傲人的成就，受到舉世的矚目與支持，細述這段辛酸的歷史，回首來時路，胡宗南將軍當年培養韓國光復軍所付出的心血，不但成為中韓兩國患難情誼永難磨滅的一頁，更深植在韓國人民的心田，留下令人追思的完美回憶。

人才濟濟薈萃一堂

中華民國的近代史隨著時間步伐不斷的向前邁進，被湮沒在塵封的檔案庫存中，漸漸為國人所淡忘。但鄰近的友邦並沒有患了「失憶症」，他們仍然珍惜歷史，緬懷前塵，尤其重視獨立建國時代的奮鬥歷程。韓國追贈胡宗南將軍「建國勛章獨立章」的儀式，或許可以喚醒國人心懷國祚，重視史實的態度，並帶領我們重溫抗戰時代的艱難歲月，以及中央軍校第七分校的吉光片羽。第七分校成立的由來，緣於淞滬抗日戰役後，軍中幹部犧牲慘烈，亟待補充，胡宗南早已洞悉抗日將來必演變為長期的與總體的戰爭，應有計劃培養幹部，在行軍旅次沿途不斷補充新血，收容從軍青年一千多人，同時實施軍事訓練，於是呈請中央准在西安成立中央軍校第七分校。最高當局採納此一具有遠見的建議，當時即派羅列（曾任陸軍總司令）、吳允周、羅歷戎、袁杰三、張研田、洪軌等六人組織建校籌備委員會。

軍校在草創階段，物質條件缺乏，經費亦不充裕，全賴胡宗南細心策劃，克服萬難，最早校址借鳳翔師範為開辦處所，此一消息傳開，立即受到廣大青年群眾的響應，河南省政府黨政韓訓班學員八百餘人在班主任涂心園率領下，不辭長途跋涉，經過西峽口、龍駒寨前來參加，由此可見當年盛況。

當時的政治教官有：張研田、吳宣農夫婦（留日）、張大同（留美）、林維淵、蕭湛恩（留法）、洪軌、涂克超（留英）、楊爾瑛、毛一萍（留俄）、厲樵、李甦、涂靖南、張雲鶴、沈陶、繆鳳林（中大教授與張其昀同學）等知名學者，他們都是被胡宗南的精神所感召，從各地輾轉來到這個朝氣蓬勃的革命大家庭。

軍事教官有：李正先、劉釗銘、黃祖壎、劉安祺（來臺曾任陸軍總司令）、李用章、李繩武、夏季屛（曾任國安局長）、王應尊、杲春湧等優秀人才。他們都是仰慕胡宗南的品德與領導能力，一起投身在革命的大洪爐，為救亡圖存的大業，奉獻自己的青春歲月，展開轟轟烈烈的生命歷程。

王曲校址臥龍義鳳

第七分校第十五期第總隊當時還附有一個女生大隊，共有六十餘人，她們都是戰爭期間的受難者，也是胡宗南在軍事移防時沿途所收容的女青年，她們的生活坐息與訓練課程皆與男生相同，但是礙於規定，並無學籍。雖然這些女青年一再請願陳情，但當時軍校均沒有女生的名額，胡宗南經歷天人交戰，無法破壞制度，留下惡例，只有以個別輔導的方式，一一妥善地為她們安排適當的機會與出路。這一幕幕充滿人情味的歷史鏡頭，如今仍活生生地印地每一位學員的心靈中。

一九三八年五月，第七分校開始有了自己的校址，設在西安南部四十里的「王曲」，位於終南山的山麓，山澗交匯處為絕龍嶺，後改名青龍嶺，風景秀麗，環境幽雅，相傳殷朝聞太師死於此地，山坡上尚有一太師洞。「王曲」據考證係當地人紀念唐朝大詩人王維的故地，由此可見文物鼎盛，民風淳樸，是最理想的校址，胡宗南並將青龍嶺改為興隆嶺，學員勤奮修練，校務蒸蒸日上，遂成為抗日的聖地。

第七分校成立之後，中央任命胡宗南為主任，顧希平為副主任，曾擴情為政治部主任（之後為王超凡），吳允周為教育長，汪維恆為總理處長，趙立群為軍醫處長，主任教官有：張研田、余紀忠、洪軌、張大同、徐直民、涂克超、蕭思滋、林文淵；教官有：崔垂言、周天僇、李潤沂、張光祖。

後來余紀忠又以政治部副主任兼出版《王曲月刊》的社務，他們都是一時之選，並在日後個人的事業發展有傑出的表現。當年，由於無線電訊人才奇缺，胡宗南特在鳳翔開班招生，曾訓練四期專業人才，接著又命前無線電管理處優秀幹部王微任該班主任，併入第二總隊，對抗日戰爭貢獻甚多。

辦學精神廣獲認同

第七分校由於胡宗南將軍卓越的領導，加上各級優秀幹部的同心協力，樹立聞名遐邇的優良校風，發展異常迅速，除了選拔在戰鬥沿途所收容的傑出青年為基本學員外，先後接收康澤在王曲所辦的特種訓練班，顧希平在終南山麓所辦的江蘇抗日青年班，編為壹期第二總隊，杭州中央警官學校校長趙龍文在杭州淪陷後，選送浙江青年四百餘人至王曲分校受訓。

胡宗南為了爭取廣大淪陷區青年加入救國的行列，先後成立江、浙、皖、贛、鄂、湘各地招生總隊，消息傳播，聞風景從，在中國各地掀起一陣投考第七分校的旋風。

許多青年都是冒著九死一生的危險，不惜長途跋涉，爭先恐後來到陝西王曲第七分校。同期在校受訓多達萬餘人，明恥教戰，同仇敵愾，革命的口號響徹雲霄，抗敵的意志凝至最高點，更是我國戰時組織最完善，規模最宏大的軍事學府。凡來此參觀的人，無不對師生們刻苦奮鬥冒險犯難的精神，高昂的學習情緒，留下深刻難忘的印象。

韓國僑胞青年也在此時加入這支令中外人士刮目相看的隊伍，總人數高達一千多人，雖然他們都是外國人士，但胡宗南基於同文同種的血緣關係，抗日聖戰是反暴政反侵略的鬥爭，為人類共同的使命，不但不予以排斥，反而張開大門，熱烈歡迎他們的加入，這在各國軍事學校校史上，是特有罕例。

根據非正式的調查統計，韓胞青年在中國高級軍事學府就讀的學員，以第七分校人數最多，當然也是他們心目中最嚮往的學校，更可說明胡宗南辦學的成功，並獲得國際的認同。

眾所週知，抗戰期間，財政困難，物質缺乏，第七分校師生以微薄的待遇，接受嚴格的軍事訓練，他們憑著個人的恆心毅力，過的是儉僕勤勞的生活，打赤腳、穿草鞋、吃雜糧、睡地鋪，校園中的一切工程莫不自己動手，忍一般人所不能忍受的苦。

但是同校中一千多名韓籍學生，由於他們流浪在異鄉，缺乏親人的照顧，胡宗南特別體恤其苦衷，在經費極度困難的情形下，仍將他們的待遇比照中國學生，提高一倍，舉凡生活起居均予優待照顧，傳令各級教官，善盡輔導之責，如遇到韓籍學生有困難的時候，胡宗南必定個人慷慨解囊資助，務使他們能安心向學。

中韓邦交出現轉機

韓國光復在胡宗南細心培育下，不斷茁壯成為一支訓練有素的勁旅，他們先後在中國戰場上英勇殺敵，立下無數汗馬功勞，受到世人的讚譽。他們也深入敵後，從事各項破壞工作，尤其是一九三九年日軍上海派遣軍司令官白川義則被炸，震驚東洋，令日本政府膽寒，也引起同盟國的注意，這次的義行，就是西安第七分校韓國光復軍勇敢的傑作，這個計劃受胡宗南的支持，並提供各項裝備器材與必要的協助。

此外，還有一批為數眾多的光復軍潛返韓國，領導獨立復國的運動，他們訓練人民，教育群眾，並以武力處處牽制強大的日本皇軍，其優異的表現令同盟國注目，如果沒有胡宗南當初高瞻遠矚，無私的援助，今日韓國的建國史可能會向後延遲一段漫長的日子。

光復軍也出現不少傑出的人才，韓國前大統領朴正熙曾是第七分校前身中央軍校的士級軍官，他的許多部屬即出身第七分校的光復軍，在他執政期間，更有出任國防部長、情報部局、參謀長以及三軍高級將領。

目前尚健在，並擔任國家重要職務者如：李青山將軍為國家領導之一，李範奭將軍曾任光復軍參謀長兼西安戰幹團韓國教官，有韓國軍人之父尊稱，其後曾擔任駐華大使及國務總理，韓國臨時政府主席金九，以及其子金信曾任韓國駐中華民國大使……等不可勝計。

這項追授勛章的儀式，一方面由於韓國領導高層感懷胡宗南上將當年大力栽培的恩德，另一方面也是胡為真在擔任國安局副局長時，與南韓國家安全企劃部（國家情報院前身）共同努力推動的結果。

正當中韓斷交長達七年之久，在此期間雙方曾多方接觸，企圖彌補此一缺憾，但礙於彼此間政治歧見，未有重大進展。如今金大中政府能摒棄前嫌，主動表示友善的態度，從韓國政府頒授胡宗南最高榮譽勛章，或許能為增進中韓邦交帶來新的契機，甚盼中韓當局好自為之。

---

1 本文作者王成聖教授，《中外雜誌》創辦人及講座教授。本文原載《中外雜誌》民國八十八年十二月號。

附錄三　追念胡宗南將軍[2]

蔡孟堅

戎馬一生　鞠躬盡瘁
寶刀未逞　劍影猶存

胡宗南將軍，浙江鎮海人，生於民國前十六年，即清光緒二十二年（一八九六），民國五十一年逝世於臺北。本年（一九八五）是他的九十冥壽，二月二十四日也是他逝世二十三週年紀念。因憶於民國二十年在南京與他相識，對其印象甚深，故經常注意他其後一切言行與軍事行動，在他生前死後，每遇追隨過他的將領們，一談到胡宗南將軍，無一不稱讚他一生清廉簡樸，治軍嚴明，作戰勇敢，尤肯對部下負責等長處。復以胡將軍逝世後，收到國防部編印的「胡宗南上將年譜」，另外又收到「胡宗南先生紀念集」，後者全屬其一生至好，與所屬將領們，寫出胡將軍一生征戰、待人處事的珍貴故事，作為追思悼念，我曾一一過目。現將個人所知胡將軍一生史實，寫成此文，藉表衷心懷念之情，深愧為文拙劣，而對胡將軍一生可歌可泣事蹟，僅能表達於萬一。惟本文所紀所述，純秉「公道自在人心」之旨，絕未存有「隱惡揚善」之念，敬請讀者賜察指正為幸。

㈠接觸愈久，愈覺其舉止非凡，個性堅強

憶民國二十年三月間，先總統召集全國也區負責對共黨鬪爭幹部到京集會，我亦被召參加，某晚在陵園一間建築物內大廳中舉行，先總統即席宣布：今日要檢討各地區對共黨鬪爭得失，同時並要成立一不公開組織，以加強集體的鬪爭力量（即以後組織復興社、青白社的先聲）。旋命同時出席的中央黨部秘書長陳立夫先生即日主持籌備會議，討論新組織事宜。當時特對我在武漢迭破要案，慰勉有加。次日立夫先生通知各到會同志，在南京中央路三〇五號集會檢討，戴笠（雨農）同時出席，我屬陳立夫先生麾下，彼時初露頭角的戴兄（其時僅知他任先總統左右的清查工作），不時來我住的中央飯店，欲爭取我做朋友，某日他堅邀我去他的雞鵝巷辦公室看看，迨入室，戴才告我他與名將第一師胡師長宗南有深交，此處即胡的駐京辦事處，他兼其辦事處長，並引我再看看胡的臥房與辦公室，並說胡頗少來京，要我下次來京時即可下榻該處，且可借用胡的汽車，我婉謝其好意，其時他並未告及胡已在京，當我倆在客廳敘談時，胡忽然自外歸來，因而相遇，戴為我向胡介紹，並向胡說：「這位青年朋友係在武漢負責剷共工作，迭破巨案，成果輝煌，前晚還獲得委員長當眾讚賞。」胡立即起身，抱著我兩臂，一時憑其急智說：「明拼要有膽，暗鬪要有識，城市『肅反』工作，非常重要，你算是『暗鬪英雄』，我永遠會記得你的名字。」他即刻舉起他的大拇指，連說「好，好，好。」不待我回答，即揮手作別，眼見其雙手搖擺大步進入他的辦公室，我當時對這位將軍舉止言談，非常驚奇，當時聯想到少年拿破崙初露頭角時，也是舉止奇特，是否也是這樣形態。其時胡是少將師長，在彼時先一年十一月先總統也親自手令給我少將階級，我一時心存「賜也何敢望回」之念，對胡的舉止言動，頗感驚奇。

第二次與胡見面是隔別十年之後，我任蘭州市長，胡任三十四集團軍總司令，駐西安隸屬第八戰區朱長官紹良，彼時陝甘地區，全係胡集團軍駐防，某次朱長官召集所屬高級將領在蘭州集會，胡亦到，閉會之夜，朱長官囑由市府所組的快樂生力社在抗建堂演出國劇作為勞軍晚會。次日中午，朱在軍官集會所餞別各將領時，我亦被邀參加，當我到達時，朱長官介紹我與胡將軍見面，胡當時哈哈笑曰：「十年前即已相識，這次進入蘭州市區，看到新築馬路，對你認識更深。」舉起大拇指，連說「了不起，了不起。」宴會畢後，胡與各將領們，到庭院閒談，我亦加入，某將領指著蘭州五泉山及黃河北岸各山頭，互讚蘭州風景形勢，胡竟以「王顧左右而言他」姿態，指著院中一棵大樹說：「這棵樹值得驕傲。」大家驚異其言，我當時攜有照像機，請胡將軍站在大樹下為他留一紀念照，他問我：「什麼意思？」我即刻作答說：「漢光武帝時，馮異將軍統軍平赤眉擊敗匈奴，安定天水謙不受封，避立在大樹下，故人稱為『大樹將軍』，閣下統軍擊敗延安共軍，現又力抗倭寇，自是當今的『大樹將軍』。」他搶著回告說：「我們戰區長官在此，豈敢，豈敢。」他照例舉起大拇指，說我熟讀歷史，「了不起，了不起。」因此拍照作罷，晚間一同觀劇，匆匆道別。

另一次我與西北公路局長何競武兄同車遊西安，受到省府招待，自然去拜會胡將軍，一見之下，他不介紹我去參觀秦代以後在西安的名勝古蹟，但說：「你是總統忠實幹部，應去參觀新建的總統蒙難紀念亭。」我從其言，即乘自備車逕赴紀念處所，一見山坡甚陡又係岩石叢林，想見先總統在拂曉時間，能獨自爬上去，現築有石級數百梯次，我要一口氣跑到紀念亭，當我真是一口氣跑到最終梯次，即倒地「休克」，形成死狀，幸有一對夫婦遊客，見危急救，用人工呼吸法幾及一小時，終於救治，後得司機扶助下山，送醫院診療，才得康復，那次係我個人好勝心所招來的驚險，內心覺已仰觀先總統蒙難紀念亭，仍感胡將軍有意義的建議。

又在民國三十八年夏間我任江西建設廳長，某日接國防部電報云，奉先總統命派賀衷寒（黃埔老大哥）、顧希平（曾任胡的長官公署政治部主任）與我三人組成西北軍事慰勞團，速赴重慶會合出發，任務係力促胡宗南與回軍馬步芳（甘寧青戰區長官）、馬鴻逵（副長官兼寧夏甘肅兩省主席）和衷共濟，合力抗禦共軍，爰先總統知我做過蘭州市長、甘肅省民政廳長與二馬有過交誼，有我參加比較適宜，足見先總統深具苦心，當我們到達西安，見到胡將軍，向他傳達先總統旨意後，胡將軍並未顯出平時詼諧姿態，但用嚴肅莊重的語氣告訴我們說：「此時大敵當前，勝利第一，團結至上，我胡宗南對馬家軍一向協調，從未爭過防區，我部隊過去鎮守河西，及赴新疆平亂，均奉命行事，請告訴兩位馬將軍，此時唇齒相依，患難與共，我胡某的決心與誠意，可誓天日。」再告：「馬繼援兵團在隴東剿匪頗有表現請為致意。」其時我們三人深為感動。接著飛往蘭州，賀兄在機上向我說：「胡既確表忠誠，今後二馬動態，全仗你來說服。」詎料飛機到達蘭州時，我一些舊部及士紳好友及馬步芳公子馬繼援（副長官）來迎，晚間馬步芳歡宴，僅作片刻停留，曾說：當晚十時到西北大廈與我們細談，囑馬繼援代表主持宴會，詎知到晚十時，馬步芳派人來電話，說馬本人因有急事已返青海，以至馬鴻逵根本沒與我們謀面，因他早已飛返寧夏老巢，據聞這兩位馬將軍均係看大勢不好，急返原駐地收拾多年來積聚的金銀財寶，預備提前飛廣州轉香港，作出國避難準備，因此我們無見面機會，使我大失面子，迨我們飛返重慶再飛廣州復命時，這兩位馬將軍飛抵廣州，稍停即去香港矣。想起胡將軍表達的同仇敵愾壯語與馬將軍們行為比較，實不可同日而語也。

卅九年大陸全部撤守，在先總統復職前後，在臺北草山第二賓館先總統出席主持第一次紀念週，先總統開口訓示說：「感謝上帝，給我們有此基地，作為臥薪嘗膽、復仇雪恥之地……」彼時胡已自西昌來臺北，瞬即見他站在我的前一排，我正站在胡的正背後，看到這位將軍，其時一方側耳恭聽，一面兩腳輕微「踏步」，內心感其「虎威」尚存，復國前途有望，會散他回首看是我，他高興的握著我的手，只說一句話：「我們又要一同做革共產黨的命的先鋒。」他滿懷鬪志令我感動已極。

民國三十九年冬，先總統（蔣中正先生）命我赴東京辦理中日戰後一些特殊任務，其後中日和約促成，董顯光出任大使，我奉命在使館內自建辦公室，繼續留日工作。在民國四十四、五年間，忽接彼時參謀總長周至柔將軍電報，告以他本人偕同高級將二十餘位應美國邀請飛美參觀軍事設施，於某日可飛抵東京，停留一週由駐日美軍招待食宿，囑我安排東京及附近遊覽節目。為著配合大使館關係，商請董大使一同接待，當我與董同往機場歡迎時，我即刻發現，隨周總長下機的有胡宗南、黃鎮球、羅列、胡璉……諸將領。次日我與董大使告知周總長一行，分七組招待，由我與董大使共同選定嚮導，周與我情誼較篤，特囑我嚮導周本人及胡宗南、黃鎮球、蔣堅忍等四位，暢遊六日，曾一同參觀東京及附近諸名勝，與寶塚歌舞劇及其他特別娛樂節目，每晨我去旅館迎接他們時，必首先看見胡將軍一人先在大客廳等候，足見其重視遵守時間，而在參觀與娛樂時，他一反平時好開玩笑或手舞足蹈習性，蓋他認周總長為他領導長官，一切聽從，很少表示意見，足見其謹守軍人階級名份，不稍踰越。

迨民國四十八、九年間，我奉召返國述職，那次一住近兩月，某日我去臺北浦城街訪老友賀衷寒兄，知胡將軍住在賀府對門的一所國民住宅內，我欣然往訪，詎知一出賀宅，即見胡手持一高爾夫球桿下車，他一見即呼老朋友，連說：「你一定可以做我的打球教練」，我告以：「早購球桿惜無機會練習。」他立刻表示：「從明早起，我們一同去南機場的高爾夫球場練習。」即拉我進入他的住所小坐，發現他的客廳，僅陳列幾張舊「沙發」和木凳，簡陋之極，此簡樸無法與其他高級將領公館比擬，夙聞他的部屬告我：「胡終生清廉，生活簡樸。」余似信非信，經此驗證自嘆弗如，當我就坐後，他不談其他，只談球技，他站在客廳中，表演打球姿勢，並說：「打高爾夫球，對健康而言，其運動效力，可達人身整體。」約定次日早七時半，他乘車到我家一同去南機場練球，每次約一小時半，每晨他來迎接，我不能不早起等候，我們僅限於在特設練習場活動。某晨我發現馬紀壯、賴名湯、黎玉璽等亦在，我擬乘便趨往寒暄，他加勸止，並說既來練習，何必分心去應酬。我對他「一心不作兩用」的啟示，欣然接受。與胡一同練球兩週後的某晨，我倆在練習場中，突然無意中發生誤會，因他見我打出的中途衝向天空，說我是「放高射砲」打法，他又詢他的打球缺點所在？我說：「正確打法球要擊中球的腰部，我常是誤打球的下方，所以球向上飛，閣下與我相反，每多誤打在球的上端，所以球多在半途落地向前滾很長的距離，你算是司令長官的球技，因司令長官為著安全，飛到先行下機，然後再揮軍前進。」他立刻變臉，大發脾氣，對我說：「你侮辱我，我不是膽小軍人。」他不等我再作解釋，立刻收拾球桿，獨自乘車絕塵而去。彼時想起「軍中無戲言」的古訓，今竟活靈活現在眼前，他發「虎威」，因為我觸了「虎鬚」，我的戲言，觸犯自尊心甚強的將軍，只好「啞口無言」。立時電話友人派車接我離場，內心一直想著將軍對我這場誤會，將是永無機會解釋，深感歉然。殊料事隔數日，某晨，將軍竟驅車來舍接我同往練球，家人告以我在對門郭寄嶠將軍家，他又趕至郭家，一見僅「哈」「哈」大笑，對上週偶然誤會，一字不提，想他心中認為行動就是解釋。這非有胸襟者，焉能出此，真令我敬佩難忘。

綜上述，我與胡將軍接觸愈多，我對他認識愈深，敬意隨之增加。我覺凡人處世，都有詼諧的一面，也有認真的一面，他對人有時詼諧，對事則十分認真，深刻觀察，遇事要爭取主動，凡有個性的人，多屬如此，連我也不例外。許多人每每批評他矯揉造作，舉止怪僻，不合一般時宜，更以他是邊區大將，層峰視為「寶刀」，不僅要作模範將軍，必須一切行為都要作為模範，作為「聖人」，未免求之過苛。曾國藩有言：「凡事不求萬全，求萬全者必無一全。」故對人也相同，也不能求全責備。我看國防部所印胡宗南作戰年表，北伐、抗日、勦匪，戰功累累，不能就大陸淪陷前，兵敗山倒之際，自川康敗退，即作為他定評。以他的豪邁與率真，就未免有失公平耳。

(二)兩機槍奏功，導致北伐基本武力建立

民國十四年春，胡自黃埔軍校第一期畢業，時適陳炯明背叛國民黨，盤踞粵東。先總統蔣公以繼承先總理遺志，僅憑軍校第一期畢業學生的鬪志與聲威，編成教導團，胡分發教導第一團。何敬公任團長，派其任第三營第八連少尉排長，旋調機關槍連排長，那時討陳最激烈戰役，係在棉湖，胡攜該排僅有的兩挺機槍，奮勇搶先佔領陳軍後方高地，封鎖陳軍主力退路，致使潰不成軍，東征軍遂大勝，彼時蔣公與何敬公初識其英勇戰績，特加賞勉。在班師回廣州討伐楊希閔、劉震寰之亂時，復以功升其任上尉副連長。是年冬第二次東征，討伐陳部餘逆，何敬公升任總指揮、王柏齡任教導第一團團長、劉峙任教導第二團團長，胡調升第二團第二營長，陳炯明所部洪兆麟親率殘部四、五千之眾，由興寧出河婆，企圖截斷我大軍後路，胡奉命爭先攻佔河婆最高山橫峰的敵陣。當胡命所屬第六連長李鐵軍衝上攻戰時，胡亦親身參加衝鋒，一舉將陳逆全軍擊潰，敵死傷遍野，陳部全部肅清，蔣公利用戰利品武器，先編成何敬公的第一師，次第擴編第二、第三師，成為隨即誓師北伐的基本武力，東征固然歸功蔣公英明領導，但促成關鍵性的勝利戰果，胡實居大功，故何敬公所寫、國防部編印「胡宗南上將年譜」的序言有云：「……第一次東征棉湖之役，余率教導第一團與敵苦戰，宗南弟以機槍連排長，

掩護本團作戰成功，自是即嶄露頭角，深為領袖所倚重。……」此為胡自軍校畢業後從軍的第一位直屬長官的證言。因棉湖戰役的勝利，是促成建軍北伐的轉捩點，所以從北伐以迄今日，每年只要有黃埔第一期出身軍人，必集會紀念慶祝，並邀請彼時參加指揮軍官如何敬公、顧祝同講話，都要提到當年胡排長的功績，想起十九世紀稱霸歐洲的拿破崙也是軍校畢業，由砲兵少尉排長加入軍旅，因不斷勝利而終登高峰。惟歐亞時代背景環境不同。我們既有英明領袖，更重階級服從，這位入軍校前，曾任小學國文史地教員、受過倫理薰陶的胡排長，當年深受革命教育，只知信仰主義，服從領袖，爭先殺敵。因而依次晉升，由排長、連長、營長、師長……，最後任至第一戰區司令長官，先總統給他第一師、第一軍的番號，實均有深意存焉。據他手下一位將領面告，當胡將軍駐節西安時，在茶餘飯後談天時，有某位軍校後期出身的將領向這位素不誇功的胡將軍詢及當年東征棉湖戰役實況，胡立即正言厲色的說：「好漢不言當年勇，共黨未滅，何能言功。」其時使在座將領們無不起敬，這才是胡宗南的真面目。

㈢治軍恩威並用，澤及軍眷傷殘

凡是一位領軍百萬，任何征戰，無役不從而享名數十年的將軍，無論是我是敵，必須研究其堅苦治軍的事跡與精神，胡將軍終生治軍，以三大精神為其座右銘，並通令所屬將領均依此自我表率遵行：

甲、道義精神

㈠不貪名、不圖享受、淡泊明志、寧靜致遠。

㈡摩頂放鍾、冒險犯難、捨己救人、捨生取義。

㈢不背棄主義、不出賣友軍、患難相助、生死與共。

乙、磅礴精神

㈠像山嶽一樣的崇高——蓬蓬勃勃、頂天立地、出類拔萃。

㈡像雷霆一樣的威武——有聲有色、摧撼人群、震動萬物。

㈢像江海一樣的澎湃——不停止、不休息、乘風破浪、勇往直前。

㈣像日月一樣的光明——沒有隱瞞、沒有污點、光明永遠、浩氣長存。

丙、犧牲精神

㈠無名為大——爭責任而不爭名利。

㈡無我為大——爭道義而不爭利害。

㈢基層為大——爭貢獻而不爭階級。

復據胡將軍手下第一大將李鐵軍兄（與胡軍校同期，從北伐至大陸淪陷，均比胡次一階，追隨胡三十餘年，曾以胡屬集團軍總司令率軍入新疆平亂，為革命以來的第一位定邊將領）面告：「胡將軍一生帶兵長處而為部屬信賴者，有下列諸點：㈠以身作則，甘苦共嘗。㈡信賞必罰，言出必行。㈢部屬蒙冤受屈，肯代擔當。㈣軍費公開，將士聽命。」最後補充的說：「胡將軍一生勞碌吃苦，馬不停蹄，部屬稱他為『苦行僧』，確屬形容至當，為所有部屬所忠心擁戴。」憶抗戰時，大公報創辦人彼時第一位政論家張季鸞先生自陝考察返渝，公開發表談話：「國民革命距成功之期尚遠，最近數十年不能離開軍事力量來支持政府。繼蔣委員長治軍而有才能統率軍隊者，胡宗南將軍為最有希望之人也。」彼時張先生並聲明未曾與胡宗南會晤，足見其考察評語，出自公平之論，也算當年名政論家的證言。

我與胡將軍雖屬數十年君子之交，但無機緣窺其一生戎馬生活，所寫有關他的資料，多來自胡以往追隨他的將軍友好說出及不斷看到他的至好與部屬所寫出其平生風範紀念文，並憑個人記憶片段寫出，作為對亡友追思紀念。

默察胡的哲學修養，是以「愛」為出發點，他愛國家、愛長官、愛朋友、愛部屬，但他這種愛非常含蓄而不露痕跡，是不易為被愛者所發覺，有時要靠自己去體會，有時要隔了很久，才會感覺，甚至一生也不會感覺，這是別人認為他的神秘所在。

自他任排、連長以至升任司令長官，除作戰期間外，每駐在一地整訓時，首先覓定官兵及眷屬住處，最後才為其本人在接近部隊附近的任何破爛廟宇祠堂內找一間破房，作其單身官長住所，板床蔬食，為其習性。天明即起，督導所屬作慣例訓練，集合訓話，簡單明瞭，對正官兵心理，爭取自我磨練，遇官兵犯規，多召到住所，加以責勉，所謂「規過私室」，維持犯規者自尊心，故犯規者無不感激而改過自新，時常檢視部隊廚房、廁所，或慰問軍眷，總是「來無影」、「去無蹤」，因長官行動神秘，致部隊終日兢兢業業養成模範軍紀，及他晉升師長、軍長以後，無論部隊遠近，隨時分別親自前往檢查，從不事前通知，他認為突檢可保持經常軍紀，且免預作準備及迎接的打擾。他在戰鬥中總是身先士卒，同時注意傷亡搶救，如他率部北伐，在山東郯城作戰時，發現戰地受傷官兵呻吟呼喊，搶救擔架遲緩，對所部擔架隊長，以遺棄傷亡論罪，立即槍決，又當其北伐攻下長沙時，安排全團駐城外四十九標營房，不准士兵外出入城擾亂居民，士兵所需自用補給品，只准由負責採辦班長代辦，其時長沙居民，聞胡團長治軍如此嚴明，因之胡宗南軍譽，從此大振。

胡團在長沙稍加整頓後，自當時總司令蔣公及依次各級指揮官，認胡團為團階最精銳部隊。故攻下江西銅鼓再圍攻南昌，旋經贛東直取杭州轉戰上海，均指派胡團任先遣攻堅先鋒，每戰必克，國防部所編「胡宗南將軍一生作戰年譜」，一一記載。

及至胡升任師長、軍長以後，已成為方面作戰單位，在各戰場作戰戰果，在本文所附胡將軍一生征戰年表，均有記載，恕不贅述。惟胡將軍在每次作戰達成任務後，均有一段時日補充整訓，他一到整訓地區，首先覓地建造傷殘療養處所，及陣亡公墓，或動用公積金或專案請款，對所需設備與維護費，均安排妥善無遺，以慰傷亡。胡將軍認係統軍者的最大責任。其次則設法建設軍眷村，合理分配，使有眷官兵，家安心安，後顧無憂，俾能發揮戰力，因胡將軍深知官兵心理，處處為部屬打算，當年胡軍有「鐵軍」之稱，當非偶然。

㈣立身則清廉樸簡，為公則大臂縱橫

胡將軍自任初級帶兵官開始，即與官兵同食共寢，同甘共苦，直至身任集團軍總司令、戰區司令長官，仍睡破床，蓋軍毯，即駐防北方，平時身著普通軍服，冬日亦不著大衣，在西安時期，平時多係一菜一湯，即邀將領友人餐敘，兩人不過三菜一湯，凡曾與他共過餐敘的客友，均常作確鑿證言。至其官邸設備，更屬簡樸異常。民國三十一年先總統赴西安主持軍事會議，會後先總統偕夫人蒞臨胡的住所——董家祠過訪，發現胡住在一堆雜草叢生土塚上的幾間破廟內，先總統與夫人及侍衛人員，深為驚異。復聞他每月薪餉，在他未結婚前（五十二歲才結婚），均交一位侍從管理，月終結算如有剩餘，照例撥給軍醫院補助傷殘。他一生最忌奢侈享受，當自大陸撤抵臺北時，政府原預定一住宅俾他便於接見部屬或訪客，他堅表拒絕，認為他夫人先抵臺北，配給浦城街公務人員三房一廳木板住宅，已覺滿足，該宅僅有幾張破「沙發」及木凳飯桌，簡陋已極，這也是我曾訪胡將軍親眼所見。據與胡軍校同期至好，又住胡家正對門的賀衷寒夫人面告：「胡規定國防部撥給他備用汽車停在巷口，他返家時多半在巷口下車，步行回家，他認為門庭停車，跡近招搖。」當胡最初發現有病時，不願去三軍總醫院、榮總診查，他囑司機送他到廣州街一家私設小醫院，在該院附近即下車，步入醫院前，告訴司機，掛號時寫司機名字，不要用胡本人真名，這是他神秘所在。最後先總統聞悉他患重病，令他住榮民總醫院診療，入院時身著二十年前戴笠先生所贈毛衣，多處穿孔，護士們知他是有名胡將軍，對所著破毛衣，相互驚異不置。另他在任師長時，有一件似不近人情而實即他公私分明所在，民國二十年春，他的駐京通訊處主任，是他孝豐同鄉魏某，知悉胡將返籍省親，先自動用公款二百元寄給胡的父親，將住宅破舊大門加以油漆，當胡回到老家，看到大門煥然一新，驚訝之至，後聞係同鄉魏某匯款所辦，但胡對老父，並未提及大門換新之事，胡返京後，責備這位魏主任，為何背著他用公款濟私，有違他在軍中宣佈「不准挪用公款」的信條，立即將魏革職，並自魏薪餉中扣出二百元歸還公家，聞其時友人為此對胡稍有指責，胡是以「心」孝順父母，若以「不忠作孝」，反使父母不安，何以言孝，這是胡將軍「公爾忘私」的實證。

談到胡將軍一生為公精忠及豪放作風，實有非凡史實可述。他在抗日勝利以前，均過獨身漢生活，以軍為家，對煙酒女色，從不沾染，不是縱橫戰場，即在防地整軍督訓，與士卒共甘苦，與將士情同手足，他尤注意照料退役傷殘，及軍眷子弟生活與教育，故軍心團結，造成

「撼山易，撼岳家軍難」的聲譽。他任軍、師長時期，治軍措施，已在前文敘及。及至民國二十六年以後，擔任集團軍總司令、戰區司令長官時期，奉命坐鎮西安，在軍事上所負責任，一天一天的加重，層峰視如國軍「寶刀」，彼時胡的內心，深感如果不能「日行千里」，焉得報「伯樂」厚恩，何況其時東抗暴日，北防毛共，責任加在他一人之身，從此他認為要完成重要使命，必須爭取各方人才，培植青年幹部，他在不妨礙當前任務原則下，決定擴大西安軍校第七分校、戰幹第四團及蘭州西北訓練團，事先派無數幹部分別赴山東、河北、河南招收戰時流亡青年，另有許多誤信共黨誘騙經過西安及其附近路線前往延安投效的流亡青年，胡派出政工人員分別在中途勸導其改變目標，投入胡在西安的戰幹團，為數亦甚多，因胡有演講天才，且有吸引力，對正青年心理，作政治分析及抗日民族責任，這些流亡青年，大受感動，因之棄暗投明，均投入胡麾下受訓，故其時第七分校與西安戰幹第四團，不斷保持七萬員生紀錄，胡對建築七分校戰幹團一切設施，如無數大禮堂與教室及全部學生宿舍，規模之大，為全國所罕見。同時在西安附近，建築無數營房、軍眷宿舍，以及官兵療養院、傷殘醫院、軍人子弟學校，因應需要，次第建成，因他一向不准部隊擾民，不許佔用公共設施或民房，故受到西安所有居民愛戴，此種偉大措施，非懷大志而有魄力如胡將軍者，難以創建達成。

彼時有一位在日本留學畢業學生，中日戰爭發生，自動輾轉回到重慶，即由友人紹介赴西安拜訪胡將軍，這位學人，一見胡就說：「我在東京看到軍方有關雜誌報導：『皇軍』以胡宗南為最大假想敵……。」胡當輕鬆作答：「但願如此。」胡再告訴這學人一個事實：「在淞滬中日戰爭時，因粵軍被日軍猛烈攻勢，節節敗退，已難支持，彼時委員長蔣公急令我本人率第一師開赴淞滬前線參加戰鬥，當令第一師在一夜間，改變為某師番號，亦即日軍對我胡宗南早有此誤傳，幸我在淞滬戰場，終於達成任務，收到戰果，因之戰事一時結束，算屬我胡某運氣。」這位學者對胡謙虛說出事實，更加佩服。胡駐軍西安時期，曾攻克共軍老巢延安，其後榆林之戰、大荔之戰、陝西涇渭河之戰、運城之戰、中條之戰、臨汾之戰，均給敵人重創。甚至日寇企圖進犯貴陽、桂林，西南告急之際，重慶最高統帥部抽調胡兩個軍空運貴陽增援作戰，任務達成，又空運回西北歸還建制，不過軍事行動，外人多不知耳。

㈤親賢選能，軍中治學不倦

胡將軍幼年飽讀經史，在中學畢業時，名列前茅，任過小學國文史地教員九年，其間不僅博覽群書，並吸收革命思想及現代文學思潮。二十八歲之年，決心投筆從戎，考入黃埔軍校，在任教時期，即有志結交天下英雄豪傑，故在任教最後一年，參加東南大學暑期訓練班，即與一同受訓後為我國著名學者張其昀、繆虞兩先生，結為終身友好。同時在旅行或率軍到達任何城市，必私訪有志之士，如志趣相投，即相與訂交，如戴雨農、蔣堅忍諸位，都是由他相與結交，終於推引為國效忠鬬士。在西安時期，他常托友人在重慶與西南各大學邀請有名學人，前去西安所屬訓練機構講演，及私自就教，親迎親送，事以師禮，他常說：「軍人上馬殺賊，是一時報國職責，最大任務，還在下馬以後，若無學識，即不能達成最後任務。」其時又說：「對敵人要知己知彼，更不能僅限於軍事。」故在抗日時期，對日本「西鄉隆盛傳」、「日本財閥論」、「日本軍閥・政黨・財閥」各譯本，經常隨身攜帶，其部屬某君，曾在警報中看到他坐在防空洞看這些書，此外「斯達林真傳」、「第三國際興亡史」，他亦讀不釋手。每遇專門研究政治學人，談論這些書籍內容，對他所提出的檢討發問，深為折服。

據亡友李少陵兄在蘭州面告：胡將軍駐軍天水時，他（李）係其政工幕僚，因胡寬待文人，視同兄弟，某日胡偕他去天水附近「漢代李廣墓」前野餐，胡竟發問：「李廣與其孫李陵作何比較」，結論是李廣在不得已時自殺，李陵在不得已時降敵，李廣好過李陵。胡又問：「何以司馬遷要為李陵辯護？」李反問胡作何看法，胡答：「太史公原諒李陵，我不原諒。」李覺胡將軍對歷史如此嫻熟與忠貞精神，十分驚異，其時胡一看李廣墓被牛馬踐踏，已成蔓草叢生土堆，胡即決定重修李廣墓，三月告成，胡一生不願題字留名，另請天水士紳賈讚緒先生題碑文，紀重修始末，迄今成為天水遊覽憑弔之處。李復告：胡駐天水時，係第一師師長，發現天水所有小學，多以「四書五經」作課本，與以往一般私塾無甚分別，胡以從軍前曾任過小學教職經驗，認為天水全縣小學教育非改革不可，在民國二十三年暑期，他特別在天水玉泉觀舉辦全縣小學教員訓練班，自南京請一位小學教育專家俞君，用飛機接抵天水，主持該班訓練，一個月卒業，先發給各受訓人員參考書及全套小學課本，在受訓時，胡每週來參加聚餐一次，並分別與受訓教員談話，畢業時，胡設宴餞別，並贈旅費禮品，胡曾對李說：「小學教育乃作育人才的基本，如不改革，何談救國。」這是以駐軍首長，協助地方教育的實證。

㈥偶露有趣言行，令人無限回味

當胡將軍逝世不久，我曾看過胡夫人葉霞翟女士（三年前去世）以「傾訴」為題，所寫一字一淚溫言憶往的紀念悼文，敘及他倆在民國二十六年在杭州一見心傾，一日見面四次，原訂是年冬成婚，詎料蘆溝橋抗日戰爭發生，胡忙於抗日軍事，她趁機赴美深造，獲得博士學位回國，已是抗戰勝利，兩人久別，再重相聚首，胡回西安，贈詩寄情，曾有兩妙句：「猶有天涯奇女子，相逢依舊未嫁時。」堪稱儒將筆下生輝，他們在利後次年，即訂婚後十年，在西安興安嶺寓所結婚之日，雖通知幾位高級同仁及住西安軍人前輩，但僅說請吃便飯，未告結婚，當年住西安的前馮玉祥部屬傾向中央的老將領石敬亭為文敘述，是日他（石）亦應邀出席，因他提早到達，親眼看到胡與新娘打掃洞房，整理床鋪，他才看出是結婚慶典，因不知胡請他（石）證婚，未攜印章，只好補蓋，陝西省祝紹周主席，誤料係胡生日，攜酒兩瓶祝壽，只有胡的參謀長盛文倉卒間聽說胡長官結婚，臨時帶來紅紙、紅燭，當場寫結婚證書，行禮時，也無樂隊，禮成後僅備八菜便餐，大家吃完散席，胡向來賓說出一句幽默話：今日他們結婚儀禮，好過軍中士官結婚，慚愧慚愧。來賓大笑興辭。

結婚後第三日，胡因緊急軍務，須即離開西安他往，讓其新夫人飛去南京，當他送她上機時，笑著對新娘說：「看您多麼神氣，夏參謀為您開車，司令長官為您做衛士，您真是一位幸福的新娘呀。」這一句笑語，安慰了他的新夫人依依不捨的情緒，哭笑不得，這證明他是「不為妻子累的大丈夫」。胡將軍一生不好宣傳，不願見新聞記者，不願他人為他照像，某次在一公共集會中遇到新聞記者，一時無法閃避，他發現某攝影記者偷著為他照了幾張照片，因為身份關係，不便指責，當該記者離場時，讓副官趕去與該記者好意商量，花數倍價格，買回這捲底片，據我情報單位報告，延安共黨，多方蒐集我方軍政要人照片，獨在照片檔案中找不到胡宗南照片，竟被主管頭目指責。曾有許多人批評胡過於神秘，但他的神秘，竟收到使敵人困擾的效果。

據聞北伐時期，他任團長，進攻長沙、銅鼓、南昌時，因屢建奇功，公認是戰力最強的一團。由南昌出發，沿贛東向上饒直趨，進攻杭州，胡團擔任前鋒，在上饒遇到彼時孫傳芳精銳部隊堅強抵抗，胡率部作殊死戰，終於擊敗敵軍，惟所屬李鐵軍營長右手食指被敵軍槍彈打掉，李營長仍繼續帶傷指揮作戰，隨後才送入後方醫院治療，其時胡以團長身份親赴醫院慰問，因胡知李負傷經過，他一見說出第一句話：「恭喜你做了九指將軍。」這一幽默讚語，既稱讚李戰場建功，復祝未來前途，且表達上官信心，因他們二位，數十年來，魚水相得，終於李兄任統軍將軍數十年，他固係憑戰功晉升，胡的幽默出語，也算「金玉良言」。

胡將軍任旅長時，曾有一不愉快的事，因其內容有趣，故就此敘述，當民國十七年北伐告成，劉峙任第一師長，胡任所屬旅長，駐軍徐州，劉師長奉命率同該師全體部隊長赴河南某處參觀馮玉祥練兵規範，劉師長參觀以後，認馮軍上下都剃光頭，值得倣照施行，旋即下令全師官兵一體均剃光頭，師長首先剃光倡導，因此第一師官兵，均是童山濯濯，惟胡旅長本人未予遵行，劉師長甚為不悅，在紀念週訓話時，對胡旅長有所指責，胡即向師長留下辭職報告而離職他去，劉向彼時總司令蔣公報告此事，蔣公特准胡旅長留髮，胡才返回部隊。此事的發生，主要在劉師長也許別有見地，而在胡則可能熟讀論語，深深體會到「身體髮膚受之父母，不敢毀傷」的明訓。況且令士兵剃光頭，或係旨在防止士兵逃亡，作法未免落伍，全與軍事教育無關，胡將軍這種「有所為，有所不為」的風格，頗合現代領軍思想。

㈦遲延攻佔延安，純屬政治牽制影響

據「胡宗南上將年譜」記載，胡軍係在二十六年參加淞滬抗日戰爭，浴血苦戰三個月後，先以十七軍團長身份，奉命進駐西安，當時任務：㈠北防延安、㈡東抗日寇、㈢西固甘、川、㈣訓練抗日反共青年幹部。大體來說，胡對這四項任務，均算努力達成。乃許多不知內情的人，責胡統率數十萬部隊，為何不及時一舉消滅陝北匪巢。但事實上應了解彼時複雜的背景：㈠西安事變解決之後，委員長蔣公有過一致抗日的承諾。㈡二十六年國共達成合作抗日協議。㈢毛

酋暗中勾結美國得到庇護，其時委員長蔣公雖懷疑共黨無信，但在顧及國際信譽下，專心領導抗日，但毛酋狡猾多端，對共軍指示：「一分抗日，九分擴軍。」故在各地陷區組織受騙民眾，乘機搶槍擴軍，而欺騙美國駐華代表竟稱延安邊區政府，僅係土地改革者，幼稚的美方官員，信以為真，當我政府公佈共黨欺騙陰謀及阻礙抗日實證時，美國代表竟出面為毛共庇護，彼時以抗日勝利第一為目標的統帥蔣公，百般容忍，即有意平定內亂，也只好留待抗日勝利之後，胡將軍為擁護領袖最忠貞將領，在抗戰期間，雖明知延安共黨陰謀，只能在無形中對陝北暗設防守線，築碉堡，甚至派出少數部隊監視，多換著民眾服裝，避免共黨叫囂，引起中央應付困難，倘在民國三十年前不顧一切，使用其彼時所掌握大兵團兵力，一舉肅清陝北共黨老巢，等於探囊取物，誰人都可作此斷言，這是彼時政府顧慮太多，因之「養虎遺患」。若責胡將軍應學古代「將在外君命有所不受」，自由自主，將陝北勢力一舉消滅，造成既成事實。這是以今視古的幼稚說法，更非尊崇統帥、深明政治的胡將軍所願為。須知毛共在陝北仗勢坐大，迄至抗日勝利，計有十年，加之毛酋陰謀野心，狡猾欺騙，蓋世少有，更利用不懂中國國情、不明共黨野心的美國佬——馬歇爾作保鏢，玩於股掌之上，使得萬惡的毛共日積月累將毒素播散全國，任何空隙，都有共黨游擊隊，並派出大批匪首組織成為野戰軍，當我統帥決心討伐之際，毛共要求馬歇爾促我軍方與共軍及美軍成立三人小組，藉圖拖延時日，俾共黨能完成作亂準備，胡將軍眼看毛共陰謀叛亂，決心直搗匪巢，「滅此朝食」，先向委座提出進攻延安計劃，初未批准，繼續請求，委座召胡入京面詢，胡當提出全盤計劃，包括兵力部署，請委座審閱，胡向委座表示「絕對有把握」，才蒙核准，胡即刻飛返西安，作積極進攻延安的一切部署，於三十六年三月十四日拂曉開始攻擊，先由空軍破壞延安附近一切交通通訊，轟炸匪軍陣地。及至是月十九日，胡部第一師首先攻入延安，搜查毛酋所住窯洞時，毛所吸的茄立克香煙及所閱圈點的書籍，皆未攜走，足見毛酋倉皇逃竄的窘況。延安佔領消息傳至西安、京滬以及全國各大城市，紛紛發出新聞號外，賀電紛至沓來，當時委座電胡將軍有云：「延安如期收復，為黨為國，雪二十一年之恥，吾弟苦心努力，赤忱忠勇，天自有以報之也。」胡本人隨即進入延安，住入邊區銀行窯洞。迄至三十八年全面勦匪戰事節節失敗，委座曾飛延安巡視，對胡將軍及所屬官兵，慰勉有加。是年八月七日，委座先令調軍援救許昌，接著一次、二次調軍援助太原，復調軍解救徐蚌失敗局勢，因之胡將軍所屬部隊抽調半數以上。其時補充兵源已斷，糧食接濟無著，延安守軍孤立，西安無兵可調。嗣奉命作入川準備，因之延安、西安先後撤守，委座退隱。迨政府先遷廣州復遷重慶，大勢日益垂危。但胡將軍所屬部隊感戴將軍一生同甘共苦精神，更為團結奮勇，一致效忠，胡本人深覺扶危定傾，此正其時。

(八)川康之戰：由於川軍叛變與共軍夾擊，尤其最後「效死弗去」，精忠感人

胡將軍奉命率部入川平亂之際，川軍竟有拒胡軍入川表示，迨閻院長發表胡出任川陝甘邊區綏靖主任後，胡在漢中速作大軍入川部署，令主要部隊攀越秦嶺進入川境，另派一部兵力，由寶雞循川陝公路由車運赴重慶，迨所部陸續到達，胡通令所屬：「勤王之師，義無反顧」，適彼時總裁已坐鎮重慶，掩護政府人員物資，決不輕易離渝。嗣宋希濂兵團已潰退重慶附近，同時川軍軍閥劉文輝、鄧錫侯、王纘緒、向傳義、鄧漢祥等先後叛變，四出攻擊胡軍，藉向毛共表功，加以我軍羅廣文十五兵團叛變，共軍劉伯承、陳毅部隊分別攻入重慶附近南溫泉、海棠溪之線，胡派精銳渡過長江北岸，與共軍浴血抗拒，寸土必爭，幸胡軍早將重慶機場佔領，故得安全護送總裁飛往成都督師。當時李代總統潛逃，重慶外圍之戰，加速失敗，胡奉令將所屬

五個軍集中成都平原決戰，另派一師空運西昌作保衛後方準備，因飛機無法支配，終於僅運送七百餘人。胡當令所屬各軍（計五軍）向成都且戰且進，先後到成都附近，不待設防佈陣，四面叛軍、共軍，幾同虎豹豺狼，分別纏繞、糾纏混戰，致各部各自為戰，通訊設施多被破壞，無法一一取得聯絡，鄧逆又勾結民眾自衛隊，密謀劫持總裁，幸胡早已空運兩師擔任城防，故能安全掩護總裁登機安全赴臺。其後胡奉命令所屬退至西昌，作為最後抵抗據點。迨胡本人飛抵西昌後，僅見預先空運到達的兵員七百餘人，時劉文輝早已叛國，其女婿伍培英一師，久踞西昌，無惡不作，竟陰謀將胡部七百人繳械。胡當令朱團長先發動夜襲，伍逆即被擊潰逃亡，此次以七百人擊潰十倍叛軍，當地居民無不額首稱慶。嗣後羅列參謀長率大部份幕僚及衛隊營及餘部到達西昌，即改組西南長官公署，派定幕僚主官，將陸續歸來殘部重新編組成軍，同時與陷於成都的盛文兵團取得通訊連絡，才悉匪共林彪大軍趕至成都加入戰鬥，使胡部斷絕退路，是役成都警備總司令沈開樾、一六五師長汪承釗等十餘將領均壯烈犧牲。胡偕羅列飛海口，令羅飛臺晉謁總裁，總裁函胡勉以大義，羅仍飛返海口，胡偕同再回西昌。其時經國先生曾奉總裁命飛西昌慰勉並傳達最後措施旨意，胡曾電總裁希空運一師槍械，俾能重振旗鼓，雖曾輸送若干，詎料共軍攻入西康，勢不可禦，總裁深知大勢已去，實難抗禦，派機兩架接胡將軍與賀國光主席返臺，惟胡不願離去，經參謀長、秘書長勸說終夜，才勉強於次晨登機回臺。抵臺之日，即晉謁總裁請罪，並表示願再赴疆場殺敵，求得死所，總裁體察戰敗實情，

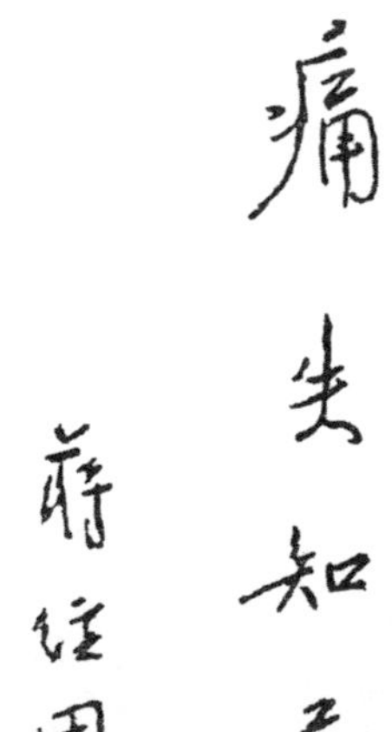

蔣經國先生於胡將軍逝世後親筆所書悼詞

勉其稍事休息待命。而其部屬第五兵團司令胡長青，二十七軍軍長劉孟廉，第一師師長朱光祖等將領多人亦在西昌殉國，兵學大家克羅西維茨有言：「軍事是政治的延續」，彼時政治已崩潰，軍事實無法挽回，故胡之失敗，未可厚非。在其返臺後，曾發生一不愉快之事，胡回臺後，監察委員李君竟摭拾一些攻擊胡將軍作戰不力理由，糾合部份不明真相監委，提出彈劾，且分送各報全文發表。胡自花蓮趕回臺北，婉拒親問，亦不允悲憤莫名的部屬辯白治行政院將彈劾案送國防部審辦，竟有一百〇八位立委簽名上書總統及行政院長，為胡申辯，文中有言：「……胡將軍以孤軍四應，轉戰數省，明知大軍轉進山區，不易爭取時效，但以保護其遷渝政府、護衛總裁，大義凜然……應免議處。」嗣胡提出申辯書（參考本書附錄四），國防部傳集胡之在臺將領及陝甘有關官商分別詢問，證明李君所提各情，均與事實相反，遂予不起訴處分。

㈨大陳組訓游擊部隊，臥薪嘗膽，不斷親自率游擊隊突襲浙海岸

民國四十年胡將軍奉命在大陳，擔任浙江反共救國軍總指揮兼浙江省主席。因政府遷臺後，浙閩沿海居民及漁民，不堪共黨暴政，在沿海突出海岸建立游擊基地，隨時突擊共軍，因各自為政，無統一指揮與訓練，常有被共軍海防部隊消滅之虞。在韓戰發生後，美國宣佈協防臺灣，因知我大陸沿海，尚有若干游擊部隊，可以牽制共軍，經美國國會決議，派員來臺調查協助，由已故上將鄭介民代表與美代表皮爾司協商，決定由我派員主持組訓，美方代表以西方公司名義為合作機構，供給裝備，故胡將軍即為我方指揮訓練最高負責人。須知大陳為無居民小島，胡將軍與所屬各單位負責人均住帳篷，以捕魚助食，真是過著臥薪嘗膽的生活，每日分別招集各游擊小首領談話，查詢人數、槍械及其他實情，逐漸促使納入組織，接受訓練，補充給

養械彈，由是逐漸編成為六個突擊大隊、一個海上突擊總隊，備有小登陸艇。時美方代表雖住臺北，也有部份人員時來大陳視察，並建辦公室、宿舍、設置電臺及中美聯合辦公室，美方代表見胡為方面大將，竟能沐雨櫛風，忍饑挨餓，無限敬佩。胡在大陳駐防指揮約二年，其間派出游擊部隊襲擊沿海共軍計數十次，共軍死傷難以計算，當大規模進襲時，胡將軍親自指揮進擊與撤退，他能克難耐苦，復仇雪恥，再接再勵的精神深為中外人士所敬佩。隨後改任澎湖防守司令，四年任內，加強澎湖防禦工事、構築核心陣地、修建官兵營房、籌建官兵眷村，以及擴建澎湖機場、促進地方公共建設，迄為澎湖軍民所樂道。

㈩臨終呻嘆「死非其所」，令人感嘆萬千

胡將軍生平個性堅強，自認本身鋼筋、鐵臂，何患「二豎」侵襲，及至發現血脂肪過高，自信節食即可治癒，最後查出心臟不正常，才住入榮民總醫院，迨親友聞訊至醫院慰問。他呻嘆「可能死非其所」。先總統前往慰問，亦說此語。自覺「大丈夫應以馬革裹尸」，足見其臨終仍顯忠義之氣。入院不及一週，即齎志而歿。此為民國五十一年二月間之事，不幸其夫人葉霞翟女士亦於三年前去世。他們是信仰虔誠家庭，他們二人自必天堂相聚，樂道四位兒女（二男二女）均已教養成功，各自成家立業，兒孫輩出，天上人間，樂也融融，尤其二位公子，均屬青年才俊，供職政府，大展才華。我與現供職華府我北美辦事處其長公子胡為真世兄常有往來，深覺其誠篤無比，表現突出，所謂「將門得虎子」，亦足慰胡將軍夫婦在天之靈了。

2本文原載「傳記文學」第二七三期，民國七十四年二月號。作者蔡孟堅，曾任武漢警察局長蘭州市長，中日親善代表，中影董事長及國大代表。

附錄四　申辯書[3]

報告　三十九年六月〇日

一、三十九年六月初二日勁勵字第二五八號代電轉公務員懲戒委員會臺會議字第一八八號申辯命令附抄監察院彈劾案一件奉悉。

二、謹遵示申辯檢附申辯書隨文賫呈敬祈　核轉。

三、申辯書內所舉歷次命令一併抄呈　敬懇

核備

謹呈

參謀總長周

胡宗南　呈

申辯書副本

申辯人　胡宗南

奉國防部電轉　大會三十九年五月二十九日臺會議令字第一八八號命令以監察院彈劾宗南喪師失地貽誤軍國一案，移付懲戒，飭具書申辯等因。遵查彈劾文中所列情節，似係出諸道途傳聞，頗與事實不符，誤會滋甚，謹分別逐項縷陳如左：

一、兵備及防務沿革

溯自抗戰軍興，宗南以第十七軍團參加滬寧及信陽會戰，所部傷亡慘重，於二十七年春奉調入關整補，改編為第三十四集團軍，轄第一、第十六、第九十等三軍，歸第十戰區蔣長官指揮，擔任抗日防共兩大任務。二十九年五月改隸第八戰區，歸朱長官指揮，宗南副之，嗣奉令擴編為三個集團軍，計第三十四集團軍及新編第三十七集團軍（轄第三十六、第八十新、第七等三軍），第三十八集團軍（轄第十七、第四十二、第五十七等三軍），分別擔任陝東、河防、陝北及囊形地帶暨隴東之封鎖任務，防線長達三千餘華里。三十三年重復成立第一戰區，轄豫、陝兩省，宗南任副司令長官。時雲南戰事告急，乃將第五十七軍空運昆明，參加遠征軍作戰，第四十二軍復開赴新疆，歸朱長官指揮，以固邊陲。三十四年秋抗戰勝利，共匪阻撓受降，華北局勢復緊，第三十四集團軍奉命由晉入冀，歸傅作義指揮。計自三十五年整編後改為西安綏署，至三十七年夏宗南所直接指揮者僅整編之第一，第二十九兩軍耳。嗣中樞以西北戰區遼闊，陝北偪處共巢，深感兵力不敷，乃將他戰場殘餘部隊調陝整補。是年秋後增編第二十七、第三十、第三十六、第七十六等四軍，防務擴至鄭洛及晉南、晉西。總計宗南在陝前後十一年，所整訓之戰鬥部隊最多時期亦不過二十七萬人，以之分防豫、冀、晉、陝、甘、新六省，地區廣闊，兵力已感微薄，加以尚須分割部隊，劃歸友軍指揮，使用益感不足，而彈劾案內竟謂

「平時養兵四十五萬之多，駐軍二十年之久」實非事實，或係總括轄區內之中央各軍事機關學校，聯勤單位，傷患官兵，軍需工廠工人及雇用輸卒兵役機關，及新兵空軍及地勤人員等非戰鬥人員誤會所致。至於宗南所部武器純係國械，並無美械裝備，且因產量關係，祇按六成或八成配賦，而雜色步槍又佔全數六分之一，每槍配彈不足五十發，輕機槍每連多者六挺，少者三挺，軍中砲兵或無或缺，平均每軍僅得裝備十分之四。言裝備，則品質既非新式，數量尤感不足，攜行尚缺，遑論庫存；所謂「新式武裝當全國三分之一，各倉庫所儲其數尤多」當係訛傳而來，他如糧餉補給，中央設有機構專司其事，糧糈之徵購徵借，為地方政府職務，國軍待遇全國一律，宗南所部寧能獨異？況陝省距中樞遙遠，交通不便，運輸困難，亦多未能按時撥給。猶憶三十八年秋漢中大雨，綿延月餘，飛機無法降落，致八月份薪餉遲至十月間始能關發，較之近畿部隊，瞠乎其後，凡此種種，中央各主管機關均有案可查，一經覆按，真相立明，固勿待宗南之喋喋也。

二、西安之役

自三十七年秋，晉南、豫西、鄂西相繼陷匪，關中國軍已入於三面作戰之苦境，迨和談破裂，共匪長驅渡江，武漢外圍國軍撤離南下，鄂西之匪，遂乘機傾巢西犯。時白河竹山告急，而由川入陝之我第九十八軍戰力薄弱，一再失利，乃抽調關中之第二十七軍進駐安康，無如敵眾我寡，兵力懸殊，至三十八年五月初旬，白河竹山失守，不得已又抽調第六十九軍及第三軍增援陝南與匪對峙。此時黃河以北之匪分向陝北、晉南移動，宗南遵國防部電示意旨，縮短防線，扼守涇渭兩河，俾得集中兵力，迎擊犯匪，并請蘭州長官公署轉飭駐長武友軍推進邠州，以相策應。不意長武友軍反向涇州平涼後撤，致彭匪德懷第一、第二兩兵團主力得以長驅直入，於五月十六夜侵入咸陽北原，其第十八、第十九兩兵團主力亦同時由潼關韓城渡河，企圖以絕對優勢之兵力迫我於關中決戰。時我關中守軍僅五六萬人，而我友軍復須至五月二十五日始能集中平涼涇川，東出參戰，乃與蘭署共同決定，避免本署單獨作戰之不利；決以一部控制西安秦嶺，主力撤至寶雞，誘匪深入，再行決戰。經以辰銑梅電呈奉國防部辰篠展電核准後，於十八日拂曉開始撤退，與匪保持接觸。宗南於是日上午九時率指揮人員飛漢中轉寶雞指揮，而敵於十八日之下午竄陷咸陽，十九日渡涇河，進攻西安。我守城之第十七軍及保安團隊與匪血戰至二十日，予匪重創後，撤守秦嶺，是西安之撤退誠如所云「因受優越之匪勢所迫而作有計劃之撤退」，實已盡其所應盡之職責（詳情參閱附件第一號西安之役說明）。而彈劾案內竟有「匪方政工人員二十二日中午始入西安，匪兵到者不滿千人，直至六月初旬徐向前一股竄入，匪燄始張」之語，核與事實全不相侔；至所謂匪諜李茂堂，查係中央黨部所派之陝西省政府調查統計室主任，與宗南素無往來，向未與其有任何接觸，從何而有被其虛聲恐嚇遽行出走之理。

三、反攻西安之役

本署主力撤至寶雞後，彭匪主力第一兵團王震部在岐山扶風地區，其第二兵團張宗遜主力在乾州醴泉以北，其一部在興平武功間，而賀匪龍之第十八兵團周士悌先頭部隊已到達西安附近，其第十九、第二十兩兵團正分由潼關韓城兼程西進南下。欲殲彭匪宜在賀匪主力未與會合以前，因時機緊迫稍縱即逝，乃與蘭署協商作戰計劃，決定寧夏隴東兩兵團由邠州靈臺間沿西蘭公路兩側東進，本署之第十八兵團及蘭署撥歸指揮之隴南兵團王治岐部由鳳翔寶雞間沿渭河北岸東進，并以第三十六軍由斜峪關進出渭河南岸東向攻擊，第十七軍出子午谷，第三軍出大峪口，拊西安之背，擬將彭匪包圍於關中平原而殲滅之。六月九日會戰開始，本署主力於岐山附近先將匪王震所部擊破，匪乘夜暗渡渭河南竄，與我第三十六軍遭遇，激戰於郿縣之金渠鎮，我第十八兵團亦渡河會殲，與匪激戰終日，十四日即東進至鄠縣以西地區，我渭北之隴南兵團亦進至武功以東地區，我第三軍于引駕迴杜曲間，擊破匪第六十軍後，前鋒進迫西安東關南關，準備合圍攻城。此時我隴東兵團馬繼援主力亦於十二日擊破乾州附近之匪第二兵團後，進圍咸陽。不幸其騎兵一團戰鬥兵額僅六七百人誤中匪計，陷沒城壕，攻勢頓挫。十五日夜得蘭署通知，以須調整部署不能繼續攻擊，十八日夜後接通知決定以隴東兵團全部渡涇河東出，攻匪側背，以寧夏兵團主力在咸陽北原掩護，以一部監圍咸陽。如此措施已改變預定之西安決戰計劃，幾經力爭，終違原意，乃遷就友軍要求，於十九日重行攻擊前進，隴東兵團初渡涇河，頗有斬獲，迨二十日攻擊又遭頓挫，即撤至靈臺，寧夏兵團亦後撤邠州，致友軍與我軍間造成一大空隙，形成孤軍突出，而匪之後續兵團已源源趕到，不得已乃將進至西安城郊之第三軍撤回秦嶺，由是收復西安之謀遂成泡影（詳情參閱附件第二號反攻西安之役說明）。宗南久戍西北，素佩寧青友軍驍勇善戰，與馬氏昆仲叔姪尤屬莫逆，馬繼援軍長數與本署協商作戰無間，涇渭河谷之大捷即係合作之明效大驗，所謂約取關中，按兵不前云云應係不知當日戰鬥實情而有所誤會。

四、策應蘭州之役

反攻西安功敗垂成，致匪燄益張，本署痛觀局勢之危急，乃與蘭署協商以本署主力控制武功扶風及盩厔與秦嶺各峪口間，蘭署主力控制醴泉永壽及淳化邠州附近，聯成犄角，以相策應。未幾寧夏與隴東兩兵團彼此意見相左，忽又撤至長武靈臺，彭賀兩匪遂得乘隙於七月十一日挾其絕對優勢之兵力，由乾縣西南迂迴至扶風，迫我第十八兵團及隴南兵團背水作戰，而渭河南岸盩厔之我第九十軍亦同時受數倍優勢之匪襲擊，浴血苦戰，傷亡慘重，精銳喪失殆盡，寶雞因之不守；彭匪更沿西蘭平寶天寶各路西竄陷平涼天水，越六盤山、華家嶺，直迫蘭州。本署得悉後，雖於遭受重大損失之餘，仍勉將秦嶺東部及安康之守備部隊抽補第一、第三十六、第三十八、第六十五、第九十各軍，策應蘭州作戰，七月十六日第三十六、第三十八兩軍開始向寶雞進攻，二十四日與匪激戰，而第一、第六十五、第九十各軍亦攻佔隴南之天水鎮及西和禮縣，會同馳援，戰事正順利進行，惟本署第一線與蘭州相距一千華里以上，雖積極推進，然節節受匪所阻，而馬氏叔姪意見分歧，先後撤兵，遂致局勢變化過速，蘭州竟告失守，良深遺憾（詳情參閱附件第三號策應蘭州之役說明），如謂「蘭州危急日夕呼援迄不一應」，殆未明瞭當日之實情耳。

五、陝南之撤退

自三十八年十月中旬廣州失陷，西南戰局急轉直下，華中國軍退保桂林，匪軍進逼湘桂黔邊境，而劉匪伯承部隊後由鄂西大舉西犯，彭匪德懷亦以八個軍之眾由甘青東調，窺犯秦嶺，形成包圍之勢。十月下旬，奉國防部電示，抽調優良三個軍於綿陽、廣元間佈防，再抽調三個軍至瀘州，集中入滇與西昌連接，以西昌為根據鞏固滇省。當即遵示辦理，並積極疏運漢中物資準備破壞川陝漢白公路，拆收通信線路并派員偵築大巴山防禦工事及交通通信設施。十一月十二日復奉部令，以一部控制秦嶺阻匪南犯，主力轉移於大巴山佈防，另以三個軍轉移成都、內江、瀘縣地區，機動控制。正遵辦間，乃劉匪伯承主力及林匪彪一部分由川湘黔公路會犯重慶，我友軍節節失利，形勢危急；十一月十八日奉　電示「主力於十日內轉移成都平原」，當即留置一部阻匪南犯，全線於二十三日開始南撤（詳情參閱附件第四號陝南撤退之說明）是本署之撤退陝南純因戰略關係奉令而行，雖防線長達二千餘里而部署周詳秩序井然，行動迅速，曾蒙中樞嘉獎，又以道路破壞徹底，使匪行動遲滯，至十二月五日匪始衝破我秦嶺進抵漢中，如此之周密撤退，焉得謂係倉皇放棄乎。

六、成都會戰前後

劉匪伯承自三十八年十一月三十日攻陷重慶後，率其第三兵團（轄第十、第十一、第十二等軍）及林匪彪之第四十七軍、第五十軍分道西犯，十二月六日竄抵安居、銅梁、隆昌，十日攻內江、潼南，十五日陷三臺、簡陽，十六日迫錦江東岸，直指新津。其第五兵團（轄第十六、第十七、第十八等軍）亦由長江南岸竄瀘州西犯，由彭匪德懷劃歸賀匪龍指揮之第十八、十九兩兵團由陝南南下，於十二日破陽平關，十五日陷廣元，南犯劍門、梓橦，而林匪彪之第十五兵團亦由貴州畢節，兼程向川西急進，企圖包圍成都，加以盤據灌縣、彭縣之鄧錫侯、劉文輝兩逆於十二日通電叛變，郭汝瑰在敘瀘亦倒戈附逆，會合匪軍，陷樂山，竄彭山，強渡岷江，指向新津。當此危難緊急之際宗南又奉派為西南軍政副長官兼參謀長之職，積極肅清反側，加緊部署，而當時由陝南南下之我軍晝夜兼程趕到成都附近者，約僅六萬餘人，匪則十倍於我，雖眾寡懸殊，然三軍一心，將士用命，自九日開始接觸，賴我守備岷江之三十一師，錦江之第一六五師，及後援之我第五兵團浴血苦戰，撐持危局，迨十七日擔任成都防衛之第三軍加入奮擊，苦戰五日，卒將匪第三兵團擊潰，粉碎其攻奪新津之企圖。惟匪雖受挫仍頑抗不退，而劉匪之第五兵團乘虛西繞，折向邛崍大邑崇慶，攻我側背，我第十八兵團奮勇抵抗，戰鬥慘烈，傷亡達三分之二，林匪之第十五兵團由洪雅、丹稜向蒲江西北前進，斷我入康道路，彭匪之第十八、第十九兩兵團亦於二十日續陷綿陽，二十二日竄抵德陽、什邡之線。此時匪之兵力不獨續增且合圍之圈益形縮小，宗南鑒於當前決策關係至鉅，乃召集諸將領，會議於新津，咸以既無各個擊破之機，如以劣勢兵力背城一戰，必至官兵同歸於盡；入康則將陷重圍，乃擇遵國防部亥號西機電指示之中策，散循岷江東岸，繞攻宜賓瀘州以突圍。部署決定後，本署人員原擬隨軍突圍，各將領僉以署部毫無戰鬥力量，如隨軍行動累贅甚多，且須派隊掩護，徒增各部隊負累，而部隊到達西昌防務之佈置，糧秣彈藥之補給，在在須先籌謀，堅決主張宗南應率署部人員先赴西昌佈置，不得已乃循各將領之要求先赴西昌。此時內心之痛苦，誠難言喻。會終後即將決心及處置電報國防部奉示，准予照辦，並蒙飭空軍派機來蓉。時空軍人員以際此緊急撤退，來機不問氣候良否，立須離蓉，以防不測，如抵蓉後逕飛西昌，倘遇氣候惡劣，無法降落，因油量關係，亦無法續飛海口，如是勢必人機同受損失，故建議宗南等先飛昆明霑益或海口後，再飛西昌。旋以西昌、成都間陰雲密厚，結冰不能通過，擬飛霑益或昆明，旋接海南空軍指揮部轉告，昆明霑益仍被匪軍控制，不能降落，時已屆十二月二十三日午刻，各部隊俱按預定部署開始行動，而飛機亦以抵蓉不能稽延，且是日成都西昌間天氣惡劣，陰雲密佈，乃從空軍建議改飛海口，抵海口上空時，機場關閉，復降落三亞，著陸後即設法與突圍部隊保持連絡，並計劃飛赴西昌。以連絡及氣候種種關係，始得於二十八日飛海口轉飛西昌，所謂「軍情正萬分緊急之際遽由成都飛往三亞，主帥既去，各軍因之解體」云者，顯屬不明當時之實情。

當十二月二十三日夜各軍實行突圍之際，友軍第十五兵團司令官羅廣文及第十六兵團副司令官鄧其通電叛變，第十八兵團李振率其第六十五軍之兩團，第七兵團裴昌會率第三十軍殘部同時投匪，我第五兵團司令官李文鑒於變生肘腋，原計劃難以實施，乃率所部及成都防衛第三軍改向新津邛崍浦江強進，預佔雅安，聯繫西昌，二十四日拂曉開始行動，擊破匪之第一層包圍，二十五日進抵邛崍浦江之線，復遇匪之第二層包圍，匪之後續部隊源源趕到，該部遂陷重圍。雖疲憊不堪，然猶奮勇死戰，繼五晝夜，而成都防衛總司令盛文、六九軍長胡長青，九十軍長周士瀛、五十三師長樊玉書、第一軍參謀長張銘梓、第一六七師長曾祥廷、第二十七軍軍長吳俊負傷，第二一四師長王菱舟自殺，第二四師長吳方正、第一六五師長汪承釗、第二五四師長陳岡陵、第一六七師長趙仁、譚文緯、第一師副師長高宗珊、第七八師副師長梁德馨陣亡，李司令官文、第一軍軍長陳鞠旅力盡被俘，其餘團長以下幹部傷亡殆盡，屍積如山，血流成渠，成都會戰至是慘烈結束矣（詳情參閱附件第五六七號成都會戰前後之說明）。緬懷忠烈，痛悼曷極，謂將士捨命疆場，前仆後繼，良非虛語，如謂胡部覆沒川軍繼之而崩潰，則與事實相反，且盛文所部陷入重圍，血戰一週，全部壯烈犧牲，無一投降，忠貫日月，竟謂盛文坐鎮成都，其司令部有開會商議集體投降之事，冤抑殊甚。

七、經營西昌

宗南飛抵西昌，時僅三月，先後收容突圍前來官兵及宋希濂部，共約二萬餘人，慘澹經營，擴充至六萬餘人。嶺光電夷人也，陳超川邊志士也，各任為師長，孫仿、諸葛世槐、楊砥中土司也，或任為縱隊司令，或委為邊務主任，羅子洲國大代表也，鄧德亮寧屬青年也，各畀以縱隊司令，李元亨、陳子武、鄧海泉、李幼軒、蘇國憲、李廷相地方團隊也，分別擴編為軍，為師，為縱隊；陶慶林收復康定，即委以第一三五師師長，田中田深明大義，不甘附逆，任為第三一七師師長，唐總司令式遵，忠誠謀國，素所欽佩，成都失陷，輾轉來康，相見之下喜出望外，雖在空運困難之時仍籌發武器，資以經費，不幸於返川途中遇害，良深痛悼。舉凡反共意志堅強，忠貞黨國人士，無不竭誠羅致畀以重職，資以武器，餽以糧餉，以圖復國。至羊仁安原為劉文輝舊部，在漢中時即委以新第十一軍軍長，令其迅速編組成軍，及劉逆叛變，竟徘徊觀望，延不就職。後我王師長伯驊，胡軍長長青到達富林，該員避居鄉間，態度不明，經多方敦請，始至西昌，由康省府委以雅屬行署主任，促其速返富林協助國軍，仍遲遲不行，迨西昌危急始返原籍，均有事實可據。宗南自入西昌以短促三月之時間，率新編之部隊，當匪第十五第六十二及新第十二等軍暨龍逆純曾、朱匪家璧等十萬之眾，四面受敵，連旬苦戰，直至三月二十六日無法固守，奉令與康省府賀主席離西昌，然猶令參謀長羅列指揮軍事，分置劉孟廉、陳超等於雷馬球屏區域，田中田、陶慶林、張天翔等於康屬區域，孫仿於寧東，鄧德亮於寧西，顧葆裕、張桐森於滇西從事游擊，潛留力量於大陸，迄今中央尚獲情報，至當時兵員若干，領餉若干，主管機關有案可稽，不容捏飾，彈劾案內所云種種洵非事實。

八、結論

溯自武漢國軍南調，鄂西匪軍傾巢西上，晉南豫西次第淪陷，關中我軍已三面受敵，及湘粵續沉，川黔告急，悍匪彭、賀、劉、林諸部先後挾其席捲囊括之優勢以掃蕩西南，宗南節次奉命，扼守寶雞，轉蜀入滇，以至西昌，棄久戍之西北，入生疏之西南，率萬里疲憊之師，當四面悍鷙之敵，友軍背信，影響所及，宗南始終藎籌，隨機抗敵，西安守軍經予匪重創，及後反攻，已擊潰匪王震所部，我友軍亦敗匪軍於乾州附近；嗣援蘭州並經攻佔天水鎮西和禮縣；入蜀之後，岷江、錦江血戰二十一夜，擊破劉匪第三兵團，成都激戰，官長士兵慘烈傷亡；西昌經營，建立游擊之根荄，留蓄反攻之潛力，計宗南先後奉命輾轉戰守以來，時將十月，地達萬里，間因部署綿密，行動迅速，曾蒙中樞嘉獎，卒以戎機中變大陸全沉，轉戰四省，精銳喪盡，痛慚曷極。竊思曹沫不諱三北之羞，范蠡未殉會稽之恥，嬴秦三帥不刎二陵，誠以寸屈尺伸，亦春秋大義也。苟罪有應得，則雖刀鋸鼎鑊，甘之如飴，決不推諉。茲遵令申辯一本當日事實。　敬祈

明察

3 胡宗南上將於抗戰勝利時擔任第一戰區司令長官，以西安為基地，戰後復員，部隊縮編，其直屬部隊亦多被調至華北、山東等地支援，留於陝北之部隊雖有限，仍於民國三十五至三十八年間與共軍在山西、陝西、河南各地與共軍激戰，有勝有負，但擋住了其南下之企圖。三十八年初國軍主力在東北、華北及徐蚌會戰中犧牲殆盡後，胡部奉命遷至漢中，十一月復奉蔣中正總裁命，南下千里應援重慶、成都，拯救政府於危亡。當時由於側翼國軍各部潰敗太很，導致胡部陷入孤軍奮戰，雖成功地護衛了政府及蔣總裁順利遷臺，部隊卻不幸被包圍而犧牲。胡將軍嗣赴西昌戰至最後，奉命返臺後竟遭若干監察委員以不實資料及傳聞欲彈劾其「喪失大陸」之罪。國防部請胡將軍提出申辯，此為申辯書原文，惟胡本人絕不對外界作任何解釋，亦不允悲憤莫名之部屬們對外作任何辯解。本案於國防部調查後以資料不實而銷案，惟本文可協助讀者對當時複雜局勢之真相作一了解。全案背景可另參考臺灣商務印書館《一代名將胡宗南》、《胡宗南上將年譜》及《令人懷念的胡宗南將軍》等書。

後記

《胡宗南先生文存》是陽明山華岡「中國文化研究所」在民國五十二年六月初版、七月立即再版的《宗南文存》增訂版。原書僅有一四一頁，本書則增加到六百餘頁，這要歸功於近年來國內史料的開放，尤其蔣中正先生有關文件大量公諸於世，才能把宗南先生當年許多作戰電報、信函等文件列入，進而得以解讀對日作戰、國共內戰及其他相關時期，和宗南先生有關的軍事行動。為讓讀者理解這些軍事行動的前因後果，本書引入不少蔣先生對宗南先生的指令，以及其他友人或同仁的文件，同時臺灣商務印書館方前總編輯鵬程和我也加入相關背景說明。至於宗南先生的日記，已由國史館在上（一〇四）年七月七日抗戰紀念日出版，本書便僅僅引用數篇。

史學界均知，自從民國十五年國民革命軍北伐之後，宗南先生就是蔣中正先生最為欣賞並倚重的國軍將領之一，相信本書的內容能夠幫助讀者從「知其然」到「知其所以然」。換言之，這本文存明確的顯示蔣先生在平亂、剿共、抗戰、戡亂、保臺等各個不同階段中賦予宗南先生的責任以及信任，包括要宗南先生在民國三十八年危急存亡之秋從陝西千里應援，孤軍掩護政府自四川安全遷至臺灣前後所擔任的角色；而其中各項文件更可以看出他從大陸到大陳到澎湖到臺灣所持的一貫思想、精神和志節。希望世人因本書而更了解中華民國政府在戰爭年代所面臨的艱難險阻和國軍奮鬥不懈的歷程，並且明白何以在宗南先生離世五十多年後，海內外還有那麼多人討論他、紀念他。

在此要特別感謝過去兩三年間，國史館呂芳上館長、國家發展委員會檔案管理局陳旭琳局長以及他們的同仁為本書資料的蒐集所作的協助；另外也感謝一些國內外的友人適時提供了極為珍貴的資料，充實了本書的內容。當然，由於時空和人力的限制，本書未能將宗南先生在各個不同的階段和場合所撰寫或表達的文字蒐集齊全，有待後續的尋訪。還有為了求真、求實的考量，幾個對他軍旅生涯具有關鍵地位的證言，也只好割捨——例如聽聞民國三十八年李宗仁政府派員與中共和談前，他曾發表公開信反對和談，但由於無法從當年的報刊找到確據，自然無法列入；又如在大陸時期長期擔任宗南先生幕僚的楊炳鏞先生過去曾告知，民國三十四年抗戰勝利時，他親眼看到宗南先生（當時在西安擔任第一戰區上將銜司令長官）呈蔣委員長的密電稿，建議釋放張學良先生到東北主政，如蔣對張不放心，宗南先生志願也去東北擔任張的副手，這份電報因為國史館相關檔案中始終查不到，只好不採。所以我期待將來如有更多資料出現時，能為此增訂版再作補充。

史料固然自己會說話，但如果沒有將之編輯成書，仍屬徒然。臺灣商務印書館為《胡宗南先生四書》，包括本書在內，作了許多努力，從王春申董事長到各相關同仁，都功不可沒，而這四書也確實需要互相參照，再加上前述的《胡宗南先生日記》，才能更了解當年複雜的歷史。我謹在此對臺灣商務印書館有心整理保存我國的相關史實表示敬佩，更代表整個家族表達衷誠的謝意，因為宗南先生正是我和弟妹家人們朝思暮想，永遠懷念的父親。

胡為真

年表

胡宗南上將年表

年　月	年　歲	事　蹟
民國前十六年	一歲	五月公降生。
民國前一○年	七歲	十二月公父際清先生挈公來孝豐。
民國前一年冬	一六歲	公畢業於縣立高等小學堂。
民國　四年	二○歲	畢業於公立吳興中學校，受聘為縣立小學校國文史地教員。
五年	二一歲	受聘私立王氏小學高年級主任教員。
十年	二六歲	遊塘沽山海關間。
十三年	二八歲	考入黃埔中央軍官學校第一期。
十四年	三○歲	軍校畢業，參加東征，升教導第二團營長，攻佔河婆橫峯敵陣。　組織孫文主義學會。
十五年	三一歲	升上校團長，隨同北伐，擊潰銅鼓孫傳芳敵軍。　解救二十六軍新登之圍。
十六年	三二歲	擊破孫傳芳洋埠富陽之敵，克復杭州。　擊潰直魯聯軍畢庶澄部，佔領上海莘莊龍華及上海兵工廠。　五月升第一師少將副師長仍兼第二團團長。　同月渡江北伐至山東郯城。　八月率第一師參加龍潭之戰。　十一月升任第二十二師師長，會克徐州。
十七年	三三歲	四月擊破直魯聯軍於侯孟六十子，克韓莊。　同月會克濟南。　六月回師曲阜，縮編任第一師第二旅少將旅長。第二旅被評為全國第一。
十八年	三四歲	三月西征，第二旅首先入武漢。　七月入豫，十月討伐馮玉祥。　十二月唐生智叛，戰於豫南。
十九年	三五歲	元月討唐，降其團長九人，唐逆解體。　五月參加中原戰役，升任師長。　九月我軍反攻迂迴至豫西。　設開封訓練班，創半傷殘年會。

二十　年	三六歲	令第一旅、獨立旅肅清河南各地積匪。　四月入冀，會同友軍敉平石友三之叛。　首設立師屬無線電臺，訓練人員。
二十一年	三七歲	參加一二八淞滬戰役，修築澄錫常溧公路。　五月入皖剿共，收復六安霍山。　七月剿贛鄂之共軍，九月追中共徐向前入甘。
二十二年	三八歲	全師入駐甘肅隴南。　六月敉平孫殿英之叛。　成立天水訓練班。禁煙、修築飛機場，設各種訓練班，協助甘政府施政。
二十三年	三九歲	為天水、甘谷兩縣修復水利。
二十四年	四〇歲	元月命獨立旅擊潰四川昭廣犯匪。　松潘剿共，自三月起至十一月方回駐甘肅甘谷縣。
二十五年	四一歲	兩廣異動，率部至長沙備禦。　十月擴編第一師為第一軍，公任軍長。　剿共隴東，正欲進兵陝北，西安事變，移師赴難。
二十六年	四二歲	全軍移駐徐州歸德護路。　作抗日訓練。參加淞滬抗戰自八月起血戰至十一月。　升任十七軍團司令。
二十七年	四三歲	十七軍團移駐關中。　成立第七分校、戰時工作幹部訓練第四團、西北幹部訓練團。　增援蘭封作戰，增援信陽作戰。　支援武漢會戰。
二十八年	四四歲	成立長淮招募處，爭取陷區青年，成立西北游擊幹部訓練團。
二十九年	四五歲	五月擴編十七軍團為三十四集團軍。第二次援晉，收復晉西南各縣。
三十　年	四六歲	戰區變更，公部歸第八戰區指揮。　動員指揮部成立與裁撤。　第三次援豫。　日軍犯東龍門山。　將校訓練班第一期開訓。
三十一年	四七歲	赴晉見閻錫山長官。　兼職軍令部西安辦公廳主任。　奉召赴蘭，隨侍委座視察河西等地。　所部擴編為三十四、三十七、三十八等三個集團軍。
三十二年	四八歲	建立生產事業機構。　派盛文敉平甘亂。　派周保黎山東募兵。

三十三年	四九歲	二次入晉謁閻長官。　五月日寇攻陷洛陽，率部戰於陝州靈寶拒止之，確保潼關及重慶，戰區變更，公任第一戰區副長官。　日軍陷貴州獨山，調兵增援，遣兵救援榆林。　遣李鐵軍部入新彊平亂，苦戰經年。
三十四年	五〇歲	升任第一戰區司令長官。　三月寇犯西荊公路，令三十一集團軍王仲廉擊敗之，造成西峽口大捷，為抗戰勝利前最重要之勝利。　中美合作共同訓練部隊。　抗戰勝利，奉命在鄭州受降。　共軍阻撓受降，圍攻彰德湯陰等地擊敗之。十一月赴渝參加整軍會議，面呈滅共意見。　晉上將銜，獲頒青天白日勳章，並當選中國國民黨中委。
三十五年	五一歲	七分校停辦，改為督訓處。　整編部隊為三軍十師二十五旅。　清剿豫北之共軍，共軍領導人李先念王震竄擾陝南，擊滅之。　第四次援晉，打通同蒲路。　公命調查歷年死事先烈事蹟，撫養遺族，及籌辦文化事業。
三十六年	五二歲	成功收復延安及陝北各縣。　蔣公讚陝北國軍為全國陸軍之模範。與葉霞翟博士結婚。　第一戰區裁撤，改設西安綏靖公署，公任主任。建議編練新軍，但未獲同意。　遣兵馳救榆林獲勝。
三十七年	五三歲	國防部共諜劉斐調陝北剿共主力第一軍赴豫，力爭未果。　二月馳救宜川，戰於瓦子街失利，劉戡嚴明李達周由之等陣亡。　三月擊共軍於涇渭河谷之間，大破之。　第六次援晉，協防太原與臨汾據點。共軍犯大荔擊破之。　是年公自調軍食。
三十八年	五四歲	經始規劃漢南，五月西安綏署奉命遷至漢中。　戰於武功，收復西安未成。　共軍犯安康，盛文部擊破之。　經營隴南，公兼任川陝甘邊區綏靖主任。　十一月第一軍奉命馳援重慶，翊衛領袖及政府赴蓉，全軍南移入川，成都保衛戰。　蔣總裁與政府法統得安遷來臺。　改

三十九年	五五歲	西安綏署為西南長官公署，公任副長官，部隊轉進西昌，西昌苦戰，公奉令回臺任戰略顧問。
四十　年	五六歲	監委以不實資料欲彈劾未成。西南長官公署裁撤。立法委員一〇八人為公辯誣。奉命赴浙江外海大陳列島，整理沿海游擊部隊，成立江浙反共救國軍，擔任總指揮。
四十一年	五七歲	兼任浙江省政府主席。率部救洞頭，突擊沿大陸各島，多獲勝利。
四十二年	五八歲	兼任浙江黨務特派員。攻擊大小鹿山羊嶼。積穀山淪陷，反共救國軍總部裁撤，公回臺灣。於極艱苦條件下，在大陳不到兩年而突擊大陸三十九次。
四十三年	五九歲	國防大學校畢業，名列優等。七月，以旁聽名義參加實踐學社聯合作戰研究班第二期受訓。
四十四年	六〇歲	三月，聯戰班結業，八月，受命擔任澎湖防衛司令，籌建澎湖軍屬眷村。強化戰備，全面植樹。
四十五年	六一歲	赴美參觀。積極強化軍經建設，開始持續辦理三民主義講習班。
四十六年	六二歲	改築澎湖飛機場，建軍人公墓，駐軍獲全國陸軍評比第一。
四十七年	六三歲	改良漁民生活，建議籌建跨海大橋。全力支援金門砲戰，終獲勝利。
四十八年	六四歲	任滿回臺灣，進國防研究院第一期深造。
四十九年	六五歲	國防研究院第一名畢業，被選任為同學會會長。蔣中正總統三度欲委以實職，均婉謝。盡力協助昔日同僚部屬之困難。
五十　年	六六歲	患血糖及血脂肪過多病。惟仍函告金門防衛司令劉安祺將軍，強調共軍如犯金門，公自願立即前往大膽島參加作戰，「共襄盛業」。
五十一年	六七歲	因心臟病在臺北逝世，葬陽明山。蔣中正總統讚其為革命軍人的模範。
五十一年		公逝世後，其故舊門生每年集會紀念，歷五十餘年而不輟。臺北陽明山中國文化學院成立，特設立「宗南堂」，並陳展公之文物，以作紀念。

五十七年	澎湖軍民為公鑄立銅像、紀念亭，東引游擊舊部為公建「東昌閣」。
六十一年	國防研究院同學為公立碑表德，嵌於墓園。
八十　年	高雄鳳山陸軍軍官學校校史館成立公之專櫃，陳展文物，以教育該校師生。
八十四年	公於抗戰期間所主持之中央軍校第七分校，其在臺師生組成「王曲聯誼會」，繼於民國七十八年起編組開始編撰《王曲文獻》，以軍校校史，師生們所參與之抗日及戡亂戰史，及「胡宗南上將專集」等為重點，共計八大冊，於民國八十四年完成，對外發行。
八十八年	韓國金大中政府追贈公「建國勳章獨立章」，以表揚公在抗戰期間訓練，裝備及協助韓國光復軍抗日，有助於韓國獨立之功動，由公之長子胡為真博士及長孫胡斯廣博士赴首爾代表接受。
九十八年	電腦專才朱君於網路闢建「胡宗南紀念館」，摘錄公之各項事績供外界點閱。
一〇三年	臺北國立政治大學成立「民國史料館及名人書房」，在第一次公開展中即選擇以實物及數位化方式陳展公之文物、作品、書籍，以表彰公對國家及歷史之貢獻。　臺灣商務印書館將公之文存、紀念集、年譜及傳記重新編修，開始出版「胡宗南先生四書」，迄年底計出版「一代名將胡宗南」、「胡宗南上將年譜」及「令人懷念的胡宗南將軍」三種。
一〇四年	國史館為慶祝抗戰勝利七十週年，出版公之日記以供國內外人士研究。
一〇五年	「胡宗南先生四書」中最後一本《胡宗南先生文存》出版。中央社出版公之圖文傳記《百戰忠魂》。國史館舉辦公之史料展並舉行學術研討會。

胡宗南先生四書

胡宗南先生文存

作者◆胡宗南
增訂◆胡為真
發行人◆王春申
編輯指導◆林明昌
營業部兼任編輯部經理◆高珊
責任編輯◆吳素慧
校對◆胡為真 趙蓓芬 鄭秋燕 楊佳升 曾健偉
美術設計◆吳郁婷

出版發行：臺灣商務印書館股份有限公司
23150 新北市新店區復興路 43 號 8 樓
電話：(02)8667-3712　傳真：(02)8667-3709
讀者服務專線：0800056196
郵撥：0000165-1
E-mail：ecptw@cptw.com.tw
網路書店網址：www.cptw.com.tw
網路書店臉書：facebook.com.tw/ecptwdoing
臉書：facebook.com.tw/ecptw
部落格：blog.yam.com/ecptw

局版北市業字第 993 號
初版一刷：2016 年 4 月
定價：新台幣 650 元

ISBN 978-957-05-2965-4

胡宗南先生文存／胡宗南著. --初版.-- 新北市：
臺灣商務， 2016. 04
面 ； 公分. --（胡宗南先生四書；3）

ISBN 978-957-05-2965-4(平裝)

1.言論集

078 103018484